iCourse · 教材

国家精品在线开放课程教材

中国大学 MOOC 教材

工程项目管理

（第二版）

丁士昭　主编

中国教育出版传媒集团
高等教育出版社 · 北京

内容提要

本书为“工程项目管理”MOOC的配套教材，也是国家精品在线开放课程和国家精品资源共享课教材。全书共分12章，其主要内容包括工程项目管理的组织理论、项目控制与策划的基本原理、项目目标（费用、进度和质量目标）控制的方法以及项目实施各阶段的管理等。本书内容新颖，通俗易懂，理论紧密联系工程管理实践，可供学习“工程项目管理”MOOC的学员使用，也可供工程管理相关专业或领域的在校学生、在职从业人员参考。

图书在版编目（CIP）数据

工程项目管理 / 丁士昭主编. -- 2版. -- 北京 : 高等教育出版社，2024.5（2025.8重印）
ISBN 978-7-04-061576-0

Ⅰ. ①工… Ⅱ. ①丁… Ⅲ. ①工程项目管理-高等学校-教材 Ⅳ. ①F284

中国国家版本馆CIP数据核字（2024）第023621号

Gongcheng Xiangmu Guanli

策划编辑 杨世杰　责任编辑 杨世杰　封面设计 李卫青　版式设计 童 丹
责任绘图 易斯翔　责任校对 高 歌　责任印制 存 怡

出版发行 高等教育出版社
社 址 北京市西城区德外大街4号
邮政编码 100120
印 刷 肥城新华印刷有限公司
开 本 787mm×1092mm 1/16
印 张 26.75
字 数 470千字
购书热线 010-58581118
咨询电话 400-810-0598
网 址 http://www.hep.edu.cn
http://www.hep.com.cn
网上订购 http://www.hepmall.com.cn
http://www.hepmall.com
http://www.hepmall.cn
版 次 2017年4月第1版
2024年5月第2版
印 次 2025年8月第4次印刷
定 价 65.00元

本书如有缺页、倒页、脱页等质量问题，请到所购图书销售部门联系调换

物 料 号 61576-00

第二版前言

《工程项目管理》自 2017 年 4 月出版以来，受到广大读者的欢迎，由衷地感谢读者们对本书提出的许多宝贵意见。

近年来，项目管理理论和方法的研究和实践在不断发展，包括国际上出现了以工程建设项目创造交付价值和实现效益为核心，促进社会变革和发展的新理念；信息技术在工程项目管理中的开发和应用越来越广泛等。党的二十大报告指出，贯彻创新、协调、绿色、开放、共享的新发展理念是新时代我国发展壮大的必由之路，必须完整、准确、全面贯彻新发展理念。此次修订，注重在保留原有特色的基础上，增添一些新发展理念的阐述与分析，以推进工程管理新发展理念的研究和应用。

本书主要内容与“工程项目管理”MOOC 相对应，包括工程项目管理概论、工程项目管理的组织理论、工程项目目标控制基本原理、项目前期策划、工程项目费用控制、工程项目进度管理、工程项目质量和安全管理，以及工程项目管理信息化、工程设计阶段的项目管理、工程项目采购管理、工程项目施工管理和工程项目运营管理。

本书由丁士昭主编，各章具体编写分工如下：第 1、2 章，丁士昭；第 3 章，何清华；第 4 章，乐云；第 5 章，陈建国；第 6 章，高欣；第 7 章，高欣、贾广社；第 8 章，王广斌；第 9 章，乐云；第 10 章，孙继德；第 11 章，曹吉鸣、施骞；第 12 章，曹吉鸣。丁士昭、陈建国和李永奎负责全书修订的统稿。

在本书修订过程中，吸取了有关专业人士、教师与学生、MOOC 学员的宝贵意见和建议，在此表示衷心的感谢。

本书不足之处在所难免，敬请批评指正。

丁士昭
2023 年 10 月于同济大学

第一版前言

“工程项目管理”MOOC课程（网址：www.icourses.cn）是同济大学工程管理研究所在多年建设培育的国家精品课程“工程项目管理”的基础上发展而成的。它旨在实现同济大学优势学科的资源共享，促进工程管理专业理论传播，推动学科的普及发展和提升我国工程项目管理从业人员的知识和能力水平。

为便于学习“工程项目管理”MOOC课程，特编写本书，作为工程项目管理MOOC课程的配套教材。本书主要内容与“工程项目管理”MOOC课程相对应，包括工程项目管理概述、组织理论、目标控制基本原理、项目前期策划、投资控制、进度管理、质量和安全管理，以及工程项目管理信息化、设计阶段的项目管理、项目采购管理、项目施工管理和项目运营管理。

遵循学习者的认知规律和能力培养规律，根据MOOC课程的教学内容安排和课程模块设计，本教程的体系与MOOC课程结构保持一致，每章学时与MOOC课程教学日历也相一致，MOOC课程的教学设计在本教程内容上得到体现。此外，本书的编写尽可能满足学员的需求，以便学员听课时，以及课后复习时对照查阅。教程力求通俗易懂、理论联系实际，突出其应用，基础理论知识和工程案例有机结合，融知识传授、能力培养、素质教育于一体。

本书由丁士昭主编，各章具体编写分工如下：第1、2章，丁士昭；第3章，何清华；第4章，乐云；第5章，陈建国；第6章，高欣；第7章，贾广社；第8章，王广斌；第9章，乐云；第10章，孙继德；第11、12章，曹吉鸣。丁士昭和陈建国负责全书的统稿。

在本书编写过程中，吸取了有关专业人士、教师与学生、MOOC课程学员的宝贵意见和建议，在此表示衷心的感谢。

本书谬误之处在所难免，敬请批评指正。

丁士昭

2016年12月于同济大学

目录

1 工程项目管理概论

【本章导读】在项目管理学中，项目是指一个过程，而不是过程完成后形成的成果。项目管理的任务是对这个过程进行控制和管理，即项目管理的核心任务就是项目的目标控制。

本章是对整个教程的引导，其主要内容包括：

（1）分析项目的含义和特点；

（2）解释“工程管理”和“工程项目管理”的基本概念；

（3）分析项目实施的各参与方（投资方、开发方、设计方、其他咨询方、供货方、施工方等）项目管理的任务和特点。

1.1 项目的含义和特点

目标是非常重要的一个基本概念，按项目管理学的基本理论，没有目标的建设工程，不是项目管理的对象。如图 1.1 所示。

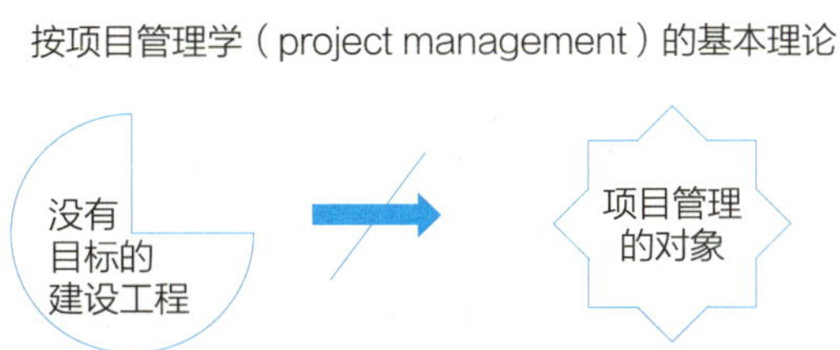

图 1.1 建设工程没有目标不是项目

如没有投资目标，就意味着，投资不需要控制，花多少投资都没有问题；而没有进度目标则意味着，建造多长时间都可以。这样的建设工程当然没有必要控制与管理。

图 1.2 解释了项目管理学中项目的概念，它所指的不是常规和重复性的任务，即不同于流水生产线那种周而复始的工作任务。强调的是一次性的任务。如两栋相同设计的房屋，但会在不同的时间或地点由不同的人员，用不同的施工组织或方法建造，它们不是重复性的任务。项目的另一个重要特点是，它有确定的目标，如进度目标、费用目标（投资目标或成本目标）和质量目标等。

本书相关教学内容可访问爱课程网—中国大学MOOC—工程项目管理。

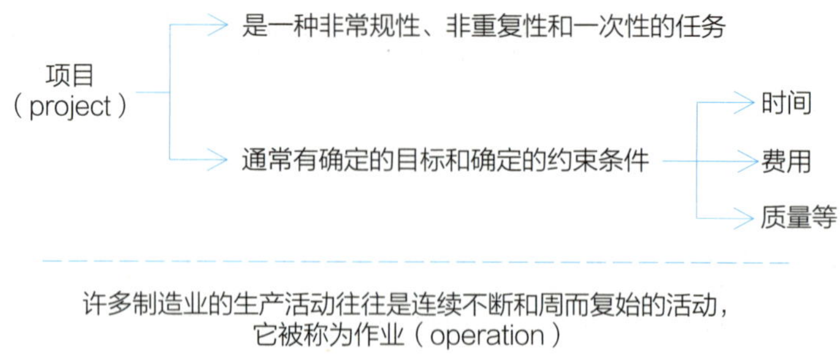

图 1.2　项目的特点

必须指出，在项目管理学中，项目是指一个过程，而不是过程完成后形成的成果，如图 1.3 所示。项目管理的任务是对这个过程进行控制与管理。

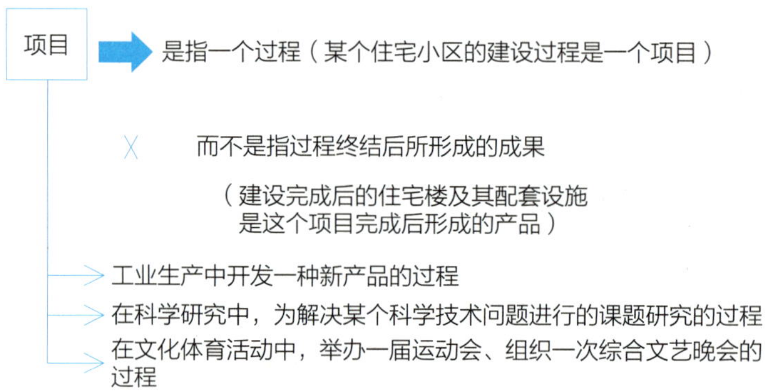

图 1.3　项目是个过程

在许多领域，如工业生产、科学研究、会议组织和体育活动等都会出现各种类型和各种形式的项目。

美国项目管理协会（Project Management Institute，PMI）是项目管理领域影响很大的一个国际性组织，在全球有许多分会。它制定的《项目管理知识体系指南》（PMBOK 指南）第 6 版对项目作了如图 1.4 所示的解释。

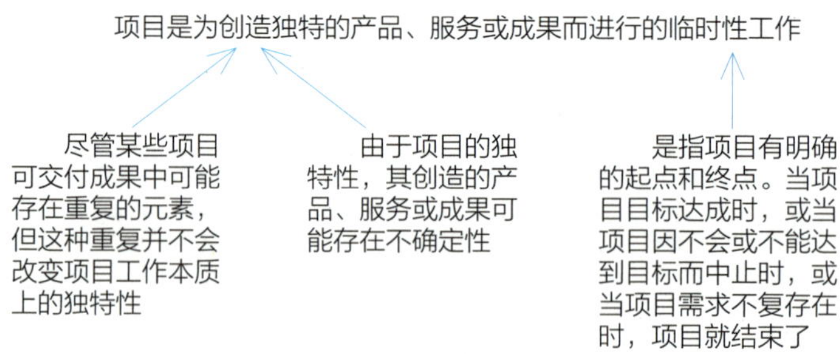

图 1.4　PMI 对项目内涵的解释

项目管理中特别强调项目的如下几个特点：

（1）一个项目必须有明确的目标（如进度目标、费用目标和质量目标等）。

（2）任何项目都是在一定的限制条件下进行的，包括资源条件（人力、财力和物力等）的约束和人为的约束，其中进度、费用和质量（工作标准）目标是项目普遍存在的三个主要约束条件。

（3）项目是一次性的任务，由于目标、环境、条件、组织和过程等方面的特殊性，不存在两个完全相同的项目，即项目不可能重复。

（4）任何项目都有其明确的起点（开始）时间和终点（结束）时间，它是在一段有限的时间内存在的。

（5）多数项目在其进行过程中，往往有许多不确定的影响因素，应注意建设工程项目除了上述项目的特点外，还具有一些特殊性，如：

① 工程项目涉及的单位多，各单位之间关系协调的难度和工作量较大；

② 工程技术的复杂性在不断提高，出现了许多新技术、新材料和新工艺；

③ 大中型项目的建设规模正在不断扩大；

④ 社会、政治和经济环境对工程项目的影响，特别是对一些跨地区、跨行业的大型工程项目的影响，将越来越大和复杂。

1.2 “工程管理”和“工程项目管理”是两个相关而不同的概念

工程管理涉及工程项目生命周期的全过程，即项目决策阶段、实施阶段和使用阶段（或称运营阶段、运行阶段），项目各参与单位包括项目投资方、开发方、设计方、供货方、施工方、其他咨询方以及使用阶段的管理方等（见图 1.5 和图 1.6）。

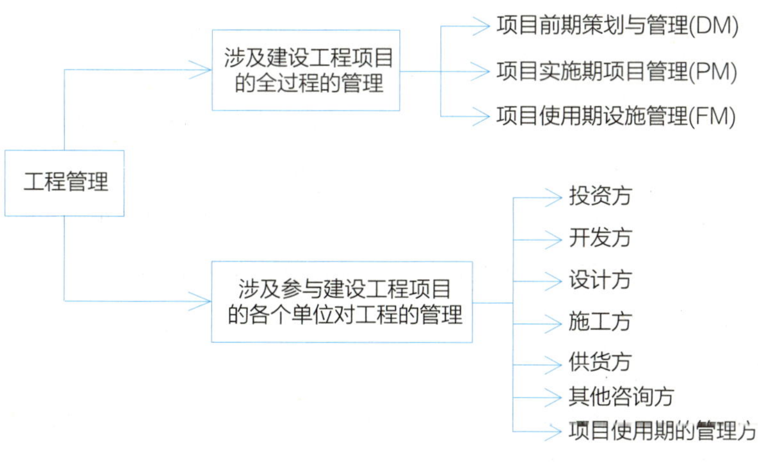

图 1.5　工程管理的内涵——涉及面

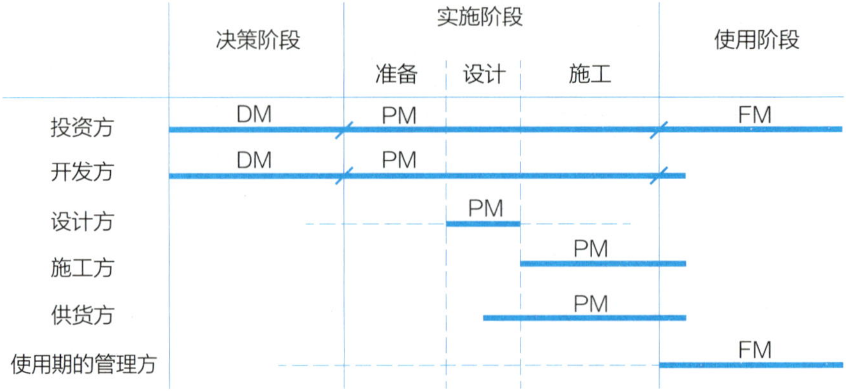

图 1.6　工程管理的内涵——项目各参与方的工作任务

图 1.6 中的 DM（development management）指的是项目前期的开发管理，PM（project management）指的是项目管理，FM（facility management）指的是设施管理。

1989 年教育部颁布的专业目录中出现了一个新的专业名称——工程管理，它取代了过去曾用的专业名称：建筑工业经济与组织（1966 年前据苏联专业的译名）、建设管理、建筑管理等。英国皇家特许建造学会（The Chartered Institute of Building，CIOB）和美国建造师学会（AIC）对该专业的名称从 1995 年开始，组织了 17 个国家的专家展开讨论，于 1997 年在华盛顿会议上一致通过了该专业人士组织的名称，即 international association of professional management in construction，简称 IAPMC。该专业学生培养的目标是：从事 professional management in construction，它也可称为该专业的名称。当今，大部分美国大学仍用传统的名称——construction management，似乎可翻译为建设管理（建议不用施工管理的名称），它设在（房屋）建筑系（系的名称为 architecture，但其含义并不是建筑学，而是 building，即房屋建筑）或土木系（针对土木工程，如道路、桥梁、隧道、堤坝等），无疑，它属于工科专业。在国内有的把这个专业名称误译为 engineering management，简单地把工程译为 engineering，其实 engineering 有更多的内涵，通常可理解为设计、技术等，如图 1.7 所示。

由于我国自 20 世纪 90 年代开始大规模搞建设，工程管理专业就成为一个非常热门的专业，据不完全统计，有 400 多所大学设有工程管理专业。它的一级学科是管理科学与工程，多数大学将该专业设在管理学院（或经济与管理学院），少数几个大学如清华大学、东南大学、中南大学等设在土木工程系。虽然教学大纲是基本相同的，但前者的毕业生得到的是管理类的学位，后者得到的是工科类学位。希望随着教育的深化改革，让工程管理专业回归到工科专业。这也符合多数国家专业的划分。应该指出，一般的微观经济管理专业（如企业经济管理）、宏观经济管理专业（如国民经济管理）和工程管理专业有很大的差别，工程管理是基于工程技术和服务于工程建设项目全生命周期的管理。

工程管理的核心任务是从项目全生命周期考虑为项目增值服务，包括如图 1.8 所示的为项目建设增值和为项目使用（运行、运营）增值。

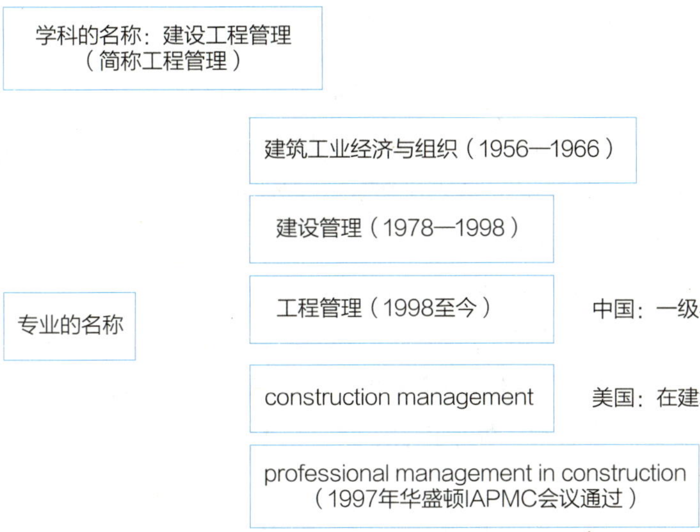

图 1.7　工程管理的英语表述

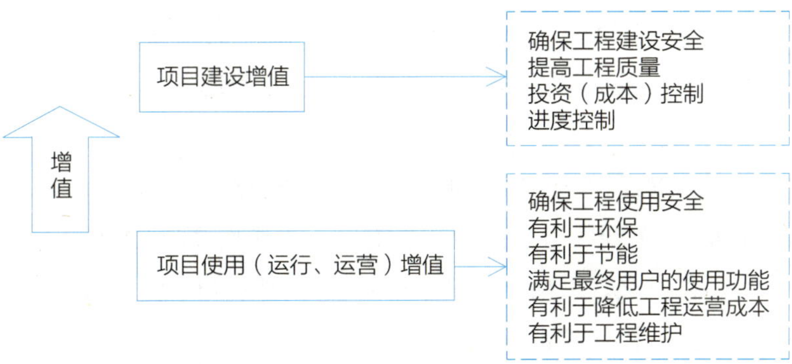

图 1.8　工程管理的核心是为项目增值服务

图 1.9 是 1982 年联邦德国关于办公楼全生命周期费用组成的分析（假定办公楼使用年限为 30 年）。从中可知，在投资控制中，应仔细分析不同设计方案的建造成本和运营期费用的关系。

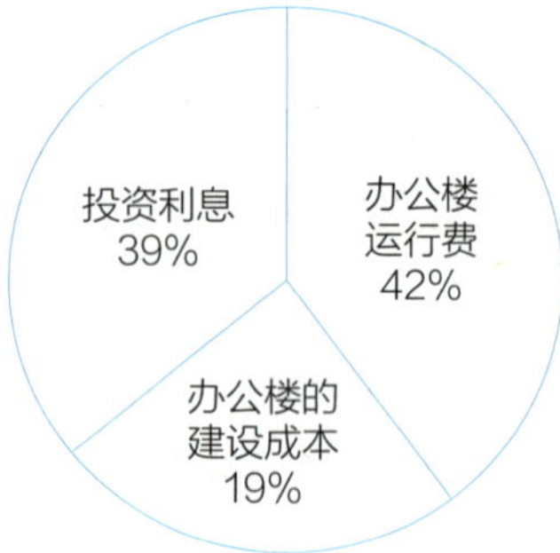

图 1.9　项目全生命周期费用组成

全球最大的工业建设公司之一，美国的 Flour Corp 对建设安全的要求之一是在施工现场活动的项目参与各方人员不发生皮肤擦伤。为此，制定了非常严格的安全管理制度，如规定公司内部或（和）外部人员召开任何会议前，必须至少用 5 分钟时间讨论安全。

为项目使用（运行、运营）增值，图 1.8 中包含了六个方面，第一就是确保工程使用安全。近年来，在全球范围内发生了许多工程使用期的恶性事故，如房屋和桥梁倒塌、工厂爆炸、高速公路坍塌、电梯坠落等，造成了众多人员伤亡和巨大物质损失。其原因不外乎设计、施工、材料和设备以及管理等方面的问题。

图 1.8 所指出的满足最终用户的使用功能，即以最终用户的需求导向建设（设计和施工）。近年来我国许多大中城市建造了非常现代化的大型机场，个别机场不重视最重要的最终用户（旅客）的需求，在设计中追求所谓的“新颖”“奇特”，旅客从下机到出机场距离很远，非常不方便。图 1.8 还指出在工程建设时应充分重视降低工程运营成本和有利于工程维护。

项目决策期的管理工作属项目前期的开发管理，即 DM（development management）。其主要任务是确定项目的定义，即明确将要开发或建设项目的任务、目标和意义。项目定义基于对所要开发的项目进行策划，一般应包括下述调查、分析和科学论证工作：

（1）建设环境和条件的调查与分析；

（2）项目建设目标论证与项目定义；

（3）项目结构分析；

（4）与项目决策有关的组织、管理和经济方面的论证与策划；

（5）与项目决策有关的技术方面的论证与策划；

（6）项目决策的风险分析等。

按我国传统的基本建设程序，该阶段的主要工作是编制项目建议书和可行性研究报告等（见图 1.10）。

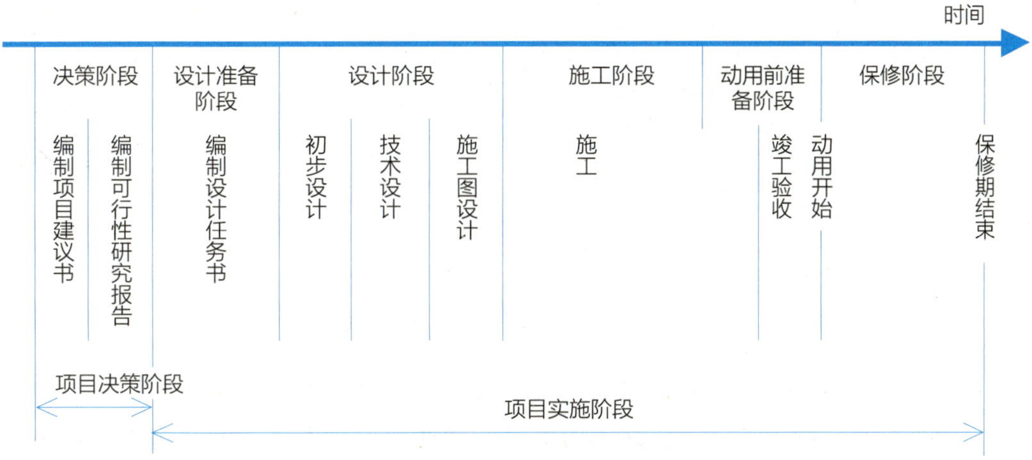

项目决策期管理工作的主要任务是确定项目的定义，而项目实施期管理工作的主要任务是通过管理使项目的目标得以实现。

图 1.10　项目决策期和实施期任务的区别

图 1.10 将项目实施阶段又细分成几个工作阶段，如设计准备阶段（编制设计任务书，确定通过设计竞赛还是设计招标选择设计单位并组织实施等）、设计阶段（初步设计、技术设计和施工图设计等）、施工阶段、动用前准备阶段、保修阶段。项目实施阶段的管理工作属项目管理范畴，即 PM（project management）。英国皇家特许建造学会（CIOB）对工程项目管理作了如下表述（CIOB 是一个项目管理领域很有影响的国际性组织，特别是在英联邦国家影响更大）：

"自项目开始至项目完成，通过项目策划（project planning）和项目控制（project control），以使项目的费用目标、进度目标和质量目标得以实现。"

"自项目开始至项目完成"指的是项目的实施期；"项目策划"指的是目标控制前的一系列筹划和准备工作；"费用目标"对业主而言是投资目标，对施工方而言是成本目标。

PMI 对什么是项目管理（针对泛指的一切项目，并不限于工程项目），作了如下表述：

"项目管理就是将知识、技能、工具与技术应用于项目活动，以满足项目的要求。项目管理通过合理运用与整合 47 个项目管理过程得以实现。可以根据其逻辑关系，把这 47 个过程归纳成五大过程组，即启动、规划、执行、监控、收尾。"

项目实施策划的主要工作如图 1.11 所示。

工程项目实施阶段也有策划工作，它区别于决策阶段开发管理，其主要任务是定义如何组织开发或建设，主要包括下述工作：

□ 项目实施的环境和条件的调查与分析；
□ 项目目标的分析和再论证；
□ 项目实施的组织策划；
□ 项目实施的管理策划；
□ 项目实施的合同策划；
□ 项目实施的经济策划；
□ 项目实施的技术策划；
□ 项目实施的风险策划等。

图 1.11　项目实施的策划

图 1.6 中提到了在项目使用阶段的设施管理，即 FM，它是项目使用期管理方的工作。国际上，许多项目设施管理工作并不是在项目建成后才开始的，而是在项目实施前期已介入。如上海金茂大厦，委托了一个境外的著名公司担任设施管理工作，在设计阶段该公司组建了近百人的设施管理团队。在项目实施前期就引入了最终用户导向建设的理念。国际著名的跨国公司惠普（HP）有一个很重要的部门，即设施管理部，它负责在全球寻求新厂址，建设新厂，并负责新厂建成后的设施管理。由此可见，设施管理的概念已拓展得更宽了。

设施管理的任务如图 1.12 所示，它的核心任务是：使设施得到保值和增值。

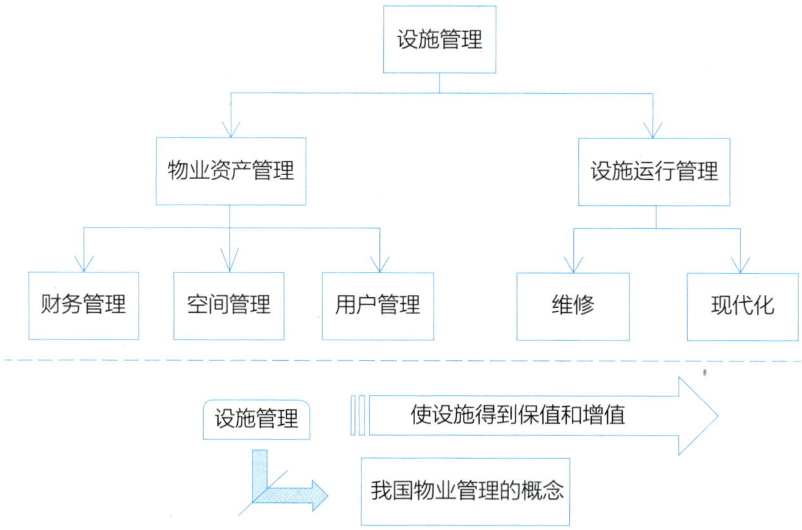

图 1.12　设施管理的任务

图 1.12 也指出了，设施管理的概念与国内物业管理的概念有区别。

1.3 工程项目管理的类型和任务

按工程项目不同参与方的工作性质和组织特征划分，工程项目管理有如下类型：

（1）业主方的工程项目管理；

（2）设计方的工程项目管理；

（3）施工方的工程项目管理；

（4）供货方的工程项目管理；

（5）建设项目总承包方的工程项目管理等。

1.3.1 业主方工程项目管理的任务

业主方的项目管理是项目管理的核心，是项目成败的关键。这是一个重要的理念。但是，在工程实践中，存有不少误区：业主拥有最大的权力，好似“皇帝”；工程推进有问题、工程质量有问题或投资突破等都是承包商管理不善的原因；设计方主要的任务是完成好设计任务，对设计方而言，项目管理不重要等。这些误区不但在中国存在，其他国家也有。究竟怎样认识业主的地位和作用？英国雷丁大学（University of Reading）于 1997 年在雷丁国际项目管理论坛组织了讨论，全球五大洲几乎都派了代表参加，通过激烈的争辩，会议取得了一致的结论，如图 1.13 所示。即虽然业主方把设计任务委托给了设计方，施工任务委托给了施工方，但是，业主引领项目的推进，它是项目实施的“发动机”。

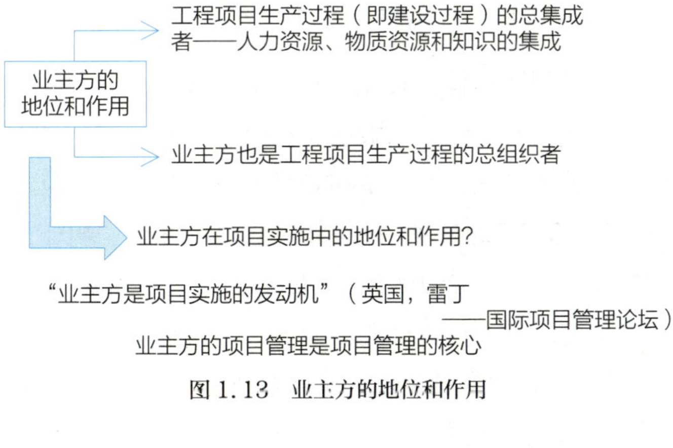

图 1.13 业主方的地位和作用

业主方项目管理服务于业主的利益，其项目管理的目标包括项目的投资目标、进度目标和质量目标。其中投资目标指的是项目的总投资目标。进度目标指的是项目动用的时间目标，即项目交付使用的时间目标，如工厂建成可以投入生产、道路建成可以通车、办公楼可以启用、旅馆可以开业的时间目标等。项目的质量目标不仅涉及施工的质量，还包括设计质量、材料质量、设备质量和影响项目运行或运营的环境质量等。质量目标包括满足相应的技术规范和技术标准的规定，以及满足业主方相应的质量要求。

项目的投资目标、进度目标和质量目标之间既有矛盾的一面，也有统一的一面，它们之间的关系是对立统一的关系。要加快进度往往需要增加投资，欲提高质量也可能需要增加投资，过度地缩短进度会影响质量目标的实现，这些都表现了目标之间关系矛盾的一面。但通过有效的管理，在不增加投资的前提下，也可缩短工期和提高工程质量，这反映了目标之间关系统一的一面。

业主方的项目管理工作涉及项目实施阶段的全过程，即在设计准备阶段、设计阶段、施工阶段、动用前准备阶段和保修期分别进行如表 1.1 所示的工作。业主方项目管理的任务共有 5 列（5 个工作阶段）、7 行（7 个方面的工作），总计有 35 项工作任务。

表 1.1　业主方项目管理的任务

工作	设计准备阶段	设计阶段	施工阶段	动用前准备阶段	保修期
安全管理					
投资控制					
进度控制					
质量控制					
合同管理					
信息管理					
组织与协调					

PMI 的《项目管理知识体系指南》第 7 版，发生了一个根本性的变化：它是基于原则的标准，而不是前几版基于流程的标准。基于原则的标准可以描述执行活动最有效的方式，而不是解释可能需要的管理流程。

德国 DVP（建筑和房地产项目控制协会）和 AHO（德国工程师和建筑师酬金协会的专业委员会）自 1996 年开始在传统的建设项目管理的基础上开展建设工程项目控制和项目管理的创新研究，界定了项目控制和项目管理的工作任务（详见 AHO 丛书第 9 册，2014 年 5 月）。DVP 和 AHO 进一步拓展了与建设项目控制工作任务相关的工作阶段和工作范围（见表 1.2），工作任务增加了有关工程数量、工程融资、生产能力和后勤分析以及保险等，并指出：建设项目控制是专业性建设管理的核心，它引导建设项目的各项工作按项目目标能予实现的方向进行，并使工程质量保证措施得以持续改进。

表 1.2 德国 DVD 和 AHO 提出的业主方项目管理的任务

建设项目控制的工作阶段	A. 组织、信息、协调和文档	B. 工程质量和数量	C. 工程费用和融资	D. 进度、生产能力和后勤	E. 合同和保险
1. 建设项目准备阶段					
2. 设计阶段					
3. 施工准备阶段					
4. 施工阶段					
5. 项目完成					

PMI 的《项目管理知识体系指南》是项目管理领域知识的总和，许多组织将其作为学习项目管理专业的基础。PRINCE2 是经英国政府商务部（OGC）注册和发布的，于 1996 年开始推广。目前，PRINCE2 已成为英国项目管理事实上的标准。PRINCE2 是一种居领先地位的项目管理方法论，主要是提供了一种建立项目流程、运行项目和项目终止移交的机制。它不仅是英国各种类型项目的标准程序，现已迅速发展成为国际通用的管理项目的方法，特别是在欧洲应用很广泛。虽然 PRINCE2 和 PMBOK 使用的术语有些不同，但 PRINCE2 和 PMBOK 高度兼容，相互补充。PRINCE2 的采用有利于加强 PMBOK 标准的有效执行，建立浓厚的项目氛围，为提出项目、运行项目和结束项目提供一种更有效的方法。

【案例 1.1】

某居住小区工程业主方在设计准备阶段的项目管理任务（没有包括安全管理）的详细描述

1. 设计准备阶段的投资控制

（1）在可行性研究的基础上，进行项目总投资目标的分析和论证；

（2）编制项目总投资分解的初步规划；

（3）分析总投资目标实现的风险，编制投资风险管理的初步方案；

（4）编写设计任务书中有关投资控制的内容；

（5）对设计方案提出投资评价建议；

（6）根据选定的设计方案审核项目总投资估算；

（7）编制设计阶段资金使用计划，并控制其执行；

（8）编制各种投资控制报表和报告。

2. 设计准备阶段的进度控制

（1）分析和论证总进度目标；

（2）编制项目实施的总进度规划；

（3）分析总进度目标实现的风险，编制进度风险管理的初步方案；

（4）审核设计进度计划，并控制其执行；

（5）编写设计任务书中有关进度控制的内容；

（6）编制各种进度控制报表和报告。

3. 设计准备阶段的质量控制

（1）理解业主的要求，分析和论证项目的功能；

（2）协助业主确定项目的质量要求和标准；

（3）分析质量目标实现的风险，编制质量风险管理的初步方案；

（4）编制项目的功能描述书及主要空间的房间手册；

（5）编制设计任务书；

（6）比较设计方案是否符合设计竞选文件的要求；

（7）编制设计竞选总结报告。

4. 设计准备阶段的合同管理

（1）分析和论证项目实施的特点及环境，编制项目合同管理的初步规划；

（2）分析项目实施的风险，编制项目风险管理的初步方案；

（3）从合同管理的角度对设计文件的编制提出建议；

（4）根据设计竞选的结果，提出委托设计的合同结构；

（5）协助业主起草设计合同，参与设计合同的谈判和签订工作；

（6）从目标控制的角度分析设计合同的风险，制定设计合同管理方案；

（7）分析和编制索赔管理初步方案，以防范索赔事件的发生。

5. 设计准备阶段的信息管理

（1）建立项目的信息编码体系及信息管理制度；

（2）收集、整理和分类归档各种项目管理信息；

（3）协助业主建立会议制度，管理各种会议记录；

（4）建立各种报表和报告制度，确保信息流畅通、及时和准确；

（5）填写项目管理工作日志；

（6）每月向业主递交项目管理工作月报；

（7）运用计算机辅助项目的信息管理，随时向业主提供有关项目管理的各类信息、各种报表和报告；

（8）将所有项目管理信息分类装订成册，在项目管理工作结束后递交业主。

6. 设计准备阶段的组织与协调

（1）分析项目实施的特点及环境，提出项目实施的组织方案；

（2）编制项目管理总体规划；

（3）编制设计工作的组织方案，并控制其实施；

（4）协助业主组织设计竞选；

（5）组织设计方案的评审，协助业主办理设计审批方案；

（6）根据设计竞选及评审结果，提出委托设计单位的建议；

（7）协调设计准备过程中的各种工作关系，协助业主解决有关纠纷事宜。

许多业主并不具备做如上所述的工作能力。如有必要，业主可考虑委托项目管理顾问公司代表业主的利益进行项目管理。虽然我国从 20 世纪 80 年代初就引进国际项目管理的知识，但项目管理顾问公司成长缓慢，还不能满足众多业主的需求，与国际化方向的差距还不小。

1.3.2 设计方工程项目管理的任务

设计方作为项目建设的一个参与方，其项目管理主要服务于项目的整体利益和设计方本身的利益。由于项目的投资目标能否得以实现与设计工作密切相关，因此，设计方项目管理的目标包括设计的成本目标、设计的进度目标和设计的质量目标，以及项目的投资目标。

设计方的项目管理工作主要在设计阶段进行，但也涉及设计准备阶段、施工阶段、动用前准备阶段和保修期。设计方项目管理的任务如图 1.14 所示。

设计方项目管理的任务包括：
□ 与设计工作有关的安全管理；
□ 设计成本控制和与设计工作有关的工程投资的控制；
□ 设计进度控制；
□ 设计质量控制；
□ 设计合同管理；
□ 设计信息管理；
□ 与设计工作有关的组织和协调。

图 1.14 设计方项目管理的任务

1.3.3 施工方项目管理的目标和任务

施工方受业主方的委托承担工程建设任务，因此必须树立服务观念，为项目和业主提供建设服务。另外，合同也规定了施工方的任务和义务。因此，施工方作为项目建设的一个重要参与方，其项目管理不仅应服务于施工方本身的利益，也必须服务于项目的整体利益。项目的整体利益和施工方本身的利益是对立统一的关系，两者有统一的一面，也有矛盾的一面。

施工方项目管理的目标应符合合同的要求，包括：

（1）施工的安全管理目标；

（2）施工的成本目标；

（3）施工的进度目标；

（4）施工的质量目标。

如果采用工程施工总承包或工程施工总承包管理模式，施工总承包方或施工总承包管理方必须按工程合同规定的工期目标和质量目标完成建设任务。而施工总承包方或施工总承包管理方的成本目标是由施工企业根据其生产和经营的情况自行确定的。分包方则必须按工程分包合同规定的工期目标和质量目标完成建设任务，分包方的成本目标是该施工企业内部自行确定的。

按国际工程的惯例，当采用指定分包商时，不论指定分包商与施工总承包方，或与施工总承包管理方，或与业主方签订合同，由于指定分包商合同在签约前必须得到施工总承包方或施工总承包管理方的认可，因此，施工总承包方或施工总承包管理方应对合同规定的工期目标和质量目标负责。

施工方项目管理的任务如图 1.15 所示。

施工方项目管理的任务包括：

□ 施工安全管理；

□ 施工成本控制；

□ 施工进度控制；

□ 施工质量控制；

□ 施工合同管理；

□ 施工信息管理；

□ 与施工有关的组织与协调。

图 1.15　施工方项目管理的任务

施工方的项目管理工作主要在施工阶段进行，但由于设计阶段和施工阶段在时间上往往是交叉的，因此，施工方的项目管理工作也会涉及设计阶段。在动用前准备阶段和保修期，施工合同尚未终止，还有可能出现涉及工程安全、费用、质量、合同和信息等方面的问题，因此，施工方的项目管理也涉及动用前准备阶段和保修期。

在工程实践中，一个建设工程项目的施工管理和该项目施工方的项目管理是两个相互关联但内涵并不相同的概念。施工管理是传统的较广义的术语，包括施工方履行施工合同应承担的全部工作和任务，既包含项目管理方面专业性的工作（专业人士的工作），也包含一般的行政管理工作。

20世纪80年代末90年代初开始，我国的大中型建设项目引进了为业主方服务（或称代表业主利益）的工程项目管理的咨询服务，这属于业主方项目管理的范畴。在国际上，工程项目管理咨询公司不仅为业主提供服务，也向施工方、设计方和建设物资供应方提供服务。因此，施工方的项目管理不能认为只是施工企业对项目的管理。施工企业委托工程项目管理顾问公司对项目管理的某个方面提供的顾问服务也属于施工方项目管理的范畴。

1.3.4　建设工程项目总承包方项目管理的目标和任务

建设工程项目总承包方是受业主方的委托而承担工程建设任务的，因此必须树立服务观念，为项目业主提供建设服务。另外，合同也规定了建设项目工程总承包方的任务和义务。因此，建设项目工程总承包方作为项目建设的一个重要参与方，其项目管理主要服务于项目的整体利益和建设项目工程总承包方本身的利益，其项目管理的目标应符合合同的要求，包括：

（1）工程建设的安全管理目标；

（2）项目的总投资目标和建设项目工程总承包方的成本目标（前者是业主方的总投资目标，后者是建设项目工程总承包方本身的成本目标）；

（3）建设项目工程总承包方的进度目标；

（4）建设项目工程总承包方的质量目标。

建设项目工程总承包方项目管理工作涉及项目实施阶段的全过程，即设计准备阶段、设计阶段、施工阶段、动用前准备阶段和保修期。

建设项目工程总承包方项目管理的主要任务如图1.16所示。

建设项目工程总承包方项目管理的任务包括：
- □ 安全管理；
- □ 投资控制和总承包方的成本控制；
- □ 进度控制；
- □ 质量控制；
- □ 合同管理；
- □ 信息管理；
- □ 与建设项目工程总承包工作有关的组织和协调。

图1.16　建设项目工程总承包方项目管理的主要任务

《建设项目工程总承包管理规范》（GB/T 50358-2017）对2005年版作了修订，主要修订内容如下：

（1）删减了工程总承包管理的内容与程序章节，增加了项目风险管理和项目收尾的章节。

（2）提出了循环的过程管理概念。要求项目部在实施项目过程中，每一个管理过程需体现策划（plan）、实施（do）、检查（check）、处置（action），即 PDCA 循环。

（3）强调了项目各阶段之间协调管理。充分发挥工程总承包优势，打破设计、施工、采购之间的隔阂。

（4）增加了项目风险管理的各项要求。明确了项目风险管理应贯穿于项目实施全过程，且分阶段进行动态管理，对企业风险识别、风险评估、风险控制提出了具体要求。

（5）强调了项目管理过程中考虑职业健康安全及环境的要求等。

1.3.5 供货方工程项目管理的任务

供货方作为项目建设的一个参与方，其项目管理主要服务于项目的整体利益和供货方本身的利益，其项目管理的目标包括供货方的成本目标、供货的进度目标和供货的质量目标。

供货方的项目管理工作主要在施工阶段进行，但它也涉及设计准备阶段、设计阶段、动用前准备阶段和保修期。供货方项目管理的主要任务如图 1.17 所示。

供货方项目管理的任务包括：
□ 供货的安全管理；
□ 供货方的成本控制；
□ 供货的进度控制；
□ 供货的质量控制；
□ 供货合同管理；
□ 供货信息管理；
□ 与供货有关的组织与协调。

图 1.17 供货方项目管理的主要任务

1.4 工程项目管理的国内外背景及发展趋势

1.4.1 工程项目管理的国内背景

（1）我国从 20 世纪 80 年代初期开始引进建设工程项目管理的概念，

世界银行和一些国际金融机构要求接受贷款的业主方应用项目管理的思想、组织、方法和手段组织实施建设工程项目。

（2）我国于 1983 年由原国家计划委员会提出推行项目前期项目经理负责制。

（3）我国于 1988 年开始推行建设工程监理制度。

（4）1995 年原建设部颁发了《建筑施工企业项目经理资质管理办法》，推行项目经理负责制。

（5）为了加强建设工程项目总承包与施工管理，保证工程质量和施工安全，根据《中华人民共和国建筑法》（以下简称《建筑法》）和《建设工程质量管理条例》的有关规定，原人事部和建设部决定对建设工程项目总承包及施工管理的专业技术人员实行建造师执业资格制度。2002 年原人事部和建设部颁布了《关于印发〈建造师执业资格制度暂行规定〉的通知》（人发〔2002〕111 号）。

（6）2003 年原建设部发出《关于建筑业企业项目经理资质管理制度向建造师执业资格制度过渡有关问题的通知》（建市〔2003〕86 号）。

（7）2006 年 6 月我国发布了《建设工程项目管理规范》（GB/T 50326-2006），2017 年对该规范作了修订（GB/T 50326-2017）。

1.4.2 工程项目管理的国外背景

（1）在 20 世纪 60 年代末期和 70 年代初期，工业发达国家开始将项目管理的理论和方法应用于建设工程领域，并于 20 世纪 70 年代中期前后在大学开设了与工程管理相关的专业。

（2）项目管理首先应用在业主方的工程管理中，而后逐步在承包商、设计方和供货方中得到推广。

（3）于 20 世纪 70 年代中期前后兴起了项目管理顾问服务，项目管理顾问公司的主要服务对象是业主，但它也服务于承包商、设计方和供货方。

（4）国际咨询工程师协会（FIDIC）于 1980 年颁布了《业主方与项目管理咨询公司的项目管理合同条件》（FIDIC IGRA 80PM）。该文本明确了代表业主方利益的项目管理方的地位、作用、任务和责任。

工程项目管理的国外背景可参考图 1.18。

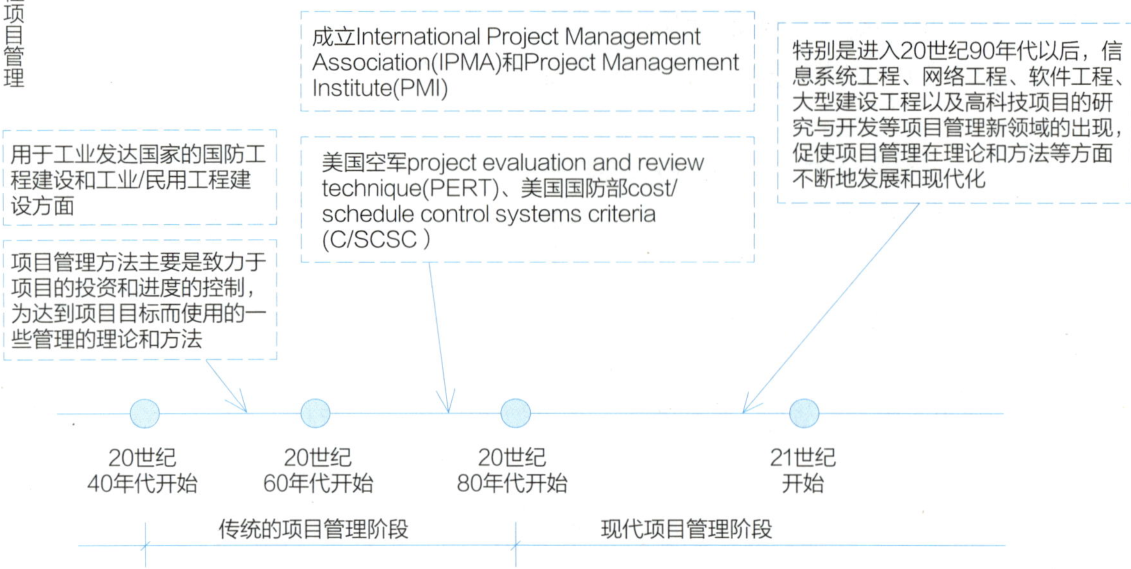

图 1.18　工程项目管理的国外背景

1.4.3　工程项目管理的发展趋势

20 余年来，PMI 陆续出版了《项目管理知识体系指南》《项目集管理标准》《项目组合管理标准》《组织级项目管理实践指南》以及《项目组合、项目集和项目治理实践指南》等，足以显示项目管理已不是单一的一棵“知识大树”，而已逐步形成了一片“知识森林”。参考 PMI 的有关标准的体系，我国已编制出版了国标《建设工程项目管理规范》(GB/T 50326)。

《组织变革管理实践指南》是 PMI 2013 年出版的（它是实践指南，还没有形成标准），它认为：“变革管理是贯穿项目组合、项目集和项目管理的一种基本能力。PMI 相信组织的所有战略变革都要通过项目集和项目来实现。成功的组织都以有效地管理项目和项目集来引领变革。”

将项目决策阶段的开发管理、实施阶段的项目管理和使用阶段的设施管理集成为项目全生命周期管理（lifecycle management），其含义如图 1.19 所示。

传统的组织方式是：由三个不同的组织分别承担开发管理、项目管理和设施管理的任务，形成三个彼此分离且各自独立的管理系统。这三个系统中有许多信息是可以分享的，许多数据有着紧密的联系，如果能将这三个管理系统置于统一的组织领导下，有统一的管理思想、统一的管理语言、统一的管理原则，构建共同的信息处理系统，实行项目全生命周期管理，则将创造难以估量的社会效益和经济效益。

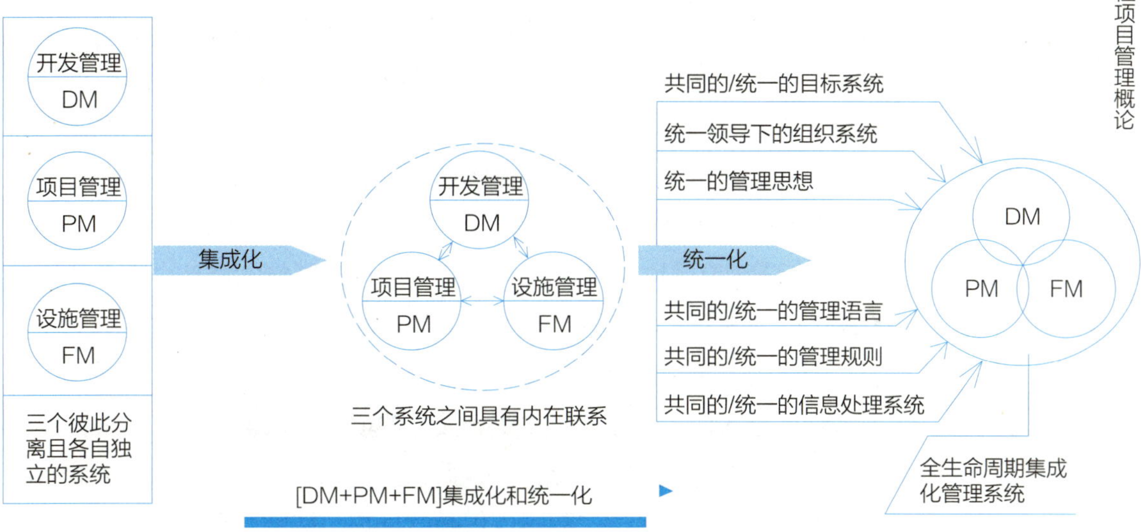

图 1.19　项目全生命周期管理

1.4.4　工程管理的国际新理念

近年来，国际上出现了一些以工程建设项目创造交付价值和实现效益为核心，促进社会变革和发展的新发展理念，如项目经济、项目价值交付体系（价值驱动型项目管理）和效益实现管理等。这些新理念虽然出现至今仅几年，尚未形成非常成熟的理论，但这些创意和顶层思维与我国工程建设实现高质量发展以及建筑业的全面深化改革有着非常紧密的联系，其应用前景和将创造的价值难以预测，值得业内人士关注。

（1）项目经济。项目经济（the project economy）一词最早出现于 1995 年谷歌的搜索引擎。它是一种新型管理范式（new management paradigm），不能仅从字面上将其理解为项目的经济。

PMI 原董事会主席 Nieto-Rodriguez 曾指出，以前的管理实践和管理理论都聚焦于如何运营业务并提高运营效率，把项目只视作附属品，很少被予以优先考虑。人们只关注怎样做有关的各项工作，并不深入研究项目的属性。现在和以后，项目将是价值创造和社会变革的基本手段。项目经济是组织通过成功完成项目交付产品和与价值流保持一致来向利益相关者交付财务和社会价值的经济。他在《哈佛商业评论》2021 年 11—12 月刊中提到，估计到 2027 年，全球将约有 8 800 万人从事项目管理为导向的工作；到 2027 年，以项目为导向的经济活动价值将达到 20 万亿美元；据 Standish Group

研究数据显示，全球大约只有 35% 的项目在创造预定形式的价值、影响和利益上是成功的。

（2）项目价值交付体系。项目价值交付体系（project value delivery system）是项目管理国际著名专家科兹纳博士于 2015 年在其面向未来项目管理的重要著作《项目管理 2.0》中提出的。他对项目及项目成功作了新的定义：项目是计划实现的一组可持续的商业价值；项目成功则是在竞争性因素下实现预期的商业价值。

传统项目管理的相关定义为：项目是指为创造独特的产品、服务或成果而进行的临时性工作；项目成功是指在时间、成本和范围的三重制约下完成项目。二者比较，差别甚大。

科兹纳博士从根本上颠覆了传统意义上的项目与三重制约下的项目成功的定义。PMI 于 2021 年 7 月出版的《项目管理知识体系指南》第 7 版强调了项目是为了实现交付价值，而不仅仅是交付物，把价值交付体系直接表达了出来。传统项目管理的核心任务是项目目标的控制，以确保投资计划任务的完成，是计划（目标）驱动型项目管理。而以项目价值交付体系为核心的项目管理 2.0 则是价值驱动型项目管理。如某项目完成了项目计划的三个目标，但项目交付价值并不好，则该项目按价值驱动型项目管理的标准是失败的。科兹纳博士在所著《项目管理 2.0》中比较了价值观的变化，他指出："如果没有创造商业价值，项目是否完成不再重要。"他表示，时间和成本不再是价值的仅有特征，客户要想创造商业价值的可交付成果，质量可能只是价值的组成部分之一。

《项目管理 2.0》还阐述和分析了项目管理 2.0 的度量指标、方法论和项目治理等，并指出价值有很多表现形式，如经济价值、理论价值、社会价值、政治价值等，但在《项目管理 2.0》中只有经济价值才被考虑。

（3）效益实现管理（BRM）。效益指的是组织和受益人通过项目组合、项目集或项目的输出及由此产生的成果而实现的收获。如将一个大的工程视作项目组合，其效益的实现管理指的是全生命周期的效益实现管理，包括组成该项目组合的多个子项目组合的效益实现管理、组成该项目组合的多个项目集的效益实现管理和组成项目集的多个项目的效益实现管理等。它是多层次的效益实现管理。

效益有多种分类，如有形和无形的、计划的或意外的、直接的或间接的，还有一些其他的分类，如目标相关方群体的、财务的、可持续的或进行中的、一次性的或不连续的、内部的或外部的以及长期的或短期的等。

2019 年，PMI 编制出版了《效益实现管理实践指南》。该指南从思想、组织、方法和手段等多方面阐述如何进行效益实现管理，主要包括：一是效益实现的组织环境，包括组织战略、核心原则、关键成功驱动因素和组织级效益实现的角色和职责。二是效益实现管理的框架，定义了全生命周期的三个主要时期的效益实现管理，即识别时期、执行时期和维持时期的效益实现管理。三是在效益实现管理背景中给项目组合经理、项目集经理和项目经理提供的指导，包括分别在识别时期、执行时期和维持时期应做哪些效益实现管理工作。

该指南提供了一个崭新的方法体系，有助于在全生命周期中实现建设工程的效益。效益实现管理战略规划的制定、效益实现管理文化的建立、工程结构的分解、组织结构的角色职责设计、工作绩效的测量和评估等创新的方法体系构成比传统的建设工程项目前策划后评估的体系前进了一步，将给工程建设带来可观的效益，值得结合我国国情学习借鉴。

本章小结

本章内容的知识结构如图 1.20 所示。

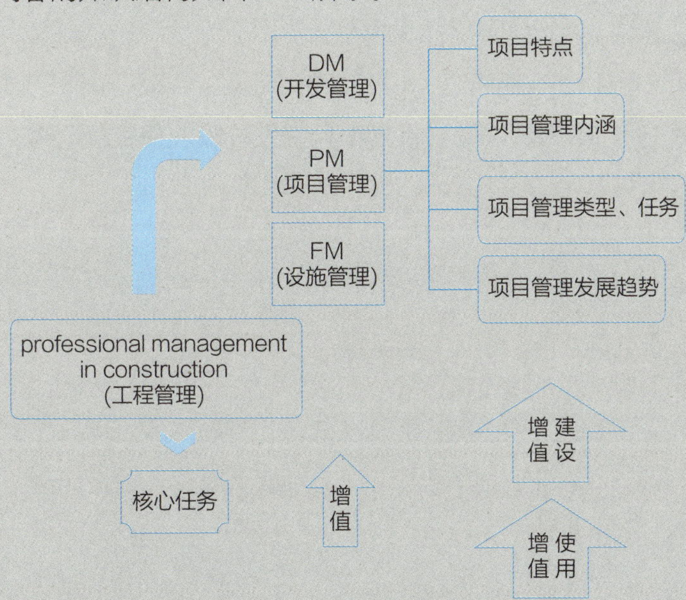

图 1.20　第一章知识结构图

（1）项目。在项目管理学中，项目是指一个过程，而不是过程完成后形成的成果。项目管理的任务是对这个过程进行控制和管理。

（2）工程管理。工程管理涉及工程项目生命周期的全过程，即项目决策阶段、实施阶段和使用阶段（或称运营阶段、运行阶段），涉及项目各参与单位包括项目投资方、开发方、设计方、施工方、其他咨询方以及使用阶段的管理方等的管理。工程管理的核心任务是从项目全生命周期考虑为项目增值服务，包括为项目建设增值和为项目使用（运行、运营）增值。

（3）DM、PM 和 FM。DM（development management）指的是项目前期的开发管理。其主要任务是确定项目的定义，即明确将要开发或建设项目的任务、目标和意义。项目定义基于对所要开发的项目进行策划，包括一系列调查、分析和科学论证工作。

PM（project management）指的是项目实施阶段的项目管理。CIOB 对工程项目管理作了如下表述："自项目开始至项目完成，通过项目策划（project planning）和项目控制（project control），以使项目的费用目标、进度目标和质量目标得以实现。"

FM（facility management）指的是项目使用阶段的设施管理。它包括物业资产管理（财务管理、空间管理、用户管理）和物业运行管理（维修管理和设施现代化），其核心任务是使设施得到保值和升值。

（4）业主和项目其他各参与方的项目管理的任务。

（5）项目管理学科的发展。30 多年来在不断发展，从传统的项目管理（project management）发展到 program management（项目集管理）、portfolio management（项目组合管理）。

（6）项目全生命周期管理（project lifecycle management）。将项目决策阶段的开发管理、实施阶段的项目管理和使用阶段的设施管理集成为项目全生命周期管理，将创造难以估计的社会效益和经济效益。

关键术语

项目　工程管理　开发管理　项目管理　设施管理　项目集管理　项目组合管理　变革管理　全生命周期管理　保值　增值　项目经济　项目价值交付体系　效益实现管理

复习思考题

（1）为什么没有明确目标的建设工程不是项目管理的对象？

（2）请分析工程管理的范畴及核心任务。

（3）请阐述工程项目管理的含义。

（4）请分析项目各参与方项目管理的目标和任务。

（5）请分析项目全生命周期管理的含义和意义。

（6）工程管理有哪些国际新理念？科兹纳博士如何从项目价值交付体系新理念出发，重新定义项目和项目管理的成功？

即测即评

请扫描二维码，进行本章测试。

延伸阅读

[1] 丁士昭．工程项目管理［M］．2 版．北京：中国建筑工业出版社，2014：3−28.

[2] 美国项目管理协会．项目管理知识体系指南［M］．5 版．北京：电子工业出版社，2013.

[3] 哈罗德·科兹纳．项目管理计划、进度和控制的系统方法［M］．10 版．北京：电子工业出版社，2013.

[4] 美国项目管理协会．项目集管理标准［M］．2 版．北京：电子工业出版社，2009.

[5] 美国项目管理协会．项目组合管理标准［M］．2 版．北京：中国电力出版社，2009.

[6] 美国项目管理协会．组织变革管理实践指南［M］．2 版．北京：中国电力出版社，2014.

[7] 美国项目管理协会．项目组合、项目集和项目治理实践指南［M］．北京：电子工业出版社，2016.

[8] 哈罗德·科兹纳．项目管理 2.0［M］．修订版．傅永康，周思雯，计浩耘，译．北京：电子工业出版社，2020.

[9] 美国项目管理协会．效益实现管理实践指南［M］．北京：电子工业出版社，2020.

2　工程项目管理的组织理论

【本章导读】 项目管理是基于组织理论，结合项目的特点，根据对项目进行管理的实践需求而发展起来的一门学科。20 世纪 60 年代后期，美国国防部研究和制作新型导弹系统，有 2 万余个科研、设计、制造、安装和材料等组织参与。国防部下达的任务，有明确质量标准和要求、工作进度目标，以及总的资金预算。确保这项任务顺利完成，要解决诸多技术问题、经济问题、管理问题和组织问题等。工作实践表明，首先要解决组织问题，组织对大型项目实施起着十分重要的作用。

本章将讨论组织论的基本理论和一些重要的概念，以及组织论和组织工具如何应用于工程项目策划和控制中，其主要内容包括：

（1）如何理解组织论是工程项目管理的母学科；

（2）组织结构理论的应用；

（3）工作流程组织的应用。

2.1　工程项目管理是基于组织理论的管理学科

【本节导语】

一位教师问学员，哪一个组织最好、最完美？有学员答某个公司是最佳的组织，有学员答某某军队组织最严明，有学员答某某球队纪律性最强，组织素质最好……教师说：你们为什么没有想到，最好的组织就在你身上，那就是你母亲给你的由各器官组成的呼吸系统、消化系统、血液循环系统等。这些器官分工很明确，如眼、鼻、耳、嘴的分工，互不影响，工作流程也很严谨，互不干扰，因此，这是最好的组织。器官的英语是 organ，组织（organization）的词根也是 organ，这也说明了器官和组织的联系。

图 2.1 分析了组织论和项目管理学的关系。

Richard L. Daft 所著的 Organization Theory and Design（《组织理论与设计》）于 2017 年出版了第 12 版，它系统反映了国际组织理论与设计的最新成果，被国际上许多学校选用为组织理论课的教材。

该专著对组织理论的解释："组织理论是对组织的一种思考和思维方式。组织理论提供了一种比其他方式能更准确并深入地考察和分析组织的方法。"

对组织的定义："组织是指这样一个社会实体，它具有明确的目标导向和精心设计的结构与有意识协调的活动系统，同时又同外部环境保持密切的联系。"如图 2.2 所示。该专著指出，银行、企业、政府机关等都具有上述特征，它们都是组织。

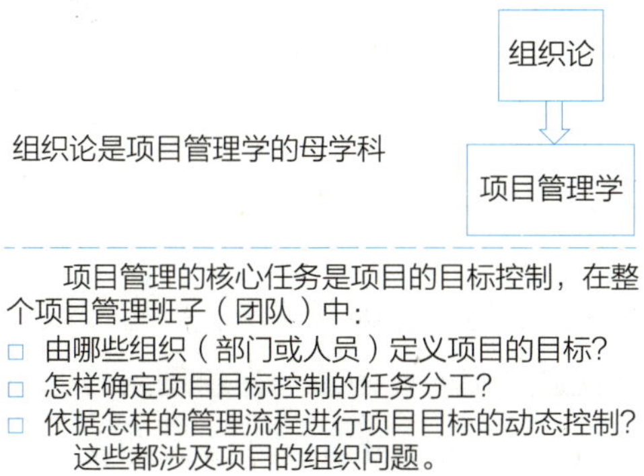

图 2.1　组织论与项目管理学的关系

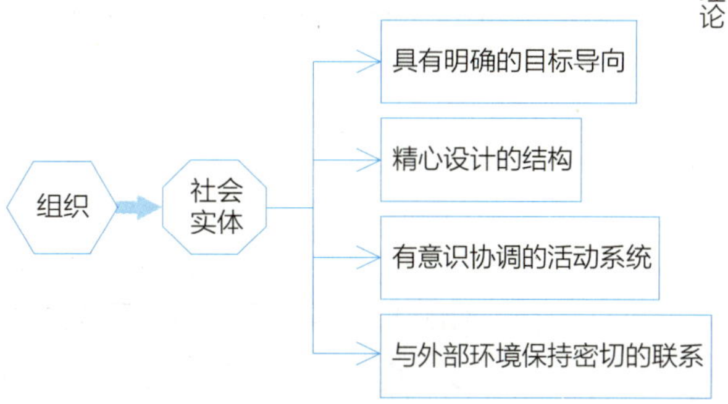

图 2.2　组织的定义

我国著名学者钱学森教授在《论系统工程》等著作中提出：系统是人们对客观事物观察方式的结果。可以把大学的一个专业视为一个系统，也可把有多个专业的一个学院视为一个系统，或者把一所大学，或者把一个城市的所有大学，或者把全国所有的大学视为一个系统。可见，系统可大可小，基于当今的科研成果，可认为最大的系统是宇宙，最小的系统是粒子。图 2.3 列举了多个系统的例子，如一个建设项目等。

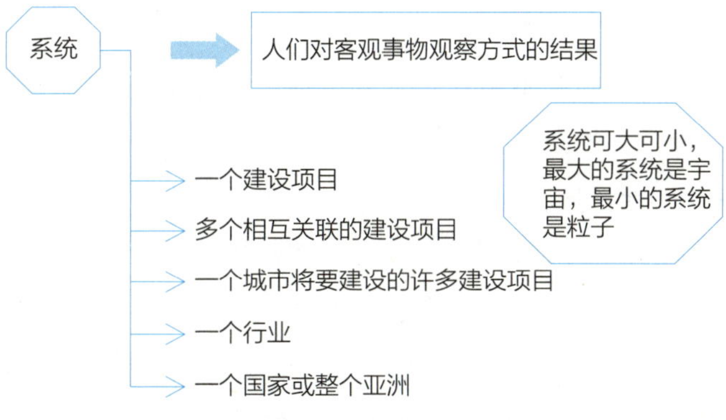

图 2.3　系统的概念

系统的目标和组织是什么关系？组织论有一个重要的结论：系统的目标决定了系统的组织，而组织是目标能否实现的决定性因素。图 2.4 描述了影响目标（系统的目标）实现的三个主要方面的因素：人（生产人员和管理人员的数量和质量）、方法与工具（生产和管理的方法与工具）、组织（组织观念、组织方法、组织手段等)。

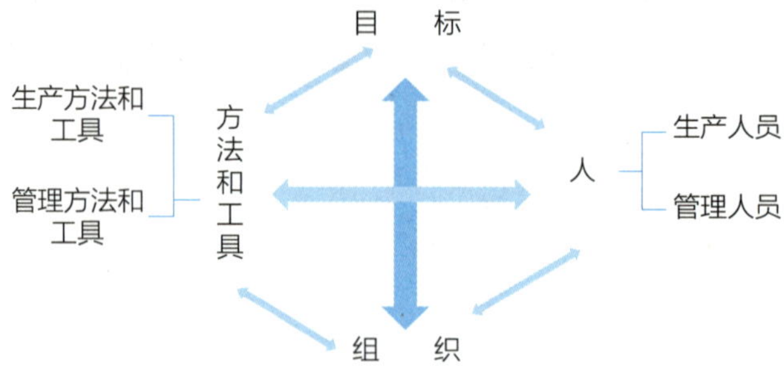

图 2.4 系统目标和组织的关系

一个工程项目的投资目标、进度目标和质量目标能否实现，与担任该项目的设计和施工人员的数量和质量以及业主方和项目各参与方管理人员的数量和质量有关，并与设计和施工的方法和工具(广义的工具)以及业主方和项目各参与方管理的方法和工具有关。另外，特别应关注的是组织(业主方和项目参与各方的组织)对项目目标实现的影响，组织包括上述的组织观念、组织方法和组织手段等。应该指出，组织是项目目标能否实现的决定性因素。

如果把一个建设项目的项目管理作为一个系统，其目标决定了项目管理的组织，而项目管理的组织是项目管理的目标能否实现的决定性因素，由此可见项目管理的组织的重要性。

【案例 2.1】

1988 年上海开始建地铁，这是新中国历史上继北京之后的第二个建地铁的城市。当时，上海从全国各地大量引进轨道交通专业及相关专业的工程技术人员。组建了上海地铁工程指挥部，承担地铁一号线(14.7 公里，不包括后续的延长线)的建设任务。指挥部运行了一年左右，感受到建设任务特别繁重，有人员、资金、技术、装备、管理等诸多问题待解决。当时，指挥部设多个副指挥，分别对设计、施工、采购、运行准备和行政管理负责，总指挥负责领导全面工作。通过调研和讨论分析发现，建设过程的各业务环节(如设计、施工、招标等)有副指挥和相应的主管部门负责，但项目目标维(投资、进度等)没有主管副指挥，也没有主管部门负责。这不符合上述的系统的目标决定了组织的重要原则。地铁指挥部对此非常重视，通过数月的组织调整，建立了落实项目目标控制的矩阵组织结构，成立了区间隧道部和车站部等横向部门，提升了工程项目管理的水平和效率。

2.2 组织论的主要研究内容

组织论的主要研究内容如图 2.5 所示。

一个系统，如企业、教育和科研机构、军事组织、政府机构、大型工程建设指挥部等，结合其任务和目标，可选用多种可能的组织结构模式（将在 2.3 中详细阐述）。

图 2.5 中的三种组织结构是组织结构的基本模式。组织分工包括工作任务分工和管理职能分工，它比传统的岗位责任描述书更科学、更深化、更严谨。组织结构模式和组织分工属组织的静态分析。工作流程组织反映各项工作的逻辑关系和相关关系，属组织的动态分析。工作流程组织包括管理工作流程（如投资控制流程、付款流程、进度控制流程等）、信息处理工作流程（如反映各工作部门和各类信息的处理流程等）和物质流程组织（工程实体作业的流程，如设计工作流程、施工作业流程等）等。

组织分析和组织设计往往用一些专用的图和表等方式表示，这些图表被称为组织工具（见图 2.6）。

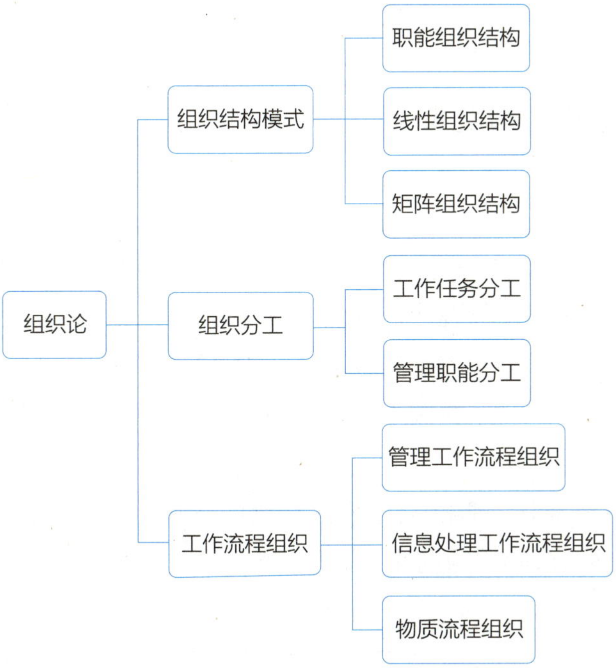

图 2.5　组织论的主要研究内容

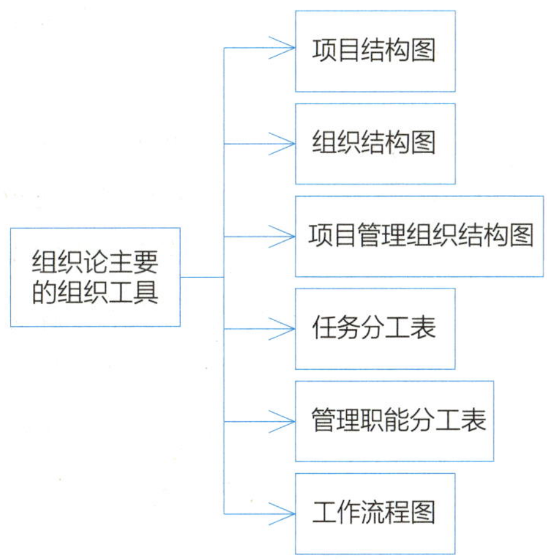

图 2.6　主要的组织工具

组织论从 20 世纪初开始，大致经历了传统组织理论、行为科学组织理论和系统管理理论三个阶段。传统组织理论盛行于 20 世纪 10—30 年代。

20世纪30年代后产生了以人际关系为研究重点的组织理论，后来逐步发展成为行为科学组织理论。该理论一反传统组织理论的静态研究方法，着重研究人和组织的活动过程，如群体和个体行为，以及人和组织的关系、沟通、参与、激励、领导艺术等。系统管理理论是综合早期传统组织理论和行为科学组织理论的成果，并以系统观点来分析组织的一种理论。其特点在于把组织看成一个系统，从系统的互相作用和系统同环境的互相作用中考察组织的生存和发展。目的是通过研究寻求组织在这种互相作用中取得平衡的方法。

Richard L. Daft 所著《组织理论与设计》2017年第12版的主要内容如图2.7所示。

1 组织与组织理论	8 控制技术、社交商业与大数据
2 战略、组织设计与效果	9 组织规模、生命周期及组织衰退
3 组织结构的基础	10 组织文化和伦理价值观
4 外部环境	11 创新与变革
5 组织间关系	12 决策过程
6 面向国际环境的组织设计	13 冲突、权力和权术
7 制造与服务技术	

图2.7 《组织理论与设计》的目录

2.3 组织结构与基本组织结构模式

2.3.1 组织结构

Richard L. Daft 所著《组织理论与设计》对组织结构作了如下的解释。

组织结构（organization structure）的定义包含了三方面关键要素：

（1）组织结构决定了组织中的正式报告关系，包括职权层级的数目和主管人员的管理幅度。

（2）组织结构确定了将个体组合成部门、部门再组合成整个组织的方式。

（3）组织结构包含了确保跨部门的沟通、协作与力量整合的制度设计，如图2.8所示。

上述定义中的“报告关系”指的是一个部门（或人）向另一个部门（或人）汇报工作，逆向就是领导和被领导关系。“管理幅度”也称为“管理指距”，即一个部门主管的直接下属部门的个数，如太多，管得过宽，易失控。不少专著建议管理幅度不宜超过七。

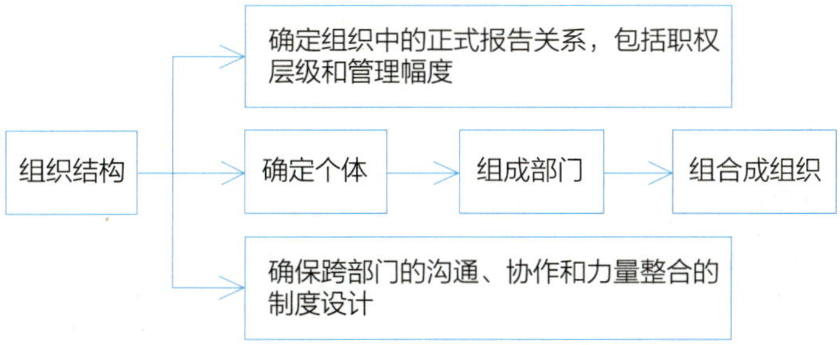

图 2.8　组织结构的含义

在工程项目管理组织设计中经常会应用组织结构图、项目结构图和项目合同结构图（简称合同结构图）（见图 2.9）。组织结构图描述一个组织中各组成元素（工作部门）之间的关系，即相互之间的报告关系和领导与被领导关系等。项目结构图是一个项目的逐层分解结构图。而项目合同结构图描述一个项目将签订的诸多合同之间的关系，如图 2.9 中，业主和项目总承包单位有合同关系，业主和各分包没有直接的合同关系，项目总承包单位和分包有直接的合同关系。这三种图也属于组织工具。

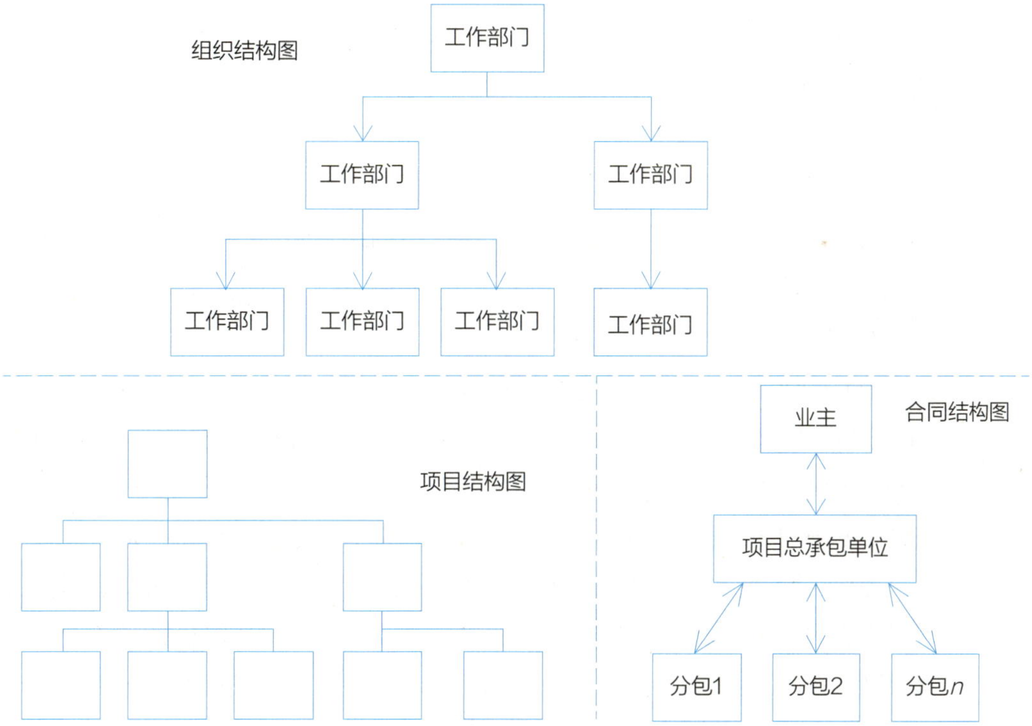

图 2.9　组织结构图、项目结构图、合同结构图

组织结构图、项目结构图和合同结构图的特点和区别如表 2.1 所示。特别应注意的是，在组织结构图中矩形框之间的连接线是单向箭线，在项目结

构图中矩形框之间的连接线是直线，在合同结构图中矩形框之间的连接线是双向箭线。

表 2.1　组织结构图、项目结构图、合同结构图的区别

项目	表达的含义	图中矩形的含义	矩形框连接的方式
项目结构图	对一个项目的结构进行逐层分解，以反映组成该项目的所有工作任务（该项目的组成部分）	一个项目的组成部分	直线
组织结构图	反映一个组织系统各组成部门（组成元素）之间的组织关系（指令关系）	一个组织系统中的组成部分（工作部门）	单向箭线
合同结构图	反映一个建设项目参与单位之间的合同关系	一个建设项目的参与单位	双向箭线

2.3.2　基本组织结构模式

基本组织结构模式包括职能组织结构、线性组织结构和矩阵组织结构。许多新型的组织结构模式都是在这些基本组织结构模式基础上逐步发展起来的，如 Richard L. Daft 所著《组织理论与设计》介绍的事业部型、地区型、虚拟网络型、外包型和混合型等组织结构模式。

1. 职能组织结构

在人类历史发展过程中，当手工业作坊发展到一定的规模时，一个企业内需要设置对人、财、物和产、供、销管理的职能部门，这样就逐步形成了初级的职能组织结构（由著名管理专家泰勒提出）。因此，职能组织结构是一种传统的组织结构模式。

在职能组织结构中，每一个职能部门可根据它的管理职能对其直接和非直接的下属工作部门下达工作指令。因此，每一个工作部门可能得到其直接和非直接的上级工作部门下达的工作指令，这样就有可能形成多个矛盾的指令源。一个工作部门的多个矛盾的指令源会影响企业管理机制的运行。

在一般的工业企业中，设有人、财、物和产、供、销管理的职能部门，另有生产车间和后勤保障机构等。虽然生产车间和后勤保障机构并不一定是职能部门的直接下属部门，但是，职能管理部门可以在其管理的职能范围内对生产车间和后勤保障机构下达工作指令，这是典型的职能组织结构。在高等院校中，设有人事、财务、教学、科研和基本建设等管理的职能部门（处室），另有学院、系和研究所等教学和科研的机构，其组织结构模式也是职能组织结构，人事处和教务处等都可对学院和系下达其分管范围内的工作指

令。我国多数企业、学校、事业单位目前还沿用这种传统的组织结构模式。许多建设项目也还用这种传统的组织结构模式，工作中常出现交叉和矛盾的指令关系，严重影响了项目管理机制的运行和项目目标的实现。

在图 2.10 所示的职能组织结构中，A、B1、B2、B3、C5 和 C6 都是工作部门，A 可以对 B1、B2、B3 下达指令，B1、B2、B3 都可以在其管理的职能范围内对 C5 和 C6 下达指令，因此 C5 和 C6 有多个指令源，其中有些指令可能是矛盾的。

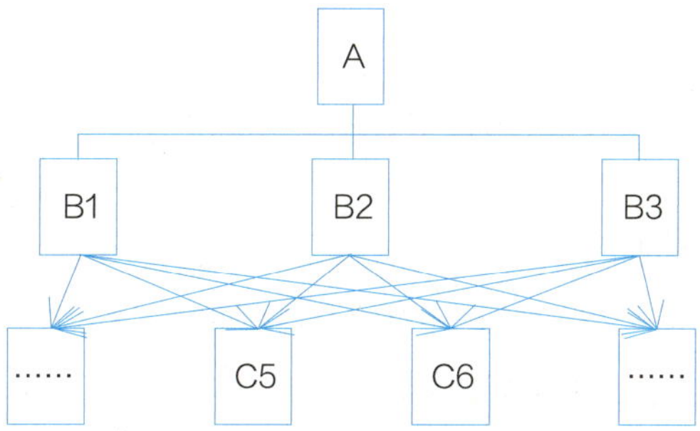

图 2.10 职能组织结构

2. 线性组织结构

在军事组织系统中，组织纪律非常严谨，军、师、旅、团、营、连、排和班的组织关系是指令逐级下达，是一级指挥一级和一级对一级负责的组织体制。线性组织结构就是来自这种十分严谨的军事组织系统。在线性组织结构中，每一个工作部门只能对其直接的下属部门下达工作指令，每一个工作部门也只有一个直接的上级部门，因此，每一个工作部门只有唯一的指令源，避免了由于矛盾的指令而影响组织系统的运行。

在国际上，线性组织结构模式是建设项目管理组织系统的一种常用模式，因为一个建设项目的参与单位很多，少则数十，多则数百，大型项目的参与单位将数以千计，在项目实施过程中矛盾的指令会给工程项目目标的实现造成很大的影响，而线性组织结构模式可确保工作指令的唯一性。

但在一个较大的组织系统中，由于线性组织结构模式的指令路径过长，有可能会造成组织系统运行困难，或影响组织系统运行的效率。

图 2.11 所示的线性组织结构中：

（1）A 可以对其直接的下属部门 B1、B2、B3 下达指令；

（2）B2 可以对其直接的下属部门 C21、C22、C23 下达指令；

（3）虽然 B1 和 B3 比 C21、C22、C23 高一个组织层次，但是，B1 和 B3 并不是 C21、C22、C23 的直接上级部门，它们不允许对 C21、C22、C23

下达指令。

在该组织结构中，每一个工作部门的指令源是唯一的。

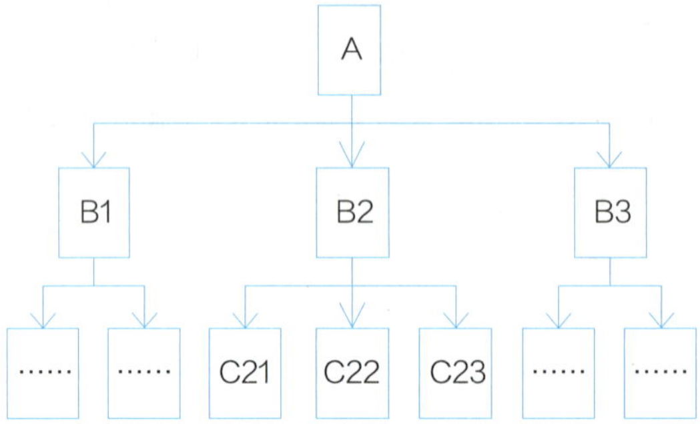

图 2.11　线性组织结构

3. 矩阵组织结构

矩阵组织结构是一种较新型的组织结构模式。在矩阵组织结构最高指挥者（部门）下设纵向和横向两种不同类型的工作部门。纵向工作部门如人、财、物和产、供、销的职能管理部门，横向工作部门如生产车间等。一个施工企业，如采用矩阵组织结构模式，则纵向工作部门可以是计划管理、技术管理、合同管理、财务管理和人事管理部门等，而横向工作部门可以是项目部（见图 2.12）。

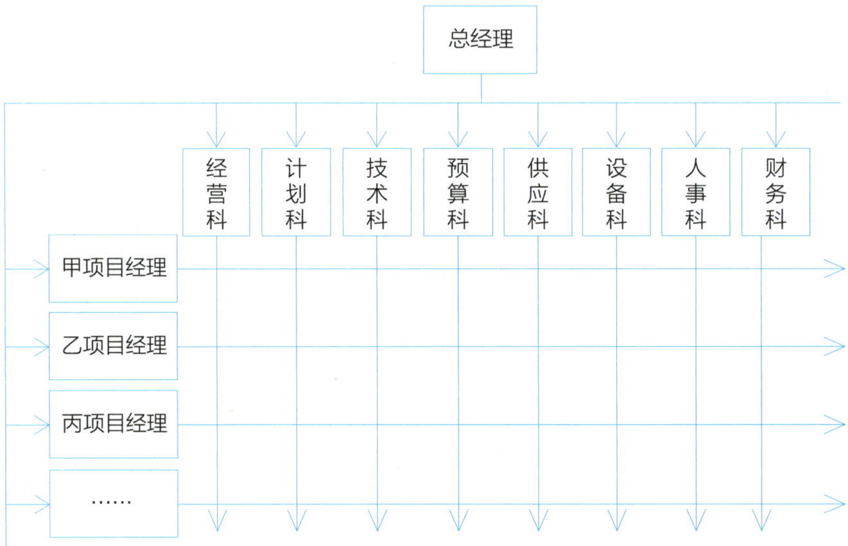

图 2.12　施工企业矩阵组织结构模式的示例

一个大型建设项目如采用矩阵组织结构模式，则纵向工作部门可以是投资控制、进度控制、质量控制、合同管理、信息管理、人事管理、财务管理和物资管理等部门，而横向工作部门可以是各子项目的项目管理部

（见图 2.13）。矩阵组织结构适宜用于大的组织系统，上海地铁和广州地铁一号线建设时都采用了矩阵组织结构模式。

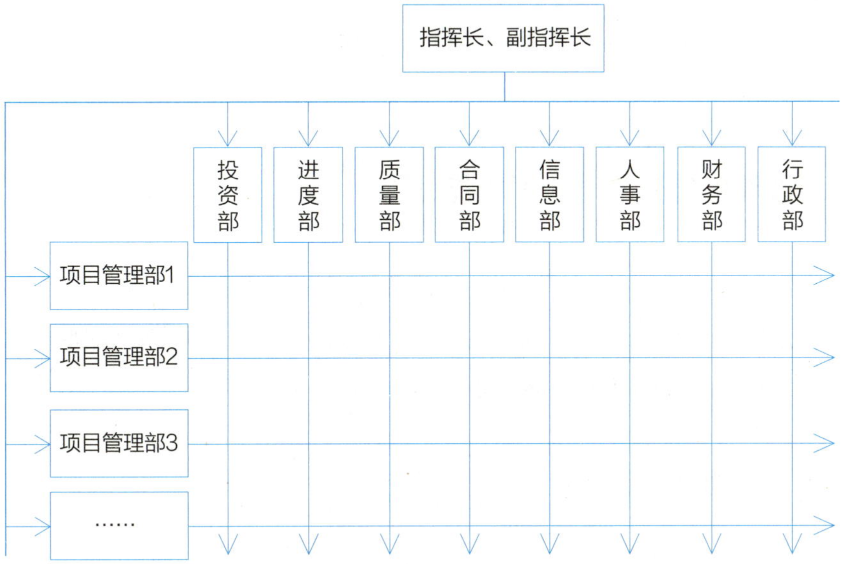

图 2.13　大型建设项目采用矩阵组织结构模式的示例

在矩阵组织结构中，每一项纵向和横向交汇的工作（如图 2.13 中的项目管理部 1 涉及的投资问题），指令来自纵向和横向两个工作部门，因此其指令源为两个。当纵向和横向工作部门的指令发生矛盾时，由该组织系统的最高指挥者（部门），即图 2.14a 中的 A 进行协调或决策。

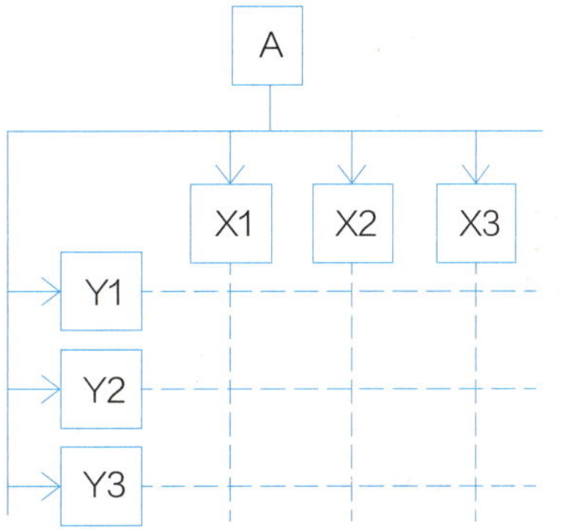

图 2.14a　矩阵组织结构

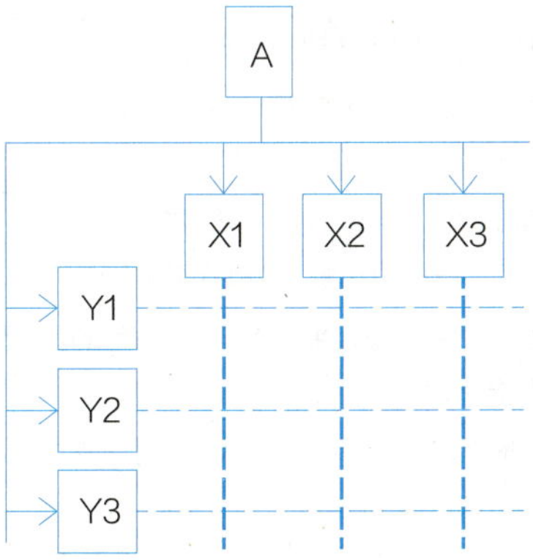

图 2.14b　以纵向工作部门指令为主的矩阵组织结构

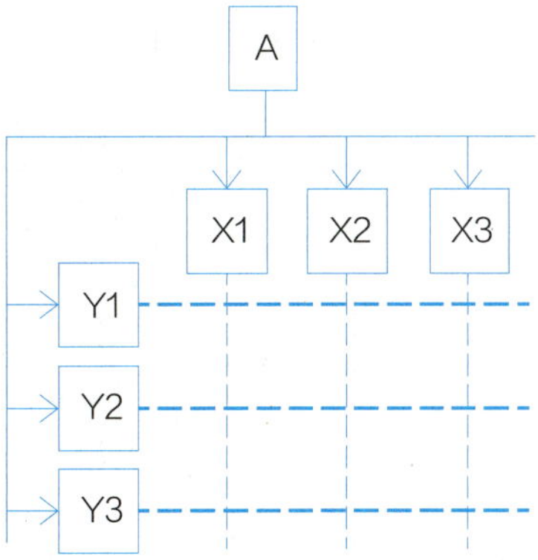

图 2.14c　以横向工作部门指令为主的矩阵组织结构

在矩阵组织结构中为避免纵向和横向工作部门指令矛盾对工作的影响，可以采用以纵向工作部门指令为主（见图 2.14b）或以横向工作部门指令为主（见图 2.14c）的矩阵组织结构模式，这样也可减轻该组织系统的最高指挥者（部门），即图 2.14b 和 2.14c 中 A 的协调工作量。

2.4 管理任务分工与管理职能分工

业主方和项目各参与方，如工程管理顾问单位、设计单位、施工单位和供货单位等都有各自的项目管理的任务，上述各方都应视需要编制各自的项目管理任务分工表和管理职能分工表。

2.4.1 管理任务分工

每一个建设项目都应视需要编制项目管理任务分工表，这是一个项目的组织设计文件的一部分。在编制项目管理任务分工表前，应结合项目的特点，对项目实施的各阶段的费用（投资或成本）控制、进度控制、质量控制、合同管理、信息管理和组织与协调等管理任务进行详细分解。

【案例 2.2】

某项目业主方的部分项目管理任务分解示例如表 2.2 所示。

表 2.2 管理任务分析表

3. 设计阶段项目管理的任务		
3.1 设计阶段的投资控制		
	3101	在可行性研究的基础上，进行项目总投资目标的分析、论证
	3102	根据方案设计，审核项目总估算，供业主方确定投资目标参考，并基于优化方案协助业主对估算做出调整
	3103	编制项目总投资切块、分解规划，并在设计过程中控制其执行；在设计过程中若有必要，及时提出调整总投资切块、分解规划的建议
	3104	审核项目总概算，在设计深化过程中严格控制总概算所确定的投资计划值，对设计概算做出评价报告和建议
	3105	根据工程概算和工程进度表，编制设计阶段资金使用计划，并控制其执行，必要时，对上述计划提出调整建议
	3106	从设计、施工、材料和设备等多方面作必要的市场调查分析和技术经济比较论证，并提出咨询报告，如发现设计可能突破投资目标，则协助设计人员提出解决办法，供业主参考

续表

	3107	审核施工图预算，调整总投资计划
	3108	采用价值工程方法，在充分满足项目功能的条件下考虑进一步挖掘节约投资的潜力
	3109	进行投资计划值和实际值的动态跟踪比较，并提交各种投资控制报表和报告
	3110	控制设计变更，注意检查变更设计的结构性、经济性、建筑造型和使用功能是否满足业主的要求
3.2 设计阶段的进度控制		
	3201	参与编制项目总进度计划，有关施工进度与施工监理单位协商讨论
	3202	审核设计方提出的详细的设计进度计划和出图计划，并控制其执行，避免发生因设计单位推迟进度而造成施工单位要求索赔
	3203	协助起草主要甲供材料和设备的采购计划，审核甲供进口材料与设备清单
	3204	协助业主确定施工分包合同结构及招投标方式
	3205	督促业主对设计文件尽快做出决策和审定
	3206	在项目实施过程中进行进度计划值和实际值的比较，并提交各种进度控制报表和报告（月报、季报、年报）
	3207	协调室内外装修设计、专业设备设计与主设计的关系，使专业设计进度能满足施工进度的要求

在项目管理任务分解的基础上，定义项目经理和费用（投资或成本）控制、进度控制、质量控制、合同管理、信息管理和组织与协调等主管工作部门或主管人员的工作任务，从而编制管理任务分工表（见表 2.3）。在管理任务分工表中应明确各项工作任务由哪个工作部门（或个人）负责，由哪些工作部门（或个人）配合或参与。无疑，在项目的进展过程中，应视需要对管理任务分工表进行调整。

表 2.3 管理任务分工表

部门 任务	项目经理部	投资控制部	进度控制部	质量控制部	合同管理部	信息管理部	

【案例 2.3】

某大型公共建筑属国家重点工程，在项目实施的初期，项目管理顾问公司建议把工作任务划分成 26 个大块，针对这 26 个大块任务编制了管理任务分工表（见表 2.4）。随着工程的进展，任务分工表还将不断深化和细化。该表有如下特点：

（1）管理任务分工表主要明确哪项任务由哪个工作部门（机构）负责主办，另明确协办部门和配合部门，主办、协办和配合在表中分别用三种不同的符号表示；

（2）在管理任务分工表的每一行中，即每一个任务，都有至少一个主办工作部门；

（3）运营部和物业开发部参与项目实施的整个过程，而不是在工程竣工前才介入工作。

表 2.4　某大型公共建筑的管理任务分工表

序号	工作项目	经理室、指挥部室	技术委员会	专家顾问组	办公室	总工程师室	综合部	财务部	计划部	工程部	设备部	运营部	物业开发部
1	人事	☆					△						
2	重大技术审查决策	☆	△	○	○	△	○	○	○	○	○	○	○
3	设计管理			○		☆			○	△	△	○	
4	技术标准			○		☆				△	△	○	
5	科研管理			○		☆		○	○	○	○		
6	行政管理				☆	○	○	○	○	○	○	○	○
7	外事工作			○	☆	○				○	○	○	
8	档案管理			○	☆	○	○	○	○	○	○	○	○
9	资金保险						○	☆	○				
10	财务管理						○	☆	○				
11	审计						☆	○	○				
12	计划管理						○	○	☆	△	△	○	
13	合同管理						○	○	☆	△	△	○	
14	招投标管理			○		○	○		☆	△	△	○	

续表

序号	工作项目	经理室、指挥部室	技术委员会	专家顾问组	办公室	总工程师室	综合部	财务部	计划部	工程部	设备部	运营部	物业开发部
15	工程筹划			○		○				☆	○	○	
16	土建评定项目管理			○		○				☆	○		
17	工程前期工作			○				○	○	☆	○		○
18	质量管理			○		△				☆	△		
19	安全管理					○	○			☆	△		
20	设备选型			△		○					☆	○	
21	设备材料采购							○	○	△	△		☆
22	安装工程项目管理			○					○	△	☆	○	
23	运营准备			○		○				△	△	☆	
24	开通、调试、验收			○		△				△	☆	△	
25	系统交接			○	○	○	○	○	○	☆	☆	☆	
26	物业开发						○	○	○	○	○	○	☆

☆——主办　　△——协办　　○——配合

2.4.2 管理职能分工

管理是由多个环节组成的有限的循环过程，如图 2.15 所示。

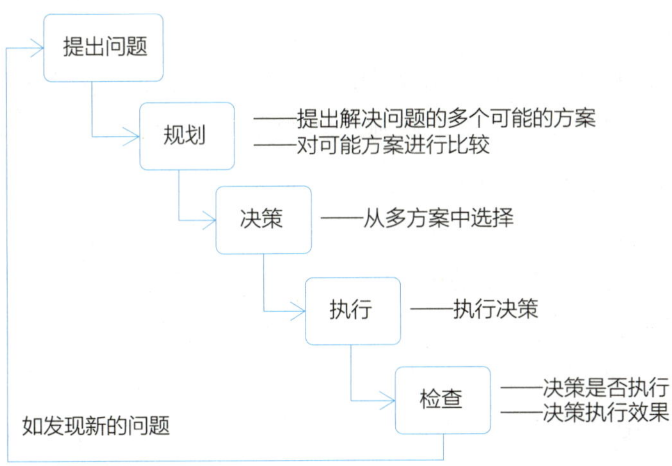

图 2.15　管理职能

这些组成管理的环节就是管理的职能。管理的职能在一些文献中也有不同的表述，但其内涵是类似的。

以一个示例来解释管理职能的含义：

（1）提出问题。通过进度计划值和实际值的比较，发现进度推迟了。

（2）规划（筹划）。加快进度有多种可能的方案，如改一班工作制为两班工作制，增加夜班作业，增加施工设备和改变施工方法。应对这三个方案进行比较。

（3）决策。从上述三个可能的方案中选择一个将被执行的方案，如增加夜班作业。

（4）执行。落实夜班施工的条件，组织夜班施工。

（5）检查。检查增加夜班施工的决策是否被执行；如已执行，则检查执行的效果如何。

如通过增加夜班施工，工程进度的问题解决了，但发现新的问题，施工成本增加了，这样就进入管理的一个新的循环：提出问题、规划、决策、执行和检查。整个施工过程中管理工作就是不断发现问题和不断解决问题的过程。

以上不同的管理职能可由不同的职能部门承担，如：

（1）进度控制部门负责跟踪和提出有关进度的问题；

（2）施工协调部门对进度问题进行分析，提出三个可能的方案，并对其进行比较；

（3）项目经理在三个可供选择的方案中，决定采用第二方案，即增加夜班作业；

（4）施工协调部门负责执行项目经理的决策，组织夜班施工；

（5）项目经理助理检查夜班施工后的效果。

我国多数企业和建设项目的指挥部或管理机构，习惯用岗位责任制的岗位责任描述书来描述每一个工作部门的工作任务（包括责任、权力和任务等）。国际上在建设项目管理中广泛应用管理职能分工表，以使管理职能的分工更清晰、更严谨，并会暴露仅用岗位责任描述书时所掩盖的矛盾。如使用管理职能分工表还不足以明确每个工作部门的管理职能，则可辅以使用管理职能分工描述书。

如项目管理班子内部用管理职能分工表（见表 2.5）可反映项目经理、各工作部门和各工作岗位对各项工作任务的项目管理职能分工。表中用拉丁字母表示管理职能。管理职能分工表也可用于企业管理。

表 2.5　管理职能分工表

任务＼部门	项目经理部	投资控制部	进度控制部	质量控制部	合同管理部	信息管理部	

方格内拉丁字母表示管理职能

表 2.6 是苏黎世机场建设工作的管理职能分工表，它将管理职能分成七个，即决策准备、决策、执行、检查、信息、顾问和了解。决策准备与规划的含义基本相同。从表 2.6 可以看出，每项任务都有工作部门或个人负责决策准备、决策、执行和检查。

【案例 2.4】

苏黎世机场建设工作的管理职能分工表

表 2.6　苏黎世机场建设工作管理职能分工表

编号	工作任务 P——决策准备　Ko——检查 B——顾问　E——决策 I——信息　D——执行 Ke——了解	项目建设委员会	项目建设委员会成员	机场经理会	机场经理会成员	机场各部门负责人	工程项目协调部门	工程项目协调工程师	工程项目协调组
1	总体规划的目的 / 工期 / 投资	E	BKo	Ke	Ke	Ke	—	—	—
2	组织方面的负责	E	BKo	Ke	Ke	Ke	—	—	—
3	投资规划	E	BKo	Ke	Ke	Ke	—	—	—
4	长期的规划准则	E	Ko	BKe	BKe	DI	B	B	—
5	机场机构组成方面的问题	E	B	Ke	Ke	Ke	—	—	—
6	总体经营管理	E	B	Ke	Ke	PKe	—	—	—
7	有关设计任务书、工期与投资的控制检查	Ko	Ko	DI	DI	I	—	—	—
8	与机场有关的其他项目	Ke	Ke	E	IKo	P	BKo	BKo	Ke
9	施工方面有关技术问题的工作准则	—	—	E	BIKo	B	Ke	PKo	Ke

【案例 2.5】

某大型公共建筑项目编制了管理职能分工表（见表 2.7），该表把项目管理的任务分成几个大类，并对每项任务的规划（筹划）、决策、执行和检查的管理职能明确了由哪一个工作部门承担。但是，该表存在一些问题，在今后编制管理职能分工表时应引起注意：

（1）工作部门标列得太粗，不宜把多个管理组的组长合并为一列，这样合并后，不便分辨投资控制组、进度控制组和质量控制组在相关任务中的管理职能，也不宜把不同专业的工程师合并为一列。

（2）任务栏列的任务太粗。如进度、投资和质量出了问题，应采取纠偏措施进行监督和控制，但在表的任务栏中并没有列明监控。

（3）承担每一项任务同一个管理职能的工作部门过多。如序号 1，项目投资目标规划，承担规划职能（P）的有四个工作部门或人员，承担决策职能（D）的有两个工作部门或人员，承担执行职能（E）的有三个工作部门或人员，承担检查职能（C）的有三个工作部门或人员。

（4）有些任务的有些管理职能没有工作部门或人员承担。如序号 9、序号 11、序号 12、序号 13 等任务没有承担决策职能（D）的工作部门或人员，序号 10、序号 14、序号 22 等任务没有承担执行职能（E）的工作部门或人员，序号 22、序号 31 等任务没有承担检查职能（C）的工作部门或人员。

表 2.7　某大型公共建筑的管理职能分工（请注意：这是一个有错误的示例）

序号	类别	任务	项目经理 / 执行经理	总工	各管理组组长	专业工程师	信息组
1	策划	项目投资目标规划	P D C	P C	P D E	P E C	E
2		项目进度目标规划	P D C	P C	P D E	P E C	E
3		项目质量目标规划	P D C	P C	P D E	P E C	E
4		项目采购模式的规划	P E C	P C	P E C	E	E
5		施工招标模式的规划	P E C	P C	P E C	E	E
6	信息处理	信息编码	P D C	P C	E C		E
7		信息收集与整理	P D C	P C	P D E C	E	E
8		信息的存档与电子化	P C	P C	P C		E
9		网络平台的信息管理与处理	P E	P	P		E

续表

序号	类别	任务	项目经理／执行经理	总工	各管理组组长	专业工程师	信息组
10	进度控制	利用 Project 进行进度控制，形成报表	P D C	P C	P		
11		设计进度的检查	P E C	P C	E C	E	
12		施工进度的检查	P E C	P C	E C	E	
13	发包与合同管理	参与评标	P E C	P C	P E C	E	
14		利用合同管理软件进行合同管理，形成报表	P D	P	P		
15		合同编码	P D C	P C	P E C		E
16		参与合同谈判			P E	E	
17		合同跟踪管理			P E C	E	
18	投资控制	投资分解与编码	P D	P	E C	E	
19		参与付款审核	P C	P C	P C	E	
20		参与决算审核	P C	P C	P D C	E	
21		参与索赔处理	P D C	P C	P D E	E	
22		利用投资控制软件进行投资控制，形成报表	D		P		
23	质量控制	重要分部分项工程验收	C	C	P E	E	
24		重要材料、设备的检查、验收	C	C	P E	E	
25		参与设备调试	C	C	P E	E	
26		参与系统调试	C	C	P E	E	
27		参与竣工验收	C	C	P E	E	
28	项目管理成果	各专业工作月度报告	P C	P C	P D E	E	
29		各专业项目管理工作总结	P D C	P D C	P D E	E	
30		项目管理工作报告（定期和非定期）	P E C	P C	P E C	E	E
31		重大技术问题咨询及报告	P E	P	P E	E	
32		竣工总结	C	C	E C	E	E
33		竣工后项目管理资料的整理归档	P C	P C	E C	E	E

P——规划　　D——决策　　E——执行　　C——检查

2.5　工作流程组织与工程项目结构

2.5.1　工作流程组织

工作流程组织包括：

（1）管理工作流程组织，如投资控制、进度控制、合同管理、付款和设计变更等工作流程；

（2）信息处理工作流程组织，如与生成月度进度报告有关的数据处理工作流程；

（3）物质流程组织，如钢结构深化设计工作流程、弱电工程物资采购工作流程、外立面施工工作流程等。

每一个建设项目应根据其特点，从多个可能的工作流程方案中确定以下几个主要的工作流程组织：

（1）设计准备工作的流程；

（2）设计工作的流程；

（3）施工招标工作的流程；

（4）物资采购工作的流程；

（5）施工作业的流程；

（6）各项管理工作（投资控制、进度控制、质量控制、合同管理和信息管理等）的流程；

（7）与工程管理有关的信息处理的工作流程等。

这就是工作流程组织的任务，即定义各个工作的流程。

工作流程图应视需要逐层细化，如投资控制工作流程可细化为初步设计阶段投资控制工作流程图、施工图设计阶段投资控制工作流程图和施工阶段投资控制工作流程图等。

业主方和项目各参与方，如工程管理顾问单位、设计单位、施工单位和供货单位等都有各自的工作流程组织的任务。

【案例 2.6】

某市轨道交通建设项目设计了如下多个工作流程组织：

1. 投资控制工作流程

（1）投资控制整体流程；

（2）投资计划、分析和控制流程；

（3）工程合同进度款付款流程；

（4）变更投资控制流程；

（5）建筑安装工程结算流程。

2. 进度控制工作流程

（1）控制节点（里程碑）、总进度规划编制与审批流程；

（2）项目实施计划编制与审批流程；

（3）月度计划编制与审批流程；

（4）周计划编制与审批流程；

（5）项目实施计划的实施、检查与分析控制流程；

（6）月度计划的实施、检查与分析控制流程；

（7）周计划的实施、检查与分析控制流程。

3. 质量控制工作流程

（1）建筑安装工程施工质量控制流程；

（2）变更处理流程；

（3）施工工艺流程；

（4）竣工验收流程。

4. 合同与招投标管理工作流程

（1）标段划分和审定流程；

（2）招标公告的拟定、审批和发布流程；

（3）资格审查、考察及入围确定流程；

（4）招标书编制审定流程；

（5）招标答疑流程；

（6）评标流程；

（7）特殊条款谈判流程；

（8）合同签订流程。

5. 信息管理工作流程

（1）文档信息管理总流程；

（2）外单位往来文件处理流程；

（3）设计文件提交、分发流程；

（4）变更文件提交处理流程；

（5）工程进度信息收集及处理流程；

（6）工程投资信息收集及处理流程。

工作流程图用图的形式反映一个组织系统中各项工作之间的逻辑关系，它可用以描述工作流程组织。工作流程图是一个重要的组织工具，如图 2.16 所示。工作流程图中用矩形框表示工作，箭线表示工作之间的逻辑关系，菱形框表示判别条件。也可用两个矩形框分别表示工作和工作的执行者。

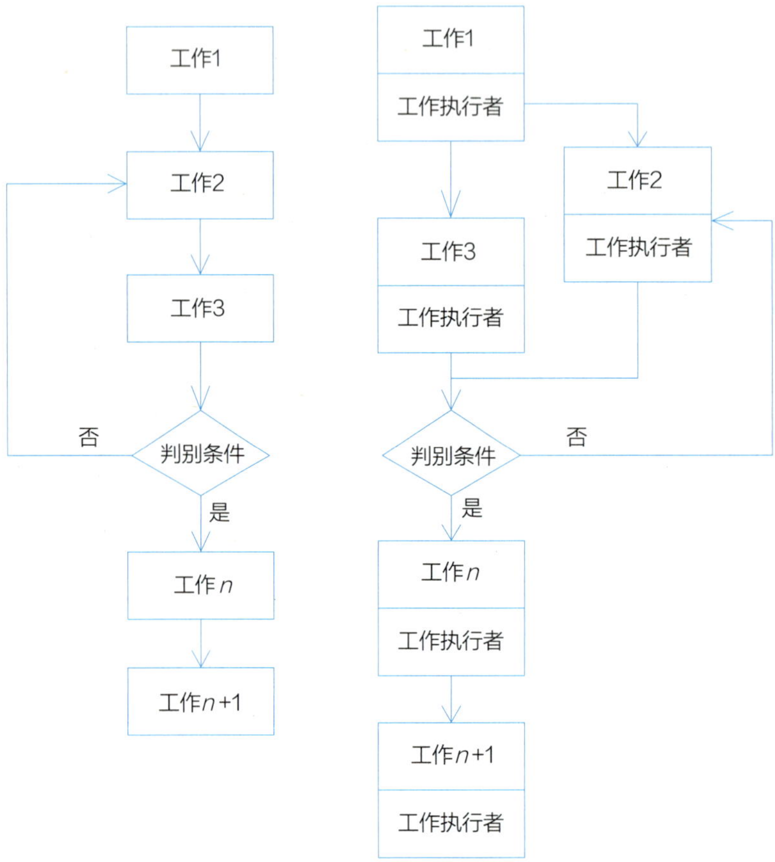

图 2.16 工作流程图

以下示例，将进一步解释工作流程图的含义及其表达方式。

【案例 2.7】

设计变更工作流程图

设计变更在工程实施过程中时有发生。设计变更可能由业主方提出，也可能由施工方或设计方提出。一般设计变更的处理涉及监理工程师、总监理工程师、设计单位、施工单位和业主方等。图 2.17 是某工程设计变更的工作流程图，反映了上述的工作顺序关系。

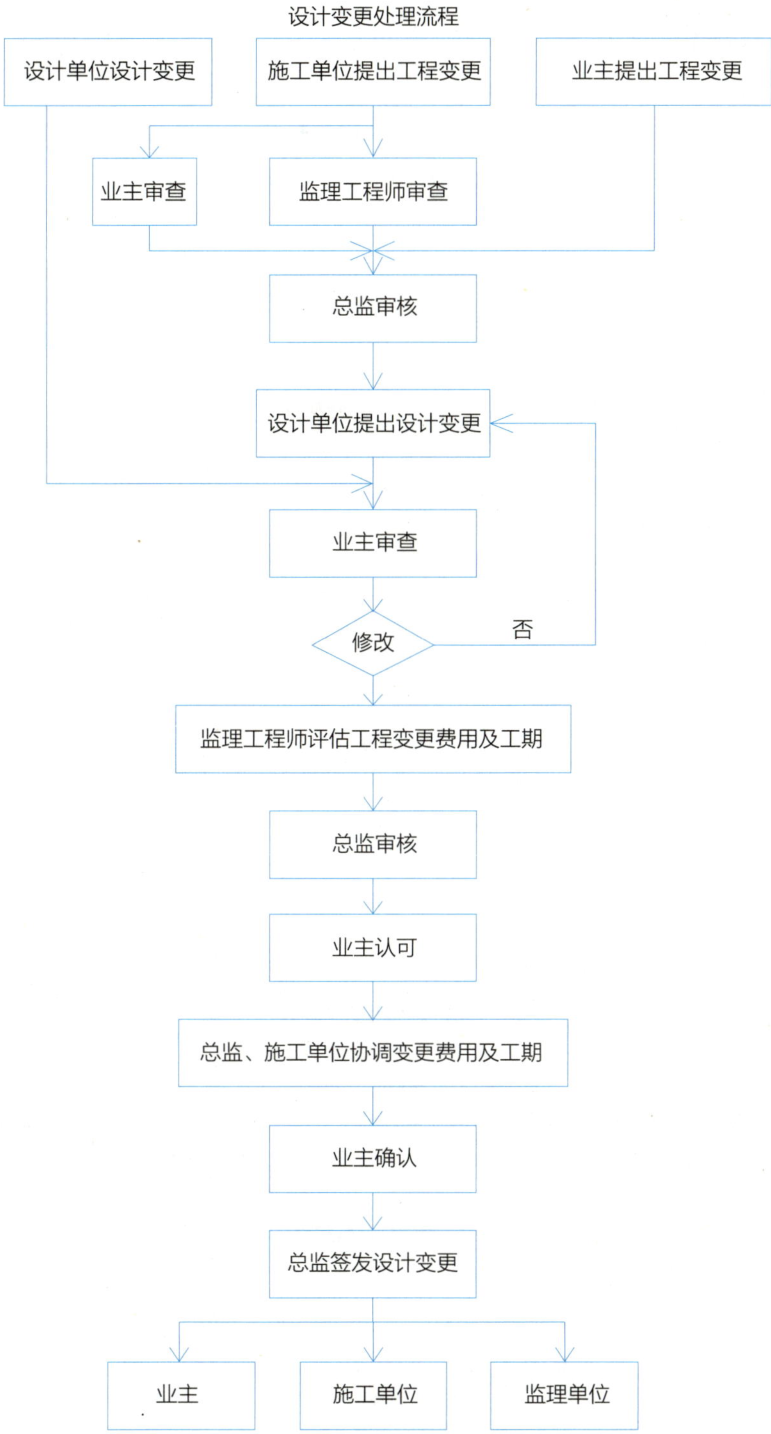

图 2.17　设计变更工作流程图示例

【案例 2.8】

策划工作流程图

某软件园的策划工作由策划方承担，规划工作由规划设计方承担，开发方对策划和规划的阶段性成果将表达其意见，政府对规划的阶段性成果要履行审批职能。策划方、规划设计方、开发方和政府有关部门的工作按一定的顺序进行，相互之间也有一定的交叉。用工作流程图可清晰地表达有关的逻辑关系（见图 2.18）。该图将图面纵向划分为四块，可以非常清楚地识别哪些工作由哪方承担。

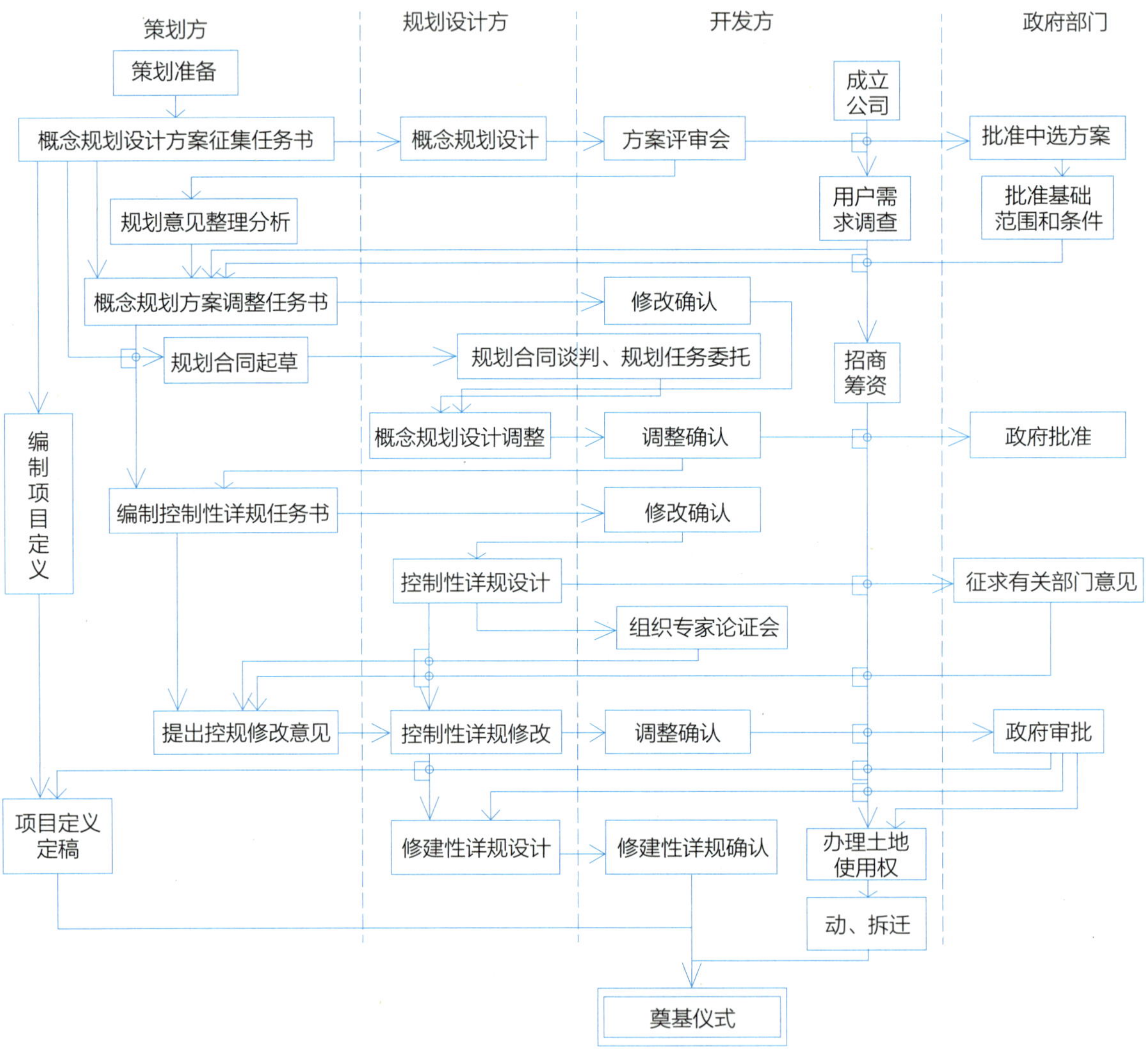

图 2.18　某软件园策划工作的工作流程图示例

【案例 2.9】

设计准备阶段项目管理工作流程图（有错误的示例）

某大型公共建筑项目决定聘请项目管理顾问公司从设计准备阶段开始进行项目管理，项目管理顾问公司编制了项目实施各阶段的项目管理工作流程图，图 2.19 是设计准备阶段项目管理工作流程图。该阶段项目管理方的主要任务是协助业主进行项目总目标的再论证，组织设计方案竞赛，协助业主选定设计方案中选的设计单位并与其签订设计合同。图 2.19 基本反映了上述工作的逻辑顺序，但图的表达存在一些问题。

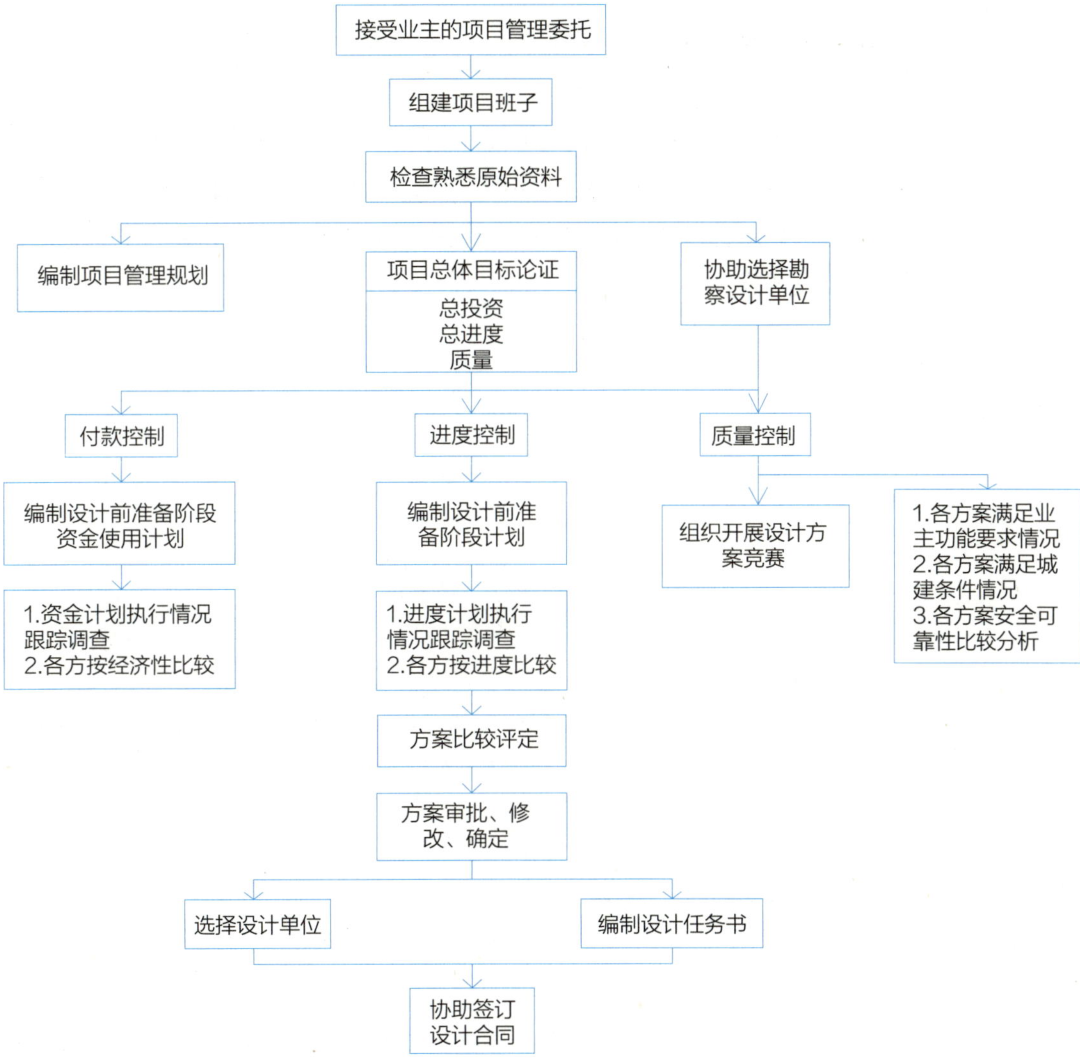

图 2.19　某项目设计准备阶段项目管理工作流程图（请注意：这是一个有错误的示例）

（1）每个矩形框应该标示任务明确的一项具体工作，而不是一个工作的集合概念。图中“进度控制”和“质量控制”的标示不妥，造成“进度控制”和“编制设计前准备阶段计划”之间的逻辑关系不正确，“质量控制”和“组织开展设计方案竞赛”之间的逻辑关系不正确。

（2）工作流程图应表示十分严谨的工作之间的逻辑关系，在图中有几项工作的逻辑关系不正确，如：

①“协助选择勘察设计单位”与“质量控制”；

②“付款控制”与“编制设计前准备阶段资金使用计划”；

③“组织开展设计方案竞赛”与“方案比较评定”。

2.5.2　项目结构

项目结构图（project diagram），或称工作分解结构（work breakdown structure，WBS），是一个重要的组织工具，它通过树状图的方式对一个项目的结构进行逐层分解（见图 2.20），以反映组成该项目的所有工作任务（该项目的组成部分）。

图 2.20　项目结构图

【案例 2.10】

某软件园项目结构图如图 2.21 所示，它是一个群体项目，可按照功能区进行第一层次的分解，即：

（1）软件研发、生产功能区；

（2）硬件研发、生产功能区；

（3）公共服务功能区；

（4）园区管理功能区；

（5）生活功能区。

如对其进行第二层次的分解，其中软件研发、生产功能区包括：软件研发生产大楼和独立式软件研发生产基地。其他功能区也可再分解。某些第二层次的项目组成部分（如独立式软件研发生产基地）还可再分解。

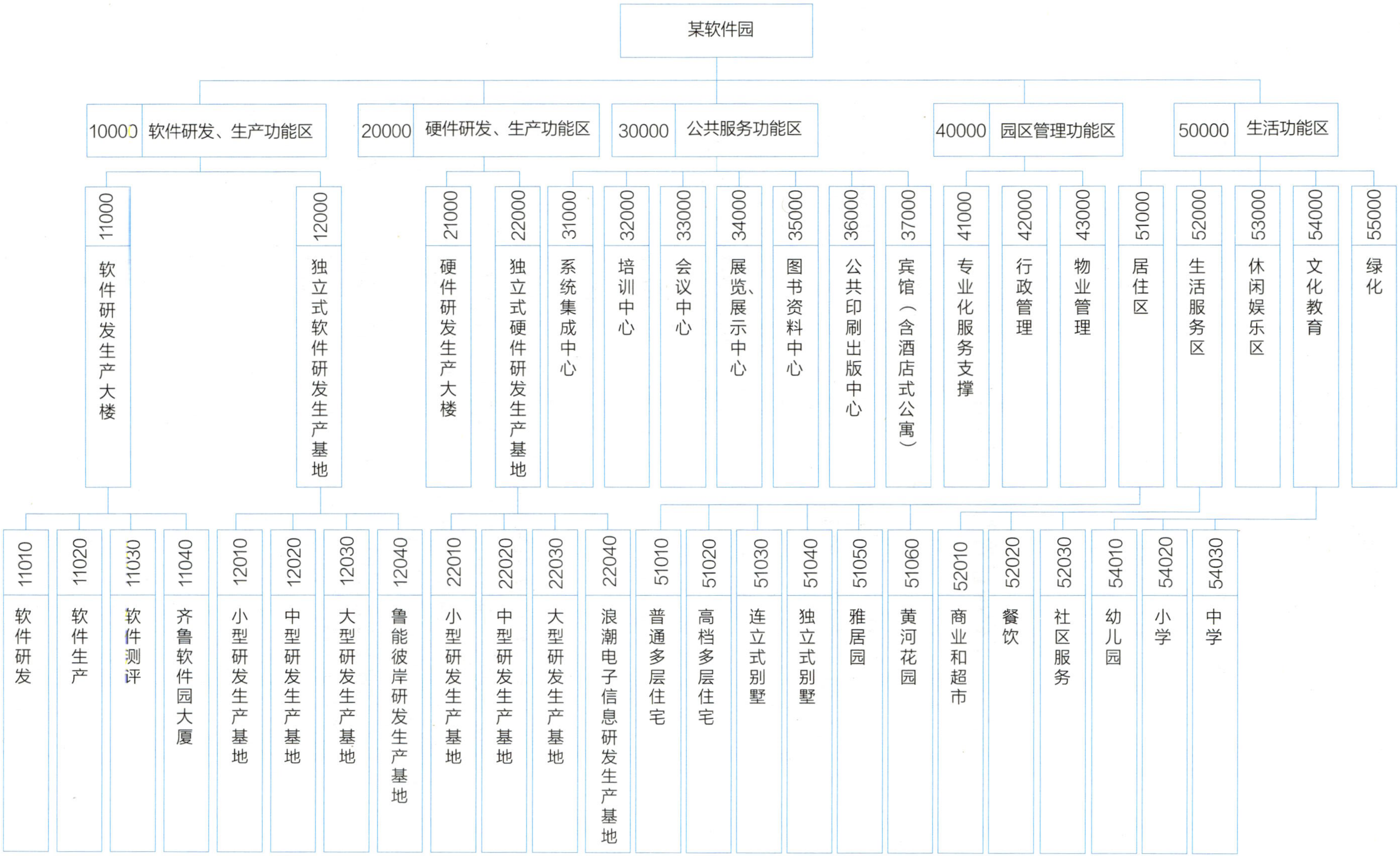

图 2.21 某工程项目的项目结构图

项目结构分解并没有统一的模式，但应结合项目的特点和参考以下原则进行：

（1）考虑项目进展的总体部署；

（2）考虑项目的组成；

（3）有利于项目实施任务（设计、施工和物资采购）的发包和进行，并结合合同结构；

（4）有利于项目目标的控制；

（5）结合项目管理的组织结构等。

2.6　工程项目管理的组织结构

对一个项目的组织结构进行分解，并用图的方式表示，就形成项目组织结构图即 OBS 图（diagram of organizational breakdown structure），或称项目管理组织结构图。图 2.22 指出了项目组织结构图与项目结构图的区别。

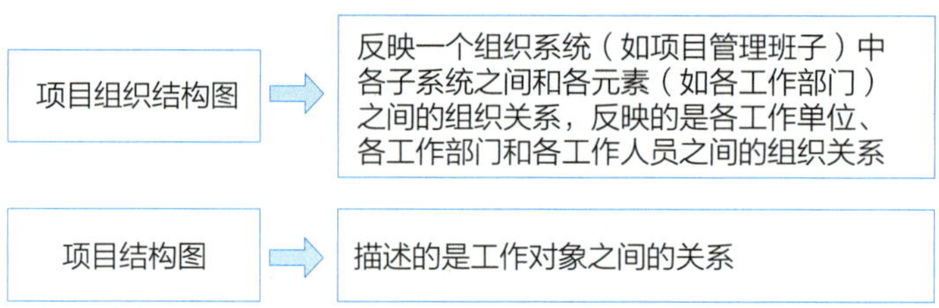

图 2.22　项目组织结构图与项目结构图的区别

一个建设项目的实施除了业主方外，还有许多单位参加，如设计单位、施工单位、供货单位和工程管理顾问单位以及有关的政府行政管理部门等，项目组织结构图应注意表达业主方以及项目的各参与单位有关的各工作部门之间的组织关系（见图 2.23）。

业主方、设计方、施工方、供货方和工程管理顾问方项目管理的组织结构都可用各自的项目组织结构图予以描述。

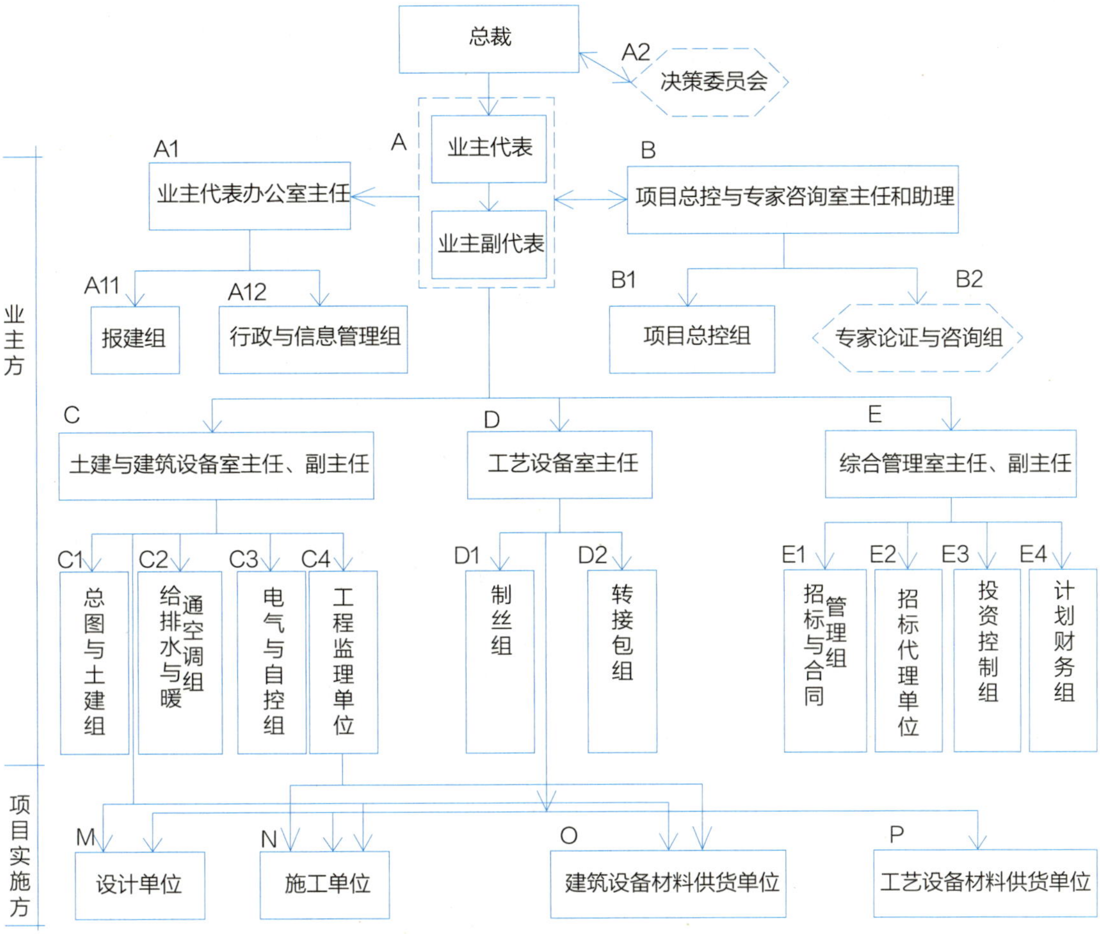

图 2.23 项目组织结构示例

【案例 2.11】

在图 2.23 的项目组织结构图中，业主方内部是线性组织结构，而对于项目实施方而言，则是职能组织结构，该组织结构的运行规则如下。

（1）在业主代表和业主副代表下设三个直接下属管理部门，即土建和建筑设备工程管理（C）、工艺设备工程管理（D）和综合管理部门（E）。这三个管理部门只接受业主代表和业主副代表下达的指令。

（2）在 C 下设 C1、C2、C3 和 C4 四个工作部门，C1、C2、C3 和 C4 只接受 C 的指令。在 D 下设 D1 和 D2 两个工作部门，D1 和 D2 只接受 D 的指令。E 下的情况与 C 和 D 相同。

（3）施工单位将接受土建和建筑设备工程管理部门、工艺设备工程管理部门和工程监理单位的工作指令，设计单位将接受土建和建筑设备工程管理部门和工艺设备工程管理部门的指令。

【案例 2.12】

图 2.24 所示的某项目管理组织结构，在业主方内部和对于实施方都是线性组织结构。在线性组织结构中每一个工作部门只有唯一的上级工作部门，其指令来源是唯一的。图 2.24 中表示了总经理不允许对项目经理和设计方直接下达指令，他必须通过业主代表转达指令；而业主代表也不允许对设计方等直接下达指令，他必须通过项目经理转达指令。否则就可能出现矛盾的指令。项目的实施方（如图 2.24 中的设计方、施工方和甲供物资方）的唯一指令来源是业主方的项目经理，这有利于项目的顺利进行。

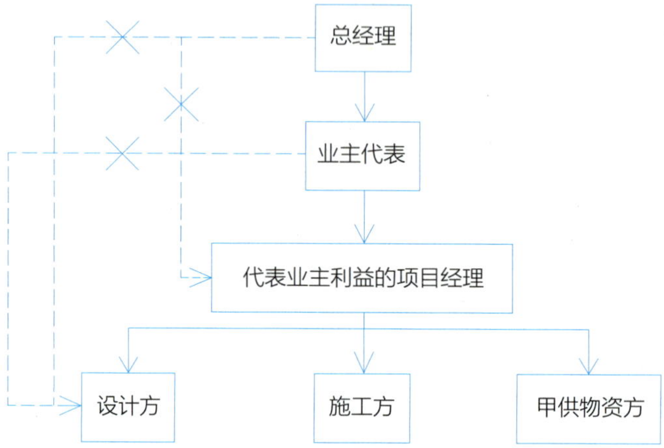

图 2.24　在线性组织结构中不允许出现多重指令

工程项目管理的一个重要哲学思想是：在项目实施过程中，变是绝对的，不变是相对的；平衡是暂时的，不平衡则是永恒的。项目实施的不同阶段，即设计准备阶段、设计阶段、施工阶段和动用前准备阶段，其工程管理的任务特点、管理的任务量、管理人员参与的数量和专业不尽相同，因此业主方项目管理组织结构在项目实施的不同阶段应作必要的动态调整。

国际上业主方项目管理的模式主要有三种，如图 2.25 所示。

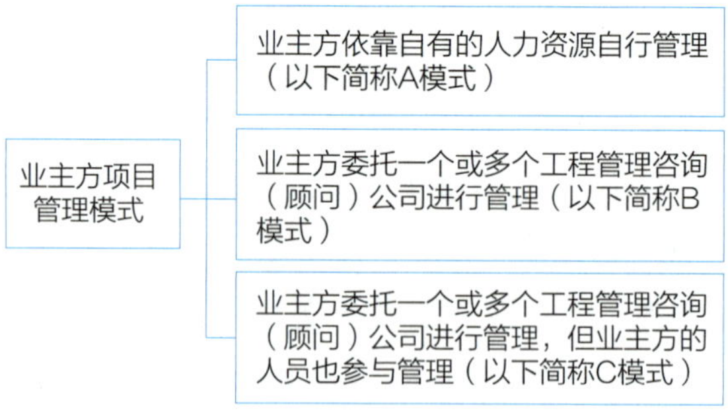

图 2.25　业主方项目管理模式

FIDIC 的有关合同文本（FIDIC IGRA 80 PM）规定，如采用上述 C 模式，则业主方的管理人员将在业主方委托的工程管理顾问公司的项目经理领导下工作。

在多数工业发达国家中，凡公款投资的项目（或有公款投资成分的项目）都由政府主管部门直接进行工程管理，其目的是保护纳税人的利益。政府主管部门管理工程项目的能力非常强，采用的基本上是 A 模式。有些工业发达国家，由于公款投资的项目数量太大，政府也委托半官方的事业单位（如日本的高速公路公团）或非营利性的组织进行公款投资项目的管理。非公款投资的项目则较多采用 B 模式和 C 模式。

我国多数大、中型公款投资项目还是采用传统的工程指挥部的模式进行工程管理。工程指挥部往往是临时性组织，待工程建设结束后，指挥部的历史使命也就完成。因此，不少工程指挥部只有一次性的工程管理失误的教训，而难以积累工程的经验。

无疑，业主方项目管理的组织结构与工程任务的委托方式、发包模式和合同结构紧密相关。对于同一个项目，若采用建设项目总承包，或采用施工总承包，或采用施工任务的平行发包，其相应的业主方项目管理的组织结构必然是不同的。

2.7 建设项目管理规划

建设项目管理规划，或称建设项目实施规划（计划），国际上常用的术语为：project brief，project implementation plan，project management plan 等。它是指导项目管理工作的纲领性文件。在工业发达国家，多数有一定规模的或重要的建设项目都编制建设项目管理规划。我国的一些大型基础设施项目，自 20 世纪 90 年代中期也开始重视编制建设项目管理规划，如广州地铁一号线在项目设计工作开始前，组织力量编制了项目管理规划。近期建设的港珠澳大桥主体工程也在项目实施前期编制了类似的规划文件，包括总纲、管理纲要和管理办法。

【案例 2.13】

举行迎接香港回归庆典（1997）的香港会展中心（Hong Kong Convention & Exhibition Centre Extension）在建设开始时，于 1994 年编制了建设项目管理规划（project implementation plan），其主要内容如下：

（1）项目建设的任务；

（2）委托的顾问公司；

（3）项目管理班子的组织；

（4）合同的策略；

（5）设计管理；

（6）投资管理；

（7）进度管理；

（8）招标和发包的工作程序；

（9）有关的政府部门；

（10）工程报告系统；

（11）质量保证系统和质量控制；

（12）竣工验收事务；

（13）项目进展工作程序；

（14）风险管理；

（15）信息管理；

（16）价值工程；

（17）安全；

（18）环境管理；

（19）不可预见事件管理。

建设项目管理规划依据项目的特点，主要就如图 2.26 所示的几个方面进行分析和描述。

建设项目管理规划

- □ 为什么要进行项目管理；
- □ 项目管理需要做什么工作；
- □ 怎样进行项目管理；
- □ 谁做项目管理不同方面的工作；
- □ 什么时候做，做哪些项目管理工作；
- □ 项目的投资目标分析；
- □ 项目的进度目标分析；
- □ 项目的质量目标分析。

图 2.26　建设项目管理规划分析和描述的要点

建设项目管理规划涉及项目整个实施阶段的工作，它属于业主方项目管理的工作范畴。如果采用建设项目总承包的模式，业主方也可以委托建设项目总承包方编制建设项目管理规划，因为建设项目总承包的工作涉及项目整个实施阶段。

建设项目的其他参与单位，如设计单位、施工单位和供货单位等，为进行其项目管理也需要编制项目管理规划，但它只涉及项目实施的一个方面，并体现一个方面的利益，如设计方项目管理规划、施工方项目管理规划和供货方项目管理规划等。

建设项目管理规划内容涉及的范围和深度，在理论上和工程实践中并没有统一的规定，应视项目的特点而定，一般包括的内容如图 2.27 所示。

□ 项目概述；
□ 项目的目标分析和论证；
□ 项目管理的组织；
□ 项目采购和合同结构分析；
□ 投资控制的方法和手段；
□ 进度控制的方法和手段；
□ 质量控制的方法和手段；
□ 安全、健康与环境管理的策略；
□ 信息管理的方法和手段；
□ 技术路线和关键技术的分析；
□ 设计过程的管理；
□ 施工过程的管理；
□ 风险管理的策略等。

图 2.27　建设项目管理规划的主要内容

本章小结

本章内容的知识结构如图 2.28 所示。

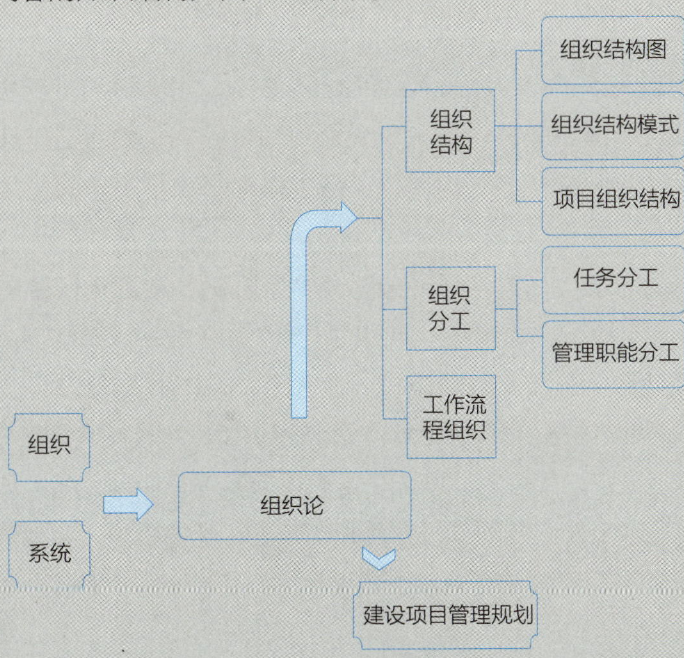

图 2.28　本章知识结构图

（1）组织（organization）。Richard L. Daft 所著《组织理论与设计》的定义：“组织是指这样一个社会实体，它具有明确的目标导向和精心设计的结构与有意识协调的活动系统，同时又同外部环境保持密切的联系。”

（2）系统（system）。钱学森教授在《论系统工程》等著作中提出：系统是人们对客观事物观察方式的结果。

（3）组织论（organization theory）。Richard L. Daft 在《组织理论与设计》中提出：“组织理论是对组织的一种思考和思维方式。组织理论提供了一种比其他方式能更准确并深入地考察和分析组织的方法。”

（4）组织结构与组织结构图（organization structure）。Richard L. Daft 所著《组织理论与设计》对组织结构作了如下的解释。

组织结构的定义包含了三方面关键要素：

① 组织结构决定了组织中的正式报告关系，包括职权层级的数目和主管人员的管理幅度。

② 组织结构确定了将个体组合成部门、部门再组合成整个组织的方式。

③ 组织结构包含了确保跨部门的沟通、协作与力量整合的制度设计。

组织结构图描述一个组织中各组成元素（工作部门）之间的关系，即相互之间的报告关系和领导与被领导关系等。

（5）基本组织结构模式。基本组织结构模式包括：职能组织结构、线性组织结构和矩阵组织结构。许多新型的组织结构模式都是在这些基本组织结构模式基础上发展起来的，如 Richard L. Daft 所著《组织理论与设计》介绍的事业部型、地区型、虚拟网络型、外包型和混合型等组织结构模式。

（6）项目组织结构（organizational breakdown structure）。反映一个组织系统（如项目管理班子）中各子系统之间和各元素（如各工作部门）之间的组织关系，反映的是各工作单位、各工作部门和各工作人员之间的组织关系。

（7）任务分工。在管理任务分工表中应明确各项工作任务由哪个工作部门（或个人）负责，由哪些工作部门（或个人）配合或参与。

（8）管理职能分工。管理是由多个环节组成的有限的循环过程，它包括以下管理职能：提出问题、规划（筹划）、决策、执行和检查。

项目管理班子内部用管理职能分工表可反映项目经理、各工作部门和各工作岗位对各项工作任务的项目管理职能分工。表中用拉丁字母表示管理职能。管理职能分工表也可用于企业管理。

（9）工作流程组织（workflow organization）。工作流程组织包括：管理工作流程组织、信息处理工作流程组织和物质流程组织。

工作流程图用图的形式反映一个组织系统中各项工作之间的逻辑关系，它可用来描述工作流程组织。

（10）建设项目管理规划（project brief/project implementation plan/project management plan）。建设项目管理规划，或称建设项目实施规划（计划），是指导项目管理工作的纲领性文件。

建设项目管理规划涉及项目整个实施阶段的工作，属于业主方项目管理的工作范畴。如果采用建设项目总承包的模式，业主方也可以委托建设项目总承包方编制建设项目管理规划。建设项目的其他参与单位，如设计单位、施工单位和供货单位等，为进行其项目管理也需要编制项目管理规划。

关键术语

组织　项目结构　组织结构　职能组织结构　线性组织结构　矩阵组织结构　管理任务分工　管理职能分工　工作流程组织　项目组织结构　建设项目管理规划

复习思考题

（1）请分析组织论与工程项目管理的关系。

（2）请分析项目结构图、组织结构图和合同结构图的区别。

（3）请分析职能组织结构、线性组织结构和矩阵组织结构的特点。

（4）请分析管理任务分工和管理职能分工的意义。

（5）请绘制投资控制工作流程图。

（6）请绘制一张项目结构图。

（7）请分析项目结构和合同结构的关系。

（8）为什么在项目实施期业主方的管理组织结构需动态调整？

（9）建设项目管理规划的主要内容是什么？

即测即评

请扫描二维码，进行本章测试。

延伸阅读

[1] 丁士昭. 工程项目管理 [M]. 2 版. 北京：中国建筑工业出版社，2014：29-64.

[2] 理查德 · L. 达夫特. 组织理论与设计 [M]. 10 版. 刘松博，石鸟云，等译. 北京：清华大学出版社，2011.

[3] 亨利 · 明茨伯格. 卓有成效的组织 [M]. 魏青江，译. 北京：中国人民大学出版社，2007.

[4] 伊恩 · 帕尔默，理查德 · 邓福德，吉布 · 埃金. 组织变革管理 [M]. 2 版. 金永红，奚玉芹，译. 北京：中国人民大学出版社，2009.

3　工程项目目标控制基本原理

【本章导读】工程项目实施过程中，主客观条件的变化是绝对的，必须对项目实施进行有效的目标规划和控制。工程项目管理的核心，就是以费用（投资或成本）目标、进度目标和质量目标为核心的三大目标控制，而目标控制的核心是依据动态控制原理进行计划值与实际值的比较，发现偏差，采取纠偏措施的过程。

本章将探讨工程项目目标控制的内涵及基本原理，主要内容包括：

（1）工程项目目标控制基本理论；

（2）动态控制原理在工程项目目标控制中的应用；

（3）工程项目风险管理。

3.1　项目控制的内涵和类型

3.1.1　项目控制的含义

项目控制是项目管理过程的重要一环。项目控制是指在项目按事先计划朝着最终目标实施的过程中，项目管理者根据项目跟踪提供的信息，对比原计划（或既定目标），找出偏差，分析成因，研究纠偏对策，实施纠偏措施的全过程。项目控制的主要任务是把计划执行情况与计划目标进行比较，对比较的结果进行分析，纠正和预防产生差异的因素，使项目目标得以实现。

在项目组织中，有效地实施项目控制需要以下前提。

1. 明确的目标

目标决定控制活动的内容，是控制的标准。比如，所有进度控制活动都是围绕项目在某一特定时间节点内完成进度目标进行。当发现进度滞后时，应及时采取相应的措施，使项目实施进度满足预定要求。一般来说，目标越明确、越具体，控制效果就越显著。

2. 责权分明的组织结构

组织结构越清晰、完整，组织分工越明确，信息就越能有效地、畅通地传输，控制活动就能越有效开展，一旦发现偏差，马上就能判定偏差出在哪里，由谁负责，以便及时采取措施纠正。

3. 科学的控制程序

在实际控制过程中，需要通过一定的控制方法才能使实际运行情况和计划相一致。根据具体的控制目标，采取科学的控制方法，才能取得较好的控制效果，从而事半功倍。

3.1.2　项目控制的类型

项目控制可以分为事前控制、事中控制和事后控制三种类型。

1. 事前控制

事前控制又称预先控制，是指在实际活动前便制定绩效标准及偏差预警系统，用各方面的信息来预测外部干扰对系统行为的影响，从而在问题发生前即启动控制程序以防范未来可能发生的问题。它是一种主动控制，一种面向未来的控制，可以解决传统控制过程中存在的时滞影响，尽最大可能改变偏差已经成为事实的被动局面，从而使控制更为有效。

2. 事中控制

事中控制是在问题发生时立即采取相应的对策纠正偏差，又称同步控制、实时控制或现场控制。随着信息技术的发展，项目管理者可以利用实时信息系统随时了解项目计划的执行情况，及时采取纠偏措施。

3. 事后控制

事后控制是在出现问题、发生偏差之后，采取控制程序来解决问题或纠正偏差，因此又称为反馈控制。项目按计划运行时，项目管理人员将项目实际进展的跟踪信息传递给控制部门，控制人员从中发现问题，找出偏差，提出纠偏方案，然后反馈给项目管理人员付诸实施，使计划目标出现偏差就能得到及时纠正。

事前控制体现对计划、规划和执行进行预测的作用；事中控制体现对计划执行的控制作用，以及在执行中及时采取措施纠正偏差的能力；事后控制则体现对控制过程总结整理的作用和调整计划的能力。事后控制的改正措施又会成为下一阶段（工作单元）事前控制的一部分。三类控制的循环如图 3.1 所示。

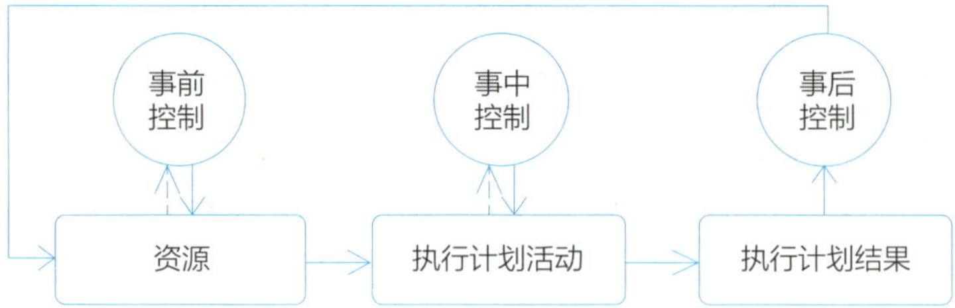

图 3.1　三类控制的循环

要有效地对一个工程项目的目标进行控制，应该将三类控制紧密结合，充分发挥各自的优势。在项目前期分析、论证及策划阶段，要加大事前控制的力度，全面分析各种不确定因素，提前对风险进行预判，合理识别和评估偏差可能带来的不良结果；在项目运行过程中，要加强实时控制、检查反馈、纠偏处理结合，加强对项目目标的动态控制。只有将事前、事中、事后控制有效结合运用，形成一个全过程的前后互动的控制体系，才能确保项目目标的最终实现。

3.2 工程项目目标控制基本理论

3.2.1 动态控制原理

动态控制原理是项目目标控制最基本的方法论，贯穿于整个项目管理过程中。所谓动态控制，是指根据事物及周边变化情况，实时实地进行控制，表现为项目计划值与实际值比较。

项目在实施过程中必须进行有效控制，以保证按照预定计划顺利执行，这一点与导弹发射原理相一致，如图 3.2 所示。导弹发射之前，控制人员根据欲击中的目标制定导弹飞行计划轨迹；导弹发射之后，因受风力等外部干扰因素影响，出现偏离计划轨迹的偏差，导弹控制人员发现后就会发出数字信号对导弹飞行进行纠偏，使飞行回到计划轨迹。导弹在整个飞行过程中会不断产生轨道偏差，控制人员必须不断对其纠偏，直至飞行过程结束，击中目标物为止。

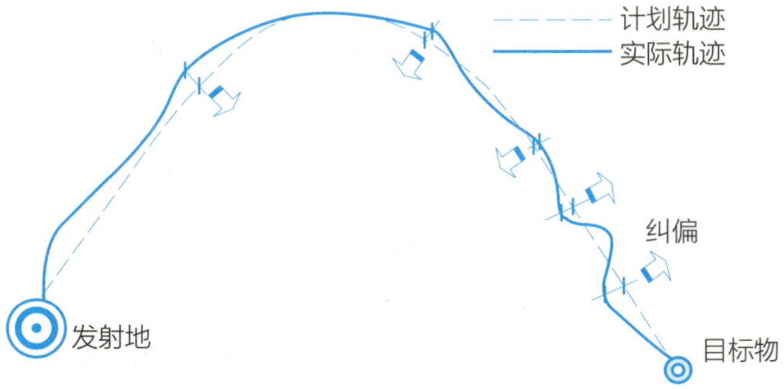

图 3.2 导弹发射与控制示意图

项目管理领域有一个重要的哲学思想：变是绝对的，不变是相对的；平衡是暂时的，不平衡是永恒的；有干扰是必然的，没有干扰是偶然的。因此在项目实施过程中必须随着情况的变化进行项目目标的动态控制。项目目标动态控制是一个动态循环过程，其工作程序如图 3.3 所示。

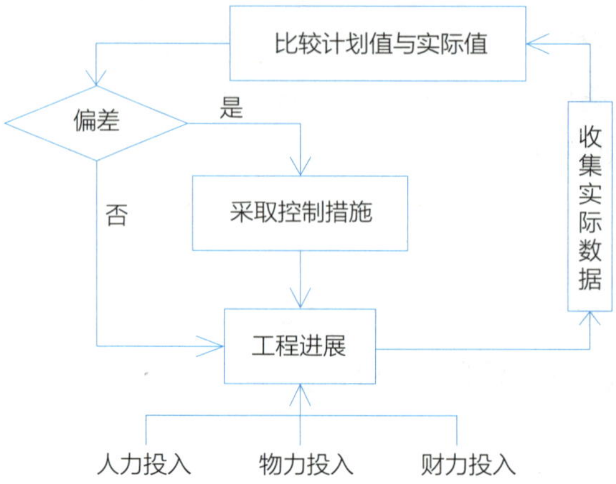

图 3.3　项目目标动态控制原理图

具体来说，工程项目目标动态控制包括三个工作步骤，如图 3.4 所示。

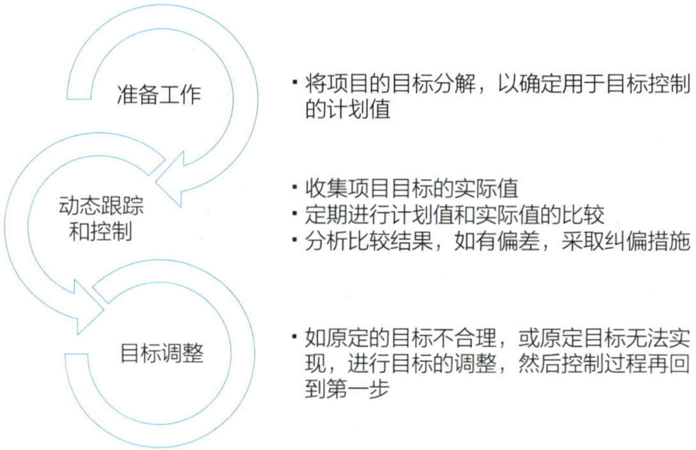

图 3.4　工程项目目标动态控制的工作步骤

工程项目目标动态控制中的三大要素是目标计划值、目标实际值和纠偏措施。目标计划值是目标控制的依据和目的，目标实际值是进行目标控制的基础，纠偏措施是实现目标的途径。

目标控制过程中关键一环，是通过目标计划值和实际值的比较分析发现偏差。这种比较是动态的、多层次的，同时也是相对的。如投资控制，是在决策阶段、设计阶段和施工阶段等不同阶段内及不同阶段之间进行的，初步设计概算相对于投资估算是“实际值”，而相对于施工图预算是“计划值”。

此外，要做到计划值与实际值的比较，前提条件是各阶段计划值与实际值要有统一的分解结构和编码体系，相互之间的比较应该是分层次、分项目的比较，而不单纯是总值之间的比较。只有各分项对应比较，才能找出偏差，分析偏差的原因所在，并及时采取纠偏措施。

3.2.2 PDCA 循环原理

PDCA 循环（又称戴明环）也是一种被广泛采用的项目目标控制理论。它是一种能使活动有效进行的合乎逻辑的工作程序。PDCA 循环包括计划（plan）、执行（do）、检查（check）和处置（action）四个基本环节，必须形成闭环管理，四个环节缺一不可。

1. 计划（P）

明确目标并制定实现目标的行动方案。

2. 执行（D）

具体运作实现计划中的内容。执行包含两个环节：一是计划行动方案的交底；二是按计划规定的方法与要求展开活动。

3. 检查（C）

对计划实施过程进行各类检查。检查包含两个方面：一是检查是否严格执行了计划的行动方案，实际条件是否发生了变化，没按计划执行的原因；二是检查计划执行的结果。

4. 处置（A）

对检查中发现的问题，及时进行原因分析，采取必要的措施予以纠正，保持目标处于受控状态。处置分为纠偏处置和预防处置两个步骤。纠偏处置是采取应急措施，解决已发生的或当前的问题或缺陷；预防处置是反思问题症结或计划的不周，为今后类似问题的预防提供借鉴。

处置（A）是 PDCA 循环中的关键环节。如果没有此环节，已取得的成果无法巩固（防止问题再发生），也提不出上一个 PDCA 循环的遗留问题或这一循环可能存在的新的问题。

PDCA 循环过程是循环前进、阶梯上升的，对于处置环节中没有解决的问题，应交给下一个 PDCA 循环去解决，如图 3.5 所示。它可以在组织的每一个过程中展开，也可以在整个过程的系统中展开。它与产品实现过程及质量管理体系其他过程的策划、实施、控制和持续改进有密切的关系。

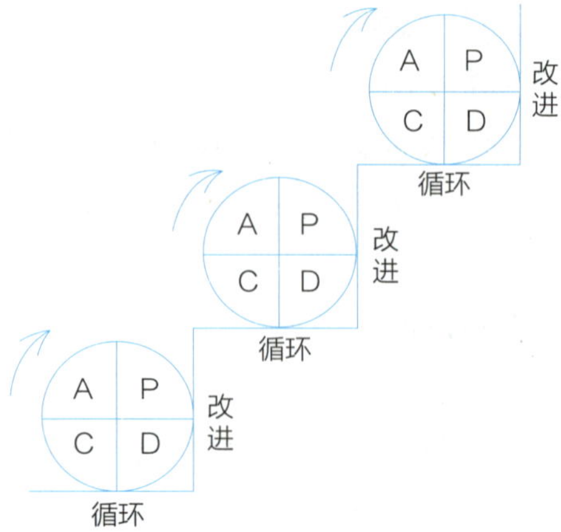

图 3.5　PDCA 循环示意图

3.3　动态控制原理在工程项目目标控制中的应用

3.3.1　动态控制原理在工程项目投资控制中的应用

在项目决策阶段完成项目前期策划和可行性研究过程中，应编制投资估算；在设计阶段，应编制初步设计（修正）概算和施工图预算；在招投标和施工阶段，应编制招标标底（视需要）、施工合同价、工程结算价和工程竣工决算价。

为了进行投资目标论证和有效的投资控制，需要对建设项目投资目标进行分解。投资目标分解的方式有多种，包括按建安工程费用组成划分，按年度、季度和月度划分，按项目实施阶段划分，按项目组成划分等。经过分解形成的投资子项要适应于不同阶段投资数据的比较。

投资控制工作必须贯穿于项目建设全过程和面向整个项目。各阶段的投资控制以及各子项目的投资控制作为项目投资控制子系统，相互连接和嵌套，共同组成项目投资控制系统。工程项目实施各阶段投资目标计划值和实际值比较的主要关系如图 3.6 所示，从中也可以看出各阶段投资控制子系统的相互关系。

在设计阶段，工程项目投资目标实际值和计划值的比较主要包括：

（1）初步设计（修正）概算和投资估算的比较；

（2）施工图预算和初步设计（修正）概算的比较。

在施工阶段，工程项目投资目标实际值和计划值的比较主要包括：

（1）施工合同价和初步设计（修正）概算的比较；

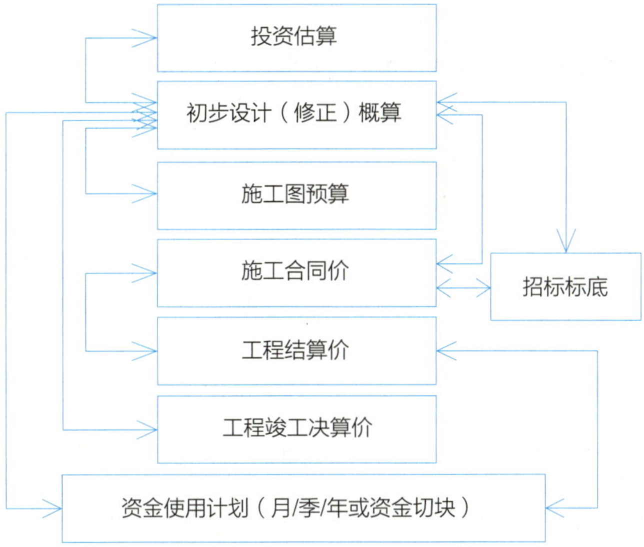

图 3.6　工程项目投资目标计划值与实际值的比较

（2）招标标底和初步设计（修正）概算的比较；

（3）施工合同价和招标标底的比较；

（4）工程结算价和施工合同价的比较；

（5）工程结算价和资金使用计划（月 / 季 / 年或资金切块）的比较；

（6）资金使用计划（月 / 季 / 年或资金切块）和初步设计（修正）概算的比较；

（7）工程竣工决算价和初步设计（修正）概算的比较。

投资计划值和实际值的比较，应是定量的数据比较，并应注意两者内容的一致性，比较的成果是投资跟踪和控制报告。如发现偏差，则应积极采取措施，纠正偏差或者调整目标计划值。需要指出的是，投资控制绝对不是单纯的经济工作，也不仅仅是财务部门的事，它涉及组织、管理、经济、技术和合同各方面。

为实现有效的工程项目投资目标动态控制，项目管理人员的工作主要包括以下内容：

（1）确定建设项目投资分解体系，进行投资切块；

（2）确定投资切块的计划值（目标值）；

（3）采集、汇总和分析对应投资切块的实际值；

（4）进行投资目标计划值和实际值的比较；

（5）如发现偏差，采取纠偏措施或调整目标计划值；

（6）编制相关投资控制报告。

3.3.2 动态控制原理在工程项目进度控制中的应用

在工程项目实施全过程中，应编制深度不同的进度计划，如图 3.7 所示。

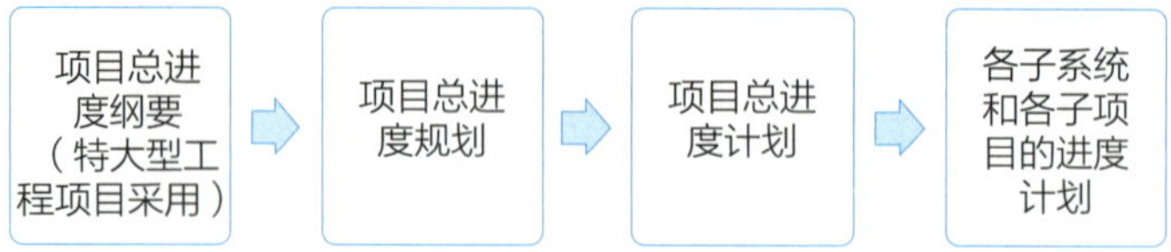

图 3.7 不同深度的工程项目进度计划

编制项目总进度纲要和项目总进度规划时，要分析和论证项目进度目标实现的可能性，并对项目进度目标进行分解，确定里程碑事件的进度目标。里程碑事件的进度目标可作为进度控制的重要依据。在工程实践中，往往以里程碑事件（或基于里程碑事件的细化进度）的进度目标值作为进度的计划值。进度实际值是对应于里程碑事件（或基于里程碑事件的细化进度）的实际进度。

进度的计划值和实际值的比较应是定量的数据比较（并应注意两者内容的一致性），一般要求定期进行，周期视项目的规模和特点而定。工程进度计划值和实际值比较的成果是进度跟踪和控制报告，如进度控制的周、旬、月、季、半年和年度报告等，如图 3.8 所示。

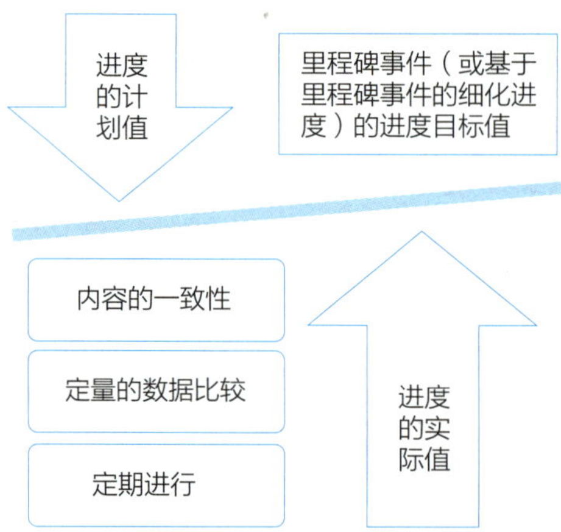

图 3.8 进度计划值和实际值的比较

在业主方项目管理过程中，进度控制的主要任务是根据进度跟踪和控制报告，积极协调不同参与单位、不同阶段、不同专业之间的进度关系。

为实现有效的工程项目进度目标动态控制，项目管理人员的工作包括以下主要方面：

（1）收集编制进度计划的原始数据；

（2）进行项目结构分解（对项目的构成或组成进行分析，明确工作对象之间的关系）；

（3）进行进度计划系统的结构设计；

（4）编制各层（各级）进度计划；

（5）协调各层（各级）进度计划执行过程中的问题；

（6）采集、汇总和分析实际进度数据；

（7）定期进行进度计划值和实际值的比较；

（8）如发现偏差，采取纠偏措施或调整进度计划；

（9）编制相关进度控制报告。

【案例 3.1】

上海环球金融中心项目施工进度计划和控制系统

上海环球金融中心位于上海市浦东新区陆家嘴金融贸易区，是一座超高层综合型城市建筑，其主要功能有办公、商业、观光、商贸和展览等（见图 3.9）。建筑高度 492 米，地上建筑 101 层，地下 3 层，总建筑面积约 38 万 m^2，工程造价约 83 亿元人民币，项目投资单位为日本森海外株式会社（Forest Overseas Co., Ltd.）。

图 3.9 上海环球金融中心

该工程项目采取业主方自行管理模式，建筑设计由 KPF 建筑师事务所牵头承担，国内设计单位为上海现代建筑设计（集团）有限公司，施工单位为中国建筑工程总公司和上海建工（集团）总公司施工总承包联合体。

上海环球金融中心项目施工进度计划系统是一个分层次、严密的进度计划系统，包括施工总进度形象计划、施工总进度计划、季度施工进度计划、月度施工进度计划和周施工进度计划。其特点有：

（1）针对高层建筑特点，综合工作时间、楼层高度（工作面）、横道图、网络计划等特点编制施工总进度形象计划，比横道图反映内容更丰富、更直观和形象，而且很好体现各专业之间、工作资源与工作面之间的关系；

（2）基于施工总进度形象计划，由施工总承包单位组织编制施工总进度计划、季度施工进度计划、月度施工进度计划和周施工进度计划；

（3）在计划编制中，充分考虑各专业交叉、搭接施工，处理好工作面、工作资源与任务之间的关系，最大化地利用工作面资源；

（4）合理处理好施工图设计、采购、深化设计、政府审批工作计划与施工计划的衔接；

（5）周计划细化到每个专业、每个层面和每个分包单位的工作内容；

（6）各项计划之间属于父子关系，不断细化，各分包单位按专业、部位编制各级相关计划，由施工总承包单位汇总和平衡；

（7）建立进度周报、月报制度，严把关键线路施工进度，并每周、每月根据延迟情况调整后续工序，保证施工总工期。

3.3.3　动态控制原理在工程项目质量控制中的应用

工程项目质量目标可以分解为设计质量、施工质量、材料质量和设备质量。各质量子目标还可以进一步分解，如施工质量可以按单项工程、单位（子单位）工程、分部（子分部）工程、分项工程和检验批进行划分。质量控制工作贯穿于项目建设全过程和面向整个项目。民用建筑工程项目各阶段质量目标计划值和实际值比较的主要关系如图 3.10 所示。

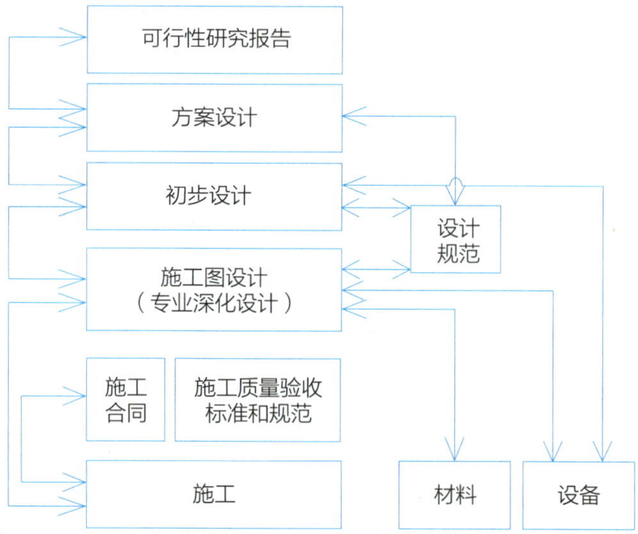

图 3.10　工程项目质量目标计划值与实际值的比较

在设计阶段，工程项目质量目标实际值和计划值的比较主要包括：

（1）方案设计和可行性研究报告、设计规范的比较；

（2）初步设计和方案设计、设计规范的比较；

（3）施工图设计（专业深化设计）和初步设计、设计规范的比较。

在施工阶段，工程项目质量目标实际值和计划值的比较主要包括：

（1）施工质量和施工图设计（专业深化设计）、施工合同中的质量要求、施工质量验收标准和规范等的比较；

（2）材料质量和施工图设计（专业深化设计）中相关要求和质量标准等的比较；

（3）设备质量和初步设计、施工图设计（专业深化设计）中相关要求和质量标准等的比较。

质量目标计划值和实际值的比较，需要对质量目标进行分解，形成可比较的子项。质量目标计划值和实际值的比较是定性比较和定量比较的结合，如专家审核、专家验收、现场检测、试验和外观评定等。

质量控制的对象可能是建设项目设计过程、单项工程、单位工程、分部分项工程或检验批。以一个分部分项工程为例，动态控制过程的工作主要包括以下几个方面：

（1）确定控制对象应达到的质量要求；

（2）确定所采取的检验方法和检验手段；

（3）进行质量检验；

（4）分析实测数据和标准之间产生偏差的原因；

（5）采取纠偏措施；

（6）编制相关质量控制报告等。

3.4 工程项目风险管理

3.4.1 项目风险管理基本理论

风险管理作为一门独立的学科，产生于20世纪50年代。项目风险管理理论遵循项目目标主动控制的思想，即事前预测分析可能导致项目目标偏离的风险，并针对这些风险采取有效的预防措施，从而使项目目标达成。

风险的概念有狭义和广义两种理解，如图3.11所示。狭义风险是指损失的不确定性，即不希望发生的事件发生的可能性以及发生后可能的后果。20世纪80年代开始，有学者提出在考虑项目风险时增加机会的概念。机会是可能给项目带来积极影响的一种可能发生的事情，用来抵消项目中可能出现的负面事件的影响，同时应该尽力去获取项目中更多的收益。因此，广义的风险还包括有利的不确定性（机会）。

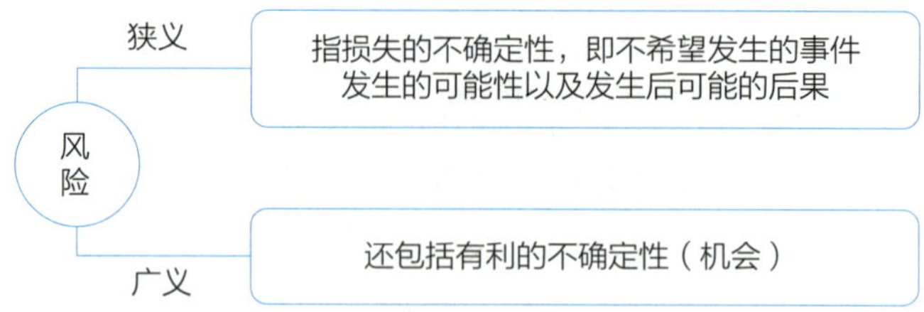

图 3.11　风险概念的两种理解

美国项目管理协会在《项目管理知识体系指南》（第五版）中将风险管理的过程划分为规划风险管理、识别风险、实施定性风险分析、实施定量风险分析、规划风险应对和控制风险六个部分。

中国优选法统筹法与经济数学研究会项目管理研究委员会在《中国项目管理知识体系》（Chinese Project Management Body of Knowledge，C-PMBOK）中根据项目风险管理的特点，将项目风险管理的核心过程划分为风险管理规划、风险识别、风险评估、风险应对计划和风险监控五个部分，如图 3.12 所示。

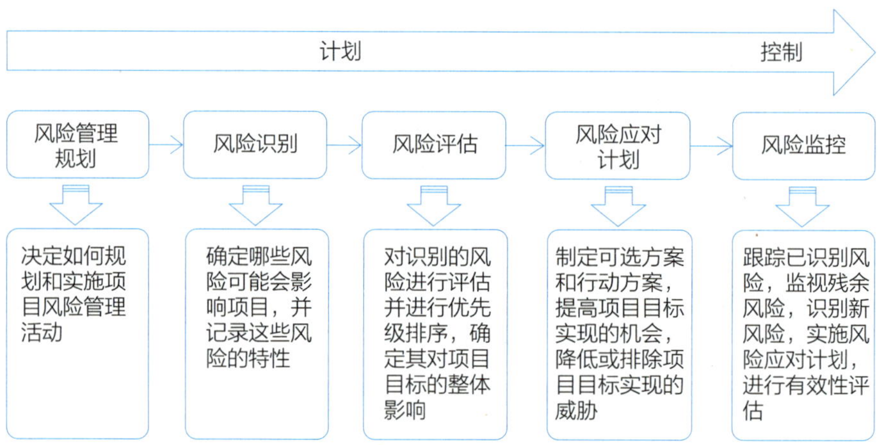

图 3.12　项目风险管理核心过程（C-PMBOK）

（1）风险管理规划：决定如何规划和实施项目风险管理活动，形成风险管理计划。

（2）风险识别：确定哪些风险可能会影响项目，记录这些风险的特性。

（3）风险评估：对已识别的项目风险进行分析、评估和排序，确定风险对项目目标的整体影响。风险评估由风险定性分析、风险定量分析组成。风险定性分析是每个项目必须进行的，风险定量分析一般视项目的具体情况及对风险管理的投入水平选择进行。

（4）风险应对计划：制定可选方案和行动方案，提高项目目标实现的机会，降低或排除项目目标实现的威胁。

（5）风险监控：在整个项目生命周期中，跟踪已识别风险，监视残余风险，识别新风险，实施风险应对计划，并对其有效性进行评估。

3.4.2　工程项目风险管理规划

工程项目风险管理规划是规划和设计如何进行工程项目风险管理的过程，该过程包括的内容如图 3.13 所示。

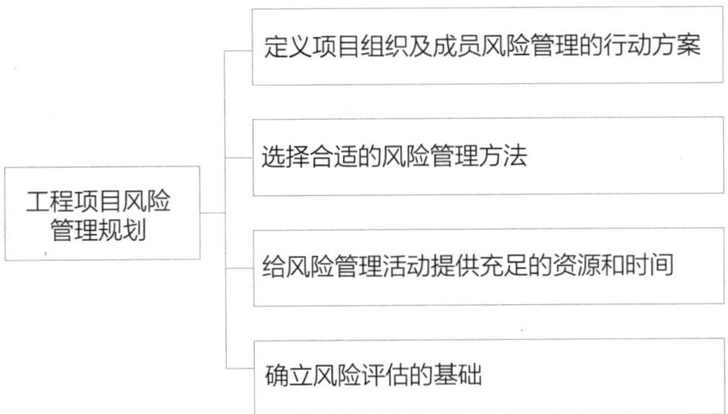

图 3.13　工程项目风险管理规划内容

工程项目风险管理规划应在项目规划的早期完成，一般通过规划会议的形式制定，与会者包括项目经理、项目团队成员、风险管理人员以及其他应参与的人员和利益相关者等。在会议期间，制定风险管理活动的基本计划；确定风险费用因素和需要安排的活动，并分别将其纳入项目预算和进度计划中；对风险职责进行分配，并针对具体项目调整风险管理通用模板文件（如概率和影响矩阵）等。

3.4.3　工程项目风险识别

工程项目的建设周期长，遇到的风险因素多，加上自身及所处环境的复杂性，很难全面、系统地识别其风险因素。工程项目风险识别，就是项目管理者识别风险来源、确定风险发生条件、描述风险特征并评价风险影响的过程。

从系统地完成工程项目的角度出发，可能影响工程项目的风险因素主要包括政治风险、经济风险和工程风险三类，如图 3.14 所示。

以下对政治风险、经济风险和工程风险作进一步细化阐述。

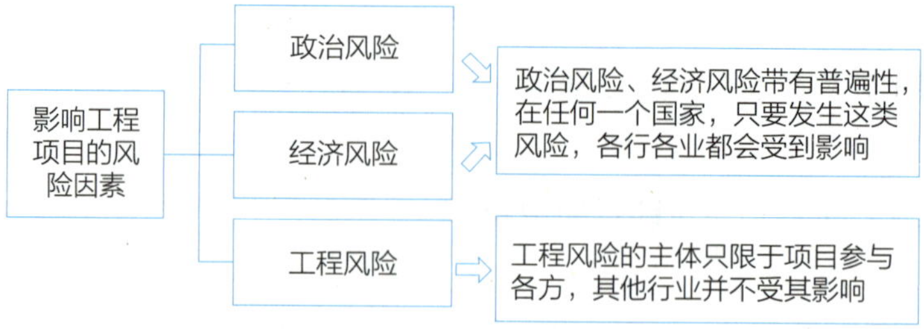

图 3.14　影响工程项目的风险因素

1. 政治风险

由于国家政局和政策变化、罢工、国际局势变化、战争、动乱等因素引起社会动荡而造成财产损失以及人员伤亡的风险。无论工程项目的建设地点在什么地方，无论项目参与各方的哪一方，都可能面临政治风险。

2. 经济风险

由于经营管理不善、市场预测失误、贸易条件变化、价格波动、供求关系转变、通货膨胀、汇率或利率变动等原因导致经济损失的风险。

3. 工程风险

工程在设计、施工及移交运营的各个阶段可能遭受的、影响项目目标实现的风险。工程风险主要包括以下五个方面。

（1）自然风险。由于自然的影响而造成的风险，包括：恶劣的天气情况，如严寒、台风、暴雨；未曾预料到的工程水文地质条件，如洪水、地震、泥石流；未曾预料到的一些不利地理条件等。

（2）决策风险。在投资、总体方案确定、设计或施工单位的选择等方面，若决策出现偏差，将会对工程实施产生重大影响。

（3）组织与管理风险。组织风险指由于项目有关各方关系不协调而引起的风险，项目组织内部不同部门对项目的理解、态度和行动不一致而产生的风险，以及项目内部对不同目标的组织安排欠妥、缺乏对项目优先目标的排序、不同项目目标之间发生冲突而造成工程损失的风险。管理风险指由于项目管理人员管理能力不强或经验不足，合同条款不清楚或不按照合同履约，工人素质低下，劳动积极性低，以及管理机构不能充分发挥作用等对工程项目造成的影响。

（4）技术风险。在项目实施过程中遇到各种技术问题（如地基条件复杂，资源供应条件差或发生变化，项目施工技术专业度高、难度高等）所要承担的风险。一般表现在方案选择、工程设计及施工过程中由于技术标准的选择、计算模型的选择、安全系数的确定等方面出现偏差而形成的风险。

（5）责任风险。由于项目管理人员的过失、疏忽、侥幸、恶意等不当行为造成财产损失、人员伤亡的风险。

常用的工程项目风险识别方法有以下几种。

（1）检查表法。检查表（checklist）是描述工程项目可能发生潜在风险的问题清单，供识别人员进行检查核对，用来判别特定工程项目是否存在表中所列或类似的风险。

（2）系统分解法。确定具体风险的一个有效工具是工作分解结构（WBS），利用系统分解原理将一个复杂的工程项目分解成一系列简单和容易认知的子系统，从而识别各子系统中的风险项。通过使用 WBS 可以防止风险事件被忽略。

（3）流程图法。使用流程图来分析和识别工程项目中的风险，结构化程度高，并且对识别项目风险和风险要素非常有效。例如，工程项目会有一个由项目可行性研究、方案设计、初步设计、施工图设计（专业深化设计）、施工组织、竣工验收及移交等一系列环节构成的流程，其项目流程图就可以用来分析和识别该项目的各种风险。

（4）头脑风暴法。头脑风暴法（brain storming）是一种非结构化的方法，通过会议形式允许专家和分析人员畅所欲言，共同分析和发现工程项目存在的各种风险。组织者要善于提问和引导并能及时地整理项目风险识别的结果，促使与会者能够不断地发现和识别出项目的各种风险和项目风险影响因素。

（5）情景分析法。对具有较高独特性和创新性的工程项目，可通过对工程项目未来的某个状态或某种情景的详细描绘与分析来识别风险。项目情景的描述可以使用图表、文字或数学公式等形式，或借助计算机模拟来进行，然后找到项目变动的影响因素，最后分析工程项目情景变化造成的风险与风险后果。

（6）德尔菲法。德尔菲（Delphi）法是一种反馈匿名函询法，被访者不知道其他人的意见，这样有利于克服在头脑风暴法中存在的从众思想。对所要预测的风险征得专家意见之后，将整理、归纳、统计后的结果匿名反馈给各专家，再次征求意见，再集中，再反馈，直至得到稳定的意见为止。

3.4.4 工程项目风险评估

工程项目风险评估包含工程项目风险的定性分析和定量分析。在评估工程项目风险时，可以选择使用定性风险分析，或两者结合使用。

1. 工程项目风险定性分析

工程项目风险定性分析的对象是单个风险，而非工程项目的整体风险，重点是加深对某一具体风险可能性及影响的认识，进一步管理触发风险的不确定因素和条件。工程项目风险定性分析主要针对以下几个方面展开。

（1）风险概率。表 3.1 通过对风险概率的定性描述来界定风险的不确定性程度。

表 3.1 风险发生概率的等级

说明	描述	等级
经常	很可能频繁出现，在所关注的期间多次出现	4
很可能	在所关注的期间出现几次	3
偶然	在所关注的期间偶尔出现	2
极小	不太可能，但有可能在极端情况下出现	1
不可能	由于不太可能发生，假设它不会出现或不可能出现	0

（2）风险影响。风险影响可以用影响程度和影响范围描述。前者是通用的，而后者所描述的内容需要针对具体对象以及项目参与各方的风险容忍水平来确定，具有相对变化的特点。表 3.2 是一个风险影响等级划分的例子。

表 3.2 风险影响等级划分

等级	描述	等级
灾难性的	建设人员死亡（含失踪）10 人以上、环境影响涉及范围非常大、周边生态环境发生严重污染或破坏、工程本身损失 1 000 万元以上、长期工程（建设期 2 年以上）延误大于 9 个月	4
关键的	建设人员死亡（含失踪）3~9 人或者重伤 10 人以上、环境影响涉及范围很大、周边生态环境发生较重污染或破坏、工程本身损失 500 万~1 000 万元、长期工程（建设期 2 年以上）延误 6~9 个月	3
严重的	建设人员死亡（含失踪）1~2 人或者重伤 2~9 人、环境影响涉及范围大、区域内生态环境发生污染或破坏、工程本身损失 100 万~500 万元、长期工程延误 3~6 个月	2
次重要的	建设人员重伤 1 人或者轻伤 2~10 人、环境影响涉及范围较小、区域内生态环境发生轻度污染或破坏、工程本身损失 50 万~100 万元、长期工程延误 1~3 个月	1
可忽略的	建设人员轻伤 1 人、环境影响涉及范围很小、区域内生态环境发生少量污染或破坏、工程本身损失 50 万元以下、长期工程延误少于 1 个月	0

（3）项目风险分级评估。风险定性分析的最终目标是确定需要优先管理的风险，通过风险概率与影响分析有助于识别需要重点管理的风险。表

3.3 是一个具体的例子。表中的值越大，则风险的级别就越高，就越需要采取及时、充分的措施；反之，值越小，风险的级别就越低，就可以延后处理，甚至忽略。

表 3.3 项目风险重要性评定

影响等级 / 可能性	灾难性的（4）	关键的（3）	严重的（2）	次重要的（1）	可忽略的（0）
经常（4）	16	12	8	4	0
很可能（3）	12	9	6	3	0
偶然（2）	8	6	4	2	0
极小（1）	4	3	2	1	0
不可能（0）	0	0	0	0	0

常用的工程项目风险定性分析方法有以下几种。

① 会议方法。挑选对工程项目风险类别熟悉的人员，包括项目团队成员和项目外部的专业人员，采用召开会议或进行访谈等方式对风险进行评估，对每项风险的概率级别及其对目标的影响进行评估。

② 概率影响风险矩阵（P–I 矩阵）法。将概率与影响的程度以矩阵形式结合起来，以此作为评定风险或风险等级的依据。风险概率和风险等级的取值范围都在 0～1 之间，取值越大表示风险发生概率越大，风险损失或机会越大。如表 3.4 所示，深灰色区域（数值最大）代表高风险，浅灰色区域（数值介于最大和最小之间）代表中等程度风险，白色区域（数值最小）代表低风险。

表 3.4 风险概率和影响矩阵

风险影响评定级别					
0.90	0.05	0.09	0.18	0.36	0.72
0.70	0.04	0.07	0.14	0.28	0.56
0.50	0.03	0.05	0.10	0.20	0.40
0.30	0.02	0.03	0.06	0.12	0.24
0.10	0.01	0.01	0.02	0.04	0.08
风险概率 / 影响程度	0.05	0.10	0.20	0.40	0.80

注：每一风险按其发生概率及一旦发生所造成的影响评定级别。在矩阵中显示组织对低风险、中等风险与高风险所规定的临界值。根据这些临界值，把各个风险分别归入高风险、中等风险或低风险。

③ 项目假设测试法。对已经取得的有关工程项目风险信息的数据及项目假设进行分析，且必须按照两项标准进行测试：一是假设的稳定性，二是假设不成立时对项目造成的后果。假设通常包含一定程度的风险，但定性分析阶段简单情境假设方法的粗略数字估计，可以给项目管理者提供一些参考。

④ 风险紧迫性评估法。指明风险的最重要特性，用以作为警告指示，确定需要近期采取应对措施的风险。实施风险应对措施的所需时间、风险征兆、警告和风险等级等，都可作为确定风险优先级或紧迫性的指标。

⑤ 风险分类法。按照风险来源、受影响的工程项目区域或其他分类标准（如项目阶段风险）等对项目风险进行分类。

⑥ 风险定性综合估计法。依靠专家打分的方法，对工程项目风险给出综合评价。评分可以针对整体风险，也可以针对特定风险。

【案例 3.2】

某项目地基基础工程风险分析成果示例

某项目地基基础施工前，对可能的施工风险进行分析，工程风险分析成果示例如表 3.5、表 3.6 所示。

表 3.5　某项目地基基础工程风险定性分析表

序号	风险事件名称	发生概率					影响目标			影响程度			
		1	2	3	4	5	质量	安全	进度	特大	大	中	小
1	基坑塌方	★					★	★	★	★			
2	基坑泡水		★				★		★			★	
3	基土扰动		★				★		★			★	
4	地下水位降低深度不足		★				★		★			★	
5	基坑外地面沉陷过多	★					★	★	★	★			
6	积水井、明沟排水不畅		★				★		★			★	
7	钢筋混凝土支撑立柱下沉，支护结构破坏	★					★	★	★	★			
8	拆除支撑时，邻近建筑物、地面开裂，邻近管线破坏	★					★	★	★	★			
9	高压旋喷桩施工质量差（加固体强度不均、缩颈，钻孔沉管困难、偏斜、冒浆，固结体顶部下凹）		★				★		★			★	

续表

序号	风险事件名称	发生概率					影响目标			影响程度			
		1	2	3	4	5	质量	安全	进度	特大	大	中	小
10	深层搅拌水泥桩施工质量差（搅拌体不均匀，喷浆不正常，抱钻、冒浆，桩顶强度低）		★				★		★			★	
11	钢管桩：桩顶变形	★					★					★	
	……												
15	湿作业成孔灌注桩：塌孔		★				★	★	★			★	
	……												
22	地下连续墙：嵌固深度不足				★		★	★	★	★			
	……												
43	地下室防水工程：防水混凝土裂缝渗漏水		★				★					★	
	……												

表 3.6　某项目地基基础工程风险概率与后果矩阵表

概率	影响			
	小	中	大	特大
5（81%~100%）				
4（61%~80%）				22
3（41%~60%）				
2（21%~40%）		2、3、4、6、9、10、15、43		
1（0%~20%）		11		1、5、7、8

2. 工程项目风险定量分析

工程项目风险定量分析是在风险定性分析之后，对排序在前的、具有潜在重大影响的工程项目风险进行量化分析，定量评价风险概率和影响大小，以综合评价项目风险的整体水平。通过量化分析，可以实现量化不确定性、确定关键风险和为项目管理提供决策基础的目标。

常用的工程项目风险定量分析方法有以下几种。

（1）敏感性分析法。单个因素的敏感性分析是在所有其他不确定因素保持基准值的条件下，逐个考察项目每项要素的不确定性对目标产生多大程度影响的过程。敏感性分析有助于确定哪些风险对项目具有最大的潜在影响。

（2）决策树分析法。决策树分析法是对所考虑的决策以及采用这种现有方案可能产生的后果进行描述的一种图解方法。它综合了风险概率、事件逻辑路径的成本或者收益，以及未来应采取的决策。决策树的分析结果表明，当所有的不确定后果、成本、收益与随后的决策全部量化之后，哪一项决策能为决策者带来最大的效益期望值。

【案例 3.3】

决策树分析法的应用

某油漆厂面临两种投资方案选择：建造新油漆厂或升级现有油漆厂，分别需要投资 120 万美元和 50 万美元。两个方案均存在强要求和弱要求两种状态（强要求状态比弱要求状态的预计收益更高），相应每种状态的出现概率和预计收益如表 3.7 所示。试问该厂在两种可选投资方案中如何进行选择？

表 3.7　概率和预计收益

项目	强要求状态	弱要求状态
建造新油漆厂	65%，200 万美元	35%，90 万美元
升级现有油漆厂	65%，120 万美元	35%，60 万美元

对项目风险进行定量分析，可画出如图 3.15 所示的决策树图。

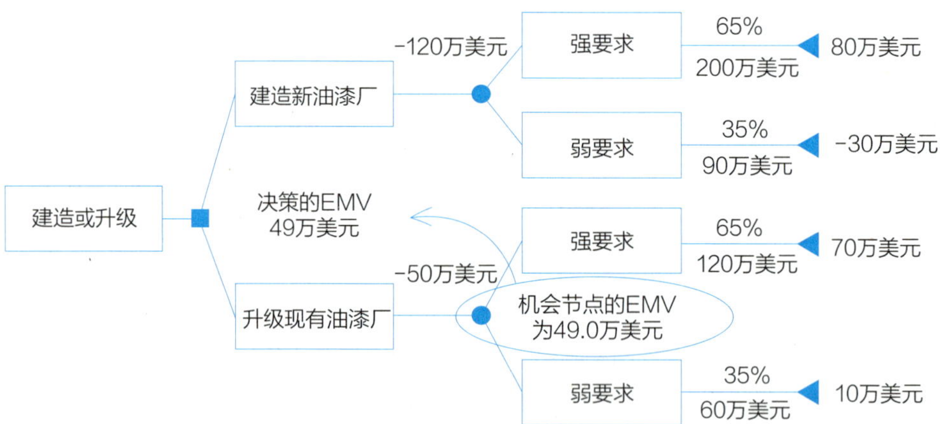

图 3.15　某油漆厂投资方案决策树图

■：决策节点，分枝表示需要进行分析和决策的方案，即“新建”和“升级”两种方案。

●：机会节点，也称为状态节点，分枝表示不同情况下出现的概率和相应的费用或收入。

◀：结果节点，在后面标出在对应的情况下取得的最终损益值。

EMV（expected monetary value）：期望收益值，是各种情况下可能的风险产生的费用或收入与其发生概率相乘之和，机会的EMV表示为正数，风险的EMV表示为负数。

两个机会节点的期望收益分别是：

EMV（建造新油漆厂）$=-120+65\%\times200+35\%\times90=-120+130+31.5=41.5$（万美元）

EMV（升级现有油漆厂）$=-50+65\%\times120+35\%\times60=-50+78+21=49$（万美元）

因EMV（建造新油漆厂）< EMV（升级现有油漆厂），故选择升级现有油漆厂的方案。

（3）项目模拟法。项目模拟是采用蒙特卡洛技术，即用随机抽样的方法抽取一组满足输入变量的概率分布特征的数值，输入这组变量计算项目风险范围的可能性，通过多次抽样计算获得项目目标的概率分布及累积概率分布、期望值、方差、标准差，计算项目整体风险的程度，从而估计项目所承担的风险。

（4）层次分析法。在风险分析中层次分析法（AHP）有两种用途：一是将影响项目的风险因素逐层归类分解和识别，直到最基本的风险因素，称为风险因素正向分解；二是两两比较同一层次风险因素的重要程度，列出该层风险因素的判断矩阵，每层判断矩阵的特征根表明了该层次各个风险因素的权重，利用权重与同层次风险因素得分的组合，求得上一层风险的得分，直至求出总目标的得分，也称反向合成，根据总目标风险得分的大小综合判断项目整体风险。

层次分析法相关应用案例推荐访问知网资源—《层次分析法在建筑工程项目风险管理中的应用》。

3.4.5 工程项目风险应对计划

工程项目风险应对计划是针对工程项目风险评估的结果，为增加项目目标实现的机会，降低项目风险的负面效应制定方案，决定风险应对策略的过程。在制定工程项目风险应对计划的过程中，需要根据风险的优先级来制定应对措施，并把风险应对所需要的各种资源和活动加进项目的预算、进度计划和管理计划中。

常用的工程项目风险应对方法有以下几种。

1. 风险回避

通过工程项目风险定性和定量分析，取消风险量很大并且没有有效措施降低风险量的事件，以避免风险的出现，如放弃一些先进但不成熟的、技术难度大的、风险高的工艺。风险回避是一种有效的、普遍采用的方法，但是当回避一项风险时，也失去了潜在的获得收益的机会，很多时候还会阻碍技术的创新和发展。

2. 风险抑制（减轻）

通过采取措施，降低风险事件发生的概率，或减少风险事件造成的损失。风险抑制的方法不能完全消除风险，会存在残余的风险。对风险量大、风险无法回避和转移的事件，通常采用风险抑制。

3. 风险自留

对风险量小或者自己不得不承担的风险（如残余风险等），选择自己承担风险造成的全部损失或部分损失。采取风险自留，必须对风险做出准确评估，使自身具有相应的承担能力，同时应制定风险应急计划，包括应急费用和应急措施等。

4. 风险转移（转嫁）

对风险量大又不具备承担能力的事件，通常采用风险转移的方式，将某些风险的后果连同应对风险的权力和责任转移给他人，自己不再直接面对风险。工程项目风险转移的方式包括工程保险、担保和合同条件约定等。

工程保险是将工程项目可能遇到的某些类型的风险转移，由保险公司承担。这类风险往往是偶然的、意外的、损失巨大但可以较准确计量的，称为可保风险。

担保是将工程项目风险转移给担保公司或银行。在工程项目招投标和合同管理中经常应用担保，如业主方在工程或材料设备招标过程中，要求投标人提供投标担保；投标人中标后，在签订合同时要求投标人提供履约担保。又如在签订合同时，投标人要求招标人提供付款担保等。

合理地制定合同条件，也可以达到风险转移的目的。如针对不同工程项目采取不同的合同计价方式，包括固定总价合同、单价合同和成本加酬金合同等；在合同中约定业主指定分包工程，约定对施工单位自行分包的限制和审查等。

3.4.6 工程项目风险监控

工程项目风险监控就是通过对风险规划、识别、评估、应对全过程的监视和控制，保证风险管理达到预期目标。风险监控的目的是核对风险管理策略和措施的实际效果是否与预见的相同；寻找机会改善和细化风险规避计划，获取反馈信息，以便将来的决策更符合实际。

常用的工程项目风险监视方法有监视单法和项目风险报告法。

1. 监视单法

监视单是工程项目实施过程中需要工程项目管理者给予特别关注的关键区域清单。可只列出已辨识的风险，也可详细列出风险顺序、风险在监视单中已停留时间、风险处理活动、各项风险处理活动的计划完成日期和实际完成日期、对差别的解释等。

2. 项目风险报告法

项目风险报告用于向决策者和项目组织成员传达风险信息，通报风险状况和风险处理活动的效果。报告内容的详细程度按接收报告人的需要确定。

本章小结

本章内容的知识结构如图 3.16 所示。

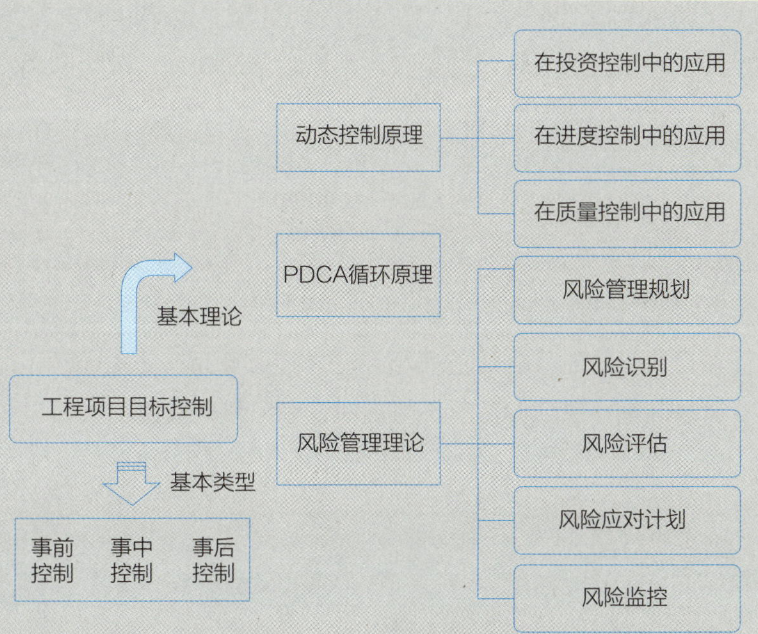

图 3.16　本章知识结构图

（1）控制可以定义为监视各项活动以保证它们按计划进行并纠正各种偏差的过程。项目控制的主要任务是把计划执行情况与计划目标进行比较，对比较的结果进行分析，纠正和预防产生差异的因素，使项目目标得以实现。

（2）项目控制可以分为事前控制、事中控制和事后控制三种类型。事前控制是一种主动的、面向未来的控制，又称预先控制。事中控制是在问题发生时立即采取相应的对策纠正偏差，又称同步控制、实时控制或现场控制。事后控制是在出现问题、偏差发生之后，采取控制程序来改正问题，又称为反馈控制。要对一个工程项目的目标进行有效控制，应将三类控制紧密结合，充分发挥各自的优势。

（3）PDCA 循环是一种能使活动有效进行的合乎逻辑的工作程序。PDCA 循环包括计划（plan）、执行（do）、检查（check）和处置（action）四个基本环节，必须形成闭环管理，缺一不可。其中，处置（A）是 PDCA 循环中的关键环节。

（4）动态控制原理是项目目标控制的基本方法论。工程项目目标动态控制包括准备工作、目标动态跟踪和控制、目标调整三个步骤。项目目标动态控制的三大要素是目标计划值、目标实际值和纠偏措施。

（5）风险的概念有狭义和广义两种理解。狭义风险是指损失的不确定性，即不希望发生的事件发生的可能性以及发生后可能的后果。广义的风险还包括有利的不确定性（机会），即可能给项目带来积极影响的可能发生的事情。

（6）工程项目风险管理可以面向建设全过程，也可以面向某个阶段或某项任务。工程项目风险管理的步骤包括风险管理规划、风险识别、风险评估、风险应对计划和风险监控。

关键术语

工程项目目标控制　控制的类型　动态控制原理　PDCA 循环　风险管理规划　风险识别　风险评估　风险应对计划　风险监控

复习思考题

（1）简述项目控制的类型。

（2）简述 PDCA 循环原理的主要内容。

（3）简述工程项目目标动态控制的工作步骤。

（4）在进行投资控制时，需要进行投资计划值和实际值的比较，请分别说明在设计阶段和施工阶段各进行哪些计划值和实际值的比较。

（5）按照 C-PMBOK，项目风险管理的核心过程包括哪些？

（6）工程项目风险应对有哪些基本方法？

即测即评

请扫描二维码，进行本章测试。

延伸阅读

［1］丁士昭．工程项目管理［M］．2 版．北京：中国建筑工业出版社，2014：93-112.

［2］乐云．建设工程项目管理［M］．北京：科学出版社，2013：164-191，266-291.

［3］卢向南．项目计划与控制［M］．2 版．北京：机械工业出版社，2009：15-20.

［4］何清华．项目管理［M］．上海：同济大学出版社，2012：134-139，166-168，231-277.

［5］何清华．项目管理案例［M］．北京：中国建筑工业出版社，2008：258-291.

［6］余建星．工程项目风险管理［M］．天津：天津大学出版社，2006.

［7］Harold R. Kerzner. Project management: a systems approach to planning, scheduling, and controlling［M］. Hoboken: John Wiley & Sons, 2013: 629-714, 741-816, 873-926.

［8］Loosemore M, Raftery J, Reilly C. Risk management in projects［M］. Oxford: Taylor & Francis, 2006.

4 项目前期策划

【本章导读】项目前期策划是工程项目管理重要的组成部分。众多项目的实践证明，科学、严谨的项目前期策划是项目管理决策和实施增值的基础。在项目前期进行系统策划，就是要提高决策的科学性和严肃性，避免盲目性和随意性，提前为项目建设形成良好的工作基础，创造完善的条件，使项目建设在技术上趋于合理，在资金和经济方面周密安排，在组织管理方面有详细设计并有利于不断优化，从而保证建设项目具有充分的可行性，能适应科学建设的要求，促进项目交付价值的实现。

本章将讨论项目策划的基本理论和一些重要的概念，并辅以项目策划的实践案例，加深概念的理解，主要内容包括：

（1）项目环境调查与分析的目的、工作内容、工作方法等；

（2）项目定义与项目功能分析；

（3）项目决策策划、项目实施策划的基本内容；

（4）项目管理的三维视角等。

4.1 项目前期策划的基本概念

4.1.1 项目前期策划的内涵与特点

我国工程项目的建设，一般遵循图 4.1 的基本建设程序。

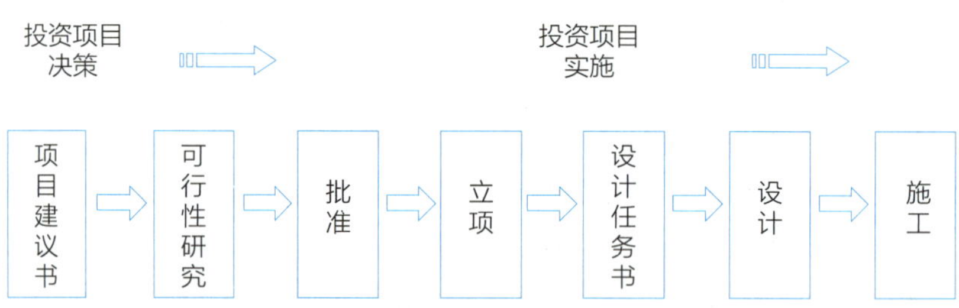

图 4.1 项目建设程序

项目立项之前可称为项目决策阶段，立项之后为项目实施阶段。在建设项目实践中，决策或实施阶段尚存在不少问题。

项目前期策划是指在项目建设前期，通过调查研究和收集资料，在充分占有信息的基础上，针对项目的决策和实施，或决策和实施的某个问题，进行组织、管理、经济和技术等方面的科学分析和论证，这将使项目建设有正确的方向和明确的目的，也使建设项目设计工作有明确的方向并充分体现业主的建设目的。其根本目的是为项目建设的决策和实施增值，并最终为项目使用（运行、运营）增值，即实现项目整体交付价值。交付价值的实现不仅反映在确保工程建设安全、提高工程质量、费用（投资或成本）控制、进度控制上，更体现为工程使用安全、环保节能、满足使用功能、降低工程运营成本、有利于工程维护等方面。

建设项目前期策划的特点如图 4.2 所示。

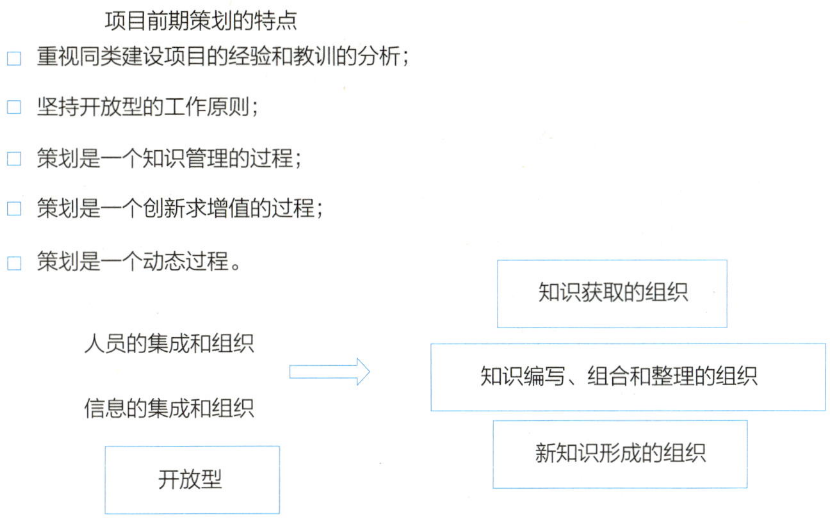

图 4.2 项目前期策划的特点

1. 重视同类建设项目的经验和教训的分析

对国内、国外同类建设项目的经验和教训的全面、深入的分析，是环境调查和分析的重要方面，也是整个项目前期策划工作的重要部分，应贯穿项目前期策划的全过程。

2. 坚持开放型的工作原则

建设项目前期策划应当广泛征求各建设及运营单位意见，并整合多方面专家的知识，包括组织知识、管理知识、经济知识、技术知识、设计经验、施工经验、项目管理经验和项目策划经验等。建设项目前期策划可以委托专业咨询单位进行，从事策划的专业咨询单位往往也是开放型组织，政府部门、教学科研单位、设计单位、供货单位和施工单位等往往都拥有某一方面的专家，策划组织者的任务是根据需要把这些专家组织和集成起来。

3. 策划是一个知识管理的过程

策划是对各项目参与方、专家和专业人士的组织和集成，更是信息的组织和集成的过程（见图 4.3）。策划的实质就是对知识的集成，是一种知识管理的过程，即通过知识的获取，知识的编写、组合和整理，并在此基础上通过思考而形成新的知识。

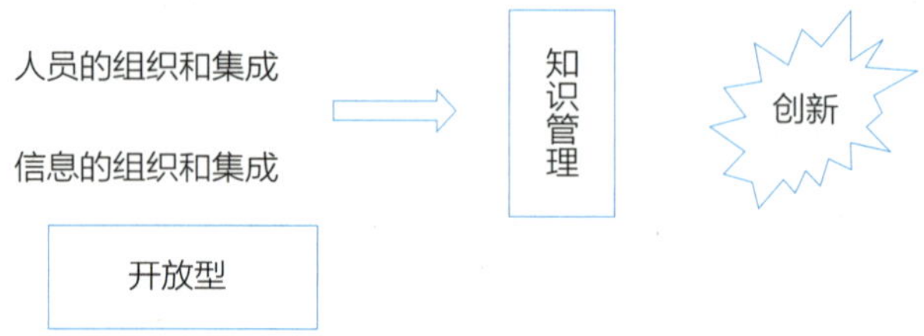

图 4.3　策划是知识管理的过程

4. 策划是一个创新求增值的过程

策划是从无到有的过程，是一种创造过程。项目策划是根据现实情况和以往经验，对事物变化趋势做出判断，对所采取的方法、途径和程序等进行周密而系统的构思和设计，是一种超前性的高智力活动。创新的目的是增值，通过创新，带来建设项目效益。

5. 策划是一个动态过程

策划工作往往是在项目前期进行，但是策划成果不是一成不变的。一方面，随着项目建设的开展，项目策划的内容根据项目需要和实际可能性不断丰富和深入；另一方面，项目早期策划工作的假设条件往往随着项目进展不断变化，必须对原来的假设不断验证。所以，策划结果需要根据环境和条件发生的变化，不断进行论证和调整。

4.1.2　项目前期策划的任务

项目前期策划，包括项目决策策划和项目实施策划。

1. 项目决策策划

项目决策策划最主要的任务是定义开发或者建设什么及其效益和意义如何。具体包括明确项目的规模、内容、使用功能和质量标准，估算项目总投资和投资收益，以及项目的总进度规划等问题。

2. 项目实施策划

项目实施策划最主要的任务是定义如何组织开发和建设该项目。项目实施策划要详细分析实施中的组织、管理和协调等问题，包括如何组织设计、如何招标、如何组织施工、如何组织供货等问题。

4.2 项目环境调查与分析

4.2.1 环境调查的目的与内容

策划的过程是知识管理与创新的过程，因此，无论是大型城市开发项目策划还是单体建筑策划，都需要进行多渠道信息的收集。科学的项目决策建立在可靠的项目环境调查和准确的项目背景分析基础上。环境调查分析是对影响项目策划工作的各方面环境进行调查，并进行认真分析，找出影响项目建设与发展的主要因素，为后续策划工作提供较好的基础（见图 4.4）。

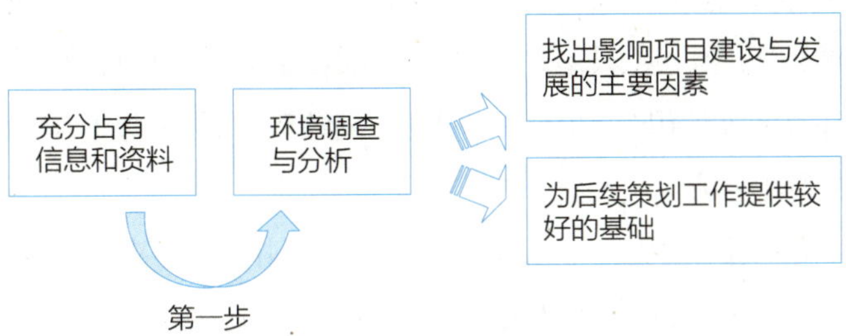

图 4.4 环境调查与分析的目的

环境调查的工作内容为项目本身所涉及的各个方面的环境因素和环境条件，以及项目实施过程中可能涉及的各种环境因素和环境条件。工作内容应力求全面、深入和系统，具体包括的内容如图 4.5 所示。

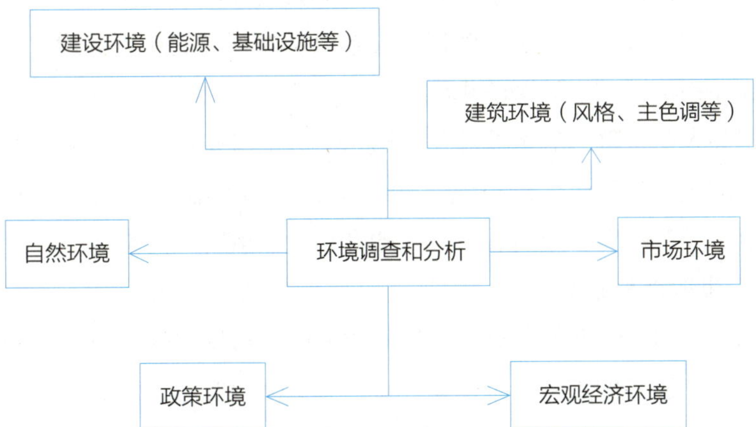

图 4.5 环境调查的工作内容

4.2.2 环境调查的工作方法

环境调查的工作方法有多种。一般而言，包括以下几个方面，如图 4.6 所示。

□ 现场实地考察
□ 相关部门走访
□ 有关人员（群）访谈
□ 文献调查与研究
□ 问卷调查

图 4.6 环境调查的工作方法

1. 现场实地考察

现场实地考察是环境调查的一个重要方法与途径。该种方法主要是通过调查增加对项目的感性认识，并了解有关项目的具体细节，掌握项目环境的最新情况。在实地调查时，可借助拍照、录像等手段辅助工作。

2. 相关部门走访

相关部门是项目宏观、中观与微观背景资料的主要来源。从这些部门获取的资料具有相当的权威性和及时性，有时甚至是尚未正式发布的草案，对了解宏观背景的发展趋势具有极大的帮助作用。通过这种方式进行资料收集时应注意两点准备事项：一是要提前进行联系，告知对方调研的意图、目的、时程安排以及所需要的资料等；二是制定调查表格。

3. 有关人员（群）访谈

另外一个较为重要的调研方式是对相关人员（群）的访谈，访谈的目的是了解项目相关人员（群）和项目的关系以及对项目的意见或建议。此类调研方式往往和相关部门的调研相结合。

对相关人员（群）的访谈除了要进行必要的准备以外，还应注意记录访谈要点，访谈结束后应进行回顾、总结与分析。除此之外，还应注意访谈技巧，包括赞同、重复、澄清、扩展、改变话题、解释与总结等。

4. 文献调查与研究

策划是一种创造性的劳动，在这一过程中，汲取的知识越多，对策划越有利，而文献是各种知识的凝聚与升华，因此要对文献进行充分的收集和研究。目前，随着文献的数字化程度越来越高，文献的调查越来越方便。

5. 问卷调查

问卷调查对于有明确用户对象的项目策划有显著作用，如学校、商业街、住宅、办公楼以及某些建筑单体的策划等，对最终用户的问卷调查有助于策划成果的合理化与完善。此外，问卷调查也可以针对已经策划的某一部分，如项目定位、功能布局、面积分配等，征求相关人员的意见，进一步完善策划成果。问卷调查的问题有很多种类型，包括分支性问题、名词性问题、顺序性提问、间隔式提问、简短回答式提问以及不做最终结论的提问等。

4.2.3 案例分析：某中外合资医院环境调查与市场预测

某中外合资医院项目由中、德双方大学及有关机构发起，希望达到中国三级甲等医院标准及德国 DIN 标准中相应等级的要求。

策划小组从前期策划的基本方法出发，主要从供应情况调查及预测、需求情况调查及预测、价格现状与预测以及政策环境四个方面对该医院项目进行了环境调查与分析。

首先对上海市已有的卫生机构，包括综合医院、中医医院等的情况进行了系统性统计，如表 4.1 所示。

表 4.1 上海各类卫生机构、床位及人员数（2002）

机构类别	机构数	床位数	人员数	医疗技术人员	医生	护士
总计	2 422	84 502	133 436	104 563	43 797	37 115
医疗机构合计	2 342	83 459	126 642	97 566	41 728	36 882
医院	192	61 784	91 055	69 048	25 744	29 805
综合医院	121	41 787	69 012	53 010	20 180	22 814
中医医院	18	3 588	6 246	4 828	1 940	1 730
中西医结合医院	4	1 405	2 574	1 963	756	773
专科医院	49	15 004	13 223	9 247	2 868	4 488
疗养院	3	462	276	108	30	47
护理院	11	1 650	585	355	132	130
社区卫生服务中心	101	6 909	12 694	9 829	5 145	2 654
乡镇卫生院	128	11 199	10 225	8 309	4 521	2 165
门诊部、所	66	65	1 121	864	495	190
诊所、卫生所、医务室	1 785	—	5 332	5 332	3 884	595

续表

机构类别	机构数	床位数	人员数	医疗技术人员	医生	护士
妇幼保健院（所、站）	22	1 208	3 103	2 389	1 017	1 012
专科疾病防治院（所、站）	22	182	1 395	989	536	225
急救中心（站）	11	—	744	285	224	29
其他医疗机构	1	—	112	58	—	—
疾病预防控制中心	23	—	2 837	4 933	1 145	81
卫生监督所	21	—	1 552	1 087	686	10
医学科学研究机构	12	—	994	449	108	2
其他卫生机构	24	1 043	1 411	528	130	140

在对医疗机构数、床位数、人员数等情况进行统计后，策划小组对其诊疗能力进行了全面的调查，如表 4.2 所示。

表 4.2　医疗机构诊疗人次和入院人数（2002）

机构类别	诊疗人数（万人）	门急诊人次（万人次）	入院人数（万人）	每百诊次的入院人数
总计	8 783.29	8 617.31	135.76	1.55
卫生部门	8 382.38	8 219.85	128.19	1.53
医院	5 059.31	4 995.53	92.59	1.83
综合医院	3 693.42	3 649.26	70.95	1.92
中医医院	743.35	738.29	7.2	0.97
传染病院	15.95	14.85	0.92	5.77
精神病院	56.36	56.13	1.01	1.79
结核病院	20.66	18.37	1.25	6.05
妇幼保健院	171.98	164.71	5.24	3.05
儿童医院	167.17	163.51	3.12	1.87
肿瘤医院	32.05	32.05	0.96	3.00
其他专科医院	158.37	158.36	1.94	1.22
护理院	15.26	15.26	0.32	2.10
其他医疗机构	149.96	146.13	—	—

续表

机构类别	诊疗人数（万人）	门急诊人次（万人次）	入院人数（万人）	每百诊次的入院人数
社区卫生服务中心	2 419.09	2 328.39	5.73	0.24
乡镇卫生院	738.76	734.54	29.55	4.00
工业及其他部门	400.91	397.46	7.57	1.89

在对上海整体的医疗机构情况进行调查后，对上海市综合医院进一步细分，按照行政区、县划分，调查各地区床位数、医疗技术人员数，如表 4.3 所示。

表 4.3　各区、县医疗机构基本情况（2002）

地区	床位数（张）	医疗技术人员（人）	其中	
			医生	护士
总计	83 459	101 563	43 792	37 115
浦东新区	7 056	8 710	4 187	3 086
黄浦区	5 102	7 937	3 293	3 026
卢湾区	3 377	5 784	2 312	2 073
徐汇区	10 357	12 678	4 529	4 983
长宁区	3 491	4 900	2 025	1 660
……	……	……	……	……
嘉定区	2 172	2 877	1 473	968
松江区	3 303	2 747	1 181	1 023
青浦区	1 740	2 498	1 124	888
南汇区	3 971	3 241	1 497	1 034
奉贤区	4 008	3 051	1 365	1 069
崇明县	3 039	3 027	1 482	970

最终的调查结果显示嘉定区的供应量已经饱和，因此选址在了浦东新区。接下来对 16 所三甲医院的占地面积、工作人员、床位数、特色科室等进行详细梳理。

研究发现，拟建的某中外合资医院应重点引进德国医院的创伤科、急救外科以及整体器官移植这几个特色科室。

此外，策划小组对上海的需求情况展开调查，如表 4.4 所示。

表 4.4　在沪工作、生活的中国港澳台、境外常住人员数

年份	2000	2001	2002
按国别（地区）分			
中国香港	4 121	4 121	4 121
中国台湾	10 522	11 050	11 050
日本	12 270	10 838	13 861
韩国	3 294	3 811	5 703
马来西亚	1 278	1 066	1 536
新加坡	2 808	1 603	2 390
德国	1 511	1 631	2 054
英国	2 357	934	1 285
加拿大	1 361	1 400	1 843
美国	6 354	5 150	6 766
澳大利亚	6 420	1 722	2 136
按类别分			
商人	10 517	6 608	8 248
外资企业工作人员	41 136	33 069	40 076
寄养儿童	3 566	3 394	4 087
留学生、实习生	3 455	4 113	4 913

同时，策划小组对上海境外旅游者进行了调查。上海作为入境主要通道，极大地拉动上海市外籍人士的就医需求。境外人士在中国医院看病普遍存在不习惯的问题，中国虽有中外合资医院，但往往是外国投资中国医生坐诊。虽然也有部分外国专家坐诊，但这些医院主要是牙科、整容等专科医院，少有由外国专家坐诊的综合性医院。从医院需求来看，中外合资综合性医院市场前景大。

4.3　项目定义与项目功能分析

除环境调查与分析以外，项目决策策划基本内容还包括以下几个方面，如图 4.7 所示。

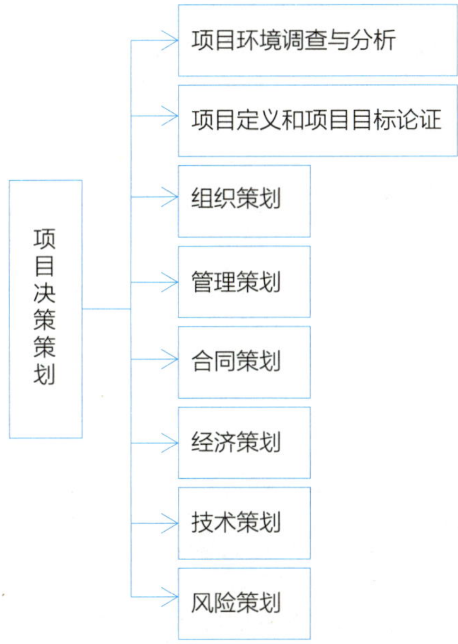

图 4.7　项目决策策划的内容

4.3.1　项目决策策划的工作内容

1. 项目环境调查与分析

项目环境调查与分析包括对自然环境、宏观经济环境、政策环境、市场环境、建设环境（能源、基础设施等）等进行调查分析。

2. 项目定义和项目目标论证

项目定义和论证是项目决策策划的重点，用以明确开发或建设目的、宗旨和指导思想，确定项目规模、组成、功能和标准，初步确定总投资和开发或建设周期等。

3. 组织策划

组织策划需要进行项目组织结构分析，明确决策期的组织结构、任务分工和管理职能分工，确定决策期的工作流程，并分析编码体系等。

4. 管理策划

管理策划的任务是制定建设期管理总体方案、运行期设施管理总体方案和经营管理总体方案等。

5. 合同策划

合同策划是指确定决策期的合同结构、决策期的合同内容和文本、建设期的合同结构总体方案等。

6. 经济策划

经济策划需分析开发或建设成本和效益，制定融资方案和资金需求量计划等。

7. 技术策划

技术策划要对技术方案和关键技术进行分析和论证，并明确技术标准和规范的应用和制定等。

8. 风险策划

风险策划需要分析政治风险、经济风险、技术风险、组织风险和管理风险等。

4.3.2 项目定义

项目定义是将建设意图和初步构思，转换成定义明确、系统清晰、目标具体、具有明确可操作性的文字描述。

项目定义确定项目实施的总体构思，主要解决项目定位、项目建设目标和项目交付价值三个问题，如图 4.8 所示。其中，项目交付价值是超越项目基本定位和目标的更综合的、更高阶的项目定义内容，能够更全面地定义建设项目的外部性与可持续性价值。

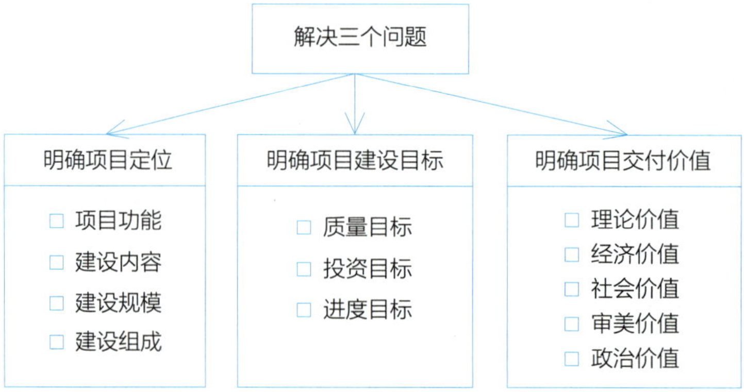

图 4.8　项目定义的目的

项目的质量目标，就是要明确项目建设的标准和建设档次等；投资目标在项目定义阶段应该初步明确项目建设的总投资；进度目标在项目定义阶段应该明确项目建设的周期。

项目定义的根本目的只有一个，即明确项目的性质、用途、建设规模、建设水准以及预计项目在社会经济发展中的地位、作用和影响力。

4.3.3 项目功能分析与面积分配

要对拟建项目进行严格的项目定义，一个重要的策划内容是对项目功能进行策划，主要包括项目功能分析和面积分配，如图 4.9 所示。

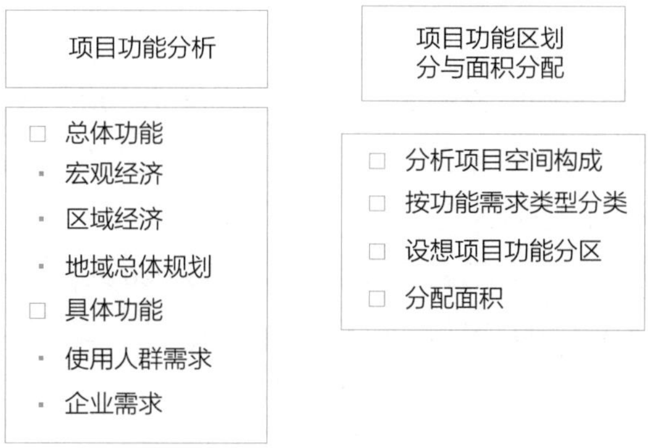

图 4.9 项目功能分析与面积分配

1. 项目功能分析

项目功能分析是在总体构思和项目总体定位的基础上，结合潜在最终用户的需求分析，对项目功能进行细化，以满足项目投资者或项目使用者的要求。

项目功能分析又分为项目总体功能定位和项目具体功能分析。

2. 项目功能区划分与面积分配

项目功能区划分和面积分配是项目决策策划中很重要的一部分，它不仅是对项目功能定位的总结和实施，而且为项目的具体规划和设计提供依据，使规划和设计方案更具合理性和可操作性。

另外，随着客户需求和项目外部环境的持续变化，项目的定位、目标等会发生变化，因此项目定义不是一成不变的，而是一个持续、迭代的适应过程。

4.3.4 案例分析：某中外合资医院项目定义及功能分析

在详细的环境调查与分析的基础上，对拟建某中外合资医院进行如下详细的项目定义与功能分析。

1. 项目总体构思

拟建项目的总体构思是：严格按照德国标准，建设一所凸显现代医学特色，全方位满足多层次医疗和保健需求，信息化、数字化、开放式的大型综合性医院，成为上海市世界级医疗中心之一。

2. 科室设置

医院将严格按照德国标准来建设，其中检查和治疗功能的一期临床科室包括病人服务中心、门诊部、麻醉科、眼科、普通外科、脑外科等；二期将在此基础上建设器官移植中心、神经中心、心血管中心、急救中心、基础及应用医学研发中心五大医学中心。

3. 建设规模和医疗能力

策划小组经过多次讨论论证确定：医院以德国 DIN 3080 标准为参照进行规划和建设，医院总使用面积为 59 363 m^2，远期建设规模为 1 000 张床位，项目一次规划，分期建设。

建成后的医院每年可承担住院手术大于 15 000 人次，门诊小手术大于 34 000 人次，分娩 2 000 人次，接待门诊病人 10 万~20 万人次。根据计算，400 张床位一年可提供的住院总天数为 120 248 天，平均住院天数为 6.58 天（见表 4.5）。

表 4.5 某中外合资医院床位使用分配

科室	床位（个）	平均住院天数	住院病人数	总计床日（天 / 年）
内科一	50	8	1 775	14 200
内科二	50	7.5	1 781	13 358
普通外科	50	9	1 980	17 820
急救外科	50	7.5	1 840	13 800
妇产科	20	7	1 325	9 275
产房	20	4.5	1 500	6 750
耳鼻喉科	25	6	1 290	7 740
眼科	25	4.5	1 420	6 390
泌尿科	30	7	1 325	9 275
重症监护室	20	5	—	—
脑外科	20	6	1 240	7 440
心血管外科	25	7	1 100	7 700
整形外科	15	6.5	1 000	6 500
总计	400	6.58	17 576	120 248

4. 功能分析

策划小组通过多次讨论修改，将整个项目分为检查与治疗、护理（等级病房）、行政管理、配套服务设施、物资管理设施、教学与科研六大功能区。拟建某中外合资医院的功能分析如图 4.10 所示。

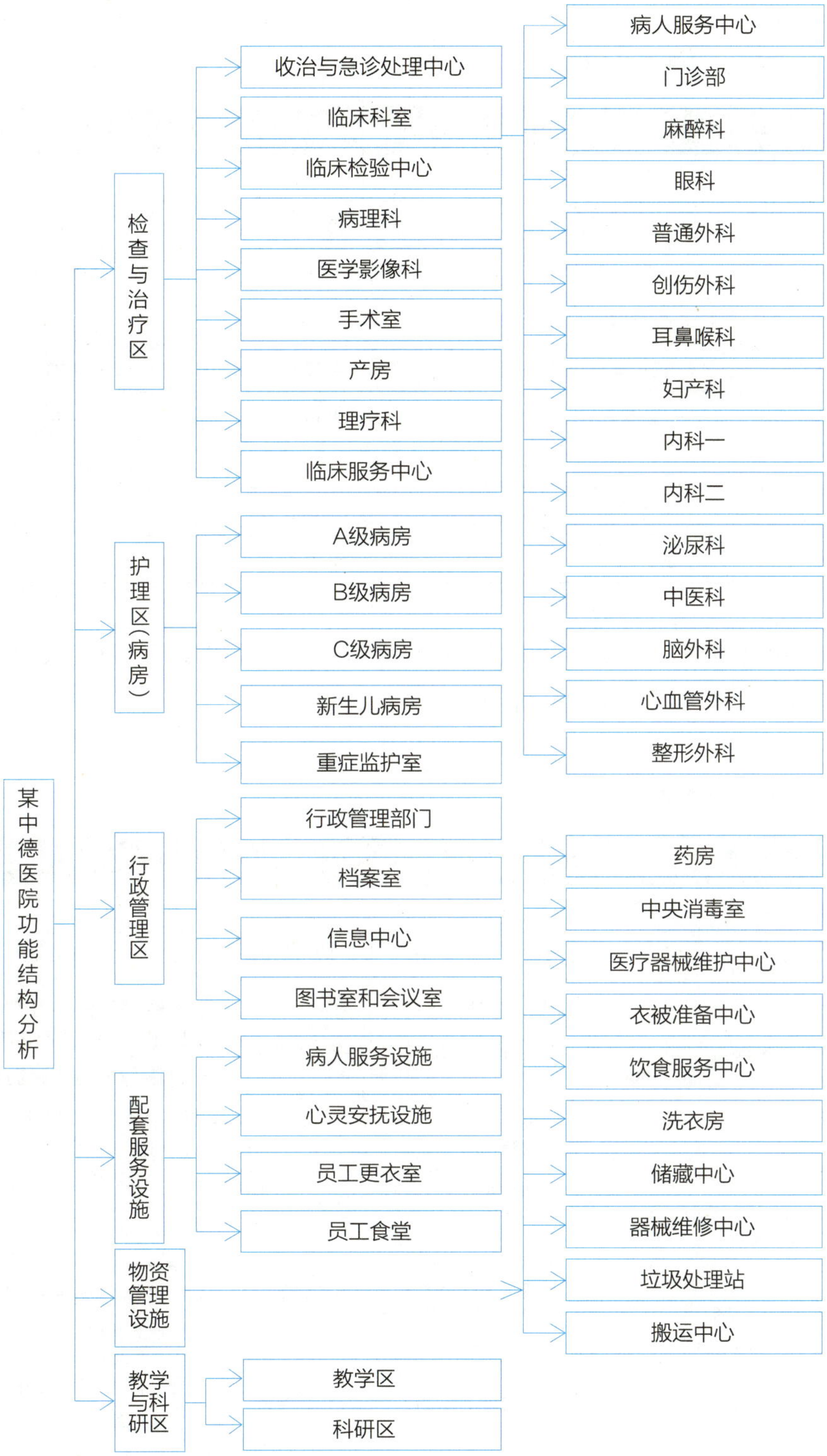

图 4.10　医院科室功能分析图

5. 面积分配

策划小组对拟建医院项目每一功能模块的面积进行了分配，如表 4.6 所示。

表 4.6　功能分区面积分配方案总表

序号	功能分区	净使用面积（m^2）	比例
1	检查与治疗	9 232	29.38%
2	护理（等级病房）	12 030	38.29%
3	行政管理	1 280	4.07%
4	配套服务设施	2 260	7.19%
5	物资管理设施	4 220	13.43%
6	教学与科研	2 400	7.64%
7	小计	31 422	100%
8	公共部分	27 941	
合计		59 363	

从使用功能的角度去考虑，策划小组对每一功能需要多大面积及其在平面布置上的要求做了详细分析和说明（见表 4.7）。

表 4.7　面积使用要求表

部门名称	面积（m^2）	房间	功能	平面布置要求
1　检查与治疗	9 232			
1.1　收治与急诊处理中心	800	检查 / 治疗室 10	急诊检查和治疗	本区域应是一个独立、封闭的跨科室工作点 初诊以及急诊的房间应紧邻病人服务中心（PSC）
		手术室 2	急诊手术	
		日间诊所 20	急诊诊断	
		控制室	行政人员办公	
		办公室	—	
		基础设施	物料供应、垃圾处理	
1.2　临床科室				
1.2.1　病人服务	128	检查 / 治疗室 6	检查治疗	本区域应是一个独立、封闭的跨科室工作点
		控制室	行政人员办公	
1.2.2　门诊部	500	检查 / 治疗室 30	检查治疗	门诊部为布置在主入口的独立建筑
……				

续表

部门名称	面积（m^2）	房间	功能	平面布置要求
2 护理	12 030			
2.1 病房	9 280			
2.1.1 A 级病房	4 000	贵宾套房 80		两个病区应当安排在各楼中特别好的位置。应注意房屋朝向（西南朝向）、窗外景观以及低噪声背景，1 个套间的面积相当于 2 个 24 m^2 的病房，共计 48 m^2，其中包括 1 个 24 m^2 带卫生间的病房以及 1 个 24 m^2 带卫生间的起居室
2.1.2 B 级病房	5 280	单人病房 180		包括 180 间单人病房，每间病房设 1 个家属床位；分为 6 个面积各为 880 m^2 的病区
……				

在充分掌握用户需求的基础上再进行工程设计，才能得到好的作品，并能极大程度地减少设计变更。

6. 人力资源规划

策划团队经过多次认证、修改、研究得出某中外合资医院的人员组成。人力资源规划是可行性分析的重要构成。

4.4 项目经济策划

项目经济策划是在项目定义与功能策划基础上，进行整个项目的投资估算，并且进行融资方案的设计及其有关的经济评价。

4.4.1 项目总投资估算

项目经济策划的首要工作是进行项目总投资估算。就建设项目而言，项目的总投资估算包括了项目的前期费用、项目工程建设造价和其他投资费用等。其中，工程造价是项目总投资最主要的组成部分。

项目总投资估算一般分以下五个步骤：

（1）根据项目组成对工程总投资进行结构分解，即进行投资切块分析并进行编码，确定各项投资与费用的组成，其关键是不能有漏项。

（2）根据项目规模分析各投资分解项的工程数量，由于此时尚无设计图纸，因此要求估算师具有丰富的经验，并对工程内容做出许多假设。

（3）根据项目标准估算各投资分解项的单价，此时尚不能套用概预算定额，要求估算师拥有大量的经验数据及丰富的估算经验。

（4）根据数量和单价计算投资合价。有了每一投资分解项的投资合价以后，即可进行逐层汇总。每一个父项投资合价都是子项各投资合价汇总之和，最终得出项目投资总估算，并形成估算汇总表和明细表。

（5）对估算所作的各项假设和计算方法进行说明，编制投资估算说明书。

项目总投资估算主要是用来论证投资规划的可行性以及为项目财务分析和财务评价提供基础，进而论证项目建设的可行性。一旦项目实施，项目投资估算也是投资控制的重要依据。

【案例 4.1】

某中外合资医院项目总投资估算

在某中外合资医院项目中，总投资由土地征用费用、拆迁和市政等场地准备费用、建筑物及室外总图建筑安装工程费用、固定医疗设备费用、可移动医疗器械费用以及项目启动费六大块组成。

拟建项目的建设内容及规模如前表 4.6 所示。

根据表 4.6，策划小组对建筑安装工程投资估算进行了测算，得到如表 4.8 所示的估算汇总表。

表 4.8　建筑安装工程投资估算汇总

单位：万元

序号	项目	工程费用	工程性费用	预备费	小计
1	检查与治疗区	14 231.50	2 083.10	1 631.40	17 946.00
2	护理区	19 167.00	2 773.60	2 194.00	24 134.60
3	行政教研后勤区	19 649.70	2 884.80	2 253.50	24 788.00
4	室外总图工程	2 751.00	273.80	302.40	3 327.20
5	合计	55 799.20	8 015.30	6 381.30	70 195.80

估算汇总表由一系列的估算明细表构成，如表 4.9 为检查与治疗区的投资估算明细表。

表 4.9 检查与治疗区建筑安装工程投资估算明细

项目名称	单位	数量	单价（元）	合计（万元）	单位造价（元/m^2）
检查与治疗区	万元			17 946.00	10 290
1 工程费用	万元			14 231.50	8 160
1.1 土建工程	万元			8 318.90	4 770
1.1.1 打桩	m^2	17 440	150	261.60	
1.1.2 基坑围护	m^2	17 440	220	383.68	
1.1.3 地下结构	m^2	17 440	400	697.60	
1.1.4 地上结构	m^2	17 440	800	1 395.20	
……					
2.10 工程保险费	万元			34.00	
2.11 竣工图编制费	%	0.15	14 231 万	21.30	
2.12 审计费	%	0.1	14 231 万	14.20	
2.13 联合试运转费	%	1	4 982 万	49.80	
2.14 其他零星收费项目	%	0.5	14 231 万	71.20	
3 预备费	万元			1 631.40	935
3.1 价格上涨预备金	%	3	16 314 万	489.40	
3.2 不可预见费	%	7	16 314 万	1 142.00	

投资估算明细表的前提是进行详细的项目定义，唯有清晰的项目定义及详细的功能分析、面积分配，才能进行如此详细的投资估算。

4.4.2 融资方案

项目融资方案策划主要包括融资组织与融资方式的策划、项目开发融资模式的策划等。

1. 融资组织与融资方式策划

融资组织与融资方式策划主要包括确定项目融资的主体以及融资的具体方式。不同项目的融资主体应有所不同，需要根据实际情况进行最佳组合和选择。如某园区项目整体融资方式如图 4.11 所示。

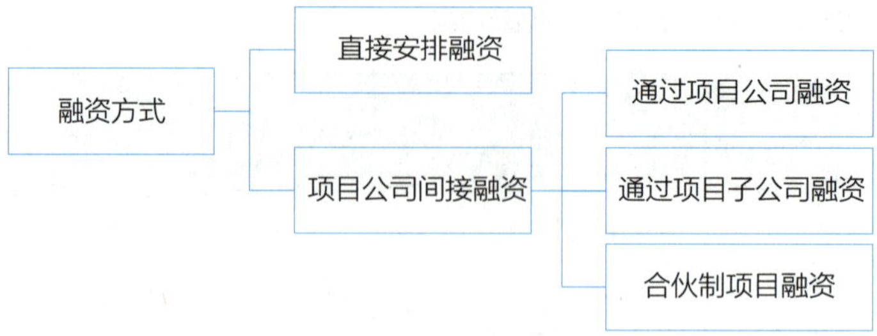

图 4.11　某项目整体融资模式图

2. 项目开发融资模式策划

项目融资主体确定以后，需要对项目开发时具体的融资模式进行策划。如某园区单个项目的开发融资模式主要有如图 4.12 所示的几种模式。

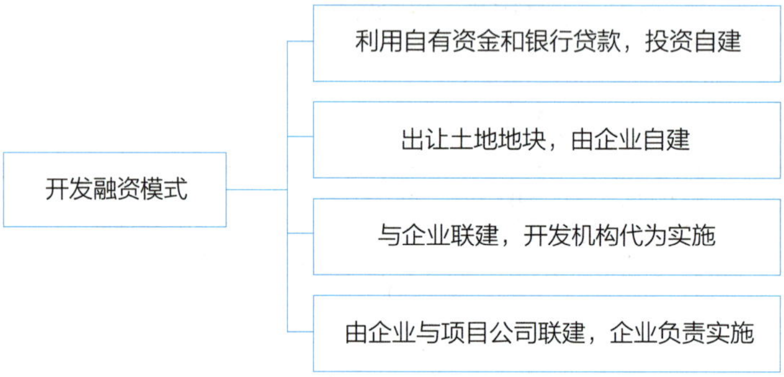

图 4.12　单个项目开发融资模式

4.4.3　项目经济评价

项目的经济可行性评价系统包括项目国民经济评价、财务评价和社会评价三个部分（见图 4.13），从三个不同的角度对项目的经济可行性进行分析。项目国民经济评价和社会评价从国家、社会宏观角度出发考察项目的可行性，而财务评价则是从项目本身出发考察其在经济上的可行性。

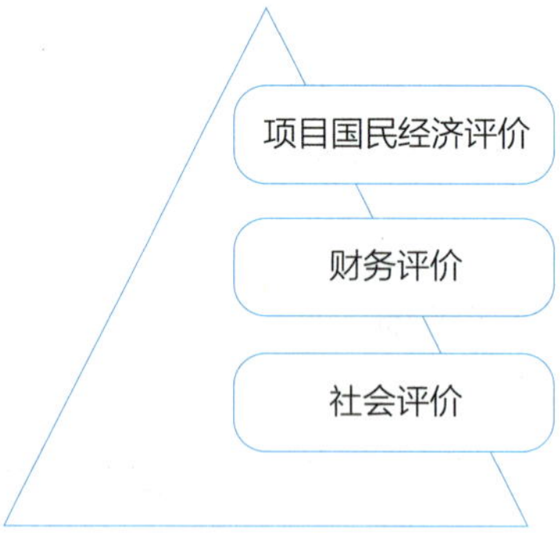

图 4.13　项目经济评价的内容

项目经济评价是可行性研究的重要内容，具体评价方法和指标体系国家有严格的规定，此处不再赘述。

4.5 项目实施策划的目标分析和再论证

项目实施策划是在建设项目立项之后，为了把项目决策付诸实施而形成的具有可行性、可操作性和指导性的实施方案。项目实施策划又可称为项目实施方案或项目实施规划（计划）。

4.5.1 项目实施策划的工作内容

建设项目实施策划涉及整个实施阶段的工作，它属于业主方项目管理的工作范畴。建设项目实施策划内容涉及的范围和深度，在理论上和工程实践中并没有统一的规定，应视项目的特点而定，一般包括如图 4.14 所示的内容。

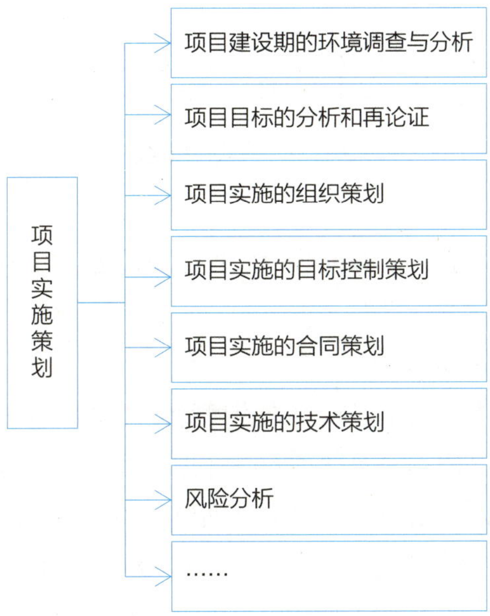

图 4.14 项目实施策划的基本内容

项目实施的组织策划是项目实施策划的核心。

4.5.2 项目实施的目标分析和再论证

与项目决策策划类似，项目实施策划的第一步是建设期的环境调查与分析，包括业主现有组织情况、建筑市场情况、当地材料设备供应情况、政策情况等。在对影响项目建设的内外部条件进行调查以后，经综合分析可以得出建设项目的实施期环境调查报告。

项目目标的分析和再论证是项目实施策划的第二步。设计方、施工方或供货方的项目管理目标是项目周期中某个阶段的目标或是某个单体项目的目标，只有业主方项目管理的目标是针对整个项目、针对项目实施全过程的。所以在项目实施目标控制策划中，只有从业主方的角度，才能统筹全局，把握整个项目管理的目标和方向。

项目实施的目标分析和再论证包括编制三大目标规划，如图 4.15 所示。

投资目标规划	在项目决策策划中的总投资估算基础上编制
进度目标规划	在项目决策策划中的总进度纲要基础上编制
质量目标规划	在项目决策策划中的项目定义、功能分析与面积分配等基础上编制

图 4.15　三大目标规划

4.5.3 案例分析：上海世博会工程建设总进度计划

1. 总进度计划体系

在世博会建设中，采用多阶网络进度计划方法解决进度协调关系。将计划分级，由总进度纲要和一系列子网络计划共同形成总进度计划体系。总进度纲要是里程碑计划，从总体上对整个项目的关键节点进行把握。在总进度纲要的基础上，建立了逐级细化的进度计划体系，依次编制了总进度规划（项目实施指导性计划）、分区进度计划（分区实施控制性计划）和单体进度计划（单体实施控制性计划）（见图 4.16）。

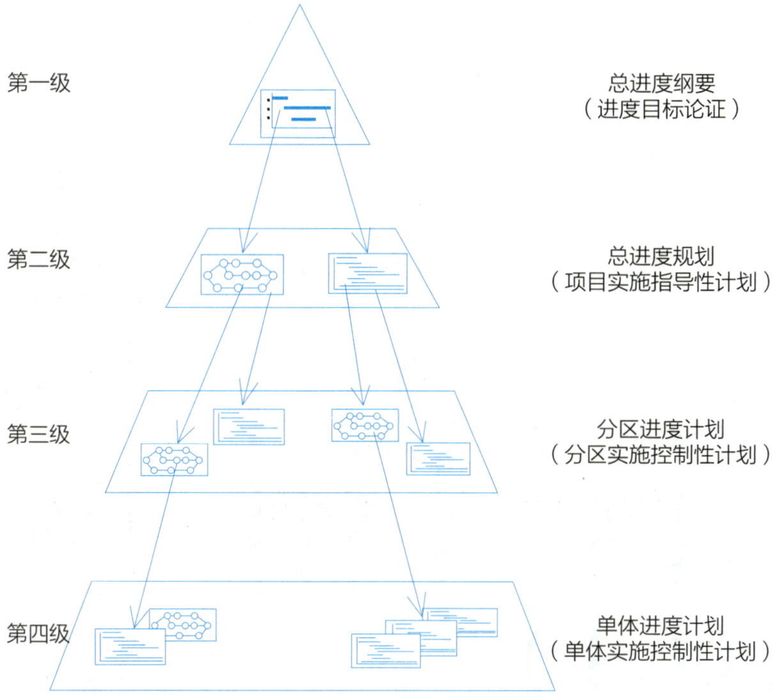

图 4.16　大型群体复杂项目多阶网络进度系统

2. 世博会工程建设总进度纲要

世博会工程建设总进度纲要如图 4.17 所示。世博会工程建设 10 项重大节点如下：

（1）2007 年 12 月底前永久性场馆工程一轴四馆实现全面开工；

（2）2008 年 5 月浦西 E 区城市最佳实践区开工；

（3）2008 年 6 月浦东园区临时场馆开工；

（4）2008 年 9 月浦东水工项目开工；

（5）2008 年 10 月浦西园区展馆开工，永久四馆全面进入主体结构施工；

（6）2009 年 5 月浦东园区租赁馆交相关参展国进行装修；

（7）2009 年 7 月园区道路建成；

（8）2009 年 8 月永久场馆机电设备开始调试；

（9）2009 年 12 月水工项目建成，所有场馆单体竣工，公交枢纽站、综合广场、绿化等配套设施建成；

（10）2010 年 2 月，所有项目完工。

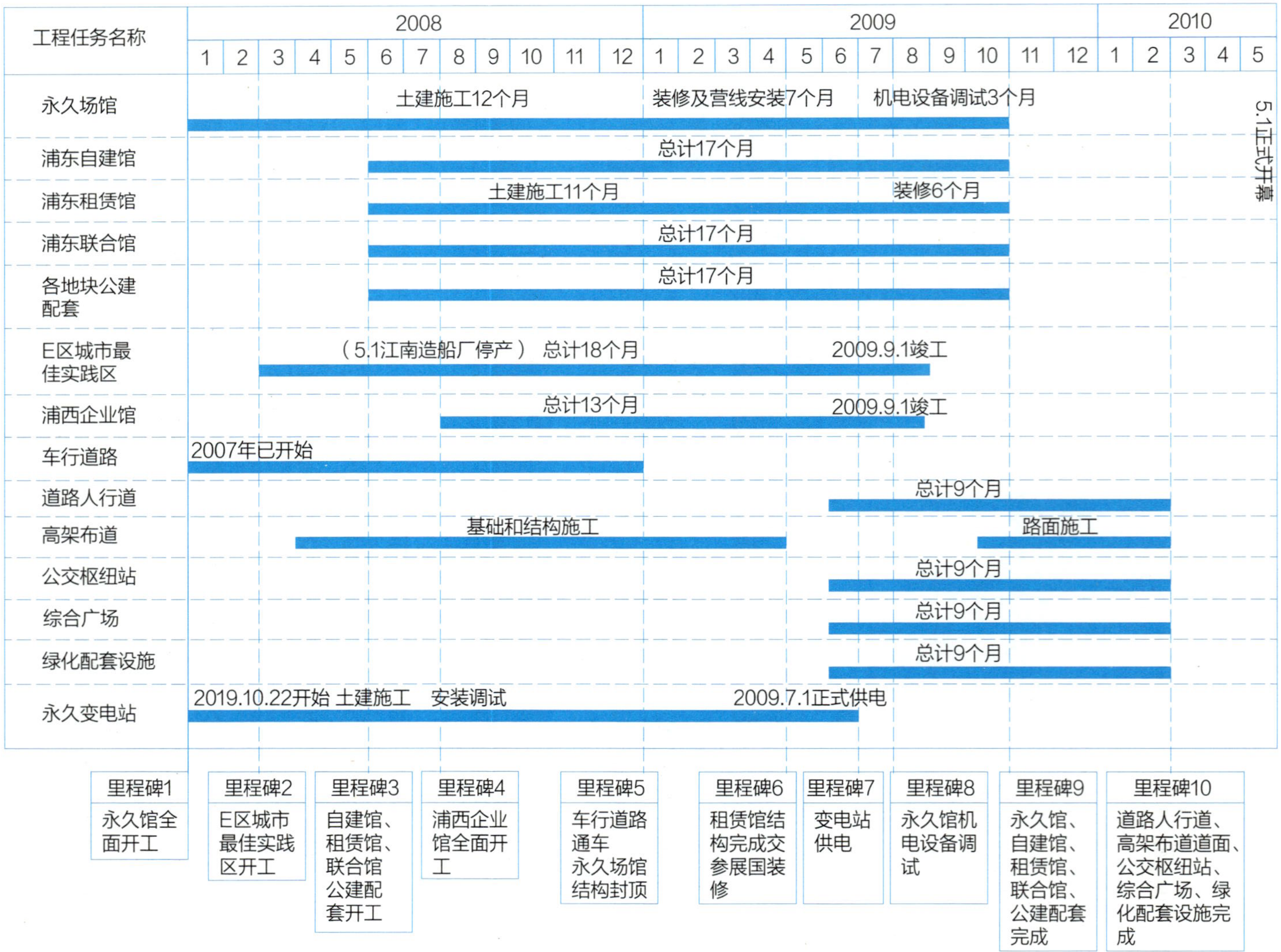

图 4.17　2010 年上海世博会工程建设重大节点计划图

4.6 项目实施的组织策划

项目实施的组织策划是指为确保项目目标的实现，在项目开始实施之前以及项目实施前期，针对项目的实施阶段，逐步建立一整套项目实施期的科学化、规范化的管理模式和方法，即对整个建设项目实施过程中的组织结构、任务分工和管理职能分工、工作流程等进行严格定义，为项目的实施服务，从而顺利实现项目目标。

项目实施的组织策划是在项目决策策划中的项目组织与管理总体方案基础上编制的，是组织与管理总体方案的进一步深化。项目实施的组织策划是项目实施策划的核心内容，是项目实施的“立法”文件，是项目参与各方开展工作必须遵守的指导性文件。

4.6.1 项目管理的三维视角

所谓项目管理的三维视角是指项目对象维（project）、管理组织维（organization）和工作过程维（process），如图 4.18 所示。项目对象维主要指对项目建设目标进行梳理并进行项目群分解。管理组织维主要是指组织分解所形成的组织分解结构，它明确了执行工作任务的组织安排。工作过程维主要是指对工作任务进行全生命周期管理，它明确了完成或交付项目对象所必须执行的工作。

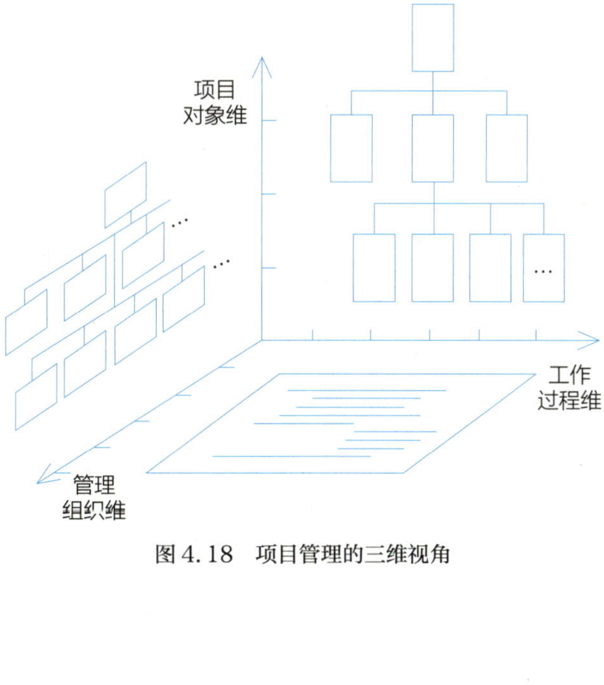

图 4.18 项目管理的三维视角

1. 项目对象维

项目对象维视角紧盯项目终极目标——项目对象，把项目群分成若干单元，界定不同项目群的不同管理深度和内容，建立以项目对象分解技术为基础的结构化项目群管理体系，分析不同项目群所应采取的不同管理对策，有的放矢地进行针对性的管理。

2. 管理组织维

管理组织维视角高度重视项目实施的组织措施，大胆进行组织模式创新，完善、优化建设管理的组织结构，花大力气强化管理基础性工作，理顺指令关系，进行合理分工，明确各项工作流程，以提高管理组织效率。

3. 工作过程维

工作过程维视角紧盯项目进度目标，强调科学的进度管理应体现在工作的系统性、前瞻性和计划性上。充分重视合理地编制工程进度计划，对项目进度计划进行分解、细化并形成计划体系。关注各子项目与其他子项目之间的联系，以全局视角对每个子项目的进度予以严格控制，从而形成有效的动态控制体系，并适时跟踪进度执行情况。

4.6.2 案例分析：三维视角在上海世博会中的应用

1. 项目对象维

在设计阶段，设计单位从技术角度考虑，按照项目性质对所有项目进行分解，分为场馆类项目、配套服务设施、交通服务设施和市政设施四类，如图 4.19 所示。

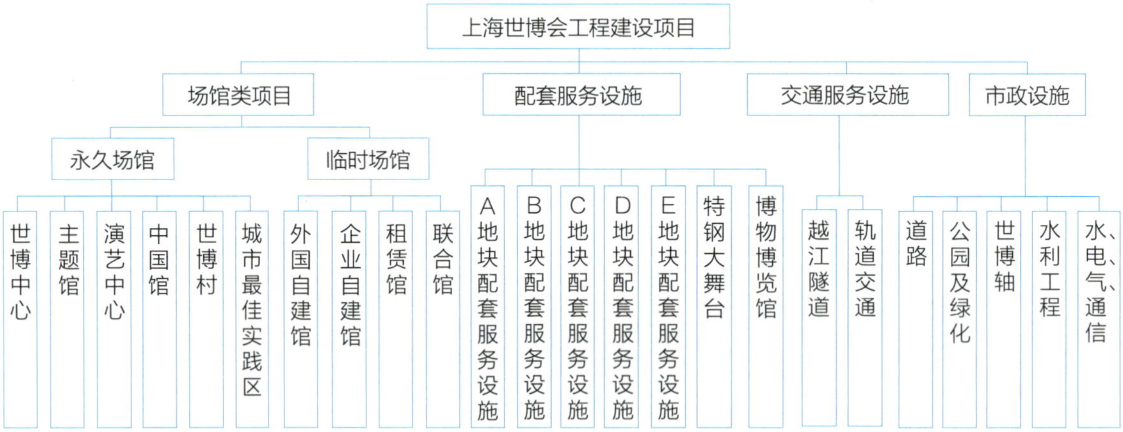

图 4.19 上海世博会建设工程项目分解结构（设计阶段）

实际上指挥部办公室要全面覆盖世博会建设的方方面面，要统领世博会建设的整个工程，因而要从管理的角度重新对项目结构进行分解，将世博会的项目分为三大类，如图 4.20 所示。

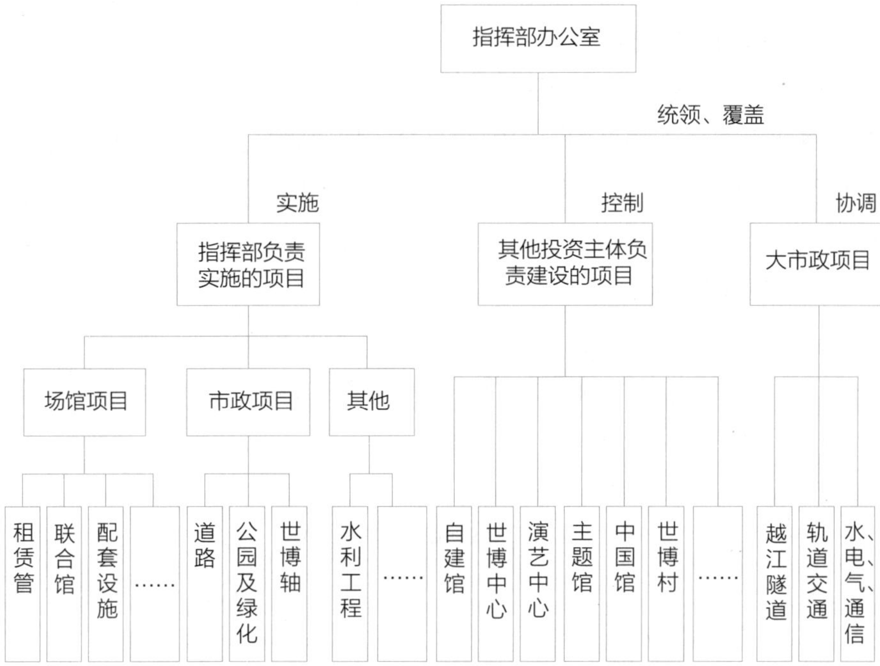

图 4.20 上海世博会建设工程项目分解结构（指挥部办公室）

第一类是指挥部办公室出资、签合同并直接兴建的项目，如所有的租赁馆、联合馆，道路、公园、码头，以及园区内的几类场馆。

第二类是其他投资主体建设，但是必须由指挥部办公室统领，进行管理的项目。如 42 个外国国家自建馆。42 个外国国家自建馆由不同的国家投资兴建，包括设计委托、施工委托，均由各个国家进行，因此工程进度、质量和投资都由各个国家自行进行管理。但是指挥部办公室必须对所有自建馆进行统领，确保每一个项目的完成，以保证整体进度。

第三类是大市政。在世博会建设过程中同时有两条越江隧道、两个轨道交通在兴建，穿越世博会园区，且最近距离地铁的红线与世博轴地下的红线只有 2 米。因此园区内的施工一定要跟大市政施工综合协调。两条越江隧道是有指挥部的，不在世博会工程建设指挥部范围内，而世博会的指挥部办公室需要跟它们进行沟通和协调。

2. 管理组织维

组织视角是三维视角中最关键的一维，也是唯一可以通过主观努力进行优化的因素。因为在三维视角中，项目对象维和目标维是刚性的，如不能改变拟建场馆的数量和规模，不能改变进度目标，而管理模式和组织结构是可以通过主观努力进行优化的。

世博会的组织是极其复杂的组织，中央政府、地方政府都高度重视，从上至下依次设立了上海世博会组织委员会、执行委员会、工程建设指挥部、事务协调局等，如图 4.21 所示。每一层面的组织又同时由很多成员组成，如世博会事务协调局下设办公室、综合计划部、国际参展部、工程部等 38 个部门，如图 4.22 所示。

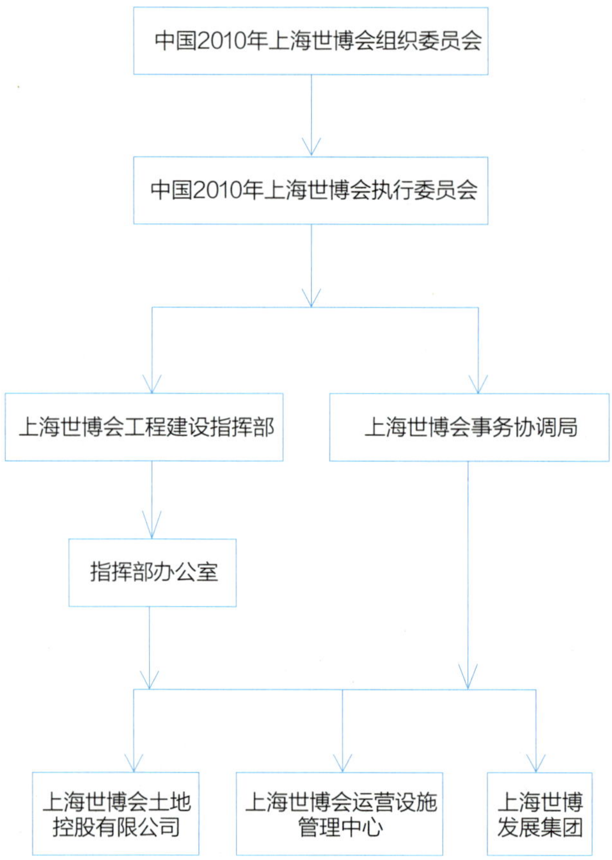

图 4.21　上海世博会顶层组织结构图

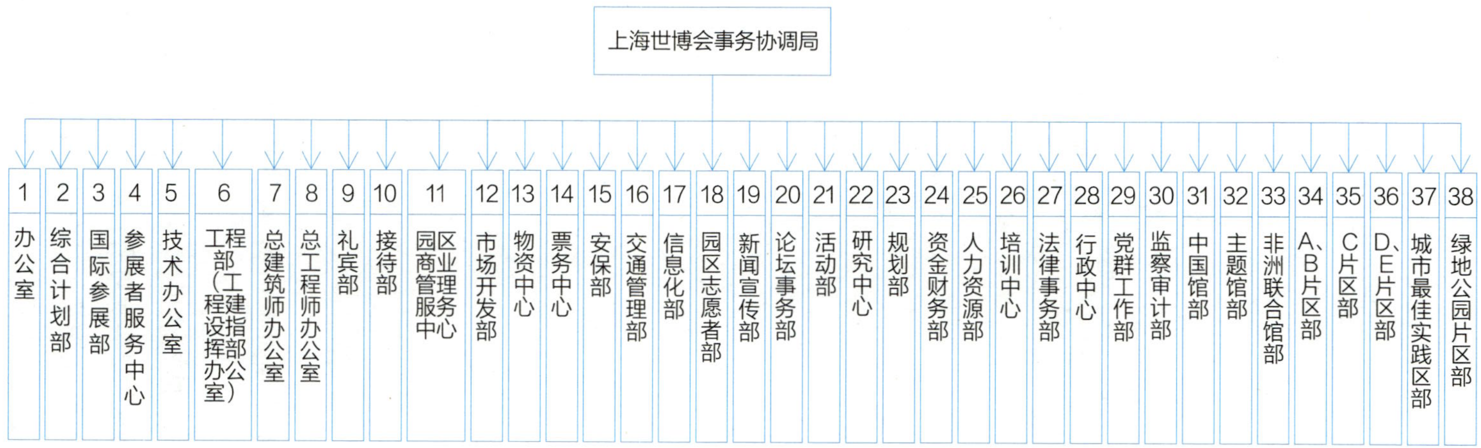

图 4.22　上海世博会事务协调局

世博会的每一个构成部分都极其复杂，有必要在项目实施策划过程中，重点对组织问题进行梳理。上海世博会指挥部办公室的矩阵组织形式经过多次调整后如图 4.23 所示。

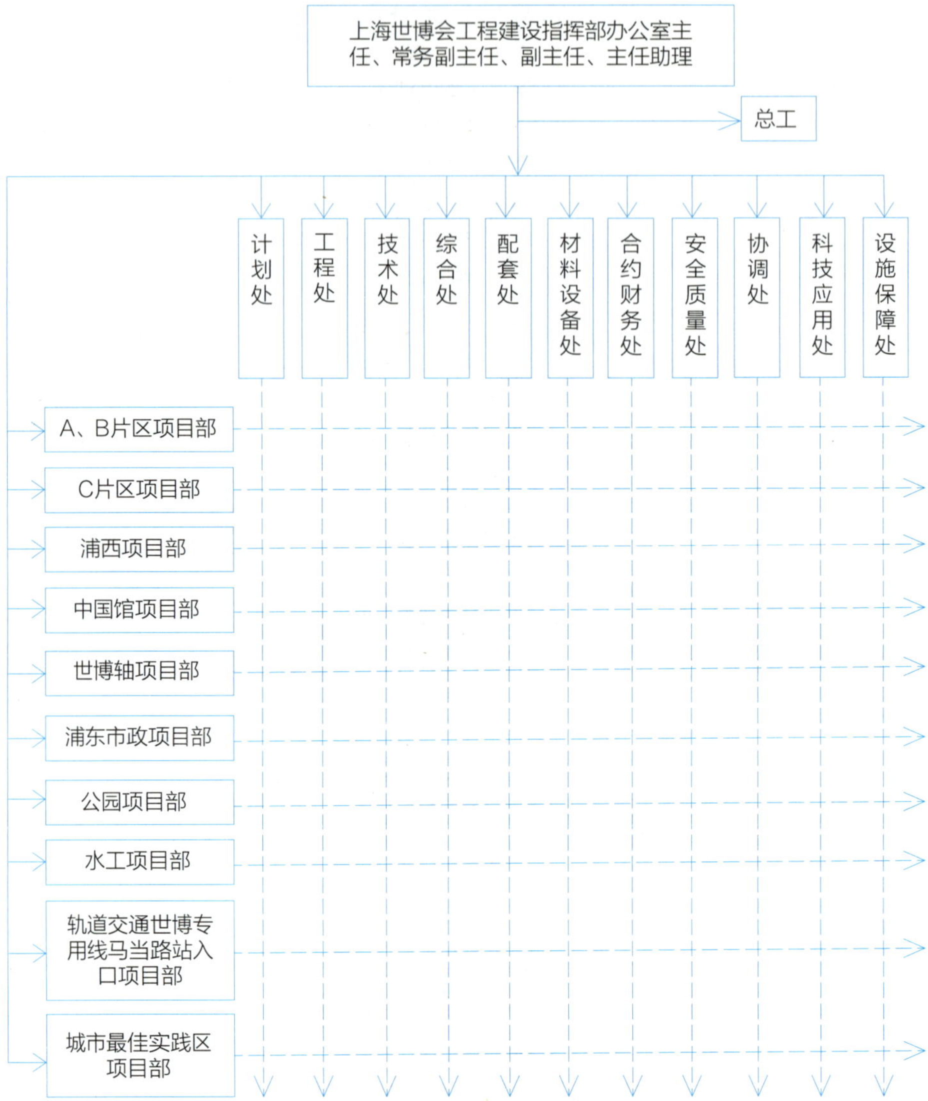

图 4.23　世博会指挥部办公室矩阵组织结构图

图 4.23 仍不能够准确地反映世博会指挥部职能处室和项目部对不同子项目的管理职能。职能处室要实现对所有项目管理的全覆盖，而项目部只涵盖了世博会所有项目当中的场馆及配套设施、部分市政项目，对一些永久性项目如世博中心等，项目部没有涵盖。另外，不同类型的项目管理的深度和方法也有区别，工程处对所有项目的进度控制要全覆盖，但是对由指挥部以及其他投资主体建设的项目其覆盖的广度是不同的，前者要管到底，后者是

顶层管理，如图 4.24 所示。

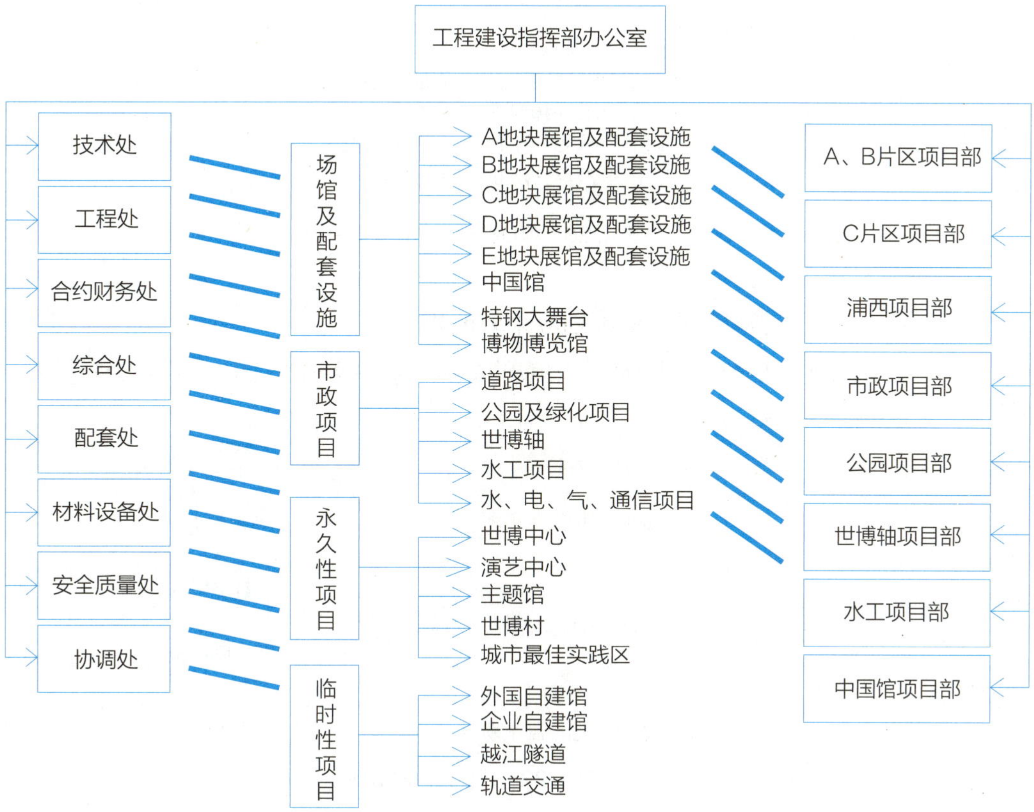

图 4.24　反映指挥部办公室全局管控职能的组织结构

4.7　项目实施的目标控制策划

4.7.1　目标控制策划的内容

项目实施目标控制策划是项目实施策划的重要内容。它是依据项目目标规划，制定项目实施中的质量、投资、进度目标控制的方案与实施细则。

1. 项目目标控制策划的依据

项目目标控制策划的依据如图 4.25 所示。

□ 项目定义中项目分解结构、项目总体目标；
□ 建设外部环境分析；
□ 建设组织策划；
□ 项目合同的有关数据和资料等。

图 4.25　项目目标控制策划的依据

2. 项目目标控制策划应遵循的原则

项目目标控制策划应主要从四个方面把握，如图 4.26 所示。

□ 从系统的角度出发，全面把握控制目标；
□ 明确项目目标控制体系的重心；
□ 采用灵活的控制手法、手段及措施；
□ 主动控制与被动控制相结合。

图 4.26　项目目标控制策划的原则

3. 项目实施目标控制策划应采取的措施

项目实施目标控制策划应采取的措施主要有四个方面，如图 4.27 所示。

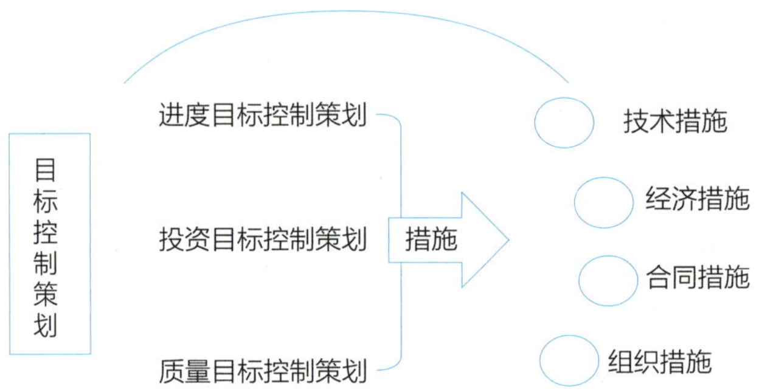

图 4.27　目标控制的措施

（1）技术措施，是在项目控制中从技术方面对有关的工作环节进行分析、论证，或者进行调整、变更，确保控制目标的完成。

（2）经济措施，是从项目资金安排和使用的角度对项目实施过程进行调节、控制，保证控制目标的完成。

（3）合同措施，是利用合同策划和合同管理所提供的各种控制条件对项目实施组织进行控制，从而实现对项目实施过程的控制，保证项目目标的完成。

（4）组织措施，通过对项目系统内有关组织的结构进行安排和调整，对不同组织的工作进行协调，改变项目实施组织的状态，从而实现对项目实施过程的调整和控制。

4.7.2　案例分析：上海世博会项目实施目标控制策划

为了确保中国 2010 年上海世博会项目建设目标的实现，编制了世博会建设工程的项目管理制度体系——一纲九册，即《世博会工程建设管理大纲》和按照九项职能分别编制的管理工作手册。

《世博会工程建设管理大纲》的目录为：

（1）项目分解结构及编码方案；

（2）工程建设管理组织结构；

（3）总进度纲要与控制；

（4）规划设计管理；

（5）投资控制与合同管理；

（6）设备材料采购；

（7）安全、质量管理；

（8）参展协调；

（9）信息与沟通管理；

（10）项目文化建设。

系列管理工作手册包括：《投资合同工作手册》《材料设备工作手册》《工程管理工作手册》《协调工作手册》《技术管理工作手册》《配套处工作手册》《安全质量工作手册》《综合管理工作手册》《信息系统管理手册》。

上海世博会一纲九册中，对项目建设过程中的组织、管理、经济和技术等方面因素和问题进行了系统的分析、计划和安排，并设计了相应的工作流程。

本章小结

本章内容的知识结构如图 4.28 所示。

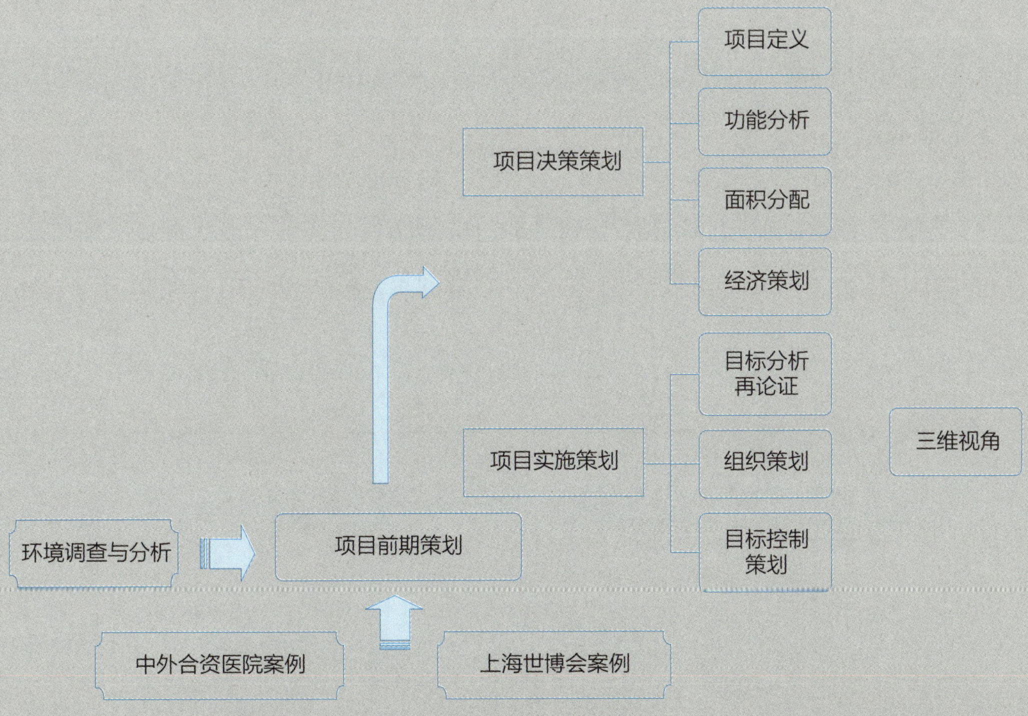

图 4.28　本章知识结构图

（1）项目前期策划。根据策划目的不同，项目前期策划分为项目决策策划和项目实施策划。项目立项之前为项目决策阶段，立项之后为项目实施阶段。

（2）环境调查。环境调查的渠道有多种，主要包括现场实地考察、相关部门走访、有关人员（群）访谈、文献调查与研究、问卷调查。

（3）项目决策策划。项目决策阶段的策划包括项目环境调查与分析、项目定义和项目目标论证、组织策划、管理策划、合同策划、经济策划、技术策划、风险策划等。

（4）项目定义。要对拟建项目进行严格的项目定义，就要对项目功能进行策划，并进行项目功能分析，将项目功能进行细化，满足项目投资者和使用者的要求。

（5）经济策划。项目经济策划的首要工作是进行项目总投资估算。项目总投资估算包括项目的前期费用、项目工程建设造价和其他投资等。其中，工程建设造价是项目总投资最重要的组成部分。

（6）项目实施策划。项目实施策划主要包括项目建设期的环境调查与分析、项目目标的分析和再论证、项目实施的组织策划、项目实施的目标控制策划、项目实施的合同策划、项目实施的技术策划、风险分析等。

（7）三维视角。项目管理的三维视角是指项目对象维、管理组织维和工作过程维。

（8）目标控制策划。项目在实施目标控制策划时应采取的措施主要有技术措施、经济措施、合同措施和组织措施。

关键术语

项目决策策划　项目实施策划　项目环境调查与分析　项目定义　项目功能分析与面积分配　项目经济策划　三维视角　目标分析和再论证

复习思考题

（1）项目策划的含义是什么？

（2）项目策划有哪些特点？

（3）项目策划可分为哪几种类型？

（4）环境调查有哪些工作内容？

（5）环境调查有哪些工作方法？

（6）项目决策策划和实施策划的含义是什么？

即测即评

请扫描二维码，进行本章测试。

延伸阅读

［1］丁士昭．工程项目管理［M］．2版．北京：中国建筑工业出版社，2014：65－92．

［2］乐云．建设工程项目管理［M］．北京：科学出版社，2013：295－351．

［3］乐云，李永奎．工程项目前期策划［M］．北京：中国建筑工业出版社，2011．

［4］乐云．建设项目前期策划与设计过程项目管理［M］．北京：中国建筑工业出版社，2009：1－52，101－158．

［5］乐云．项目管理概论［M］．北京：中国建筑工业出版社，2008：85－138．

［6］何清华．项目管理案例［M］．北京：中国建筑工业出版社，2008：1－151．

［7］胡廷楣．巨变——上海城市重大工程建设实录：世博城［M］．上海：中西书局，2011：48－65．

5 工程项目费用控制

【本章导读】工程项目费用控制是工程项目管理的核心工作之一，其涉及项目参与各方的经济利益。进行费用控制，需要了解项目各参与方费用的性质和内容、工程项目费用的构成基础，深刻理解和掌握工程项目费用控制的含义和基本原理。此外，由于工程项目建设的复杂性，建设各个阶段费用控制的工作内容和方法各不相同。

本章介绍工程项目费用控制的基础知识，主要内容包括：

（1）工程项目费用控制的含义和目标；

（2）工程项目费用控制的基本原理；

（3）工程项目建设各阶段控制的主要任务。

5.1 工程项目费用控制概述

工程项目建设花费的费用是项目每个参与方所关心的重要问题，费用控制工作的成效直接影响各参与方的经济利益，工程项目费用控制贯穿于工程建设的全过程。

5.1.1 工程项目费用与价值

工程项目的建设是通过投资和建设方的一系列建设管理活动、建筑业的勘察设计和施工等活动，以及其他有关部门的经济和管理等活动来实现的。它包括从项目意向、项目策划、可行性研究、项目决策，到地质勘测、工程设计、工程施工、运营准备和竣工验收等一系列非常复杂的组织、技术、经济和管理活动，既有物质生产活动，又有非物质生产活动。

1. 工程项目费用的概念

工程项目建设的参与主体主要有建设单位（业主方）、设计单位、施工单位（承包方）和供货单位等。由于参建各方的地位和利益不同，各自视角下工程项目费用的性质和内容也就不同。对于建设单位，工程项目费用就是工程项目投资；对于施工单位，工程项目费用就是工程施工成本（若从经营角度，工程项目费用视为业主方投资费用，也就是工程施工收入）。

2. 工程项目投资

建设一个工程项目总共要花多少钱，这是投资者和业主方首先必须考虑的事情。工程项目投资一般是由建设投资（或称固定资产投资）和流动资产投资两部分组成（见图 5.1）。

投资 ⇒ 固定资产的购建费用

- 建设投资
- 流动资产投资→生产占用的周转资金

图 5.1　建设期的建设投资和使用期的流动资产投资

建设投资，是指进行一个工程项目的建造所需要花费的全部费用，即从工程项目确定建设意向直至建成竣工验收为止的整个建设期间所支出的总费用，这是保证工程项目建设活动正常进行的必要资金，是工程项目投资中的最主要部分。由此，建设投资也称工程造价。

流动资产投资，是指为维持项目使用或生产经营而占用的全部周转资金。通常，人们所说的投资主要是指固定资产投资。实际上，生产经营性的项目还要有一笔有时数量不小的流动资产投资。例如，一个工厂建成后，光有厂房、设备和设施还不能进行生产，还要有一笔资金来购买原料、半成品、燃料和动力等，待生产出的产品卖出以后才能回收这笔资金。工程项目投资估算时，要把这笔投资也考虑在内。

从工程项目的建设以及工程项目管理的角度，投资控制的主要对象是建设投资，一般不考虑流动资产投资控制的问题。因此，通常仅就工程项目的建设及建设期而言，从狭义的角度，习惯上将工程项目投资与建设投资等同，将投资控制与建设投资控制（或称工程造价管理）等同。

理论上，工程项目投资主要由工程费用和工程其他费用（或称工程建设其他费用）组成（建设项目总投资费用项目组成的现行规定，详见相关文件），如图 5.2 所示。

（1）工程费用。工程费用包括建筑工程费用、安装工程费用和设备及工器具购置费用。

建筑工程费用与安装工程费用的费用组成相同，两者的合计称为建筑安装工程费用。建筑安装工程费用是指用于建筑物的建造及有关准备和清理等工程的费用；用于需要安装设备的安置和装配工程的费用等。其特点是必须通过兴工动料和追加活劳动才能实现。按我国的现行规定，建筑安装工程费用项目的组成按两种方法划分：按费用构成要素划分，分为人工费、材料费、施工机具使用费、企业管理费、利润、规费和税金，如图 5.3 所示；按工程造价形成顺序划分，分为分部分项工程费、措施项目费、其他项目费、规费和税金，如图 5.4 所示。

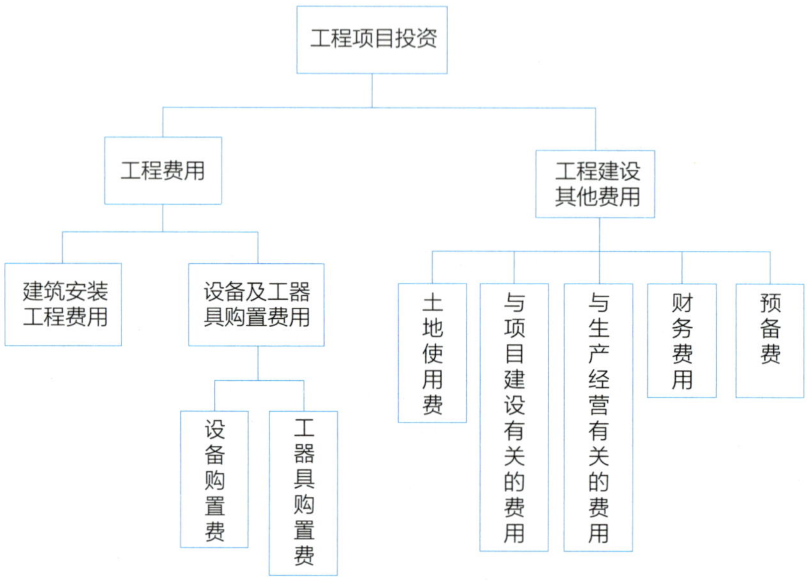

图 5.2　工程项目投资费用项目构成

图 5.3　建筑安装工程费用项目组成（按费用构成要素）

图 5.4　建筑安装工程费用项目组成（按工程造价形成顺序）

设备及工器具购置费用，是指建设工程项目设计范围内的需要安装和不需要安装的设备、工器具和生产家具等的购置费。生产性建设项目的生产能力，主要是通过设备及工器具购置费用实现的。

（2）工程其他费用。工程其他费用，或称工程建设其他费用，是指由工程项目建设投资支付的为保证工程建设顺利进行和交付使用后能够正常发挥效用而必须开支的费用。按费用支出的性质，工程其他费用一般可分为以下几类：第一类为土地使用费；第二类是与工程项目建设有关的费用；第三类是与项目建成以后生产经营有关的费用；第四类为预备费，包括基本预备费和价差预备费；第五类是财务费用，主要为贷款利息等。其中，第二类与工程项目建设有关的费用包括建设单位管理费、勘察设计费、研究试验费、临时设施费、工程监理费、工程保险费、配套工程建设费等；第三类与项目建成以后生产经营有关的费用包括联合试运转费、办公和生活家具购置费等。

【小贴士】

三峡工程投资组成

三峡工程的建设周期为 17 年，国家批准的初步设计静态概算为人民币 900.9 亿元（44%），考虑 17 年中物价变动因素 749 亿元（37%），支付贷款利息 389 亿元（19%），工程总投资为人民币 2 039 亿元。

工程计价就是计算确定工程项目建设投资，相应地，确定建设投资费用的文件，包括投资估算、设计概算、施工图预算、标底（或最高投标限价）、合同价、工程结算和竣工决算等文件。

3. 工程项目施工成本

施工成本，是指工程项目施工过程中所发生的全部生产费用，这是承包方必须考虑的事情。工程项目施工成本由直接成本和间接成本组成。

直接成本是指施工过程中耗费的构成工程实体或有助于工程实体形成的全部费用，包括人工费、材料费和施工机具使用费等。间接成本是指组织和管理施工生产所需的各项费用，包括管理人员工资、办公费、差旅交通费等。

就施工单位（承包方）而言，工程项目投资费用中的建筑安装工程费用（工程承包价格）是工程收入，要实现预期利润就必须控制施工成本。当然，随着建设工程服务提供模式的变化，工程承包价格的构成也会变化，如对于施工总承包、设计与施工总承包或是 EPC 等不同的工程发承包模式，相应的工程承包价格的构成会有不同。

4. 工程项目价值

工程项目价值是指项目交付时对可交付成果的价值感知与价值认同，以及项目投入使用和运营后创造的价值。工程项目投资建设的意义并不局限于项目建成时的可交付成果，更在于交付后的整个生命周期内工程项目未来应创造的价值。由此，价值驱动型的项目管理的最终目标是实现可持续性价值。产生可持续收益的能力是真正的项目价值。

工程项目价值若采用货币形式进行估值，则可被定义为通过项目成果及其效果而实现的效益减去为实现效益所付出的成本。

5.1.2 工程项目费用控制的含义

工程项目费用控制是指以工程项目为对象，为在费用计划值内实现项目而对工程建设活动中的费用所进行的策划和控制。工程项目不同参与方费用控制的内容并不相同，业主方的费用控制是对工程项目投资的控制，承包方的费用控制是对工程项目施工成本的控制。当然，费用控制的基本理论和基本方法是相通的。

工程项目管理的指导思想，就是在项目实施过程中进行项目的目标控制。因此，工程项目费用控制的核心，就是进行费用的策划（规划）和费用的控制（见图 5.5）。或者说，工程项目费用控制主要由两个各有侧重又相互联系的工作过程构成，即工程项目费用的策划过程与工程项目费用的控制过程。在工程项目建设前期，以费用的策划为主；在工程项目建设的中后期，费用的控制占主导地位。

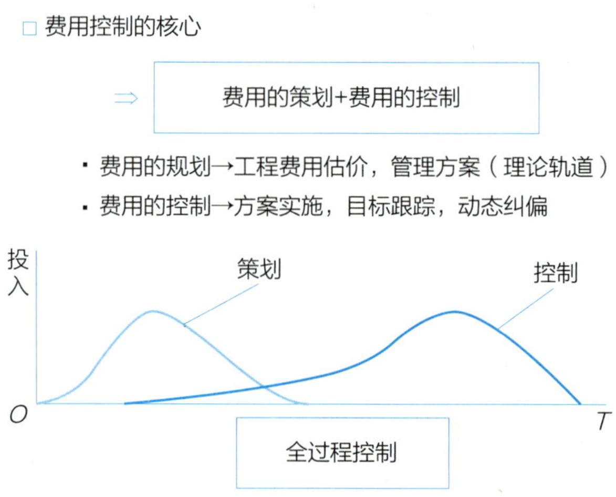

图 5.5 工程项目费用控制的核心

1. 业主方的投资控制

项目建设的不同参与方对工程项目投资费用的影响是不同的，项目业主在投资控制中起主导作用，如图 5.6 所示。投资控制的目的，就是在工程项目的实施全过程中，通过投资的策划与投资的控制，将实际发生的投资额控制在投资的计划值以内，以使工程项目的投资目标尽可能地实现。

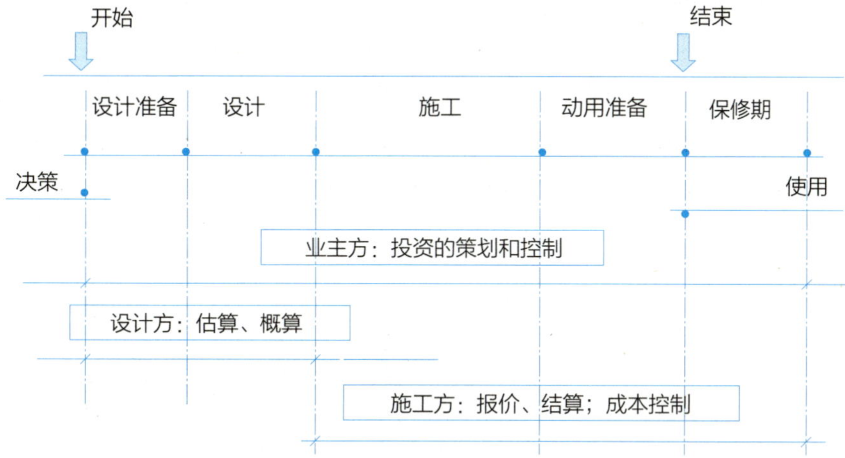

图 5.6　不同参与方对工程项目投资费用的影响

（1）投资的策划。投资的策划，包括计算、确定计划投资费用和制定投资控制实施方案两类工作（见图 5.7），即是确定或估算工程项目的计划投资费用，以及制定工程项目实施期间投资控制工作方案的项目管理活动，主要包含投资目标论证分析、投资目标分解、制定投资控制工作流程、投资目标风险分析、制定投资控制工作制度及有关报表数据的采集、审核与处理等一系列控制工作和措施。

□ 投资的策划

- 计算、确定计划投资费用
- 制定投资控制实施方案

⇒ 目标（理论轨道）

▸ 投资费用文件和内容

⇓

- 投资估算
- 设计概算
- 施工图预算
- 标底价格
- 合同价格
- 资金使用计划

⇒ 工程估价

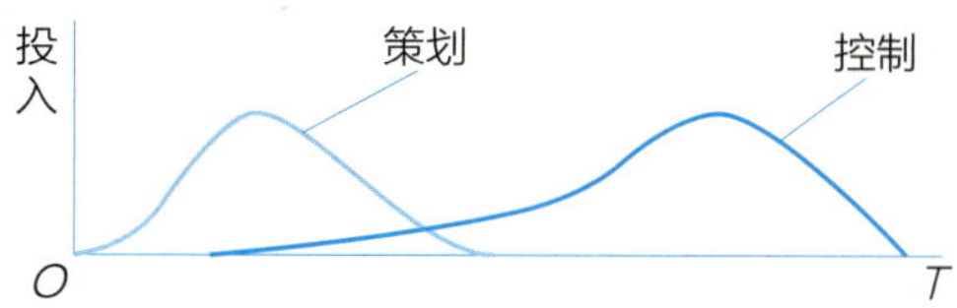

▸ 实施方案

- 各阶段工作重点……
- 组织、技术、经济、管理方法和流程……

图 5.7　投资的策划所涉及的内容

① 计划投资费用的计算和确定。计划投资费用的计算和确定（或称工程估价），主要是指在工程项目的前期和设计阶段，计算相应投资费用、确定投资计划值的项目管理工作，形成的工程项目投资费用文件主要包括投资估算、设计概算、施工图预算、标底价格或最高投标限价、合同价格、资金使用计划等。

依据建设程序，工程项目投资费用的计算和确定与工程建设阶段性的工作深度相适应（见图 5.8），各投资费用文件前后关联，相互作用。在工程项目建设的不同阶段，计划投资费用的计算确定及其主要工作内容如下。

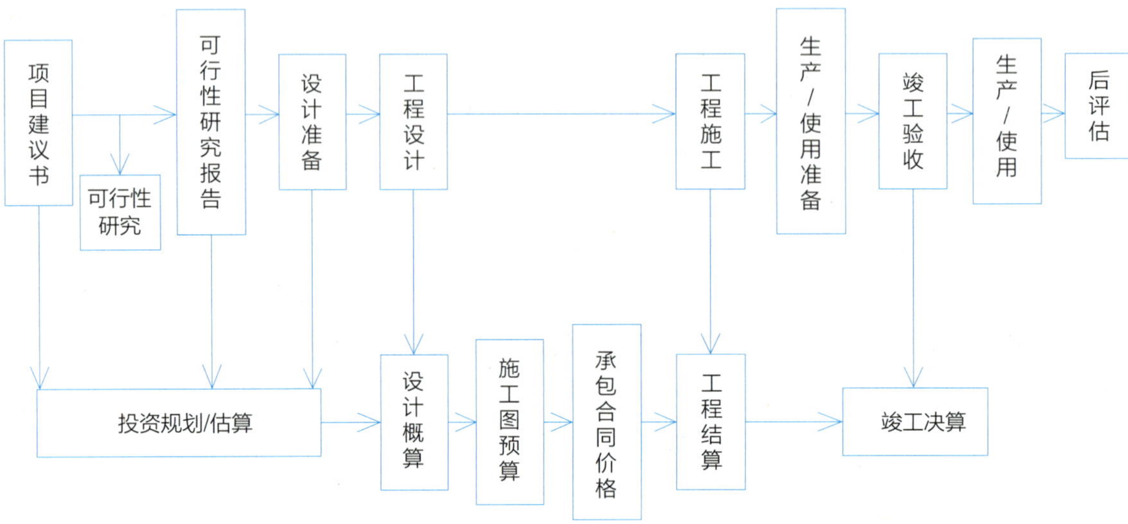

图 5.8　建设程序和各阶段投资费用的确定

A. 设计准备阶段。通过对投资目标的风险分析、项目功能与使用要求的分析和确定，编制工程项目的投资规划，用以指导设计阶段的设计工作以及相应的投资控制工作。

B. 工程设计阶段。以投资规划控制方案设计阶段和初步设计阶段的设计工作，编制设计概算。以投资规划和设计概算控制施工图设计阶段的设计工作，编制施工图预算。按工程量清单计价方式招标发包，确定工程承包合同价格等。

【小贴士】

工程量清单计价规范

为了适应我国社会主义市场经济发展的需要，规范建设工程造价计价行为，统一建设工程工程量清单的编制和计价方法，维护发包人和承包人的合法权益，国家住房和城乡建设部制定并发布了国家标准《建设工程工程量清单计价规范》（GB 50500—2013）。

C. 工程施工阶段。以投资规划、施工图预算和工程承包合同价格等控制工程施工阶段的工作，编制资金使用计划，以作为施工过程中进行工程结算和工程价款支付的目标计划。

② 投资控制实施方案的制定。除计算和确定计划投资费用外，投资策划的另一重要工作就是制定投资控制的实施方案。一个目标明确、重点突出、科学合理的工程项目投资控制实施方案，对于全面指导投资的控制活动、做好工程项目实施全过程中的投资控制工作、实现投资控制目标将起到关键性作用。

工程项目投资控制实施方案的主要内容，包括工程项目建设各个阶段投资控制的目标、任务、管理组织、工作重点和方法、控制流程，以及相应的组织措施、技术措施、经济措施和管理措施等。

（2）投资的控制。投资的控制，就是指在工程项目的设计准备阶段、设计阶段、施工阶段、动用前准备阶段和保修阶段，以策划的计划投资为目标，通过相应的控制措施将工程项目投资的实际发生值控制在计划值范围以内的项目管理活动（见图 5.9）。

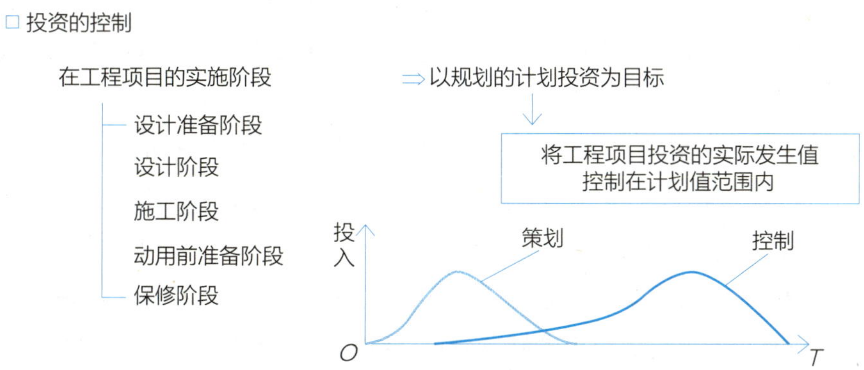

图 5.9　投资的控制所涉及的内容

① 设计准备阶段。根据拟建工程项目的功能要求和使用要求，做出项目定义和项目投资定义，并按工程项目规划的要求和内容，随着项目分析和研究的不断深入，逐步地将投资规划值和投资估算的误差率控制在允许的范围之内。

② 设计阶段。以投资规划和批准的投资估算为项目投资的计划值控制初步设计。如果初步设计阶段的设计概算与投资估算存在较大的偏差，则应对初步设计的设计结果进行修改和调整。

进入施工图设计阶段，以投资规划和批准的设计概算为控制目标，控制施工图设计工作的进行。如果施工图设计阶段的施工图预算超过设计概算，应对施工图设计的结果进行修改和调整。

在工程施工招标阶段，以工程设计文件（包括设计概算和施工图预算文件）为依据，结合工程施工的具体条件和业主方的特殊要求等，编制招标文件，选择合适的合同计价方式，确定工程承包合同价格。

通过对工程设计过程中形成的建设投资费用的层层控制，实现工程项目设计阶段的投资控制目标。

③ 施工阶段。以施工图预算和工程承包合同价格等为控制目标，通过工程计量、工程变更控制和工程索赔管理等方法，严格确定施工阶段实际发生的工程费用，合理进行工程结算，控制工程实际费用的支出。

④ 动用前准备阶段。全面汇集工程项目建设的实际费用，编制竣工决算，如实体现工程项目的实际投资，并总结分析工程建设管理经验，积累技术经济数据和资料。

⑤ 保修阶段。根据工程承包合同，协助处理项目使用期间出现的各种质量问题，选择相关的处理方案和方式，合理确定工程保修费用。

2. 承包方的成本控制

成本控制的目的，是在工程项目的施工生产过程中，通过成本的策划与控制，将实际发生的施工成本控制在成本计划值以内，以使承包方的盈利目标尽可能地实现。

（1）成本的策划，是指确定或估算工程项目施工生产所需的计划成本费用，形成成本计划，以及制定工程项目施工期间成本控制工作方案的项目管理活动。成本计划反映工程项目施工的预期成本水平，是进行成本控制的重要依据。进行成本策划，应结合施工组织设计，通过优化施工方案与合理配置生产要素，进行工料机消耗的分析，编制成本计划，并制定成本节约措施。通常，成本计划总额应控制在成本目标的范围内。

（2）成本的控制，是指在工程项目施工生产过程中，以编制的成本计划为目标，分析实际成本与计划成本之间的偏差，通过相应的控制措施将成本的实际发生值控制在计划值范围以内的项目管理活动。通过对施工生产过程中形成的成本费用的层层控制，确保工程项目施工成本目标的实现并尽可能地降低成本。

5.2 工程项目费用控制的基本原理

费用（投资或成本）的策划为工程项目的实施确定了项目费用的目标

计划和费用控制的实施方案，可以说，费用的策划为工程项目建起了一条通向费用目标的理论轨道。当工程项目进入实质性启动阶段以后，项目的实施就开始进入预定的计划轨道，这时，费用控制的中心活动就逐渐转变为费用目标的控制。

工程项目进入实施以后，尽管是按照费用的策划（理论轨道）开展各项费用控制工作的，但由于工程项目费用策划人员自身的知识和经验有限，特别是在工程项目实施过程中，项目的内外部条件和客观环境等都会发生变化，如工程范围的变化、项目资金的限制、未曾预想的恶劣天气的出现、政策法规的调整和物价的大幅度波动等，使得工程项目不会自动地在策划的计划轨道上运行。因此，必须进行控制。工程项目费用控制成功与否，很大程度上取决于费用的策划的科学性和费用的控制的有效性。又由于工程项目费用控制与其他项目目标控制存在不同的特性，因而费用控制尤其是投资控制的目标、手段、重点等有着自身的特点和规律。

5.2.1 工程项目费用的动态控制与主动控制

工程项目费用控制的目的和关键，是保证项目费用目标尽可能地实现。对工程项目费用进行控制，是运用控制论、信息论等原理，在项目建设过程中的不同阶段，经常地、定期或不定期地将实际发生的费用值与对应的费用计划值进行比较，若发现工程项目实际费用值偏离计划值，则应采取纠偏措施，纠正费用偏差，确保工程项目费用总目标能够实现。

1. 费用的动态控制

工程项目费用控制应遵循动态控制原理。在工程项目建设中，费用的控制紧紧围绕费用目标的控制，这种目标控制是动态的，贯穿于工程项目实施的始终。

随着工程项目的不断进展，大量的人力、物力和财力投入项目实施之中，此时应不断地对项目进展和实际费用的发生进行监控，以判断工程项目进展中费用的实际值与计划值是否发生了偏离。如发生偏离，须及时分析偏差产生的原因，采取有效的纠偏措施。必要时，还应对费用规划中的原定目标计划进行重新论证。从工程进展、实际数据收集、计划值与实际值比较、偏差分析和采取纠偏措施，又到新一轮起点的工程进展，这个控制流程应当定期或不定期地循环进行，如根据工程项目的具体情况可以每周或每月循环地进行这样的控制流程。

按照动态控制原理，工程项目的费用控制应做好以下几项工作。

（1）费用目标计划值的分析和论证。由于主观和客观因素的制约，工程项目费用策划中的费用目标计划值有可能难以实现或不尽合理，需要在项目实施的过程中，或合理调整，或细化和精确化。只有工程项目费用目标是合理、正确的，费用控制方能有效。

（2）实际发生的费用数据的收集。收集有关费用发生或可能发生的实际数据，及时对工程项目进展做出评估。没有实际数据的收集，就无法了解和掌握工程项目费用的实际发生情况，更不能判断是否存在费用偏差。因此，费用实际数据的及时、完整和正确是确定有无投资偏差的基础。

（3）费用目标计划值与实际值的比较。比较费用目标计划值与实际值，判断是否存在费用偏差。这种比较也要求在工程项目费用策划时就对比较的数据体系进行统一的设计，从而保证费用值比较工作的有效性和效率。

（4）各类费用控制报告和报表的制定。获取有关项目费用数据的信息，制定反映工程项目计划费用、实际费用、计划与实际费用比较等的各类费用控制报告和报表，为进行费用数值分析和相关控制措施的决策提供支持。

（5）费用偏差的分析。若发现费用目标计划值与实际值之间存在偏差，则应分析造成偏差的可能原因，制定纠正偏差的多个可行方案。经评价后确定费用纠偏方案。

（6）费用偏差纠正措施的采取。按确定的控制方案，纠正费用偏差，保证工程项目费用目标的实现。

2. 费用的主动控制

主动控制是在工程项目实施过程中，立足于事先采取预防措施，以尽可能减小或避免费用偏差的发生。因此，除日常的被动控制外还应开展主动控制。主动控制也是一个动态循环过程，即随着工程项目的推进，应按一定时间间隔预先分析评估未来可能造成项目实际费用与费用计划发生偏差的风险，及时进行费用预警，及时采取相应预防措施控制风险，使项目的实际费用保持在费用计划的轨道上，且这个过程也应定期或不定期地循环开展。

工程项目费用控制，应构建费用动态控制体系和费用预警体系，动态控制和主动控制并重，确保项目费用目标的实现。

5.2.2 工程项目费用控制的手段

要有效地控制工程项目的费用，应从组织、管理、经济和技术等多个方面采取措施，尤其是将技术措施与经济措施相结合，是控制工程项目费用最有效的手段（见图 5.10）。

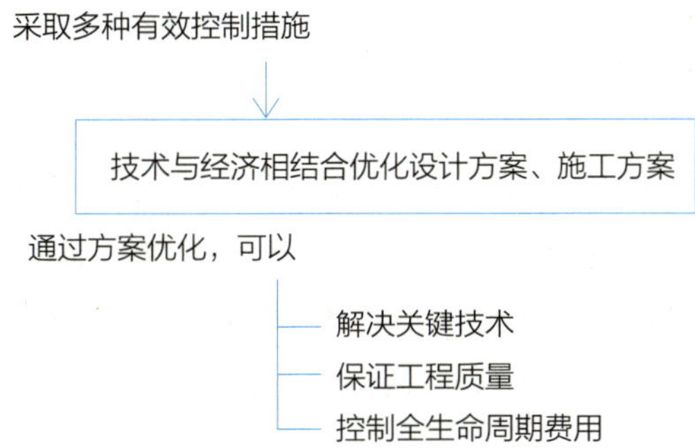

图 5.10　工程项目费用控制的有效手段

费用控制虽然是与资金打交道，表面上看是单纯的经济问题，其实不然。工程项目的费用与技术有着密切的关系，工程项目的功能和使用要求、土地使用、建设标准、设计方案的优劣、结构体系的选择和材料设备的选用等，无不涉及工程项目的费用问题。因此，在工程建设过程中把技术与经济有机结合，要通过技术比较、经济分析和效果评价，正确处理技术先进与经济合理两者之间的关系，把工程项目费用控制的观念渗透到各项设计和施工技术措施之中。

【案例 5.1】

某国际机场飞行区地基处理技术研究

在某国际机场项目的建设中，项目建设方以科技为先导，坚持以科技为第一支撑的工程建设指导思想，针对面临的一系列问题，投入大量的科研资金，事先开展了相关课题的研究，并将研究成果融入机场的规划、设计、施工方案之中，有力地支撑了机场项目建设的策划、决策和实施工作，有效地控制住了工程建设投资。为了能在机场软土地基的基础上，确保飞行区地基处理工程施工的一次成功，在工程动工前项目建设方积极又慎重地组织实施了塑料板排水加堆载预压和强夯等多项地基处理试验，为选择正确合理的地基处理方案提供了极为可靠的科学依据。通过对取得的各个试验方案的各项测试数据、技术指标和阶段成果进行仔细验算分析和反复论证比较，最终选定了技术可行、经济合理和工艺简捷的强夯方案，选择了价廉质优的强夯材料，并在随后的施工作业过程中，注意及时发现和解决问题，不断加以充实改进。基于此，该项工程不但保证了质量，缩短了工期，而且还较大幅度地节省了投资。据测算，1 000 多万元试验费用的投入获得了降低费用 1.2 亿元的回报。以现代科学技术为手段，通过大量的科技投入，该国际机场的建设取得了一大批研究、实验和试验成果。科研成果在工程实际中的融入和运用，极大地提高了工程项目建设各阶段和工程各方面工作的科技含量，有效地降低了工程项目的投资。

工程项目费用控制是一项融合了组织、管理、经济和技术的综合性工作，它对费用控制人员素质的要求很高，要求具有管理、经济和技术等多个方面的知识。管理方面的知识包括能够进行费用分解，编制费用规划；具有组织设计方案竞赛的能力；具有组织工程招标发包和材料设备采购的能力；掌握费用动态控制和主动控制等的方法；能够进行合同管理等。经济方面的知识包括要懂得并能够充分占有数据；能够进行工程项目费用的划分；能够进行设计概算和施工图预算或成本计划等的编制与审核，能够对工程付款进行复核；能进行建设工程项目全生命周期经济分析；能够完成技术经济分析、比较和论证等工作。技术方面的知识包括具备土木工程、机电设施设备和工程施工等的技术知识，如建筑、结构、施工、工艺、材料和设备等方面的知识。当然，这些知识不可能集中在一个人身上，费用控制人员首先要了解和掌握这些知识，同时还需要与各方面专业人员一起工作，在相关专门人员的协助下开展费用控制的工作。

5.2.3　业主方投资控制的计划值

业主方的投资控制贯穿了工程项目建设的全过程，就投资控制目标的计划值而言，有其自身的特点。

1. 计划值的分阶段设置

控制是为实现目标服务的，一个系统若没有目标，就不需要也无法进行控制。投资控制目标的设置应是严肃的，应合理且有科学的依据。但是，工程项目的建设过程是一个周期长、综合复杂的过程，投资控制目标的计划值并不是一成不变的，在不同的建设阶段投资控制的计划值可能不同。因此，投资控制目标的计划值需按建设阶段分阶段设置，随着工程项目建设的不断深入，投资控制目标的计划值也逐步具体和深化。

由于在一定时间内占有的经验和知识是有限的，不但常常受到环境和技术条件的限制，而且也受工程项目建设过程的发展及其表现程度的限制，因而不可能在工程项目的伊始，就设置一个非常详细和一成不变的投资控制目标计划值。因为在此时，通常只是对拟建的工程项目有一个概括性的描述和了解，也就只能据此设置一个大致的、比较粗略的投资控制目标的计划值，这就是投资估算。随着工程项目建设的不断深化，即从工程项目的建设概念到详细设计等的完成，对工程项目的理解不断具体、不断深化，投资控制目标的计划值也将一步步地不断清晰和准确，这就是与各建设阶段对应的设计概算、施工图预算、工程承包合同价格以及资金使用计划等。

因此，工程项目投资控制目标的计划值应随着工程项目实施过程的不断深入而分阶段设置。方案设计和初步设计阶段的投资控制计划值，是工程项目的投资估算；在技术设计和施工图设计阶段，工程项目投资控制目标的计划值是设计概算；施工图预算或工程承包合同价格则应是工程施工阶段投资控制目标的计划值。同时可见，某一投资值相对前一阶段而言是实际值，相对后一阶段来说又是目标计划值，即投资控制目标的计划值是相对的。在各建设阶段形成的投资控制目标的计划值相互联系、相互补充又相互制约，前者控制后者，即前一阶段目标控制的结果，就成为后一阶段投资控制目标的计划值，每一阶段投资控制的结果就成为更加准确的投资的策划文件，从投资估算、设计概算、施工图预算到工程承包合同价格，共同构成工程项目投资控制的目标计划系统。

2. 立足全生命周期的控制

工程项目投资控制，主要是对建设阶段发生的一次性投资进行控制。但是，投资控制不能只着眼于建设期间产生的费用，更需要从建设工程项目全生命周期内产生费用的角度审视投资控制的问题。投资控制，不仅仅是对工程项目建设直接投资的控制，只考虑一次投资的节约，还需要从项目建成以后使用和运营过程中可能发生的相关费用考虑，进行项目全生命周期的经济分析，权衡工程项目在整个生命周期内功能和费用的关系（见图 5.11）。

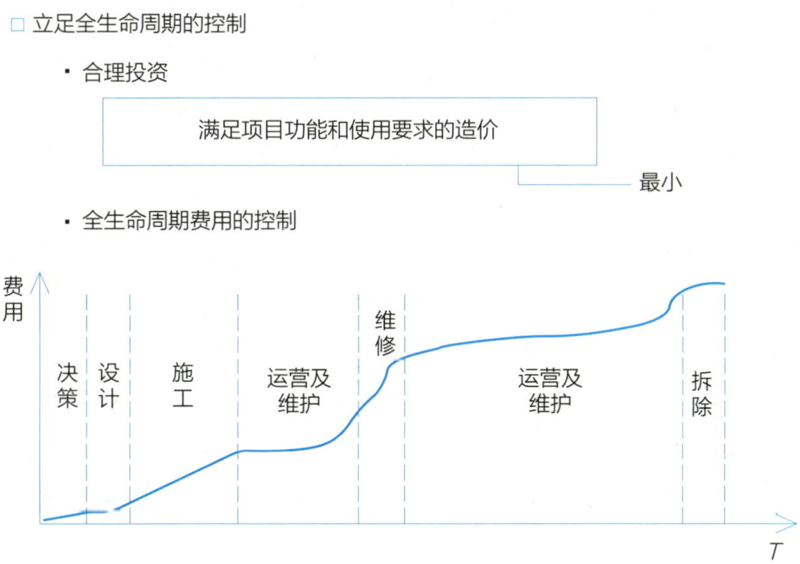

图 5.11　立足全生命周期的投资控制

例如，一些工程项目使用过程中的能源费用、清洁费用和维修保养费用等往往是一笔巨大的费用开支。如果在建设时，略增加一些投资以提高或改进相关的标准和设计，则可以大大减少这些费用的发生，成为节约型的工程项目。

因此，工程项目投资控制并不是单纯地追求投资越少越好，而是应将工程项目的功能要求放在第一位，是在满足工程项目的质量、功能和使用要求的前提下，通过控制的措施，使工程项目投资越少越好。也就是说，在工程项目的建设过程中需追求合理投资，该花的钱就应该花，只要值得，能够使工程项目全生命周期内的使用和管理最为经济和节约。为此，在进行投资控制时，应根据工程项目的特点和业主的要求，对项目建设和运营使用的主客观条件进行综合分析和研究，使得项目全生命周期费用最为合理。

5.2.4 业主方投资控制的重点阶段

工程项目投资控制应贯穿于工程项目从建设意向到建成竣工验收直至保修期结束为止的整个建设全过程。在工程建设的各个阶段和各个方面，均有众多的投资控制工作要做，不管是哪一个阶段或哪一个方面的工作没有做好，都会影响投资目标的实现。但是，工程项目的建设是一个非常复杂的过程。由于工程项目具有一次性、独特性，先交易、先定价与后生产等基本特点，每一个工程的建设都是按照项目业主的特定要求而进行的一种定制生产活动，因此就投资控制而言，工程项目的前期和设计阶段的投资控制具有特别重要的意义。

1. 项目前期和设计阶段对投资的影响

项目前期和设计阶段对工程项目建设投资具有决定作用，其影响程度也符合经济学中的二八定律（帕累托定律）：在任何一组东西中，最重要的只占其中一小部分，约为 20%；其余 80% 尽管是多数，却是次要的。在人们的日常生活中尤其是经济领域中，到处呈现出二八定律现象。二八定律的重点不在于百分比是否精确，其重心在于“不平衡”上，正因为这些不平衡的客观存在，它才能产生强有力的和超乎人们想象的结果。

项目前期和设计阶段投资控制的重要作用，反映在工程项目前期工作和设计对投资费用的巨大影响上，这种影响也可以由两个二八定律来说明：工程项目策划和设计阶段已经决定了建设工程项目全生命周期内 80% 的费用；而设计阶段尤其是初步设计阶段已经决定了工程项目 80% 的投资。如图 5.12 所示。

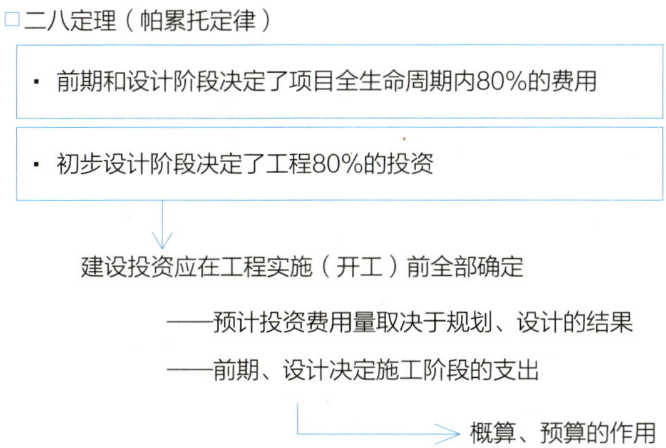

图 5.12　工程项目投资确定的二八定律

（1）工程项目策划和设计对投资的影响。工程项目 80% 的全生命周期费用在项目策划和设计阶段就已经被确定，而其他阶段只能影响项目全生命周期费用的 20%，产生这种情况的主要原因是每一个项目都是根据业主自身的特殊考虑进行建设的。在工程项目策划阶段，项目业主就会大致做出拟建项目的项目定义，决定工程项目投资需要的很多内容，比如会依据各种因素确定拟建项目的功能、规模、标准和生产能力等。对宾馆项目来说就是拟设多少客房、多大面积，建筑和设施标准的高低，娱乐、会议、商务、商店和餐饮等服务空间的设置、面积大小和标准等；对工业项目来说就是多大生产能力、技术水平的高低、何种工艺技术路线、多大规模、多大面积、建筑标准和辅助设施设置等；对机场项目来说就是需要多少跑道、多少候机楼及其面积，每年能够处理多少飞机架次、多少旅客和多大货物吞吐量等，这些都需要通过项目策划阶段的工作来确定。而这些对拟建项目的项目定义，就大致框定了工程项目的投资额度，给出了工程项目的投资定义。也就是说，业主要求、规范和标准对工程项目投资的影响是最大的（见图 5.13）。一旦项目规划通过论证之后准备实施，工程项目的建设内容和运营内容均得到确定，工程建设实施就必然按照认定的策划内容及其投资值来执行，这将直接影响工程项目的设计、施工和运营使用。

由于方案设计或初步设计阶段较为具体地明确了工程项目的建设内容、设计标准和基本原则，以初步设计为基础的详细设计，即施工图设计只是根据初步设计确定的设计原则进行细部设计，是初步设计的深化和细化。而工程项目的采购和施工，通常只是严格按照施工图纸和设计说明来进行，图纸上如何画，施工就如何做；图纸上如何说，施工也就如何实施。因此，拟建项目的初步设计完成之后，工程项目建设投资的 80% 左右也就被确定下来了。

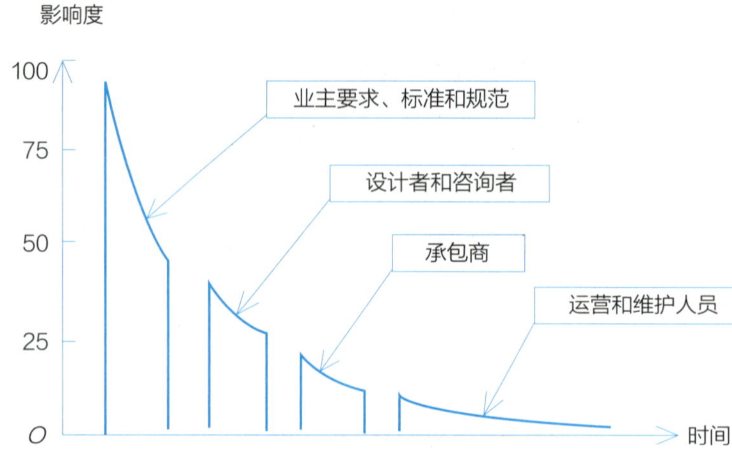

图 5.13 项目投资费用影响度

（2）项目前期和设计阶段的外在因素对投资的影响。外在因素在工程项目全生命周期内对投资影响程度的变化特点也决定了设计阶段管理和控制的重要性。工程项目的建设特别是重大基础设施建设，周边地区的社会、经济、资源和自然环境等多种因素对建设投资的影响力有着明显的阶段性变化，即如果能够经过对拟建项目科学地论证、规划和设计，外在因素的不确定性会随着时间的推移而逐渐减小，而在工程项目的前期，这类因素对工程项目投资的影响程度最集中，可以占到 80% 左右。

（3）前期工作和设计对使用或运营费用的影响。工程设计不仅影响工程项目建设的一次性投资，而且还影响拟建项目使用或运营阶段的经常性费用，如能源费用、清洁费用、保养费用和维修费用等。在工程项目建设完成投入使用或运营后，项目的使用或运营费用将是持续平稳地发生。虽然使用或运营费用的变化趋势并不十分明显，但由于项目使用或运营期一般都延续很长，这就使得相应的总费用支出量会很大。在通常的情况和条件下，在这个变化过程中，前后各阶段的费用存在一定的关系，或许前期或设计阶段确定的项目投资费用的少量增加反而会使得项目运营或使用费用大量减少；反之，设计阶段确定的项目投资费用略有减少，则有可能会导致项目运营或使用费用大量增加。工程项目建设一次性投资与经常性费用有一定的反比关系，但通过项目前期和设计阶段的工作可以寻求两者尽可能好的结合点和平衡点，使工程项目全生命周期费用最低。

2. 工程项目投资控制的重点

综上所述，建设及其投资费用在工程项目全生命周期内有其独特的变化规律，这些规律决定了项目前期和设计阶段在项目全生命周期中的重要地位。从前面的分析以及工程实践来看，在一般情况下，设计准备阶段节约投资的可能性最大，其对建设工程项目经济性的影响程度能够达到95%~100%；初步设计阶段为75%~95%；技术设计阶段为35%~75%；施工图设计阶段为25%~35%；而至工程的施工阶段，影响力可能只有10%左右了。在施工过程中，由于各种原因经常会发生设计变更，设计变更对项目的经济性将产生影响，但设计变更的发生往往是由于项目前期或设计阶段的工作所致。

在设计阶段，节约投资的可能性最大（见图5.14）。其中，在方案设计阶段，节约和调节投资的余地最大，这是因为方案设计是确定工程项目的初始内容、形式、规模、功能和标准等的阶段，此时对其某一部分或某一方面的调整或完善将直接引起投资数额的较大变化。正因为如此，就必须加强方案设计阶段的投资控制工作，通过设计方案竞赛、设计方案的优选和调整、价值工程和其他技术经济方法，选择确定既能满足工程项目的功能要求和使用要求，又可节约投资、经济合理的设计方案。

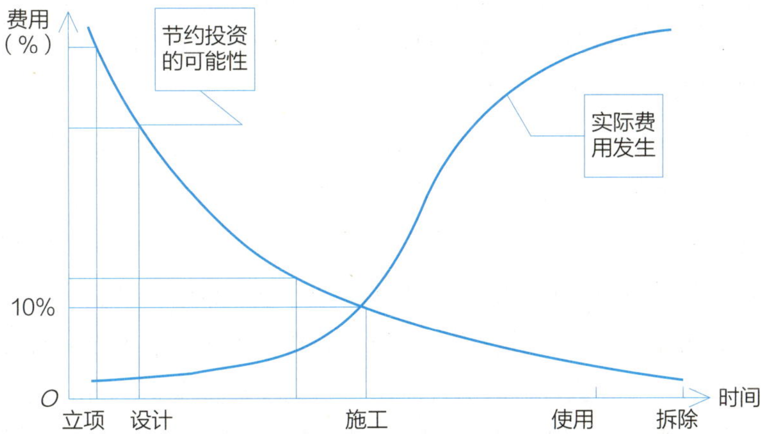

图5.14 节约投资的可能性

在初步设计阶段，相对方案设计来说节约和调节投资的余地会略小些，这是由于初步设计必须在方案设计确定的框架范围内进行，对投资的调节也在这一框架范围内，因此，节约投资的可能性就会略低于方案设计。但是，初步设计阶段的工作对工程项目投资还是具有重大的影响，这就需要做好各专业工程设计和技术方案的分析和比选，如房屋建筑的建筑和结构方案选择，建筑材料的选用，建筑方案中的平面布置、进深与开间的确定，立面形式的选择，层高与层数的确定，基础类型选用和结构形式的选择等，需要精心编制并审核设计概算，控制与初步设计结果相对应的投资费用。

进入施工图设计阶段以后，工程设计的工作是依据初步设计确定的设计原则对工程项目开展详细设计。在此阶段，节约和调节工程项目投资的余地相对就更小。在此阶段的投资控制，重点是检查施工图设计的工作是否严格按照初步设计来进行；否则，必须对施工图设计的结果进行调整和修改，以使施工图预算控制在设计概算的范围以内。

而至设计完成，工程进入施工阶段开始施工以后，从严格按图施工的角度，节约投资的可能性就非常小了。从表面上看，工程项目的投资费用主要是集中在施工阶段发生的，而事实也确实如此，但是，施工阶段发生的费用是被动的，施工阶段所需要投入费用的大小通常都是由设计决定的。在工程项目建设之初，实际需要支出的费用很少，主要是一些前期的准备费用、支付给设计单位的设计费用和项目前期可能发生的工程咨询费用等。当工程项目进入施工阶段后，则需要真正的物质投入，大量的人力、物力消耗会导致工程实际费用支出的迅速增长，包括建筑安装工程费用、设备和材料的采购费用等工程费用主要均是在施工阶段发生的。也正因为如此，在工程实践中往往容易造成或导致误解，认为投资控制主要就是进行施工阶段的控制，在设计阶段不花钱就不存在投资控制问题，只要控制住施工阶段的工程费用，整个建设工程项目的投资也就控制住了。而实际上，工程施工阶段需要发生的投资费用早就由设计所决定了。

因此，进行工程项目的投资控制就必须抓住项目前期和设计阶段这个重点，尤其是方案设计和初步设计，而且越往前期，节约投资的可能性就越大。

前已述及，工程项目的投资估算、设计概算、施工图预算与合同价格等都是在工程施工前需要编制的，这些计算确定投资费用的文件又均主要是在设计阶段形成的，是随着工程项目建设的不断深入，并通过一个又一个阶段的控制获得的。而这些经过层层控制所得来的投资费用文件有时仅仅是作为控制下一阶段投资费用的目标计划，实际需支出的费用并不一定按其发生。那么，为什么建设工程项目投资费用的确定不能像其他工业产品那样，待产品生产出以后再来计算确定产品的价格？原因是，这是工程项目及其建设特点所决定的，其中最主要的就是对工程项目的建设而言，预计的资金投放量主要取决于工程项目规划和设计的结果，项目前期和工程设计阶段的工作决定了施工阶段的费用支出。由于工程项目的投资往往很大，有的重大项目达几百亿元，如果不是通过项目前期和设计阶段对投资的层层控制，放任自流，项目业主或设计人员想怎样设计就怎样设计，没有目标，不讲标准，不讲控制，不讲经济和效益，等到工程施工结束竣工以后再来计算核定工程项目的实际投资，则或许没有一个投资者能够承担这样的可能是巨大的投资风险。这也就是为什么在工程项目前期和设计阶段要做那么多“算”，即投资估算、设计概算、修正概算、施工图预算与合同价格等的原因，尽管工程项目投资费用的主要部分并不是在工程项目前期和设计阶段发生和花费的。

【案例 5.2】

某国际机场建设总体规划的优化调整

某国际机场建设前期，经技术论证确定选址以后，项目业主开始进行机场的总体规划，确定机场的总体位置及一期工程实施场地。总体规划完成后，业主方多次组织了各方面专家对工程位置再作深入研究，从社会环境、生态环境、经济因素和可持续发展的角度，对机场的总平面位置及一期工程平面进行优化。期间，有专家提出了将整个机场规划范围向长江滩涂平移 700 米，即将机场位置东移 700 米的规划修改方案，从而可以避开搬迁量大的望海路，突破人民塘，一期工程平面位置移至沙脚河与新建圩及胜利塘之间。

机场位置东移的关键是要拆除现有防汛大堤人民塘，这是历史上从未有过的。对这一复杂且关系重大的问题，项目业主组织水利专家进行进一步的专题研究，充分证实这一设想的正确性和可行性。经过专家的分析和计算论证，提出了防汛、促淤方案：加高加固新建圩围堤工程；加高加固江镇垃圾堆场围堤工程；建造抛石网笼促淤坝工程；建造促淤隔堤坝工程。基于科学的方案，项目业主最终做出决策：将机场从原位置东移 700 米，加高加固新建圩，在东滩零米线处建造促淤坝来满足防汛要求，实施进一步的吹填造地。

围海造地的科学方案为该国际机场可持续发展提供了可能，它使机场远期工程的建设基本上立足在围海所新建造的土地范围以内，为机场的发展提供了 18 平方公里的充足土地。促淤坝的建设加速了滩地泥沙淤积的速度，根据实地观察测量，从建造促淤坝至机场一期工程接近完成的三年内，因促淤坝淤积的土方使原 1~2 米标高的滩地普遍淤涨升至 3.5 米高程，淤积土方量约 2 700 万立方米，节约了大量的造地资金和时间。

机场东移围海造地工程最大限度地保护了社会环境，避开了人口密集区域，减少了 5 000 多户居民的拆迁量，少占用良田 5.6 平方公里，减少了社会不安定因素。围海造地工程，避开陆地，使机场主要噪声影响的区域进入海中和水面，也可缓解噪声污染问题。

根据测算，这一规划方案的优化调整，节省工程项目建设投资达 20 多亿元。试想如果仍旧按照原规划方案，后续阶段的工作做得再好也不可能会产生这样的成效。

5.2.5 工程项目效益实现管理

效益实现管理是为实现和维持工程项目产生的计划收益而开展的日常组织和管理工作。管理效益的过程，覆盖工程项目正式开始之前的识别阶段、项目的执行阶段，以及项目建成后效益实现和效益累积的维持阶段。

在识别阶段，定义拟实现的计划效益，即定义通过工程项目的成果预期可创造的效益。决定要追求什么效益，确定项目实现战略目标及其相关效益的最佳途径，从而定义和安排计划效益，制定效益实现管理计划。

在执行阶段，通过管理规划和实施控制，执行效益实现管理计划，完成工程项目的建设任务，形成可交付的用以实现计划效益的成果。

在维持阶段，验收和使用交付成果及其创造的效果，以实现计划效益，并持续开展管理活动，通过项目成果实现效益的延续和维持。

5.3 工程项目建设各阶段的费用控制

在工程项目的实施过程中，费用控制工作是围绕实际发生的工程项目费用而开展一系列管理活动，以尽可能好地实现项目的费用目标。工程项目建设各阶段均有费用的策划与费用的控制工作，但业主方与承包方费用控制的性质和内容有所不同。

5.3.1 项目前期和设计阶段投资控制的技术方法

在工程项目建设的不同阶段，业主方投资控制的工作内容和侧重点并不相同（见图 5.15）。

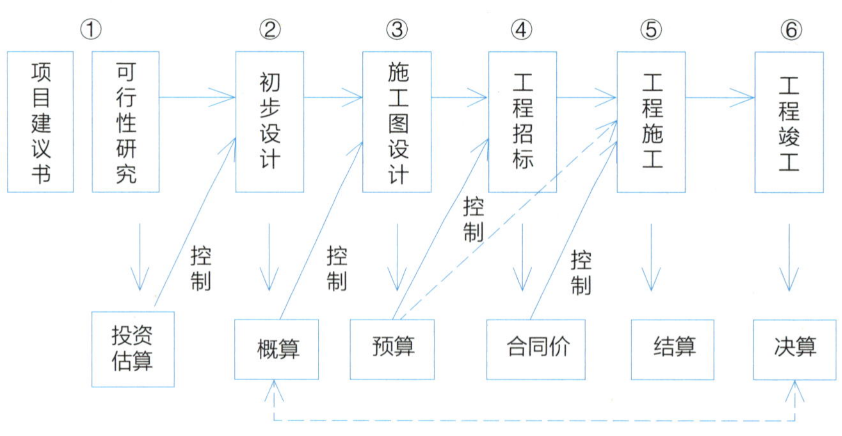

图 5.15 工程项目建设各阶段投资控制的工作内容

业主方投资控制的重点在项目前期和设计阶段，做好项目前期和设计阶段的投资控制工作对实现项目投资目标有着决定性的意义。在工程设计阶段，可以应用价值工程和限额设计等管理技术和方法，对工程项目的投资进行有效的控制。

1. 项目前期和设计阶段投资控制的主要任务

（1）项目前期阶段的主要任务。在工程项目的项目前期与设计准备阶段，投资控制的主要任务是按项目的构思和要求编制投资规划，深化投资估算，进行投资目标的分析、论证和分解，以作为工程项目实施阶段投资控制的重要依据。在此阶段的投资控制工作，是参与对工程项目的建设环境以及各种技术、经济和社会因素进行调查、分析、研究、计算和论证，参与工程项目的功能定义和投资定义等工作（见图 5.16）。

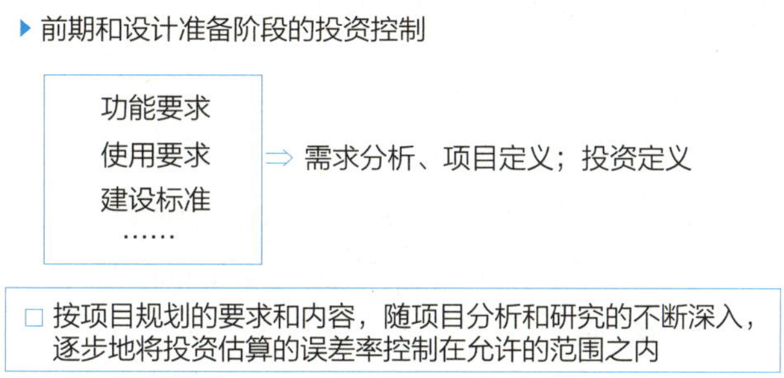

图 5.16　前期和设计准备阶段的投资控制

投资估算是在工程项目的投资决策阶段，确定拟建项目所需投资数量的费用计算文件。编制投资估算的主要目的，一是作为拟建项目投资决策的依据；二是若决定工程项目的建设，则其将成为拟建工程项目实施阶段投资控制的目标计划值。

（2）设计阶段的主要任务。在做出项目建设的投资决策以后，工程项目就进入实施阶段，此时首先是着手开始工程设计的工作。设计阶段工程项目投资的控制是用项目决策阶段的投资估算，指导工程设计的进行，控制与工程设计结果相对应的投资费用，使设计阶段形成的工程项目投资数值能够被控制在投资估算允许的浮动范围以内。主要任务和工作是按批准的项目规模、内容、功能、标准和投资规划等指导和控制设计工作的开展，组织设计方案竞赛，进行方案比选和优化，编制及审查设计概算和施工图预算，采用各种技术经济方法控制各个设计阶段所形成的拟建项目的投资费用。

工程设计一般分为两个阶段：初步设计阶段和施工图设计阶段。大型和复杂的工程项目，在初步设计之前，要做方案设计；对技术上复杂又缺乏设计经验的工程项目，在初步设计完成之后，可增加技术设计阶段。因此，工程设计阶段总体上可划分为方案设计、初步设计、技术设计和施工图设计四个阶段。对应工程的设计阶段，有确定工程项目投资费用的文件：在初步设计阶段，需要编制设计概算；在技术设计阶段，需要编制修正概算；在施工图设计阶段，需要编制施工图预算。设计概算、修正概算、施工图预算均是工程设计文件的重要组成部分，是确定和反映工程项目在各相应设计阶段的建设内容以及建设所需费用的文件。

在设计阶段，工程项目投资应以投资估算控制初步设计的工作（见图 5.17），以设计概算控制施工图设计的工作（见图 5.18）。如果设计概算超过投资估算，应对初步设计成果进行调整和修改。同理，如果施工图预算超过设计概算，应对施工图设计成果进行调整和修改。要在设计阶段有效地控制投资，需要从多方面采取措施，随时纠正发生的投资偏差。价值工程、限额设计等是设计阶段进行投资控制的有效方法。

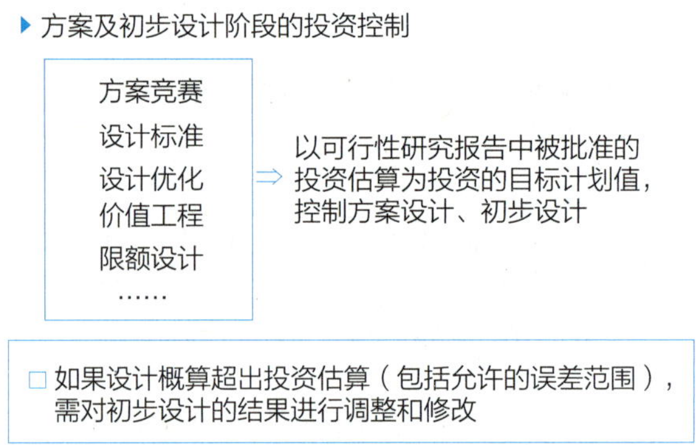

图 5.17　方案及初步设计阶段的投资控制

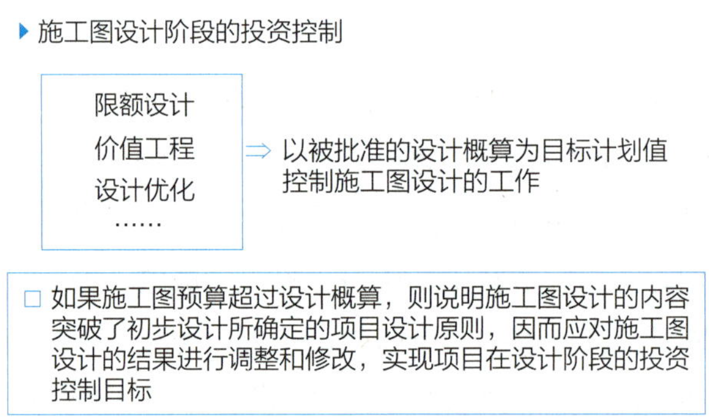

图 5.18　施工图设计阶段的投资控制

2. 设计阶段投资控制的价值工程方法

价值工程是运用集体智慧和有组织的活动，对所研究对象的功能与费用进行系统分析并不断创新，使研究对象以最低的总费用可靠地实现其必要的功能，以提高研究对象价值的思想方法和管理技术。这里的“价值”，是功能和实现这个功能所耗费用（成本）的比值。价值工程表达式为：

$$V = F / C$$

式中：V——价值系数；

F——功能系数；

C——费用系数。

（1）价值工程的特点和基本内容。价值工程活动的目的是以研究对象的最低生命周期费用，可靠地实现使用者所需的功能，以获取最佳综合效益。价值工程的主要特点有：① 以提高价值为目标；② 以功能分析为核心；③ 以创新为支柱；④ 技术分析与经济分析相结合。

价值工程可以分为四个阶段：准备阶段、分析阶段、创新阶段和实施阶段。其大致可以分为八项内容：价值工程对象选择、收集资料、功能分析、功能评价、提出改进方案、方案的评价与选择、试验证明和决定实施方案。

价值工程主要回答和解决下列问题：价值工程的对象是什么？它是干什么的？其费用是多少？其价值是多少？有无其他方法实现同样的功能？新方案的费用是多少？新方案能满足要求吗？

（2）价值工程在工程项目设计阶段的应用。同一个工程项目、同一单项或单位工程可以有不同的设计方案，也就会有不同的投资费用，这就可用价值工程方法进行设计方案的选择。这一过程的目的在于论证拟采用的设计方案技术上是否先进、可行，功能上是否满足需要，经济上是否合理，使用上是否安全可靠。

价值工程中价值的大小取决于功能和费用，从价值与功能和费用的关系式中可以看出提高产品价值的基本途径：① 保持产品的功能不变，降低产品成本，以提高产品的价值；② 在产品成本不变的条件下，提高产品的功能，以提高产品的价值；③ 产品成本虽有增加，但功能提高的幅度更大，相应提高产品的价值；④ 在不影响产品主要功能的前提下，针对用户的特殊需要，适当降低一些次要功能，大幅度降低产品成本，提高产品价值；⑤ 运用新技术，革新产品，既提高功能又降低成本，以提高价值。

3. 设计阶段投资控制的限额设计方法

所谓限额设计方法，就是在设计阶段根据拟建项目的建设标准、功能和使用要求等，进行投资规划，对工程项目投资目标进行切块分解，将投资分配到各个单项工程、单位工程或分部工程，分配到各个专业设计工种，明确工程项目各组成部分和各个专业设计工种所分配的投资限额。而后，将其提交设计单位，要求各专业设计人员按分配的投资限额进行设计，并在设计的全过程中，严格按照分配的投资限额控制各个阶段的设计工作，采取各种措施，以使投资限额不被突破，从而实现设计阶段投资控制的目标。

（1）投资目标分解。投资目标及其分解的准确与合理，是限额设计方法应用的前提。在设计准备阶段需要科学合理地编制投资规划文件，依据批准的可行性研究报告、拟定的工程建设标准、建设项目的功能描述和使用要求等，给出工程项目各专业和各组成部分的投资限额。由于工程设计尚未开始，工程项目的功能要求和使用要求就成为分配投资限额最主要的依据。限额设计的投资目标分解和确定，不能一味考虑节约投资，也不能简单地对投资进行分割，而应该在保证各专业、各组成部分达到使用功能和拟定标准的前提下，进行投资的合理分配。

因此，投资目标的分解和限额分配，需要掌握和积累丰富的投资数据和资料，采用科学的分析方法；否则限额设计很难取得好的效果。此外，投资限额目标一旦确定，必须坚持投资限额的严肃性，不能随意变动。

（2）限额设计的工作内容。投资目标的分解工作完成以后，就需在设计全过程中按分配的投资限额指导和控制工程设计工作，使各设计阶段形成的投资费用能够被控制在确定的投资限额以内。

① 在建设前期，要充分理解和掌握工程项目的设计原则、建设方针和各项技术经济指标，认真做好项目定义及其描述等工作，合理和准确地确定投资目标。可行性研究报告和投资估算获得批准以后，就应成为下一阶段进行限额设计和控制投资的重要依据。

② 在方案设计阶段，首先就应将投资目标及其分配的限额向各专业的设计人员进行说明和解释，使其明确限额设计的基本要求和工作内容，明确各自的投资限额，取得设计人员的理解和支持。在方案设计阶段，以分配的投资限额为目标，通过多方案的分析和比较，合理选定经济指标，严格按照设定的投资限额控制设计工作。如果设计方案的投资费用突破投资限额，则需要对相应专业或工程相应的组成部分或内容进行调整和优化。

③ 在初步设计阶段，严格按照限额设计所分配的投资限额，在保证工程项目使用功能的前提下进行设计，按确定的设计方案开展初步设计的工作。在设计过程中，要跟踪各专业设计的工作，与各专业的设计人员密切配合，对主要工程、关键设备、工艺流程及其相应各种费用指标进行分析和比较，研究实现投资限额的可行方案。随着初步设计工作的开展，经常分析和计算各专业设计和各工程组成部分设计形成的可能的投资费用，并

定期或不定期地将可能的投资费用与设定的投资限额进行比较，若两者出现较大差异，需要研究调整的方法和措施。初步设计的设计文件形成以后，要准确编制设计概算，分析、比较设计概算与投资估算的关系，分析、比较设计概算中各专业工程费用与投资限额的关系，发现问题及时调整。

④ 在施工图设计阶段，施工图设计必须严格按初步设计确定的原则、范围、内容和投资限额进行。此阶段的限额设计工作应在各专业设计的任务书中，附上设定的投资限额和批准的设计概算文件，供设计人员在设计中参考使用。在施工图设计过程中，局部变更和修改是正常的，关键是要进行核算和调整，使施工图预算不会突破投资限额。施工图设计的设计文件形成以后，要准确编制施工图预算，分析、比较施工图预算与设计概算的关系，分析、比较施工图预算中各专业工程费用与投资限额的关系，发现问题及时调整，按施工图预算对各个专业施工图设计文件做出最后确认，实现限额设计确定的投资限额目标。

采用限额设计方法，就是要按照批准的可行性研究报告及投资估算控制初步设计，按照批准的初步设计和设计概算控制施工图设计，使各专业在保证达到功能要求和使用要求的前提下，按分配的投资限额控制工程设计，通过层层控制和管理，保证工程项目投资限额不被突破，最终实现设计阶段投资控制的目标。

5.3.2 工程项目采购中投资控制的关键措施

工程项目的采购，是通过市场竞争择优选定工程的承包商或货物的供应商的一种市场行为。工程项目采购与招标的活动及其结果，直接决定工程合同价格的高低，对工程项目的投资具有重要影响。因此，采购程序中的每一步骤都与工程项目的投资密切相关。

1. 采购中投资控制的主要任务

工程招标与采购中投资控制的任务，就是通过采购活动，择优选择技术能力强、价格低、工期短、具有良好业绩和社会信誉的承包商或供货商，通过竞争确定项目采购价格，为合理控制投资奠定基础。具体工作包括参与工程招标文件的制定，编制招标工程的标底或最高投标限价，选择合适的合同计价方式，评议承包商的投标报价，参加合同谈判，确定工程承包合同价格，参与材料和设备订货的价格确定等（见图 5.19）。

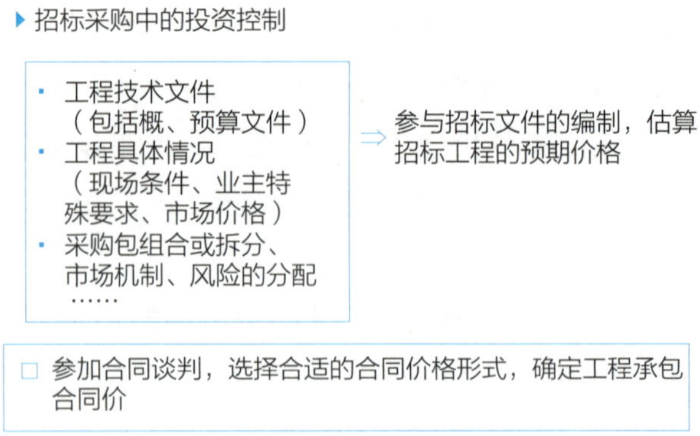

图 5.19　招标采购中的投资控制

2. 招标采购项目的价格控制

高质量的招标文件和科学的评标办法对于确保工程质量和工期，有效地转移风险并获得合理的工程合同价格，有着至关重要的作用。因此，需要精心策划工程项目的招标方案以及招标文件的内容。

（1）审慎的招标文件。针对招标工程的实际情况和技术经济特点，项目招标人应会同专业顾问和设计单位等编制严密的招标文件。深度研究招标文件的各项条款，保证招标文件能够覆盖所有工程内容和发包人要求，力争锁定能预见的一切风险因素，尽可能实现合同价格的闭口。

（2）详尽细致的技术规格。技术标书由专业顾问单位或专业人员编制，且技术方案编制必须非常详细和具备可操作性，使投标人根据工程特点和内容，对自己的技术能力和技术风险等有一个非常清晰的认识，从而使工程质量具有最大限度的保证。由于风险的降低，也可能大大降低投标人的报价。

（3）设备系统的集中采购。项目设备系统集中采购的目的是以采购数量的增加，提高与供应商洽谈的筹码，形成量多价低的采购效果。同时需求量的增加能够吸引更多的供应商，通过比价、谈判，筛选出在产品质量、价格和服务上都具有优势的供应商。

（4）科学合理的评标办法。针对每项工程的特点和投标人的实际情况，依据《中华人民共和国招标投标法》规定，工程项目招标人需认真组织讨论、研究和制定科学、合理的评标办法，确保技术和商务两方面综合成绩最优者中标，依靠市场机制，有效降低工程造价。

（5）招标方案的不断优化。招标方案的优化主要体现在对招标范围和标段划分的优化、技术规格和技术标书的优化、商务标书和评标办法的进一步优化等，如使招标设备的分拆或打包更为细化与合理，可有效地降低中标价。

【案例 5.3】

某机场建设设备系统的集中采购

某机场建设中的很多不同的信息系统都使用某品牌数据库，但通常情况下数据库都是作为信息系统的一个子项单独采购的。如果在各个系统中分别采购数据库，将会付出比较高的采购成本，也不利于今后的运行维护。于是，项目业主决定将数据库集中打包，根据已经签订合同中确认的采购需求，向供应商批量采购。如此仅数据库集中采购一项就节省了约 1/3 费用，网络系统的集中采购，节省了约 10% 的费用。

5.3.3 工程施工阶段投资控制的主要内容

在工程项目的施工阶段，投资控制的任务和工作主要是以施工图预算或工程承包合同价格作为投资控制目标计划值，控制工程实际费用的支出。

1. 施工阶段的主要任务

在施工阶段，需要编制资金使用计划，合理确定实际投资费用的支出；严格控制工程变更，合理确定工程变更价款；以工程合同价格为目标，通过工程计量，合理确定工程结算价款，控制工程进度款的支付。如图 5.20 所示。工程结算是在工程施工阶段施工单位编制的确定应得到的工程价款的文件，其经审核通过后，建设单位就应按此向施工单位支付工程价款。因此，工程结算价款对建设单位而言是真正的实际费用的支出。就投资估算、设计概算、施工图预算甚至工程合同价格来说，在某种程度均可以理解为是工程项目的计划投资，其作用主要是控制而非实际支付，工程的实际费用并不一定按此发生。而工程结算价款则不同，其计算确定为多少，建设单位就需实际支出多少，其是工程项目实际投资的重要部分。

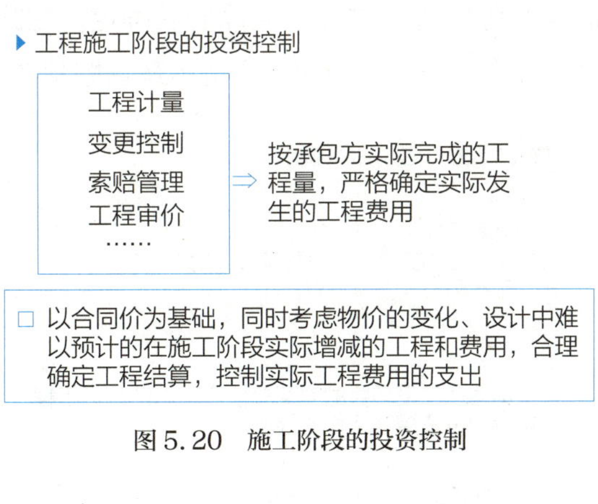

图 5.20 施工阶段的投资控制

一般而言，在施工过程中引起合同价格变化的最主要因素是发生工程变更与合同索赔。因此，严格控制工程变更，做好合同索赔的管理工作，就成为施工阶段投资控制的核心内容。发生了工程变更，就必须按合同的约定合理确定工程变更的价款；发生了合同索赔事件，就必须认真分析并合理确定索赔费用。

【小贴士】

工程变更价款的确定

发生工程变更，由工程师签发工程变更指令，进行设计变更或更改作为投标基础的其他合同文件，由此导致的经济支出和承包人损失，由发包人承担，延误的工期相应顺延。在特殊情况下，变更也可能是由于承包人的违约所致，此时引起的费用必须由承包方承担。

【小贴士】

工程费用索赔

工程费用索赔就是要求发包人补偿费用损失，进而调整合同价款。费用索赔的目的是要求经济补偿，如当施工的客观条件改变导致承包人增加开支，承包人要求对超出计划成本的附加开支给予补偿，以挽回不应由承包人承担的经济损失。

2. 竣工验收阶段的主要任务

在工程项目的竣工验收及保修阶段，投资控制的任务包括按有关规定编制项目竣工决算，计算确定整个建设工程项目从筹建到全部建成竣工为止的实际总投资，即归纳计算实际发生的工程项目投资（见图 5.21）。整个工程项目的建造完成所需实际总投资通过竣工决算最后确定。在此阶段，要以设计概算为目标计划值，对建设全过程中的投资费用及其控制工作进行全面总结。

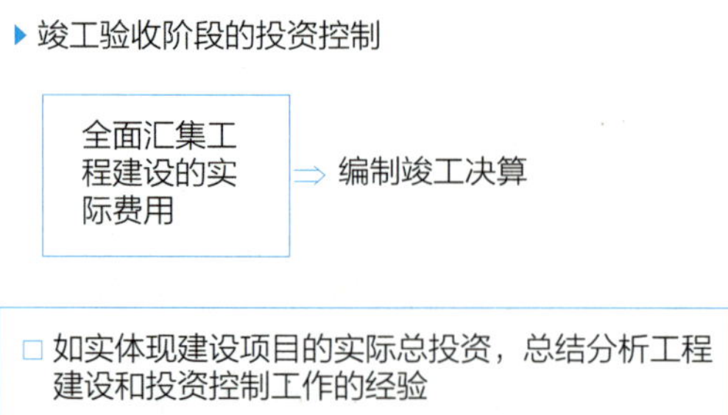

图 5.21　竣工验收阶段的投资控制

所有竣工验收的工程项目在办理验收手续之前，必须对所有财产和物资进行清理，编制竣工决算。竣工决算是反映建设工程项目实际投资和投资效果的文件，是竣工验收报告的重要组成部分。

5.3.4 工程施工成本控制的主要内容

承包方的施工成本控制工作，主要是按照成本计划，对各类成本费用加以有效控制，及时发现施工过程中的成本偏差并加以纠正，确保工程项目的成本及其管理符合企业经营目标。

1. 工程施工目标成本计划编制与管理

目标成本计划是施工项目实施之前，依据工程项目的工程量清单、施工组织设计、企业定额、相关价格信息等资料编制的施工生产费用以及成本水平安排的规划方案，是成本控制的基础和先决条件。

工程施工目标成本计划编制与管理策划，是要明确施工成本目标，制定增收降本措施并明确责任人，并在计划执行过程中进行监督和考核。主要工作内容有：参加合同交底会；了解建设单位背景及地区情况；策划相关方案，包括项目的分包工程实施计划方案、施工技术措施降本方案、主要原材料采购方案、周转材料及机械设备供应方案、现场临时设施搭建方案、办公用房及办公设备配置方案、食堂安保等保障设施配置方案；进行项目工程量计算及定额消耗量测算；计算项目的工程成本及费用；制定增收降本措施；落实增收降本责任人等。

在工程项目实施过程中，应对目标成本计划的执行情况进行跟踪检查，确保贯彻执行。同时，应根据项目具体情况不断加以分析，及时调整和完善目标成本计划。

2. 工程施工成本费用控制的主要工作

工程施工成本的控制，应根据施工组织设计和生产要素配置等情况，将施工进度计划、确定的项目目标成本计划和各月度目标成本计划，作为控制施工过程生产成本的依据。成本费用控制一般着重从几个方面进行：人工费控制；材料及结构件费控制；周转材料费控制；机械使用费控制；其他直接费控制；分包工程成本控制；间接费用控制等。

（1）建立各类施工成本控制台账。工程施工中，为及时发现项目成本计划执行过程中的偏差，以利于进行持续预防、督促和纠正，应设置若干成本费用统计台账，如人工费台账，工程变更台账，分包工程款支付台账，机械使用台班台账，施工间接费用台账，项目材料收、发、存多栏式实物和费用台账，工程质量整改消耗和费用台账，临设消耗、回收费用台账，项目分包合同履约台账，项目索赔及反索赔明细台账等。

（2）工程施工成本分析。成本分析必须坚持实事求是、数据说话、注重时效的原则，认真贯彻落实成本管理责任制，建立定期和不定期成本分析会制度。不定期分析会包括重要分部分项工程完工后成本分析会，分包合同签订前成本分析会，分包合同结算前成本分析会，主要技术措施、降本措施分析会，竣工结算前分析会等。各种成本分析会可以与项目资金分析、进度分析、结算工作分析会合并召开。成本分析时，应以真实可靠的数据作为依据，做到既有数据分析对比，又有文字说明。成本对比分析的主要方法有因素分析法、基数对比分析法、经验标杆法等。

（3）确定偏差原因，制定纠偏措施。发生成本偏差，应分析确定成本偏差产生的影响并预测项目总成本费用。通过偏差分析，找出偏差产生原因，制定针对性的纠偏措施，减少或避免相同问题再次发生。纠偏措施主要有组织措施、经济措施、技术措施和合同措施等。

（4）编制成本分析报告。工程施工成本费用控制，应将成本分析的结果形成文件，编制成本分析报告，为纠正与预防成本偏差、改进成本控制方法、制定降低成本措施、改进成本控制体系等提供依据。

本章小结

本章内容的知识结构如图 5.22 所示。

（1）工程项目费用在项目参建方各自视角下的性质和内涵是不同的。建设单位（业主方）视角下的工程项目费用就是工程项目投资；施工单位（承包方）视角下的工程项目费用就是工程施工成本。

工程项目投资（建设投资）主要由建筑安装工程费用、设备及工器具购置费用、工程建设其他费用、预备费和财务费用构成。

工程项目施工成本由直接成本和间接成本组成。直接成本包括人工费、材料费和施工机具使用费等；间接成本包括管理人员工资、办公费、差旅交通费等。

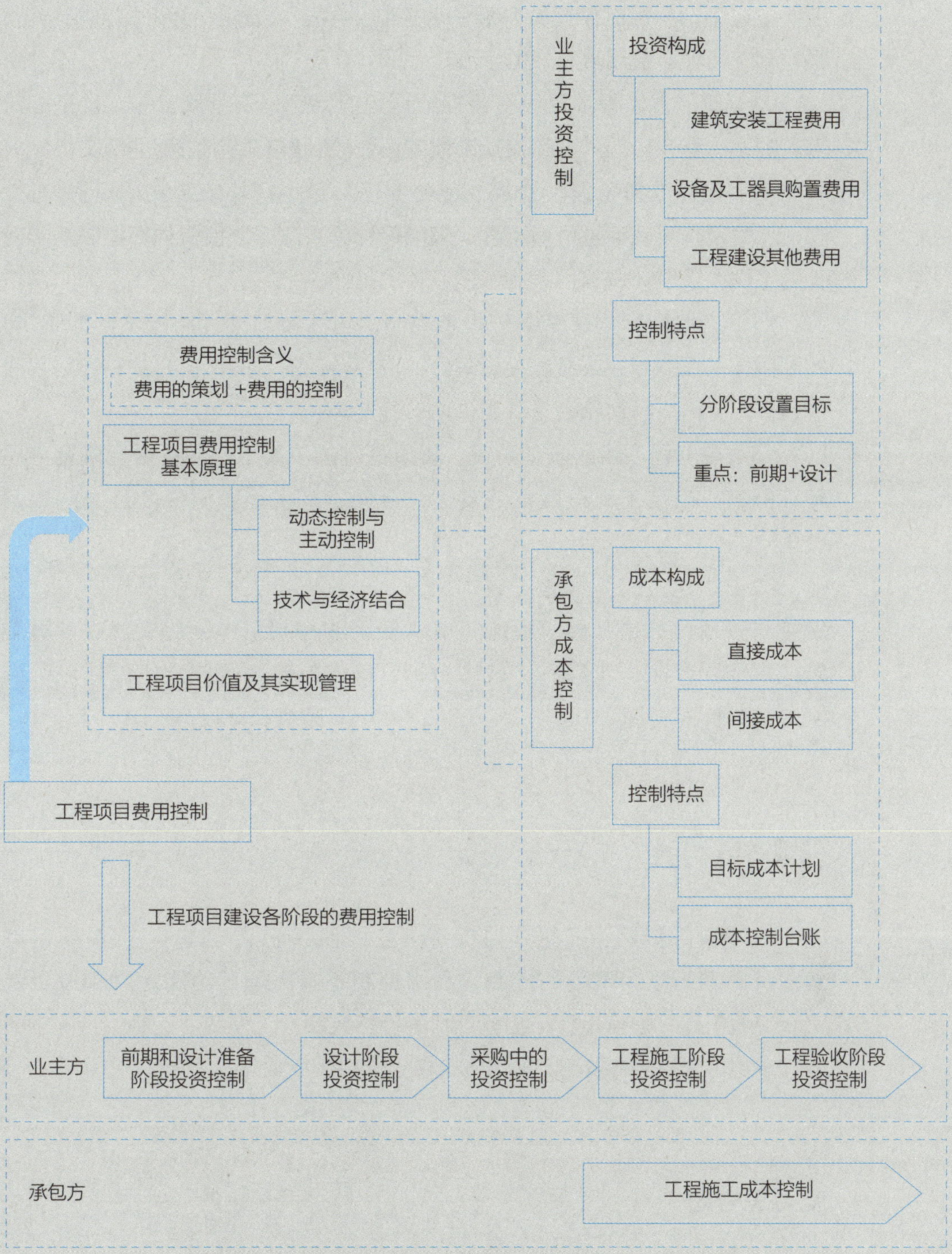

图 5.22　本章知识结构图

（2）工程项目费用控制的核心，就是费用的策划和费用的控制。费用的策划，包括确定计划费用和制定费用控制方案两项工作。费用的控制，是将工程项目费用的实际发生值控制在计划值范围以内的工作。工程项目费用控制应遵循动态控制原理并开展主动控制；将技术措施与经济措施相结合，是控制工程项目费用最有效的手段。

（3）业主方工程项目投资目标的计划值，是分阶段设置的，且是相对而言的；工程项目的前期和设计阶段的投资控制具有特别重要的意义。

（4）设计准备阶段投资控制的主要任务是进行功能定义和投资定义。在设计阶段，可以通过价值工程、限额设计等方法，以投资估算控制初步设计的工作，以设计概算控制施工图设计的工作。

（5）工程招标与采购中的投资控制，包括参与工程招标文件的制定，编制招标工程的标底或最高投标限价，选择合适的合同计价方式，参与工程承包合同价格、材料和设备订货价格的确定等。

（6）在工程项目的施工阶段，投资控制的主要工作包括合理确定工程结算价款，控制工程进度款的支付；合理确定工程变更价款及合同索赔费用。

（7）承包方的工程施工成本控制，一是进行工程施工目标成本计划编制与管理；二是开展工程施工成本费用的控制工作，包括建立各类施工成本控制台账、工程施工成本分析、确定偏差原因制定纠偏措施、编制成本分析报告等。

关键术语

工程项目费用（工程项目投资　工程项目施工成本）　工程项目价值　费用的策划　费用的控制　费用控制基本原理　功能定义和投资定义　价值工程　限额设计　招标项目的价格控制　工程变更控制　合同索赔管理　施工目标成本计划　施工成本费用控制

复习思考题

（1）如何理解施工单位（承包方）的工程项目费用？

（2）按两种方法划分的建筑安装工程费用项目的关系是什么？

（3）工程项目费用控制的含义和任务是什么？

（4）费用控制的基本原理是什么？如何理解这些原理？

（5）工程项目投资的目标应如何设置？

（6）为什么说设计阶段是投资控制的工作重点？

（7）价值工程的原理及应用意义是什么？

（8）限额设计的应用方法是什么？

（9）控制招标项目的价格有哪些方法？

（10）工程施工成本控制的主要工作有哪些？

即测即评

请扫描二维码，进行本章测试。

延伸阅读

［1］丁士昭．工程项目管理［M］．2版．北京：中国建筑工业出版社，2014：149-184.

［2］陈建国，高显义．工程计量与造价管理［M］．4版．上海：同济大学出版社，2017.

［3］刘武君．重大基础设施建设设计管理［M］．北京：中国建筑工业出版社，2020：22-29，95-152，189-212.

［4］任宏．建设工程成本计划与造价［M］．北京：高等教育出版社，2004：53-105，130-332.

［5］全国造价工程师执业资格考试培训教材编审委员会．建设工程造价管理［M］．北京：中国计划出版社，2021：285-364.

［6］中国建设监理协会．建设工程投资控制［M］．北京：中国建筑工业出版社，2014.

［7］规范编制组．2013建设工程计价计量规范辅导［M］．北京：中国计划出版社，2013：1-220.

［8］Roger Flanagan and Brian Tate. Cost Control in Building Design［M］. Oxford: Blackwell Science, 1997.

［9］Douglas J. Ferry, Peter S. Brandon and Jonathan D. Ferry. Cost Planning of Buildings [M]. Oxford: Blackwell Publishing Ltd, 1999.

[10] 孙继德．建设项目的价值工程 [M]．北京：中国建筑工业出版社，2011.

[11] 哈罗德・科兹纳．项目管理 2.0 [M]．修订版．傅永康，周思雯，计浩耘，译．北京：电子工业出版社，2020.

[12] 美国项目管理协会．效益实现管理实践指南 [M]．北京：电子工业出版社，2021.

6 工程项目进度管理

【本章导读】工程项目能否在预定的时间内完成并交付使用，这是投资者最为关心的问题，直接关系到投资效益的发挥，同样，这也是工程建设其他参与各方最为关心的问题。因此，为使工程项目在预定的时间内完成并交付使用，工程项目进度管理是一项非常重要的工作。工程项目进度管理的主要内容包括工程项目进度计划和进度控制。目前广泛运用的进度计划编制方法是网络计划技术。

本章的主要内容包括：

（1）讨论有关工程项目进度管理的概念、内容、理论和方法；

（2）系统介绍国内常用的双代号网络计划、单代号搭接网络计划等技术。

6.1 工程项目进度管理概述

工程项目进度管理是在保证工程建设要求和目标等相关条件的前提下，对工程项目通过组织、计划、协调、控制等方式进行进度控制，实现预定的项目进度目标，并尽可能地缩短建设周期的一系列管理活动的统称。

工程项目管理有多种类型，不同利益方（业主方和项目参与各方）的项目管理都有进度控制的任务，但是，其控制的目标和时间范畴是不相同的。

工程项目是在动态条件下实施的，因此进度控制也就必须是一个动态的管理过程，它包括：

（1）进度目标的分析和论证。其目的是论证进度目标是否合理，进度目标有无可能实现。如果经过科学的论证，目标不可能实现，则必须调整目标。

（2）在收集资料和调查研究的基础上编制进度计划。

（3）进度计划的跟踪检查与调整。要定期跟踪检查所编制进度计划的执行情况，若其执行有偏差，则采取纠偏措施，并再次审视计划的合理性，视需要调整进度计划。

工程项目进度管理是通过一定的管理方法，使工程的实际进度符合计划进度的规定，若实际进度偏离了计划进度，应当采取相应措施，保证按计划完成工程项目。若工程项目工期拖延，使工程不能按期受益，会造成重大损失，影响工程项目的效益。但是只为加快项目进度，同样会增加大量的额外成本。工程项目建设进度应统一调控，使之与投入资金、设备条件、原材料等方面保持一致，并符合项目所在地的各种自然规律。因此，工程项目进度管理对于工程项目的质量、安全及经济效益具有重要的意义。

6.2 工程项目网络计划技术

网络计划技术是 20 世纪 50 年代后期发展起来的一种用网络图编制计划并用它来进行管理的科学方法。它提供了一种进度控制和时间管理的模型，成为计算机技术在建设工程项目管理中最先应用的载体和全面应用的纽带。

6.2.1 网络计划技术概述

1. 网络计划技术的产生和发展

网络计划技术于 20 世纪 50 年代产生于美国，是为适应生产和军事的需要而研制的。它有两个起源：

第一个起源是美国杜邦公司发明的关键线路法（CPM）。杜邦公司应用关键线路法为公司节省了大量资金和时间，引起了轰动。

第二个起源是计划评审技术（PERT），是由美国海军部于 1958 年发明的。此法使北极星导弹的研制时间缩短了三年，并节约了大量资金。

1965 年，著名数学家华罗庚教授首先在我国的生产管理中推广和应用这些新的计划管理方法，并根据网络计划统筹兼顾、全面规划的特点，将其称为统筹法。

我国国家标准《网络计划技术》（GB/T 13400.1−2012、13400.2−2009、13400.3−2009）和行业标准《工程网络计划技术规程》（JGJ/T 121−2015）的颁布，使工程网络计划技术在计划的编制与控制管理的实际应用中有了可遵循的、统一的技术标准，保证了计划的科学性，对提高工程项目的管理水平发挥了重大作用。

2. 网络计划技术的分类

网络计划技术可以从不同的角度进行分类。

（1）按工作之间逻辑关系和持续时间的确定程度分类。网络计划技术首先分为肯定型网络计划技术和非肯定型网络计划技术，如图 6.1 所示。肯定型网络计划，即工作、工作之间的逻辑关系和工作持续时间都肯定的网络计划，如关键线路法（CPM）。非肯定型网络计划，即工作、工作之间的逻辑关系和工作持续时间三者中任一项或多项不肯定的网络计划，如计划评审技术（PERT）、图示评审技术（GERT）等。

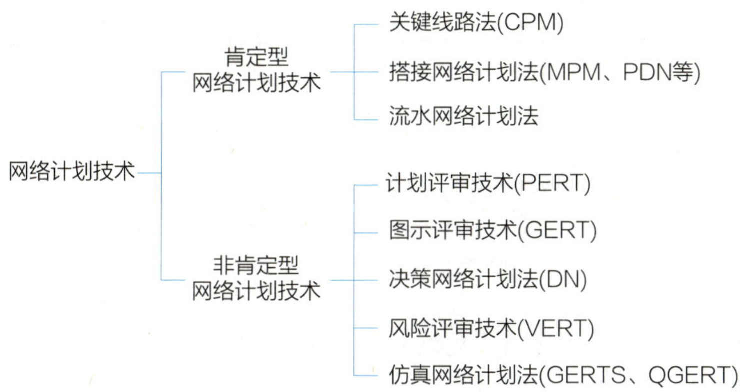

图 6.1　网络计划技术的分类

（2）按网络计划的基本元素——节点和箭线所表示的含义分类。按网络计划的基本元素——节点和箭线所表示的含义不同，网络计划的基本形式有三种。在欧美发达国家中，网络计划技术有关的标准均定义了这三种形式的网络计划，如德国国家工业标准（DIN）。

① 双代号网络计划（工作箭线网络计划）。双代号网络计划的示例如图 6.2 所示。在这里，箭线及其两端节点的编号表示工作，箭线上标注工作持续时间。为了正确地反映逻辑关系，在网络图中添加了虚工作。

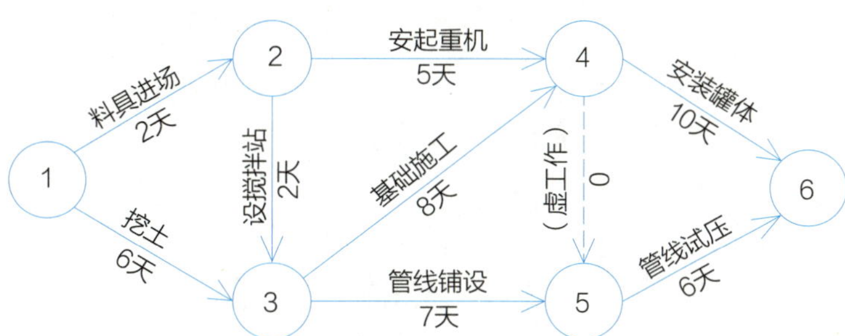

图 6.2　双代号网络计划示例

② 单代号搭接网络计划、单代号网络计划（工作节点网络计划）。单代号搭接网络计划中，节点表示工作，节点内标注工作持续时间，箭线及其上

面的时距符号表示相邻工作间的逻辑关系，工作间的逻辑关系用前项工作的开始或完成时间与其紧后工作的开始或完成时间之间的间距来表示。如图 6.3 所示。

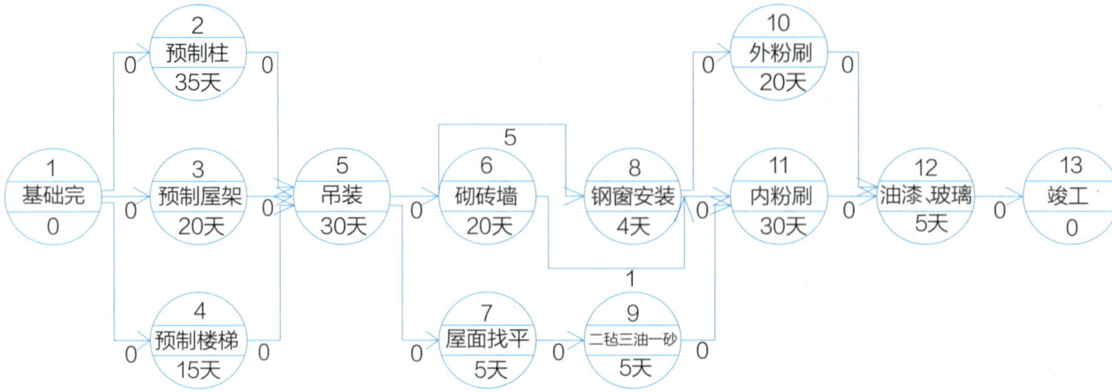

图 6.3　单代号搭接网络计划示例

单代号网络是单代号搭接网络的一个特例，它的前后工作之间的逻辑关系是完成到开始的时间间距等于零。

③ 事件节点网络计划。事件节点网络计划是一种仅表示工程项目里程碑事件的很有效的网络计划方法。事件节点网络计划的节点表示事件，事件反映时刻，箭线表示事件之间的顺序关系，箭线上标注箭头事件和箭尾事件的时距。如图 6.4 所示。

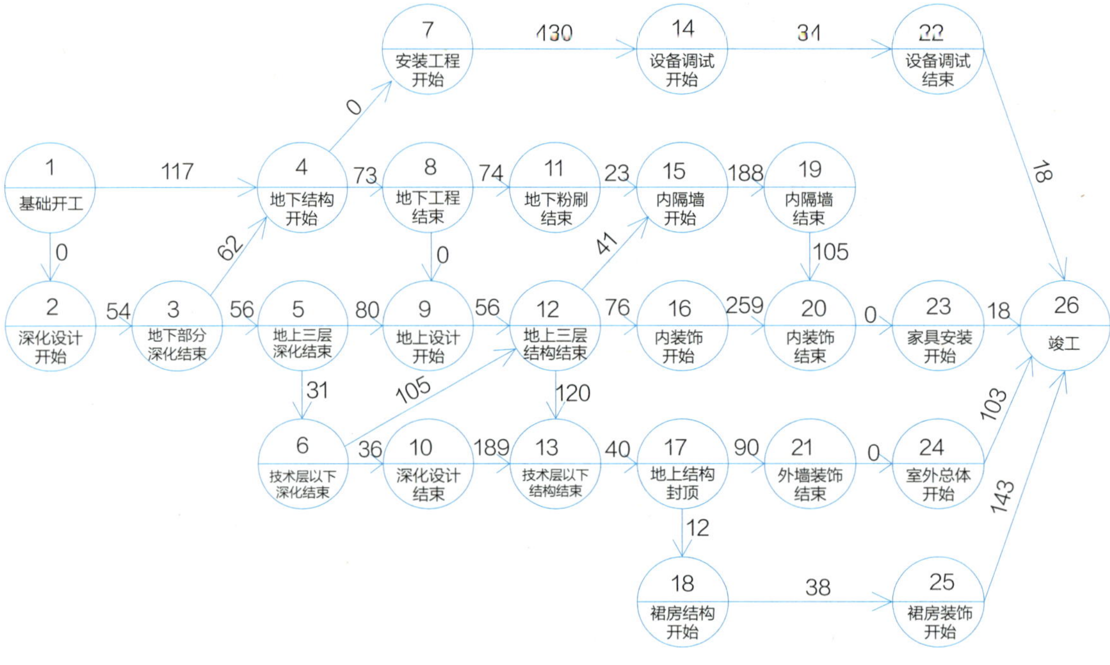

图 6.4　事件节点网络计划示例

【小贴士】

网络计划的应用步骤

根据《网络计划技术 第3部分：在项目管理中应用的一般程序》(GB/T 13400.3—2009)的规定，网络计划技术在建设工程应用的程序可分为7个阶段，共18个步骤（见表6.1）。

表6.1 网络计划的应用步骤

阶段		步骤	
序号	名称	序号	名称
1	准备	1	确定网络计划目标
		2	调查研究
		3	项目分解
		4	施工方案设计
2	绘制网络图	5	逻辑关系分析
		6	网络图构图
3	计算时间参数	7	计算工作持续时间和搭接时间
		8	计算其他时间参数
		9	确定关键线路
4	编制可行网络计划	10	检查与修正
		11	可行网络计划编制
5	确定正式网络计划	12	网络计划优化
		13	网络计划确定
6	网络计划的实施与控制	14	网络计划贯彻
		15	检查和数据采集
		16	控制与调整
7	收尾	17	分析
		18	总结

6.2.2 双代号网络计划

1. 基本概念

（1）箭线（工作）。工作泛指一项需要消耗人力、物力和时间的具体活动过程，也称工序、活动、作业。其在双代号网络图中的表示方法如图 6.5 所示。

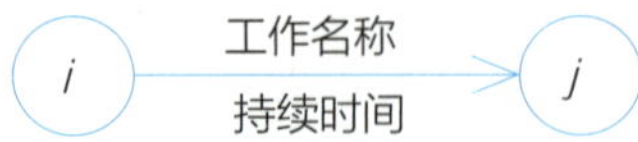

图 6.5　双代号网络图中工作的表示方法

在双代号网络图中，任意一条实箭线都要占用时间，消耗资源（有时只占用时间，不消耗资源，如混凝土养护）。在工程项目中，一条箭线表示项目中的一个施工过程，它可以是一道工序、一个分项工程、一个分部工程或一个单位工程，其粗细程度、大小范围的划分根据计划任务的需要来确定。

在双代号网络图中，为了正确地表达工作之间的逻辑关系，往往需要应用虚箭线。虚箭线是实际工作中并不存在的一项虚拟工作，故它们既不占用时间，也不消耗资源，一般起着工作之间的联系、区分和断路三个作用。

（2）节点（又称结点、事件）。节点是网络图中箭线之间的连接点。在时间上节点表示指向某节点的工作全部完成后该节点后面的工作才能开始的瞬间，它反映前后工作的交接点。网络图中有三个类型的节点。

① 起点节点。即网络图的第一个节点，它只有外向箭线，一般表示一项任务或一个项目的开始。

② 终点节点。即网络图的最后一个节点，它只有内向箭线，一般表示一项任务或一个项目的完成。

③ 中间节点。即网络图中既有内向箭线又有外向箭线的节点。

（3）线路。网络图中从起点节点开始，沿箭头方向顺序通过一系列箭线与节点，最后达到终点节点的通路称为线路。

在各条线路中，有一条或几条线路的总时间最长，称为关键线路，一般用双线或粗线标注。其他线路长度均小于关键线路，称为非关键线路。

（4）逻辑关系。网络图中工作之间相互制约或相互依赖的关系称为逻辑关系，它包括工艺关系和组织关系，在网络中均应表现为工作之间的先后顺序。

① 工艺关系。生产性工作之间由工艺过程决定的、非生产性工作之间由工作程序决定的先后顺序关系叫工艺关系。

② 组织关系。工作之间由于组织安排需要或资源（人力、材料、机械设备和资金等）调配需要而规定的先后顺序关系叫组织关系。

【小贴士】

虚箭线的三种作用

1. 正确反映工作间的联系

如 A 完成后进行 B，A、C 均完成后进行 D，可表示为图 6.6。

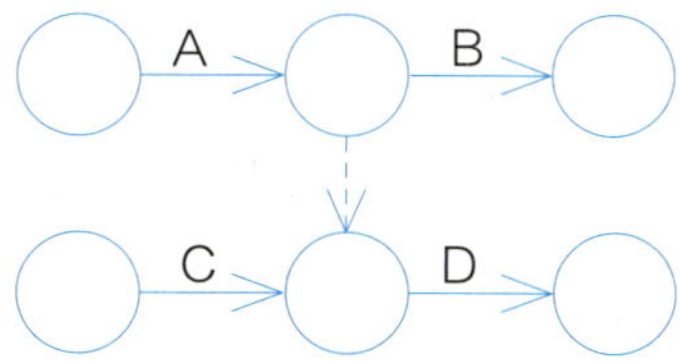

图 6.6

2. 避免平行工作使用相同节点编号

图 6.7 是错误的表达方式，图 6.8 是正确的表达方式。

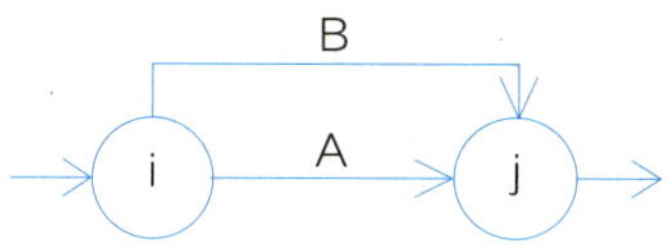

图 6.7

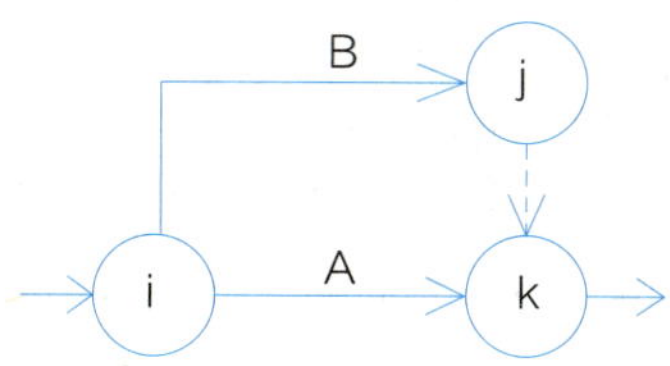

图 6.8

3. 隔断无关工作间的联系

如某现浇钢筋混凝土共有支模、扎筋、浇混凝土三个施工过程，分为三个施工段，如果绘成图 6.9 的形式，则逻辑上会发生错误，因为浇混凝土Ⅰ和支模Ⅱ并没有直接关系。类似的关系还有浇混凝土Ⅱ和支模Ⅲ。遇到此类情况可以增加一个节点，通过虚箭线正确表达出逻辑关系。正确画法如图 6.10 所示。

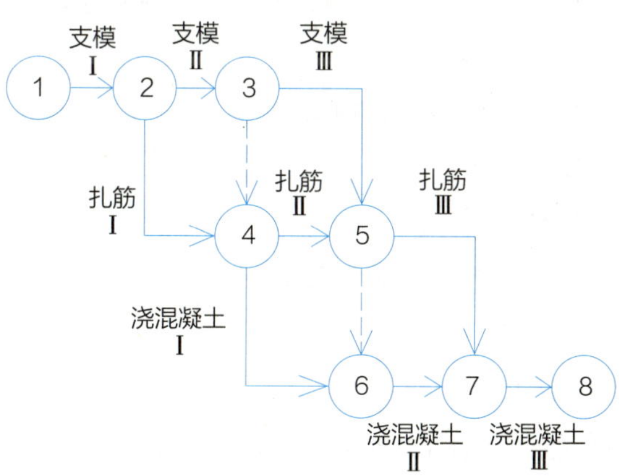

图 6.9

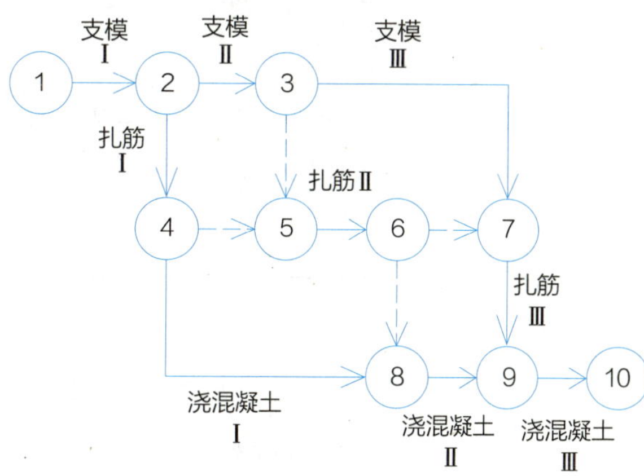

图 6.10

2. 绘图规则

网络图必须正确地表达整个工程或任务的工艺流程和各工作开展的先后顺序及它们之间相互依赖、相互制约的逻辑关系。因此，绘制网络图时必须遵循一定的基本规则和要求。

（1）双代号网络图必须正确表达已定的逻辑关系。

（2）双代号网络图中，严禁出现循环回路。所谓循环回路是指从网络图中的某一个节点出发，顺着箭线方向又回到了原来出发点的线路。

（3）双代号网络图中，节点之间严禁出现带双向箭头或无箭头的连线。

（4）双代号网络图中，严禁出现没有箭头节点或没有箭尾节点的箭线。

（5）当双代号网络图的某些节点有多条外向箭线或多条内向箭线时，为使图形简洁，可使用母线法绘制（但应满足一项工作用一条箭线和相应的一对节点表示）。

（6）绘制网络图时，箭线不宜交叉。当交叉不可避免时，可用过桥法或指向法。

（7）双代号网络图中应只有一个起点节点和一个终点节点（多目标网络计划除外），而其他所有节点均应是中间节点。

（8）双代号网络图应条理清楚，布局合理。

3. 双代号网络计划时间参数的计算

（1）时间参数的概念及符号。

① 工作持续时间（D_{i-j}）。工作持续时间是一项工作从开始到完成的时间。

② 工期（T）。工期泛指完成任务所需要的时间，一般有以下三种：

• 计算工期：根据网络计划时间参数计算出来的工期，用 T_c 表示。

• 要求工期：任务委托人所要求的工期，用 T_r 表示。

• 计划工期：根据要求工期和计算工期所确定的作为实施目标的工期，用 T_p 表示。

网络计划的计划工期（T_p）应按下列情况分别确定：

当已规定了要求工期（T_r）时，则

$$T_p \leqslant T_r \tag{6-1}$$

当未规定要求工期时，可令计划工期等于计算工期，则

$$T_p = T_c \tag{6-2}$$

③ 网络计划中工作的六个时间参数。

• 最早开始时间（ES_{i-j}），指在各紧前工作全部完成后，工作 $i-j$ 有可能开始的最早时刻。

• 最早完成时间（EF_{i-j}），指在各紧前工作全部完成后，工作 $i-j$ 有可能完成的最早时刻。

• 最迟开始时间（LS_{i-j}），指在不影响整个任务按期完成的前提下，工作 i–j 必须开始的最迟时刻。

• 最迟完成时间（LF_{i-j}），指在不影响整个任务按期完成的前提下，工作 i–j 必须完成的最迟时刻。

• 总时差（TF_{i-j}），指在不影响总工期的前提下，工作 $i-j$ 可以利用的机动时间。

• 自由时差（FF_{i-j}），指在不影响其紧后工作最早开始的前提下，工作 $i-j$ 可以利用的机动时间。

按工作计算法计算网络计划中各时间参数，其计算结果应标注在箭线之上，如图 6.11 所示。

图 6.11　按工作计算法的标注内容

（2）双代号网络计划时间参数计算。按工作计算法在网络图上计算六个工作时间参数，必须在清楚计算顺序和计算步骤的基础上，列出必要的公式，以加深对时间参数计算的理解。时间参数的计算步骤如下。

① 最早开始时间和最早完成时间的计算。工作最早开始时间参数受紧前工作的约束，故其计算顺序应从起点节点开始，顺着箭线方向依次逐项计算。

以网络计划的起点节点为开始节点的工作最早开始时间为零。如网络计划起点节点的编号为 1，则

$$ES_{i-j}=0 \qquad (i=1) \tag{6-3}$$

最早完成时间等于最早开始时间加上其持续时间。

$$EF_{i-j}=ES_{i-j}+D_{i-j} \tag{6-4}$$

最早开始时间等于各紧前工作的最早完成时间 EF_{h-i} 的最大值。

$$ES_{i-j}=\max\{EF_{h-i}\} \tag{6-5}$$

或

$$ES_{i-j}=\max\{ES_{h-i}+D_{h-i}\} \tag{6-6}$$

② 确定计算工期（T_c）。计算工期等于以网络计划的终点节点为箭头节点的各个工作的最早完成时间的最大值。当网络计划终点节点的编号为 n

时，计算工期：

$$T_c = \max\{EF_{i-n}\} \tag{6-7}$$

当无要求工期的限制时，取计划工期等于计算工期，即 $T_p = T_c$。

③ 最迟开始时间和最迟完成时间的计算。工作最迟时间参数受紧后工作的约束，故其计算顺序应从终点节点起，逆着箭线方向依次逐项计算。

以网络计划的终点节点（$j = n$）为箭头节点的工作的最迟完成时间等于计划工期，即

$$LF_{i-n} = T_p \tag{6-8}$$

最迟开始时间等于最迟完成时间减去其持续时间。

$$LS_{i-j} = LF_{i-j} - D_{i-j} \tag{6-9}$$

最迟完成时间等于各紧后工作的最迟开始时间（LS_{j-k}）的最小值。

$$LF_{i-j} = \min\{LS_{j-k}\} \tag{6-10}$$

或

$$LF_{i-j} = \min\{LF_{j-k} - D_{j-k}\} \tag{6-11}$$

④ 计算工作总时差。总时差等于其最迟开始时间减去最早开始时间，或等于最迟完成时间减去最早完成时间，即

$$TF_{i-j} = LS_{i-j} - ES_{i-j} \tag{6-12}$$

$$TF_{i-j} = LF_{i-j} - EF_{i-j} \tag{6-13}$$

⑤ 计算工作自由时差。当工作 $i-j$ 有若干个紧后工作 $j-k$ 时，其自由时差应为：

$$FF_{i-j} = \min\{ES_{j-k} - EF_{i-j}\} \tag{6-14}$$

或

$$FF_{i-j} = \min\{ES_{j-k} - ES_{i-j} - D_{i-j}\} \tag{6-15}$$

以网络计划的终点节点（$j = n$）为箭头节点的工作，其自由时差（FF_{i-n}）应按网络计划的计划工期（T_p）确定，即

$$FF_{i-n} = T_p - EF_{i-n} \tag{6-16}$$

4. 关键工作和关键线路的确定

（1）关键工作。网络计划中总时差最小的工作是关键工作。

（2）关键线路。自始至终全部由关键工作组成的线路为关键线路，或线路上总的工作持续时间最长的线路为关键线路。网络图上的关键线路可用双线或粗线标注。

例 6-1 已知网络计划各项工作间的逻辑关系及持续时间如表 6.2 所示。若计划工期等于计算工期，试计算各项工作的六个时间参数并确定关键线路。

表 6.2 某网络计划工作逻辑关系及持续时间

工作	持续时间	紧前工作	工作	持续时间	紧前工作
A	3	无	F	3	B
B	4	A	G	3	E、D
C	5	A	H	5	E、F
D	2	C	I	2	H、G
E	6	B、C			

解:（1）根据表 6.2 给出的逻辑关系绘制出可以标注时间的双代号网络图，如图 6.12 所示。

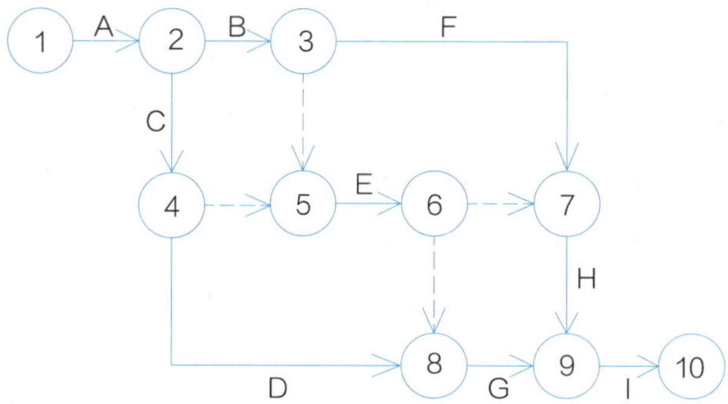

图 6.12 双代号网络图

（2）计算工作最早时间。计算最早时间有三种情况，从起点节点开始，其最早开始时间为零，即

$$ES_{1-2}=0$$

$$EF_{1-2}=ES_{1-2}+D_{1-2}=0+3=3$$

工作 $i-j$ 仅有一项紧前工作时，其最早开始时间（ES_{i-j}）等于紧前工作 $h-i$ 的最早完成时间（EF_{h-i}），例中

$$ES_{2-3}=ES_{2-4}=EF_{1-2}=3$$

$$EF_{2-3}=ES_{2-3}+D_{2-3}=3+4=7$$

同理 $EF_{2-4}=8$，$ES_{4-5}=8$，$EF_{4-5}=8$，$ES_{3-7}=7$，$EF_{3-7}=10$，$ES_{3-5}=7$，$EF_{3-5}=7$，$ES_{4-8}=8$，$EF_{4-8}=10$。工作 $i-j$ 有多项紧前工作时，其最早开始时间等于各紧前工作最早完成时间的最大值。本例中，$ES_{5-6}=\max\{EF_{3-5}, EF_{4-5}\}=\max\{7, 8\}=8$，$EF_{5-6}=14$。同理 $ES_{7-9}=14$，$EF_{7-9}=19$，$ES_{8-9}=14$，$EF_{8-9}=17$，$ES_{9-10}=19$，$EF_{9-10}=21$。网络计划中计算工期应等于通向终点节点的各项工作最早完成时间的最大值，则

$$T_c=\max\{EF_{9-10}\}=21$$

（3）确定计划工期。网络计划的计划工期有下列两种情况：

① 当已经规定了要求工期时

$$T_p \leqslant T_r$$

② 当没有要求工期时

$$T_p = T_c$$

本例假设计划工期等于计算工期，则

$$T_p = T_c = 21$$

（4）计算工作最迟时间。工作最迟时间应从终点节点算起，自右向左逐项进行计算。

$$LF_{9-10} = T_c = 21，LS_{9-10} = LF_{9-10} - D_{9-20} = 21 - 2 = 19$$

有一项紧后工作的工作，其最迟完成时间等于紧后工作最迟开始时间：

$$LF_{7-9} = LF_{8-9} = LS_{9-10} = 19，LS_{7-9} = LF_{7-9} - D_{7-9} = 19 - 5 = 14$$

同理 $LS_{8-9} = 16$，$LF_{4-8} = 16$，$LF_{3-7} = 14$，$LF_{6-7} = 14$，$LS_{6-7} = 14$，$LS_{4-8} = 14$，$LS_{3-7} = 11$，$LF_{6-8} = 16$，$LS_{6-8} = 16$，$LS_{4-5} = 8$，$LS_{3-5} = 8$。

有多项紧后工作的工作，其最迟完成时间应为各紧后工作最迟开始时间的最小值，本例中：

$$LF_{5-6} = \min\{LS_{6-8}，LS_{6-7}\} = 14，LS_{5-6} = LF_{5-6} - D_{5-6} = 8$$

同理 $LF_{2-3} = 8$，$LS_{2-3} = 4$，$LF_{2-4} = 8$，$LS_{2-4} = 3$，$LF_{1-2} = 3$，$LS_{1-2} = 0$。

（5）计算工作总时差。直接利用最迟开始时间减去最早开始时间或最迟完成时间减去最早完成时间可得各项工作总时差。

（6）计算自由时差。以终点节点为箭头节点的工作，其自由时差为

$$FF_{i-n} = T_p - EF_{i-n}$$

其余节点

$$FF_{i-j} = ES_{j-k} - EF_{i-j}$$

例中 $FF_{1-2} = 0$，$FF_{3-7} = 4$，$FF_{4-8} = 4$，$FF_{7-9} = 0$，$FF_{8-9} = 2$，$FF_{5-6} = 0$，$FF_{6-7} = 0$，$FF_{6-8} = 0$，$FF_{9-10} = 0$。

（7）确定关键工作及关键线路。在图 6.13 中，最小的总时差是 0，所以，凡是总时差为 0 的工作均为关键工作。本例中关键工作为 A、C、E、H、I，相应的关键线路为①→②→④→⑤→⑥→⑦→⑨→⑩。将计算出的结果按图例所示标注在网络计划图上。

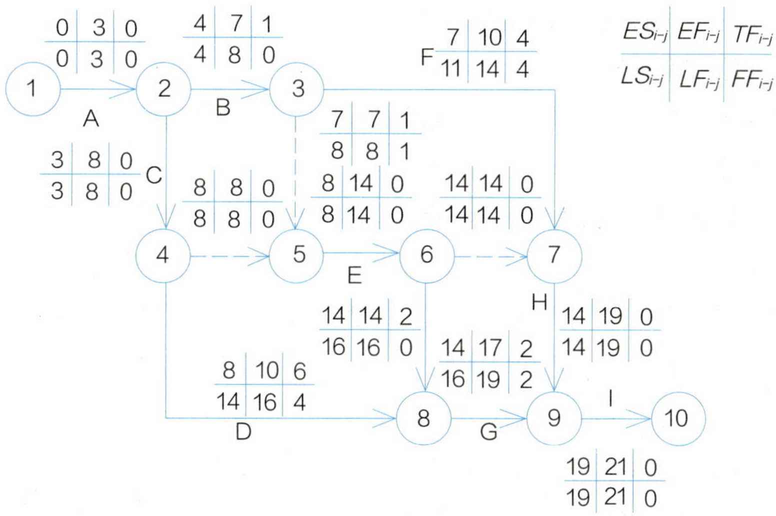

图 6.13　双代号网络计划计算实例

6.2.3　双代号时标网络计划

双代号时标网络计划是以水平时间坐标为尺度编制的双代号网络计划。

时标网络计划宜按各个工作的最早开始时间编制。在编制时标网络计划之前，应先按已确定的时间单位绘制出时标计划表，如图 6.14 所示。

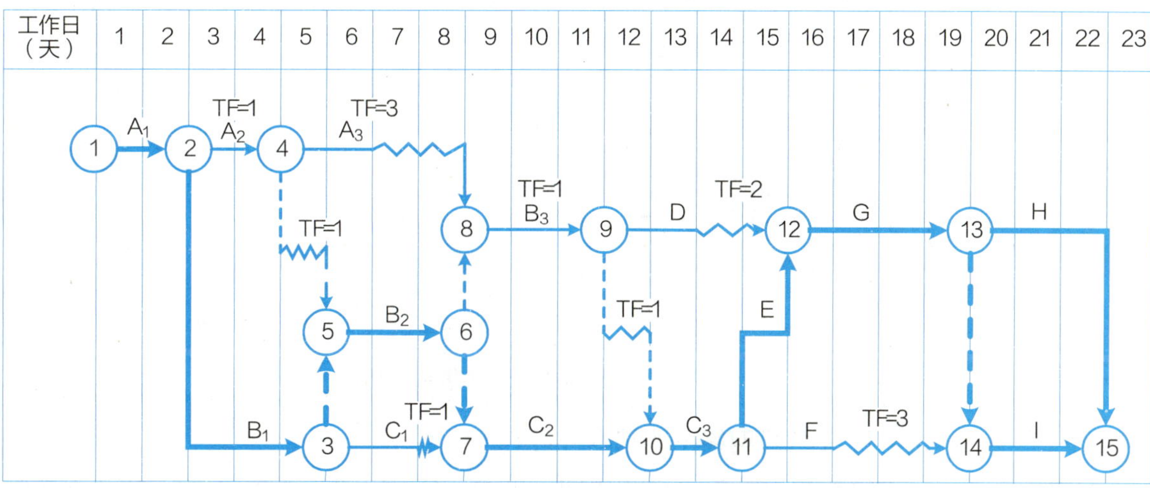

图 6.14　时标网络计划示例

双代号时标网络计划的编制方法有两种。

1. 间接法绘制

先绘制出时标网络计划，计算各工作的最早时间参数，再根据最早时间参数在时标计划表上确定节点位置，连线完成。某些工作箭线长度不足以到达该工作的完成节点时，用波形线补足。

2. 直接法绘制

根据网络计划中工作之间的逻辑关系及各工作的持续时间，直接在时标计划表上绘制时标网络计划。绘制步骤如下。

（1）将起点节点定位在时标表的起始刻度线上。

（2）按工作持续时间在时标计划表上绘制起点节点的外向箭线。

（3）其他工作的开始节点必须在其所有紧前工作都绘出以后，定位在这些紧前工作最早完成时间最大值的时间刻度上。某些工作的箭线长度不足以到达该节点时，用波形线补足，箭头画在波形线与节点连接处。

（4）用上述方法从左至右依次确定其他节点位置，直至网络计划终点节点定位，绘图完成。

6.2.4 单代号网络计划

单代号网络图是以节点及其编号表示工作，以箭线表示工作之间逻辑关系的网络图。如图 6.15 所示。在节点中加注工作代号、名称和持续时间，以形成单代号网络计划，是在工作流程图的基础上演绎而成的网络计划形式。它具有绘制简便、逻辑关系容易表达、不用虚箭线、便于检查和修改等优点，但在多进多出的节点处容易发生箭线交叉。国外使用单代号网络计划较双代号网络计划普遍。

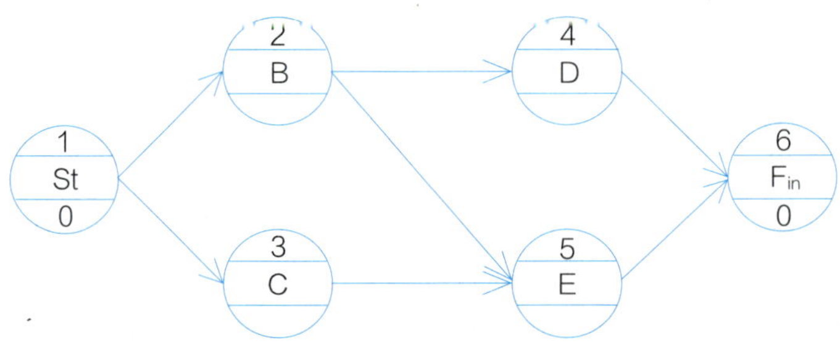

图 6.15 单代号网络图

1. 单代号网络图的基本符号

（1）节点。单代号网络图中的每一个节点表示一项工作，节点宜用圆圈或矩形表示。节点所表示的工作名称、持续时间和工作代号等应标注在节点内，如图 6.16 所示。

单代号网络图中的节点必须编号。编号标注在节点内，其号码可间断，但严禁重复。箭线的箭尾节点编号应小于箭头节点的编号。一项工作必须有唯一的一个节点及相应的一个编号。

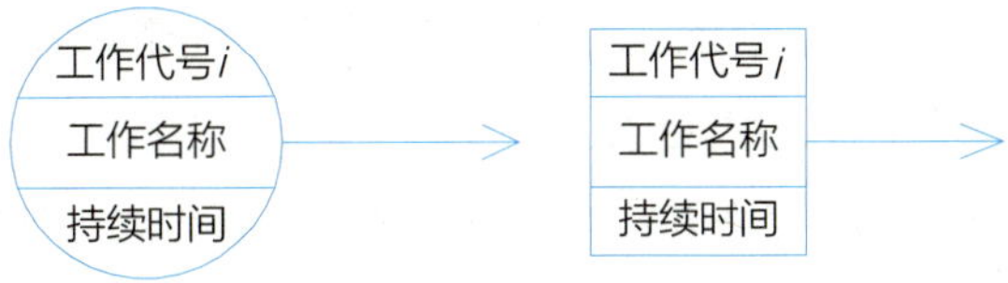

图 6.16　单代号网络图工作的表示方法

（2）箭线。单代号网络图中的箭线表示紧邻工作之间的逻辑关系，既不占用时间，也不消耗资源。

（3）线路。单代号网络图中，各条线路应用该线路上的节点编号从小到大依次表述。

2. 单代号网络图的绘图规则

（1）必须正确表达已定的逻辑关系；

（2）严禁出现循环回路；

（3）严禁出现双向箭头或无箭头的连线；

（4）严禁出现没有箭尾节点的箭线和没有箭头节点的箭线；

（5）箭线不宜交叉，当交叉不可避免时，可采用过桥法或指向法；

（6）只应有一个起点节点和一个终点节点，当网络图中有多项起点节点或多项终点节点时，应在网络图的两端分别设置一项虚工作，作为该网络图的起点节点（S_t）和终点节点（F_{in}）。

3. 单代号网络计划时间参数的计算

单代号网络计划时间参数的计算步骤如下。

（1）计算最早开始时间和最早完成时间。网络计划中各项工作的最早开始时间和最早完成时间的计算应从网络计划的起点节点开始，顺着箭线方向依次逐项计算。单代号网络计划时间参数的标注形式如图 6.17 所示。

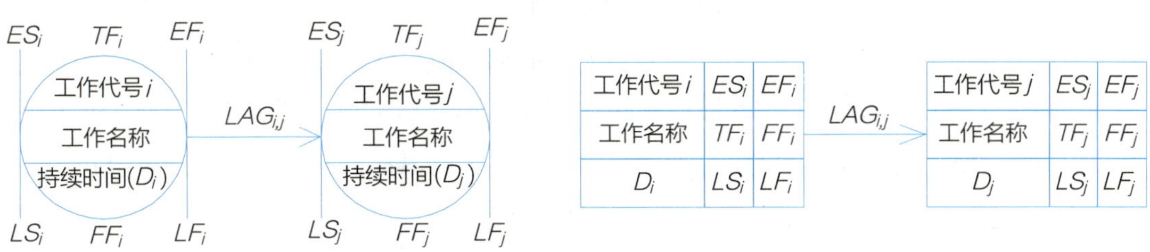

图 6.17　单代号网络计划时间参数的标注形式

网络计划的起点节点的最早开始时间为零。如起点节点的编号为 1，则

$$ES_i = 0 \qquad (i = 1) \tag{6-17}$$

工作最早完成时间等于该工作最早开始时间加上其持续时间，即

$$EF_i = ES_i + D_i \tag{6-18}$$

工作最早开始时间等于该工作的各个紧前工作的最早完成时间的最大值，如工作 j 的紧前工作的代号为 i，则

$$ES_j = \max\{EF_i\} \quad 或 \quad ES_j = \max\{ES_i + D_i\} \tag{6-19}$$

式中：ES_i——工作 j 的各项紧前工作的最早开始时间。

（2）网络计划的计算工期（T_c）。T_c 等于网络计划的终点节点 n 的最早完成时间（EF_n），即

$$T_c = EF_n \tag{6-20}$$

（3）计算相邻两项工作的时间间隔（$LAG_{i,j}$）。相邻两项工作 i 和 j 的时间间隔（$LAG_{i,j}$）等于紧后工作 j 的最早开始时间（ES_j）和本工作的最早完成时间（EF_i）之差，即

$$LAG_{i,j} = ES_j - EF_i \tag{6-21}$$

（4）计算工作总时差（TF_i）。工作 i 的总时差 TF_i 应从网络计划的终点节点开始，逆着箭线方向依次逐项计算。

网络计划终点节点的总时差（TF_n），如计划工期等于计算工期，其值为零，即

$$TF_n = 0 \tag{6-22}$$

其他工作 i 的总时差（TF_i）等于该工作的各个紧后工作 j 的总时差（TF_j）加该工作与其紧后工作的时间间隔（$LAG_{i,j}$）之和的最小值，即

$$TF_i = \min\{TF_j + LAG_{i,j}\} \tag{6-23}$$

（5）计算工作自由时差。工作 i 若无紧后工作，其自由时差（FF_i）等于计划工期（T_p）减该工作的最早完成时间（EF_n），即

$$FF_n = T_p - EF_n \tag{6-24}$$

当工作 i 有紧后工作 j 时，其自由时差（FF_i）等于该工作与其紧后工作 j 的时间间隔（$LAG_{i,j}$）的最小值，即

$$FF_i = \min\{LAG_{i,j}\} \tag{6-25}$$

（6）计算工作的最迟开始时间和最迟完成时间。工作 i 的最迟开始时间（LS_i）等于该工作的最早开始时间（ES_i）与其总时差（TF_i）之和，即

$$LS_i = ES_i + TF_i \tag{6-26}$$

工作 i 的最迟完成时间（LF_i）等于该工作的最早完成时间（EF_i）与其总时差（TF_i）之和，即

$$LF_i = EF_i + TF_i \tag{6-27}$$

（7）关键工作和关键线路的确定。关键工作：总时差最小的工作是关键工作。关键线路的确定按以下规定：从起点节点开始到终点节点均为关键工作，且所有工作的时间间隔为零的线路为关键线路。

例 6-2 某网络计划如表 6.3 所示。试绘制单代号网络计划。若计划工期等于计算工期，计算各项工作的六个时间参数并确定关键线路，标注在网络计划上。

表 6.3 某网络计划工作逻辑关系及持续时间表

工作	紧前工作	紧后工作	持续时间	工作	紧前工作	紧后工作	持续时间
A_1	—	A_2、B_1	2	C_3	B_3、C_2	E、F	2
A_2	A_1	A_3、B_2	2	D	B_3	G	2
A_3	A_2	B_3	2	E	C_3	G	1
B_1	A_1	B_2、C_1	3	F	C_3	I	2
B_2	A_2、B_1	B_3、C_2	3	G	D、E	H、I	4
B_3	A_3、B_2	D、C_3	3	H	G	—	3
C_1	B_1	C_2	2	I	F、G	—	3
C_2	B_2、C_1	C_3	4				

解：（1）根据表 6.3 中网络计划的有关资料，按照网络图的绘图规则，绘制单代号网络图，如图 6.18 所示。

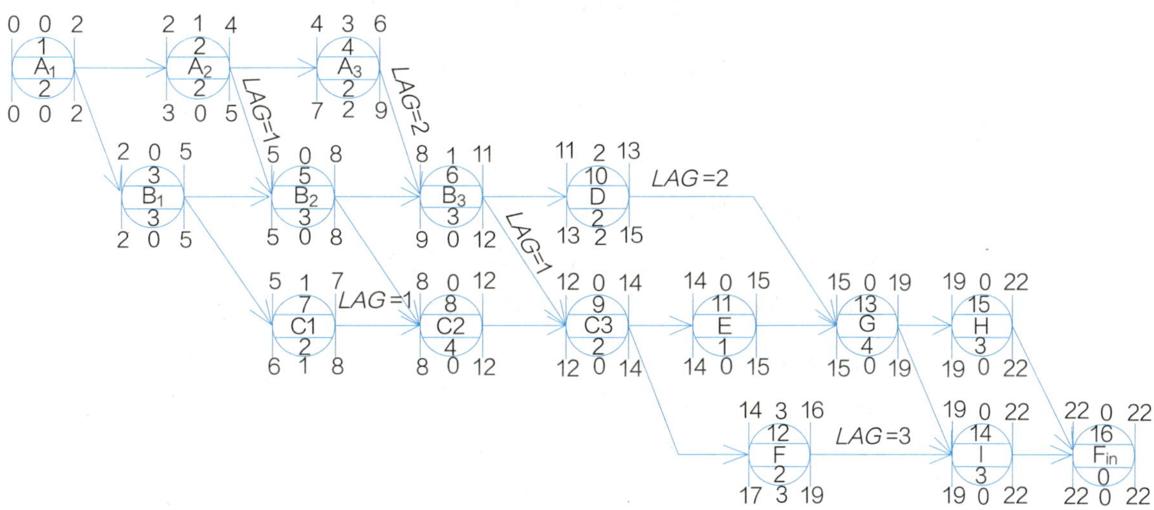

图 6.18 单代号网络图计算实例

（2）计算最早开始时间和最早完成时间。因为未规定其最早开始时间，所以由公式（6-21）得到：

$$ES_1 = 0$$

其他工作 i 的最早开始时间和最早完成时间按公式（6-22）、（6-23）

依次计算，如

$$EF_1 = 0 + 2 = 2,\ ES_5 = \max\{EF_2,\ EF_3\} = \max\{4,\ 5\} = 5,$$

$$EF_5 = ES_5 + D_5 = 5 + 3 = 8$$

已知计划工期等于计算工期，故有 $T_p = T_c = EF_{16} = 22$。

（3）计算相邻两项工作的时间间隔（$LAG_{i,j}$），如

$$LAG_{15,16} = T_p - EF_{15} = 22 - 22 = 0,\ LAG_{14,16} = T_p - EF_{14} = 22 - 22 = 0$$

$$LAG_{12,14} = ES_{14} - EF_{12} = 19 - 16 = 3$$

（4）计算工作的总时差（TF_i）。已知计划工期等于计算工期，$T_p = T_c = 22$，故终点节点⑯节点的总时差为零，即

$$TF_{16} = T_p - EF_{16} = 22 - 22 = 0$$

其他工作总时差如

$$TF_{15} = TF_{16} + LAG_{15,16} = 0 + 0 = 0,\ TF_{14} = TF_{16} + LAG_{14,16} = 0 + 0 = 0$$

$$TF_{13} = \min\{(TF_{15} + LAG_{13,15}),\ (TF_{14} + LAG_{13,14})\} = \min\{(0+0),\ (0+0)\} = 0$$

$$TF_{12} = TF_{14} + LAG_{12,14} = 0 + 3 = 3$$

（5）计算工作的自由时差（FF_i）。已知计划工期等于计算工期，$T_p = T_c = 22$，故自由时差如

$$FF_{16} = T_p - EF_{16} = 22 - 22 = 0,\ FF_{15} = LAG_{15,16} = 0,\ FF_{14} = LAG_{14,16} = 0$$

$$FF_{13} = \min\{LAG_{13,15},\ LAG_{13,14}\} = \min\{0,\ 0\} = 0,\ FF_{12} = LAG_{12,14} = 3$$

（6）计算工作的最迟开始时间（LS_i）和最迟完成时间（LF_i），如

$$LS_1 = ES_1 + TF_1 = 0 + 0 = 0,\ LF_1 = EF_1 + TF_1 = 2 + 0 = 2$$

$$LS_2 = ES_2 + TF_2 = 2 + 1 = 3,\ LS_2 = EF_2 + TF_2 = 4 + 1 = 5$$

将以上计算结果标注在图 6.18 中的相应位置。

（7）关键工作和关键线路的确定。根据计算结果，总时差为零的工作 A_1、B_1、B_2、C_2、C_3、E、G、H、I 为关键工作。

从起点节点①节点开始到终点节点⑯节点均为关键工作，且所有工作时间间隔为零的线路，即①→③→⑤→⑧→⑨→⑪→⑬→⑭→⑯、①→③→⑤→⑧→⑨→⑪→⑬→⑮→⑯为关键线路，用粗箭线标示在图 6.18 中。

6.2.5 单代号搭接网络计划

在建设工程的实践中，搭接关系是大量存在的，要求进度计划的图形能够表达和处理好这种关系。然而，传统的单代号网络计划和双代号网络计划却只能表示两项工作之间首尾相接的关系，即前一项工作完成，后一项

工作立即开始，而不能表示搭接关系，遇到搭接关系时，不得不将前一项工作分成两段，以符合“前面工作不完成，后面工作不能开始”的要求，这就使网络计划变得复杂起来，绘图与调整都不方便。针对这一重大问题和普遍需要，陆续出现了许多种表示搭接关系的网络计划，我们统称为搭接网络计划。本书主要介绍单代号网络搭接计划。

1. 基本概念

（1）单代号搭接网络图中每一个节点表示一项工作，宜用圆圈或矩形表示。节点所表示的工作名称、持续时间和工作代号等应标注在节点内。节点最基本的表示方法应符合图 6.19 的规定。

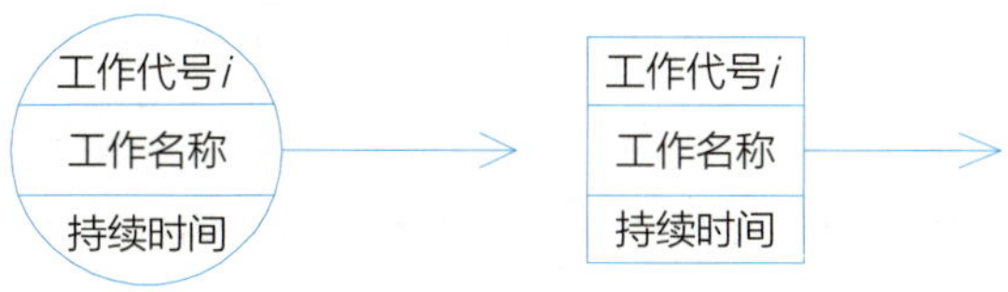

图 6.19 单代号搭接网络图工作的表示方法

（2）单代号搭接网络图中，箭线及其上面的时距符号表示相邻工作间的逻辑关系，如图 6.20 所示。箭线应画成水平直线、折线或斜线。箭线水平投影的方向应自左向右，表示工作的进行方向。

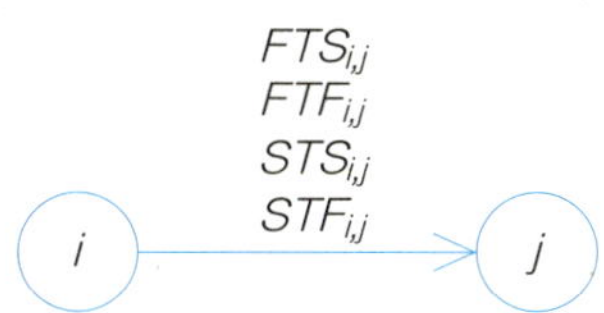

图 6.20 单代号搭接网络图箭线的表示方法

工作的搭接顺序关系是用前项工作的开始或完成时间与其紧后工作的开始或完成时间的间距来表示，具体有四类：

$FTS_{i,j}$，工作 i 完成时间与其紧后工作 j 开始时间的间距；

$FTF_{i,j}$，工作 i 完成时间与其紧后工作 j 完成时间的间距；

$STS_{i,j}$，工作 i 开始时间与其紧后工作 j 开始时间的间距；

$STF_{i,j}$，工作 i 开始时间与其紧后工作 j 完成时间的间距。

（3）单代号网络图中的节点必须编号。编号标注在节点内，其号码可间断，但严禁重复。箭线的箭尾节点编号应小于箭头节点编号。一项工作必须有唯一的一个节点及相应的一个编号。

（4）工作之间的逻辑关系包括工艺关系和组织关系，在网络图中均表现为工作之间的先后顺序。

（5）单代号搭接网络图中，各条线路应用该线路上的节点编号自小到大依次表述，也可用工作名称依次表述。

（6）单代号搭接网络计划中的时间参数基本内容和形式应按图 6.21 所示方式标注。工作名称和工作持续时间标注在节点圆圈内，工作的时间参数（如 *ES*、*EF*、*LS*、*LF*、*TF*、*FF*）标注在圆圈的上下。而工作之间的时间参数（如 *STS*、*ETF*、*STF*、*FTS*）和时间间隔（$LAG_{i,j}$）标注在联系箭线的上下方。

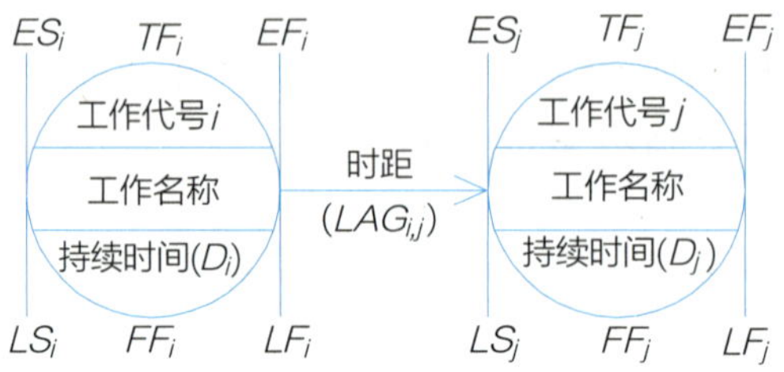

图 6.21　单代号搭接网络计划时间参数标注形式

2. 单代号搭接网络计划中的搭接关系

（1）完成到开始时距（$FTS_{i,j}$）的连接方法。图 6.22 表示紧前工作 *i* 的完成时间与紧后工作 *j* 的开始时间的间距和连接方法。

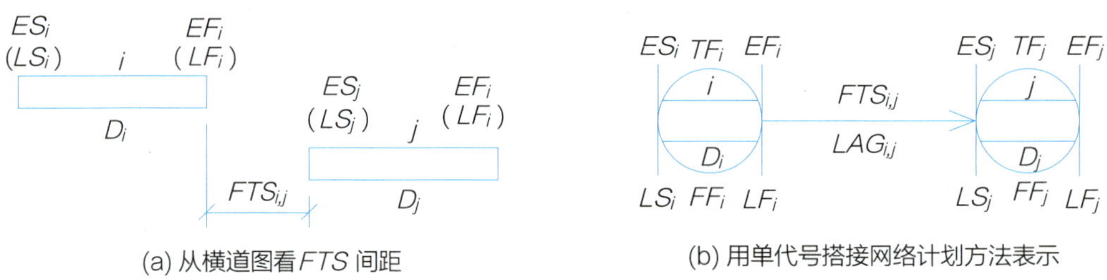

图 6.22　时距 *FTS* 的表示方法

（2）完成到完成时距（*FTF*）的连接方法。图 6.23 表示紧前工作 *i* 完成时间与紧后工作 *j* 完成时间的间距和连接方法。

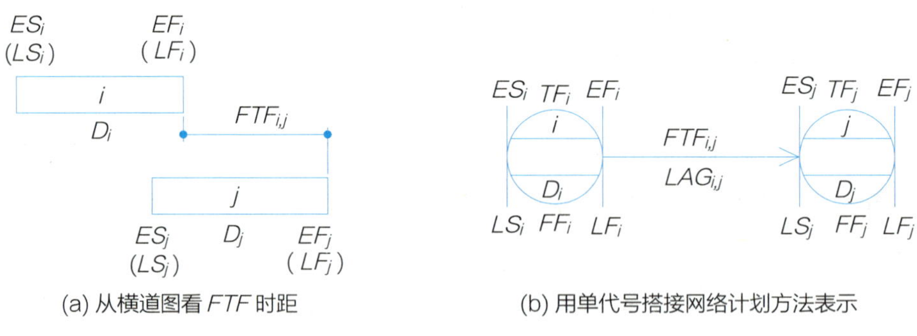

图 6.23　时距 *FTF* 的表示方法

（3）开始到开始时距（$STS_{i,j}$）的连接方法。图 6.24 表示紧前工作 i 的开始时间与紧后工作 j 的开始时间的间距和连接方法。

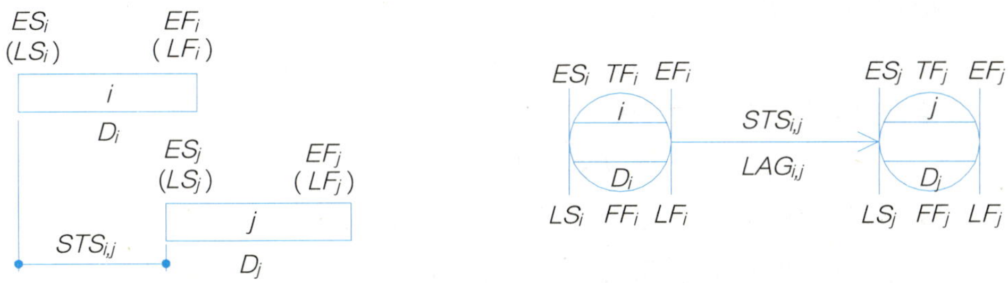

(a) 从横道图看STS间距　　(b) 用单代号搭接网络计划方法表示

图 6.24　时距 STS 的表示方法

（4）开始到完成时距（$STF_{i,j}$）的连接方法。图 6.25 表示紧前工作 i 的开始时间与紧后工作 j 的结束时间的间距和连接方法，这种时距以 $STF_{i,j}$ 表示。

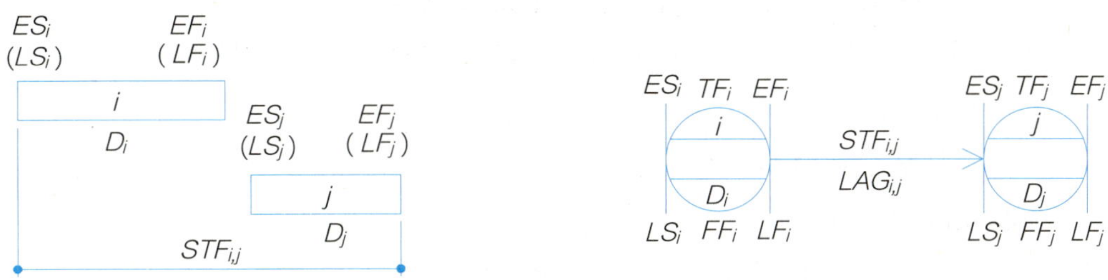

(a) 从横道图看 STF 间距　　(b) 用单代号搭接网络计划方法表示

图 6.25　时距 STF 的表示方法

（5）混合时距的连接方法。在搭接网络计划中，两项工作之间可同时由四种基本连接关系中两种以上来限制其逻辑关系。例如，i、j 两项工作可能同时由时距 STS 与 FTF 限制，或时距 STF 与 FTS 限制等。

3. 单代号搭接网络计划的时间参数计算

（1）计算工作最早时间。

① 计算工作最早时间参数必须从起点节点开始依次进行，只有紧前工作计算完毕，才能计算本工作。

② 计算工作最早开始时间应按下列步骤进行。

起点节点的工作最早开始时间都应为零，即

$$ES_i = 0 \quad（i=\text{起点节点编号}） \tag{6-28}$$

其他工作 j 的最早开始时间（ES_j）根据时距应按下列公式计算：

相邻时距为 $STS_{i,j}$ 时，则

$$ES_j = ES_i + STS_{i,j} \tag{6-29}$$

相邻时距为 $FTF_{i,j}$ 时，则

$$ES_j = EF_i + FTF_{i,j} - D_j \tag{6-30}$$

相邻时距为 $STF_{i,j}$ 时，则

$$ES_j = ES_i + STF_{i,j} - D_j \tag{6-31}$$

相邻时距为 $FTS_{i,j}$ 时，则

$$ES_j = EF_i + FTS_{i,j} \tag{6-32}$$

③ 计算工作最早时间，当出现最早开始时间为负值时，应将该工作 j 与起点节点用虚箭线相连接，并确定其时距为：

$$STS_{\text{起点节点},j} = 0 \tag{6-33}$$

④ 工作 j 的最早完成时间 EF_j 应按下式计算。

$$EF_j = ES_j + D_j \tag{6-34}$$

⑤ 当有两种以上的时距（有两项工作或两项以上紧前工作）限制工作间的逻辑关系时，应分别计算其最早时间，取其最大值。

⑥ 搭接网络计划中，全部工作的最早完成时间的最大值若在中间工作 k，则该中间工作 k 应与终点节点用虚箭线相连接，并确定其时距为：

$$FTF_{k,\text{终点节点}} = 0 \tag{6-35}$$

⑦ 搭接网络计划计算工期（T_c）由与终点相联系的工作的最早完成时间的最大值决定。

⑧ 网络计划的计划工期（T_p）应按下列情况分别确定。

当已规定了要求工期（T_r）时，$T_p \leqslant T_r$；

当未规定要求工期时，$T_p=T_c$。

（2）计算时间间隔（$LAG_{i,j}$）。相邻两项工作 i 和 j 之间在满足时距之外，还有多余的时间间隔（$LAG_{i,j}$），应按下式计算。

$$LAG_{i,j} = \begin{pmatrix} ES_j - EF_i - FTS_{i,j} \\ ES_j - ES_i - STS_{i,j} \\ EF_j - EF_i - FTF_{i,j} \\ EF_j - ES_i - STF_{i,j} \end{pmatrix} \tag{6-36}$$

（3）计算工作总时差。工作 i 的总时差（TF_i）应从网络计划的终点节点开始，逆着箭线方向依次逐项计算。当部分工作分期完成时，有关工作的总时差必须从分期完成的节点开始逆向逐项计算。

终点节点所代表工作 n 的总时差（TF_n）应为：

$$TF_n = T_p - EF_n \tag{6-37}$$

其他工作 i 的总时差（TF_i）应为：

$$TF_i = \min\{TF_j + LAG_{i,j}\} \tag{6-38}$$

（4）计算工作自由时差。终点节点所代表工作 n 的自由时差（FF_n）应为：

$$FF_n = T_{\mathrm{p}} - EF_n \tag{6-39}$$

其他工作 i 的自由时差（FF_i）应为：

$$FF_i = \min\{LAG_{i,j}\} \tag{6-40}$$

（5）计算工作最迟完成时间。工作 i 的最迟完成时间（LF_i）应从网络计划的终点节点开始，逆着箭线方向依次逐项计算。当部分工作分期完成时，有关工作的最迟完成时间应从分期完成的节点开始逆向逐项计算。

终点节点所代表的工作 n 的最迟完成时间（LF_n），应按网络计划的计划工期（T_{p}）确定，即

$$LF_n = T_{\mathrm{p}} \tag{6-41}$$

其他工作 i 的最迟完成时间（LF_i）应为：

$$LF_i = EF_i + TF_i \tag{6-42}$$

或

$$LF_i = \min\begin{pmatrix} LS_j - FTS_{i,j} \\ LS_j - STS_{i,j} + D_i \\ LF_j - FTF_{i,j} \\ LF_j - STF_{i,j} + D_i \end{pmatrix} \tag{6-43}$$

（6）计算工作最迟开始时间。工作 i 的最迟开始时间（LS_i）应按下式计算。

$$LS_i = LF_i - D_i \tag{6-44}$$

或

$$LS_i = ES_i + TF_i \tag{6-45}$$

4. 关键工作和关键线路的确定

（1）确定关键工作。关键工作是总时差最小的工作。搭接网络计划中总时差最小的工作，其具有的机动时间最少，如果延长其持续时间就会影响计划工期，因此为关键工作。当计划工期等于计算工期时，工作的总时差为零是最小的总时差。当有要求工期，且要求工期小于计算工期时，最小的总时差为负值；当要求工期大于计算工期时，最小的总时差为正值。

（2）确定关键线路。关键线路是自始至终全部由关键工作组成的线路或线路上总的工作持续时间最长的线路。该线路在网络图上应用粗线、双线或彩色线标注。

在搭接网络计划中，从起点节点开始到终点节点均为关键工作，且所有工作的时间间隔均为零的线路为关键线路。

6.3 工程项目进度计划

6.3.1 工程项目进度计划的编制方法

在编制工程项目进度计划之前，需要做一定的准备工作，工作分解结构（WBS）和工作表等能提供相应的支持。工程项目进度计划运用的计划方法和技术有横道图、流水作业图、垂直图表法（或称线条图）、网络计划技术等。

1. 工作分解结构（WBS）

工作分解结构是以可交付成果为导向对项目要素进行的分组，它归纳和定义了项目的整个工作范围，每下降一层代表对项目工作的更详细定义。如图 6.26 所示。工作（work），可以产生有形结果的工作任务；分解（breakdown），一种逐步细分和分类的层级结构；结构（structure），按照一定的模式组织各部分。

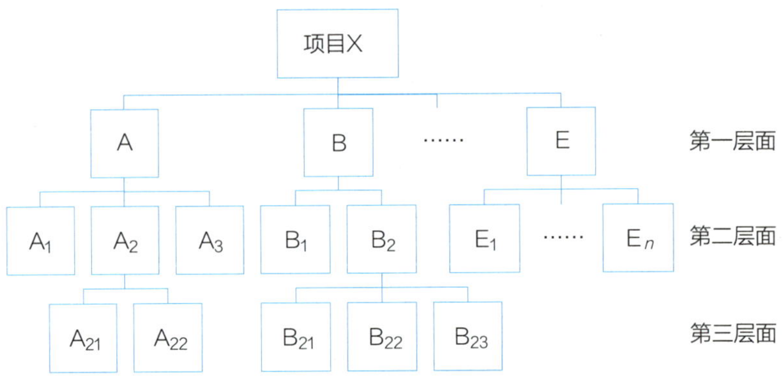

图 6.26 项目结构图

某房屋建筑工程三级分解结构如表 6.4 所示。

表 6.4 某房屋建筑工程三级分解结构

<table>
<tr><td>第一级</td><td colspan="8">工程项目决策阶段</td><td colspan="15">工程项目实施阶段</td></tr>
<tr><td>第二级</td><td colspan="3">工程项目规划</td><td colspan="3">工程项目选定</td><td colspan="2">工程项目决策</td><td colspan="4">工程设计</td><td colspan="4">工程招标</td><td colspan="4">工程施工</td><td colspan="3">工程验收和移交</td></tr>
<tr><td>第三级</td><td>区域开发规划</td><td>部门发展规划</td><td>规划评估</td><td>项目投资机会研究</td><td>项目建议书</td><td>辅助研究</td><td>可行性研究</td><td>项目评估及决策</td><td>方案设计</td><td>初步设计</td><td>技术设计</td><td>施工图设计</td><td>设计招标或竞赛</td><td>监理招标</td><td>施工招标</td><td>主要材料设备招标</td><td>施工准备</td><td>施工</td><td>监理</td><td>主要材料设备采购</td><td>竣工验收</td><td>运营及培训</td><td>质量保修</td></tr>
</table>

2. 工作表

工作是反映任务包顺利进行的一系列的步骤，它定义了开始和完成的需要花费时间的事。任务包的全部工作可列表，如表 6.5 所示。

表 6.5　工作表示例

项目名称：　　　　　　　　　　日期：　　　　　　　　　　页号：

任务包编号	任务包说明	工作编号	工作说明	工作范围（数量）	资源（机具、人）	责任部门	持续时间	备注（其他工作说明，如成本）
1	2	3	4	5	6	7	8	9

3. 横道图

通常横道图的表头为工作及其简要说明，项目进展表示在时间表格上，如图 6.27 所示。按照所表示工作的详细程度，时间单位可以为小时、天、周、月等。通常这些时间单位用日历表示，此时可表示非工作时间，如停工时间、公众假日、假期等。根据横道图使用者的要求，工作可按照时间先后、责任、项目对象、同类资源等进行排序。

序号	工作名称	持续时间	开始时间	完成时间	紧前工作
1	基础	0 d	2020-12-28	2020-12-28	
2	预制柱	35 d	2020-12-28	2021-2-14	1
3	预制屋架	20 d	2020-12-28	2021-1-24	1
4	预制楼梯	15 d	2020-12-28	2021-1-17	1
5	吊装	30 d	2021-2-15	2021-3-28	2,3,4
6	砌砖墙	20 d	2021-3-29	2021-4-25	5
7	屋面找平	5 d	2021-3-29	2021-4-4	5
8	钢窗安装	4 d	2021-4-19	2021-4-22	6ss+15 d
9	二毡三油一砂	5 d	2021-4-5	2021-4-11	7
10	外粉刷	20 d	2021-4-25	2021-5-20	8
11	内粉刷	30 d	2021-4-25	2021-6-3	8,9
12	油漆、玻璃	5 d	2021-4-6	2021-6-10	10,11
13	竣工	0 d	2021 6 10	2021 6 10	12

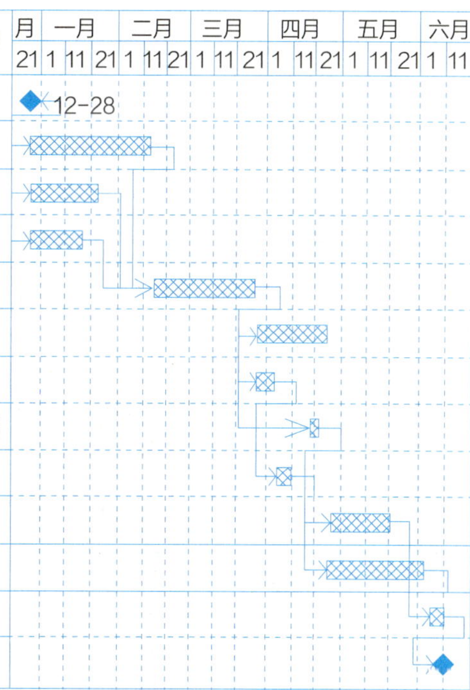

图 6.27　横道图

4. 垂直图表法

垂直图表法是空间—时间图表的一种形式，有时间—任务量图、时间—路程图、时间—数量图等。它适宜于表示连续的、在一线段上的工作的规划和控制。因此，工作的进程是以一个速度（每个时间单位的长度）来表达。垂直图表法横坐标表示按比例的工程线段，纵坐标是时间，并已去除了非工作时间。每项工作在图中用线条表示，图中线条不能交叉。远距离供热项目的线条图如图 6.28 所示。

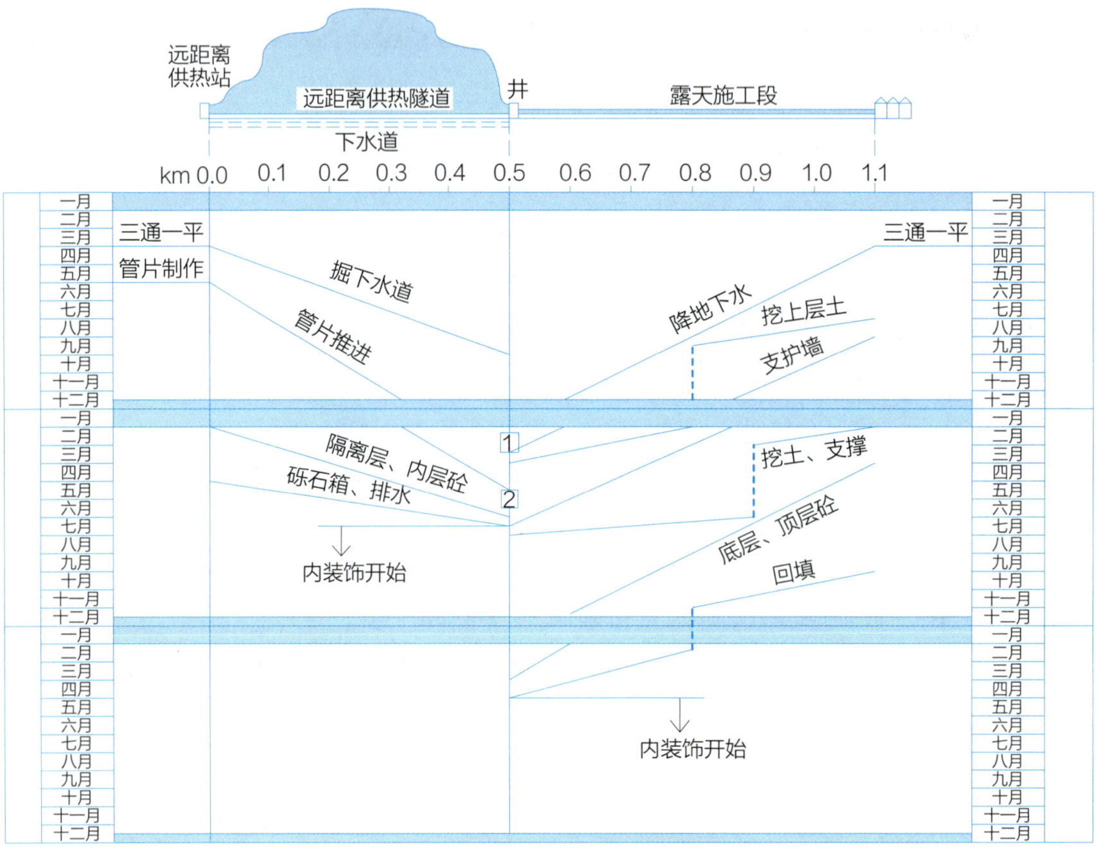

图 6.28　远距离供热项目的线条图

5. 网络计划技术

网络计划技术有诸多形式。由于它简单、有效，在近几十年得到广泛应用。这是本章的重点。

与横道图计划相比，网络计划的缺点是它不像横道图那么直观明了。因此，在工程实践中，应该将网络计划技术和横道图计划结合起来使用，以充分发挥网络计划技术和横道图计划各自的优点。

6. 流水作业图

流水作业图是空间—时间图表的另一种形式，它产生于其他工业对流水线操作的计划，其目的在于优化重复性工作的时间和资源。

6.3.2 工程项目进度计划系统

工程项目进度计划系统是由多个相互关联的进度计划组成的系统。由于各种进度计划编制所需要的必要资料是在项目进展过程中逐步形成的，因此项目进度计划系统的建立和完善也有一个过程，它是逐步形成的。工程项目进度计划系统如图 6.29 所示。

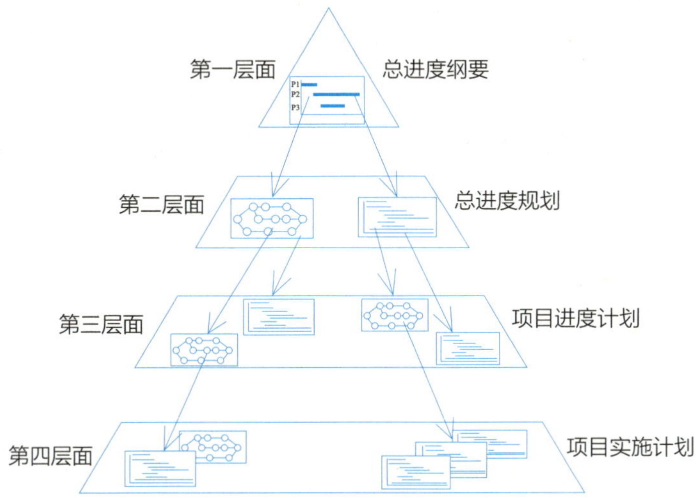

图 6.29　工程项目进度计划系统

6.3.3 工程项目总进度目标的论证

1. 总进度目标论证的工作内容

工程项目总进度目标指的是整个项目的进度目标，它是在项目决策阶段项目定义时确定的，项目管理的主要任务是在项目的实施阶段对项目的目标进行控制。工程项目总进度目标的控制是业主方项目管理的任务（若采用建设项目总承包的模式，协助业主进行项目总进度目标的控制也是总承包方项目管理的任务）。在进行工程项目总进度目标控制前，首先应分析和论证目标实现的可能性。若工程项目总进度目标不可能实现，则工程项目管理者应提出调整项目总进度目标的建议，提请项目决策者审议。

在工程项目总进度目标论证时，往往还没掌握比较详细的设计资料，也缺乏比较全面的有关工程发包的组织、施工组织和施工技术方面的资料，以及其他有关项目实施条件的资料。因此，总进度目标论证并不是单纯的总进度规划的编制工作，它涉及许多项目实施的条件分析和项目实施策划方面的问题。

大型工程项目总进度目标论证的核心工作是通过编制总进度纲要论证总进度目标实现的可能性。

2. 总进度目标论证的工作步骤

工程项目总进度目标论证的工作步骤如下：

（1）调查研究和收集资料。

（2）项目结构分析。

（3）进度计划系统的结构分析。

（4）项目的工作编码。项目的工作编码指的是每一个工作项的编码，编码有各种方式，编码时应该考虑下述因素：对不同计划层的标识；对不同计划对象的标识（如不同子项目）；对不同工作的标识（如设计工作、招标工作和施工工作等）。图 6.30 是工作编码的示例。

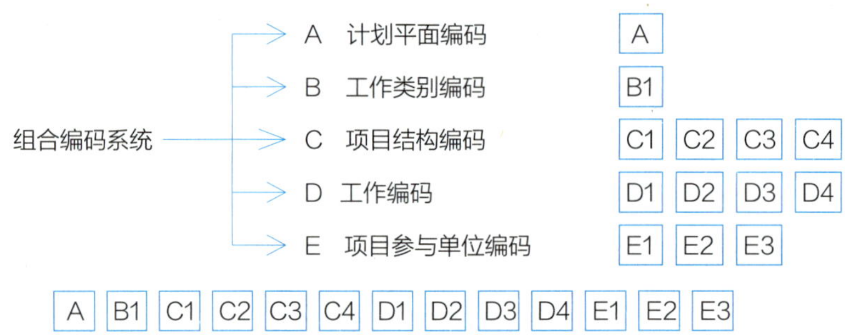

图 6.30 工作编码示例

（5）编制各层进度计划。

（6）协调各层进度计划的关系，编制总进度计划。

（7）若所编制的总进度计划不符合项目的进度目标，则设法调整。

（8）若经过多次调整，进度目标仍无法实现，则报告项目决策者。

6.4 工程项目计划的检查与调整

进度计划执行中的管理工作主要有以下几个方面：

（1）检查并掌握实际进展情况；

（2）分析产生进度偏差的主要原因；

（3）确定相应的纠偏措施或调整方法。

6.4.1 进度计划的检查

在项目实施过程中，为了进行进度控制，进度控制人员应经常地、定期地跟踪检查项目进度情况，主要是收集项目进度材料，进行统计整理和对比分析，确定实际进度与计划进度之间的关系。

1. 进度计划的检查方法

（1）计划执行中的跟踪检查。在网络计划的执行过程中，必须建立相应的检查制度，定时定期地对计划的实际执行情况进行跟踪检查，收集反映实际进度的有关数据。

（2）所收集数据的加工处理。所收集的反映实际进度的原始数据量大面广，必须对其进行整理、统计和分析，形成与计划进度具有可比性的数据，以便在网络图上进行记录。根据记录的结果可以分析判断进度的实际状况，及时发现进度偏差，为网络图的调整提供信息。

（3）实际进度检查记录的方式。当采用时标网络计划时，可采用实际进度前锋线记录计划实际执行状况，进行实际进度与计划进度的比较。

实际进度前锋线是在原时标网络计划上，自上而下地从计划检查时刻的时标点出发，用点画线依次将各项工作实际进度达到的前锋点连接而成的折线。通过实际进度前锋线与原进度计划中各工作箭线交点的位置可以判断实际进度与计划进度的偏差。

当采用无时标网络计划时，可在图上直接用文字、数字、适当符号或列表记录计划的实际执行状况，进行实际进度与计划进度的比较。

【小贴士】

常用进度计划比较方法

除了文中所述的前锋线比较法，常用的比较方法还有横道图比较法、S形曲线比较法、香蕉形曲线比较法、列表比较法等。

2. 网络计划检查的主要内容

（1）关键工作进度；

（2）非关键工作的进度及时差利用情况；

（3）实际进度对各项工作之间逻辑关系的影响；

（4）资源状况；

（5）成本状况；

（6）存在的其他问题。

3. 对检查结果进行分析判断

通过对网络计划执行情况检查的结果进行分析判断，可为计划的调整提供依据。一般应进行如下分析判断：

（1）对时标网络计划宜利用绘制的实际进度前锋线，分析计划的执行情况及其发展趋势，对未来的进度做出预测、判断，找出偏离计划目标的原因及可供挖掘的潜力所在。

（2）对无时标网络计划宜按表 6.6 记录的情况对计划中未完成的工作进行分析判断。

表 6.6　网络计划检查结果分析表

工作编号	工作名称	检查时尚需作业天数（d）	按计划最迟完成前尚有天数（d）	总时差（d）		自由时差（d）		情况分析
				原有	目前尚有	原有	目前尚有	

6.4.2　进度计划的调整

1. 网络计划调整的内容

网络计划可调整的内容包括：

（1）调整关键线路的长度；

（2）调整非关键工作时差；

（3）增、减工作项目；

（4）调整逻辑关系；

（5）重新估计某些工作的持续时间；

（6）对资源的投入作相应调整。

2. 网络计划调整的方法

（1）调整关键线路的方法。当关键线路的实际进度比计划进度拖后时，应在尚未完成的关键工作中，选择资源强度小或费用低的工作缩短其持续时间，并重新计算未完成部分的时间参数，将其作为一个新计划实施。

当关键线路的实际进度比计划进度提前时，若不拟提前工期，应选用资源占用量大或者直接费用高的后续关键工作，适当延长其持续时间，以降低其资源强度或费用；当确定要提前完成计划时，应将计划尚未完成的部分作为一个新计划，重新确定关键工作的持续时间，按新计划实施。

（2）调整非关键工作时差的方法。非关键工作时差的调整应在其时差的范围内进行，以便更充分地利用资源，降低成本或满足施工的需要。每一次调整后都必须重新计算时间参数，观察该调整对计划全局的影响。可采用以下几种调整方法：

① 将工作在其最早开始时间与最迟完成时间范围内移动；

② 延长工作的持续时间；

③ 缩短工作的持续时间。

（3）增、减工作项目时的调整方法。增、减工作项目时应符合下列规定：

① 不打乱原网络计划总的逻辑关系，只对局部逻辑关系进行调整。

② 在增减工作后应重新计算时间参数，分析对原网络计划的影响。当对工期有影响时，应采取调整措施，以保证计划工期不变。

（4）调整逻辑关系。逻辑关系的调整只有当实际情况要求改变施工方法或组织方法时才可进行。调整时应避免影响原定计划工期和其他工作的顺利进行。

（5）调整工作的持续时间。当发现某些工作的原持续时间估计有误或实现条件不充分时，应重新估算其持续时间，并重新计算时间参数，尽量使原计划工期不受影响。

（6）调整资源的投入。当资源供应发生异常时，应采用资源优化方法对计划进行调整，或采取应急措施，使其对工期的影响最小。

网络计划的调整，可以定期进行，亦可根据计划检查的结果在必要时进行。

6.5 工程项目进度控制

6.5.1 工程项目进度控制的含义和目的

工程项目是在动态条件下实施的，因此进度控制也就必须是一个动态的管理过程。它包括进度目标的分析和论证，在收集资料和调查研究的基础上编制进度计划和进度计划的跟踪检查与调整。

如只重视进度计划的编制，而不重视进度计划必要的调整，则进度无法得到控制。为了实现进度目标，进度控制的过程也就是随着项目的进展，不断调整进度计划的过程。

进度目标分析和论证的目的是论证进度目标是否合理，进度目标有否可能实现。如果经过科学的论证，目标不可能实现，则必须调整目标。

进度计划的跟踪检查与调整包括定期跟踪检查所编制的进度计划执行情况，以及若其执行有偏差，则采取纠偏措施，并视必要调整进度计划。

进度控制的目的是通过控制实现工程的进度目标。

6.5.2 工程项目进度控制的方法

1. 工程项目进度控制的组织措施

（1）组织是目标能否实现的决定性因素。为实现项目的进度目标，应充分重视健全项目管理的组织体系。

（2）在项目组织结构中应有专门的工作部门和符合进度控制岗位资格的专人负责进度控制工作。

（3）进度控制的主要工作环节包括进度目标的分析和论证、编制进度计划、定期跟踪进度计划的执行情况、采取纠偏措施，以及调整进度计划。

这些工作任务和相应的管理职能应在项目管理组织设计的任务分工表和管理职能分工表中标示并落实。

（4）应编制项目进度控制的工作流程。

2. 工程项目进度控制的管理措施

（1）工程项目进度控制的管理措施涉及管理的思想、管理的方法、管理的手段、承发包模式、合同管理和风险管理等。在理顺组织的前提下，科学和严谨的管理十分重要。

（2）采用网络计划的方法编制进度计划必须很严谨地分析和考虑工作之间的逻辑关系，通过网络计算可发现关键工作和关键线路，也可知道非关键工作可使用的时差。网络计划的方法有利于实现进度控制的科学化。

（3）承发包模式的选择直接关系到项目实施的组织和协调。为了实现进度目标，应选择合理的合同结构，以避免过多的合同交界面而影响工程的进展。工程物资的采购模式对进度也有直接的影响，对此应作比较分析。

（4）为实现进度目标，不但应进行进度控制，还应注意分析影响项目进度的风险，并在分析的基础上采取风险管理措施，以减少进度失控的风险。

（5）重视信息技术（包括相应的软件、互联网以及数据处理设备）在进度控制中的应用。虽然信息技术对进度控制而言只是一种管理手段，但它的应用有利于提高进度信息处理的效率，有利于提高进度信息的透明度，有利于促进进度信息的交流和项目各参与方的协同工作。

3. 工程项目进度控制的经济措施

（1）工程项目进度控制的经济措施涉及资金需求计划、资金供应条件和经济激励措施等。

（2）为确保进度目标的实现，应编制与进度计划相适应的资源需求计划（资源进度计划），包括资金需求计划和其他资源（人力和物力资源）需求计划，以反映工程实施的各时段所需要的资源。通过资源需求的分析，可发现所编制的进度计划实现的可能性。若资源条件不具备，则应调整进度计划。资金需求计划也是项目融资的重要依据。

（3）资金供应条件包括可能的资金总供应量、资金来源（自有资金和外来资金）以及资金供应的时间。

（4）在工程项目预算中应考虑加快项目进度所需要的资金，其中包括为实现进度目标将要采取的经济激励措施的费用。

4. 工程项目进度控制的技术措施

（1）工程项目进度控制的技术措施涉及对实现进度目标有利的设计技术和施工技术的选用。

（2）不同的设计理念、设计技术路线、设计方案会对工程进度产生不同的影响，在设计工作的前期，特别是在设计方案评审和选用时，应对设计技术与工程项目进度的关系作分析比较。在工程项目进度受阻时，应分析是否存在设计技术的影响因素，为实现进度目标是否有设计变更的可能性。

（3）施工方案对工程项目进度有直接的影响。在施工方案选用的决策过程中，不仅应分析技术的先进性和经济合理性，还应考虑其对进度的影响。在工程进度受阻时，应分析是否存在施工技术的影响因素，为实现进度目标是否有改变施工技术、施工方法和施工机械的可能性。

6.5.3 计算机辅助工程项目进度控制

国外有很多用于进度计划编制的商品软件。自 20 世纪 70 年代末 80 年代初，我国也开始研制进度计划编制的软件，这些软件都是在网络计划原理的基础上编制的。应用这些软件可以实现计算机辅助工程项目进度计划的编制和调整，以确定网络计划的时间参数。

计算机辅助工程项目网络计划编制的意义如下：

（1）解决网络计划计算量大而手工计算难以承担的困难；

（2）确保网络计划计算的准确性；

（3）有利于网络计划及时调整；

（4）有利于编制资源需求计划等。

进度控制是一个动态编制和调整计划的过程，初始的进度计划和在项目实施过程中不断调整的计划，以及与进度控制有关的信息应尽可能对项目各参与方透明，以便各方为实现项目的进度目标协同工作。为使业主方各工作部门和项目各参与方便捷地获取进度信息，可利用项目专用网站作为基于网络的信息处理平台辅助进度控制。图 6.31 表示了从项目专用网站可获取的各种进度信息。

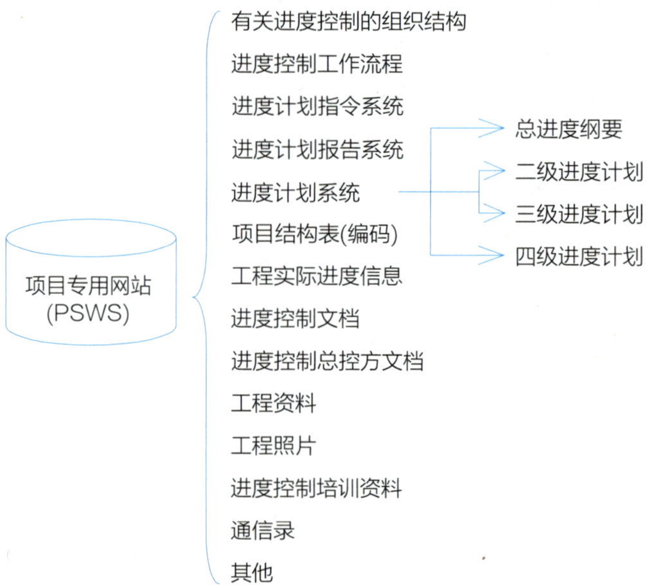

图 6.31　项目专用网站提供的进度信息

6.6　工程项目进度控制案例

6.6.1　案例 1：某国际机场工程总进度纲要

某国际机场工程建设，由于该机场内的车流、人流、货流较大，整个机场系统较为庞大和复杂，所以该项目总进度纲要的编制尤为重要。

总进度纲要主要包括以下内容：

1. 总进度纲要编制的指导思想

大型建设项目的进度计划构成一个系统，在不同的时间，针对不同的项目应编制不同深度的进度计划。对于该项目而言，影响总进度目标的关键工程为航站区工程和飞行区工程，因此要重点分析这两项单项工程。此外，资金的使用计划对项目的进度计划有重大影响，总进度纲要也将根据资金计划进行适时调整。

2. 总进度纲要编制的依据

该项目总进度纲要编制的主要依据有指挥部各级领导的意见和设想；项目实施的计划和实际进展状况；项目的图纸和文字资料等。

3. 总进度目标的论证分析

总进度纲要包括飞行区工程、航站区工程、综合工程、航管工程、供油工程，以及某航空公司基地等总进度纲要，其中综合工程总进度纲要又包含了其他生产主体工程和生产辅助设施及行政、生活设施工程等总进度纲要。

该项目的十大里程碑事件如表 6.7 所示。

表 6.7　十大里程碑事件

序号	时间	事件
1	2001.5.31	完成航站楼 ±0.000 以下结构工程；完成全场地势及土方工程
2	2002.6.30	完成航站楼封顶，即完成航站楼 ±0.000 以上结构工程
3	2002.12.31	完成航站主楼玻璃幕墙施工工程；连接楼及指廊基本完成
4	2003.5.31	航站主楼土建基本完成
5	2003.7.31	机电安装完成单机及系统调试
6	2003.10.31	全面完成航站楼精装修及收尾工作；机电安装及智能化弱电工程进行联动调试；工程交付初验
7	2001.3.31	飞行区土方工程和排水工程完成
8	2002.9.30	跑道、滑行道及联络道工程完成
9	2003.8.31	飞行区试飞调试完成
10	2003.10.31	飞行区验收

该机场工程的各个总进度纲要均可用横道图和网络图表示，其中，航站区工程的部分总进度纲要横道图如图 6.32 所示。

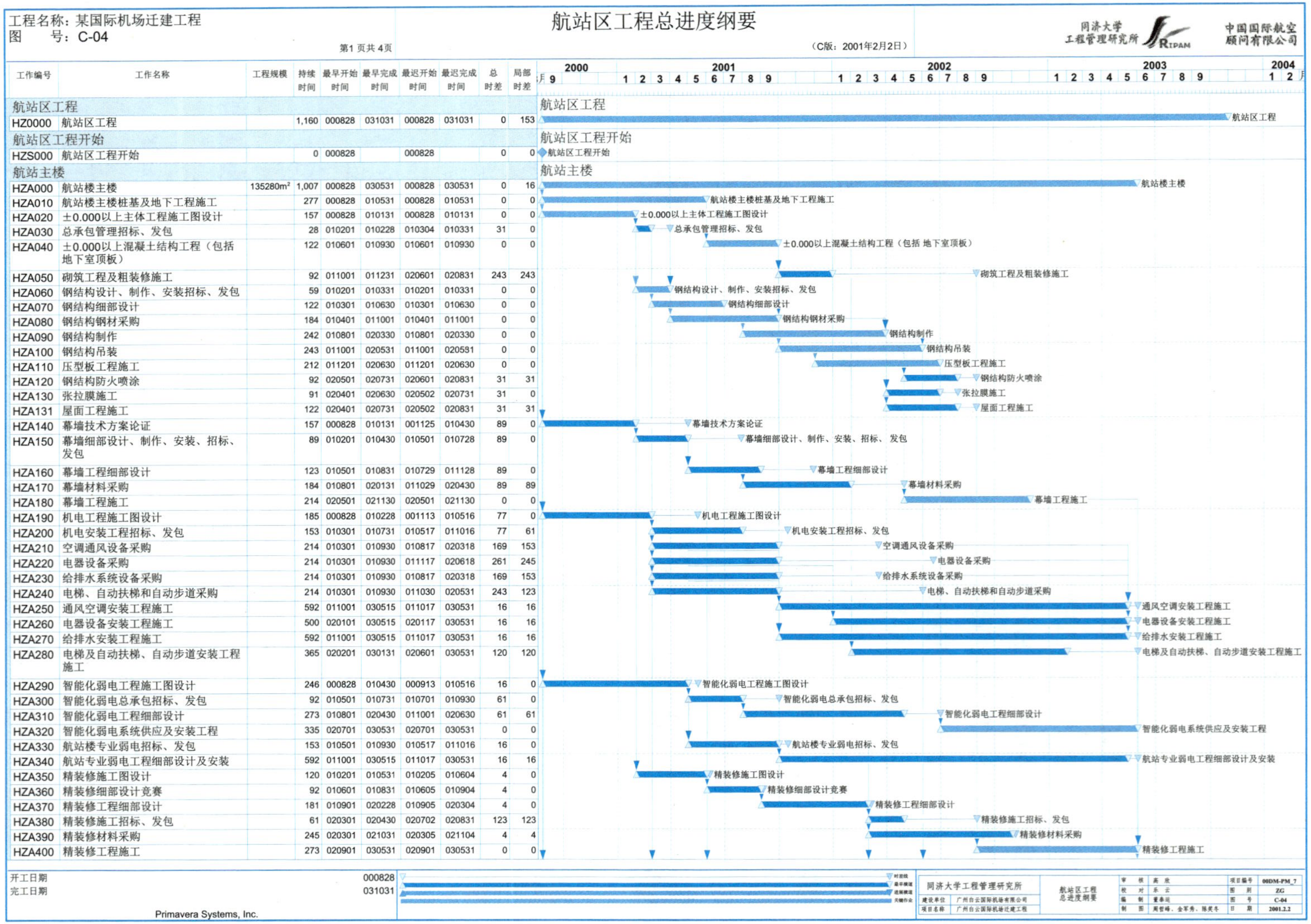

图 6.32 某国际机场航站区工程总进度纲要横道图（部分）

4. 确保总进度目标实现的措施

（1）组织措施。为了确保进度目标的实现，需要有相应的组织措施。应做好组织结构设计，包括组织结构图、工作任务分工和管理职能分工；做好工作流程组织设计。

（2）管理措施。为了确保进度目标的实现，需要有相应的管理措施。应落实施工总承包管理单位；重点控制关键线路上的工作，以免进度计划受到影响；加强设计的管理与协调；强化进度计划的动态调整。

（3）经济措施。为了确保进度目标的实现，需要有相应的经济措施。需要对项目投资目标进行科学的论证；对关键项目进行技术经济分析，挖掘节约投资的潜力；落实资金供应，确保建设资金不影响工期。

（4）技术措施。为了确保进度目标的实现，需要有相应的技术措施。仔细分析项目实施过程中工作环节之间的关系；确定航站楼关键分部工程的技术路线；控制与协调各技术过程的实施。

5. 确保总进度目标实现的有关问题分析

为了确保总进度目标的顺利实现，需要对可能对进度目标产生影响的具体事件进行分析。由于该机场所在地区雨季较长，需要在雨季来临之前，组织好飞行区土方工程、场内外排水工程和航站区地基基础工程按质、按量、按期完成。由于该机场项目附近有一地铁项目也在施工，因此必须处理好与地铁建设的关系。处理好较为复杂的航站楼钢结构工程和玻璃幕墙工程中的问题。航站楼电梯、自动扶梯、人行步道的数量较多，加工交货和安装施工的时间均较长，在主体结构完成后，应立即投入安装，精装修开始前将机电部分安装完成。

6. 结论

该国际机场工程的工程量大，交叉作业多，有些分部工程如钢结构、玻璃幕墙等技术难度高，工程风险大，工期相当紧迫，必须采取强有力的组织、管理、技术、经济措施，并保证资金供应，才有可能实现项目总进度目标。

6.6.2 案例 2：某房地产开发项目工程总进度计划

某房地产开发项目由 1#～6# 楼、下沉式停车库、会所等单体工程组成，形成总进度计划以指导施工。

1. 总进度计划编制的目的

本总进度计划主要用于进行 1#、2#、3# 楼结构封顶后的总进度目标的调整，督促施工单位按本进度计划施工，并进行工程设计、招标和采购、施工等相关工作的安排。

2. 总进度目标

1#、2#、3# 楼结构封顶后的进度计划如表 6.8 所示，一期工程其他单体工程进度如表 6.9 所示，一期总体工程、6# 楼、会所的工程进度如表 6.10 所示。

表 6.8　1#、2#、3# 楼结构封顶后的进度计划

单体工程名称	7 月外墙抹灰完成的楼层	外墙抹灰完成时间	竣工时间
1# 楼	22~12 层	2002 年 8 月 31 日	2002 年 9 月 10 日
2# 楼	19~15 层	2002 年 9 月 10 日	2002 年 9 月 20 日
3# 楼	22~15 层	2002 年 9 月 10 日	2002 年 9 月 20 日

表 6.9　一期工程其他单体工程进度

单体工程名称	结构工程完成时间	竣工时间
4# 楼	2002 年 8 月 10 日（结构工程封顶时间）	2002 年 11 月 30 日
5# 楼	2002 年 11 月 10 日（结构工程封顶时间）	2003 年 3 月 31 日
下沉式停车库	2002 年 7 月 20 日	2002 年 9 月 30 日

表 6.10　一期总体工程、6# 楼、会所的工程进度

单体工程名称	开始时间	完成时间
一期总体工程	2002 年 7 月 25 日	2002 年 10 月 7 日
会所	2002 年 8 月 7 日 （结构工程开始时间）	2003 年 1 月 24 日 （2003 年春节前）
6# 楼	2002 年 9 月 29 日	2003 年 9 月 30 日

3. 总进度计划编制的依据

总进度计划编制的依据包括：目前工程的实际进度；工程总进度规划（2002 年 1 月 31 日编制）；项目部于 2002 年 7 月编制的 1#~5# 楼及地下车库施工进度计划；工程进度协调会对 1#、2#、3# 楼外墙抹灰、塑钢窗和电梯安装等施工进度所形成的意见；标准层结构工程的施工持续时间以每层 6~7 天为基础进行安排；标准层外墙的抹灰、塑钢窗的安装等必须利用爬升式外脚手架的全部工作的施工持续时间以每层 2.5 天左右为基础

进行安排；6# 楼是否进入实质实施，业主方可根据资金、土地等的实际情况决定。

4. 总进度计划内容

各个单体工程均编制了进度计划，均可用横道图和网络图表示。1# 楼施工进度计划的横道图如图 6.33 所示。

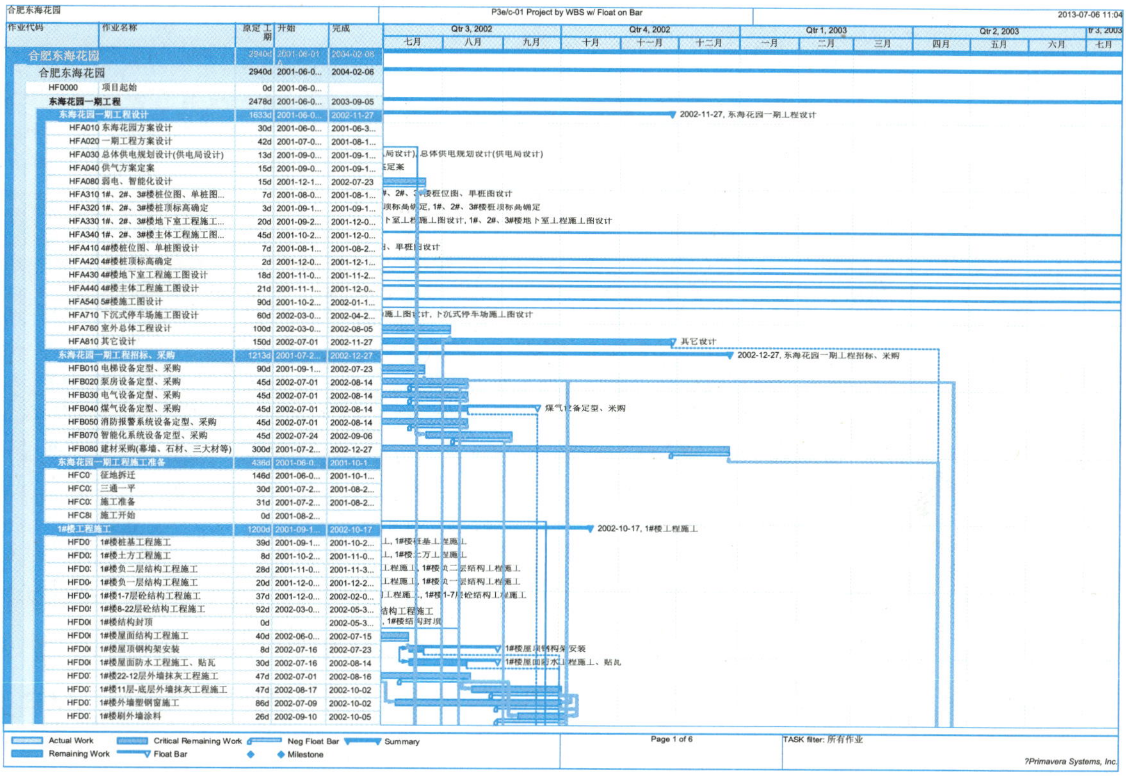

图 6.33　1# 楼施工进度计划横道图

本章小结

本章内容的知识结构如图 6.34 所示。

（1）工程项目进度管理是在保证工程建设要求和目标等相关条件的前提下，对工程项目通过组织、计划、协调、控制等方式进行进度控制，实现预定的项目进度目标，并尽可能地缩短建设周期的一系列管理活动的统称。

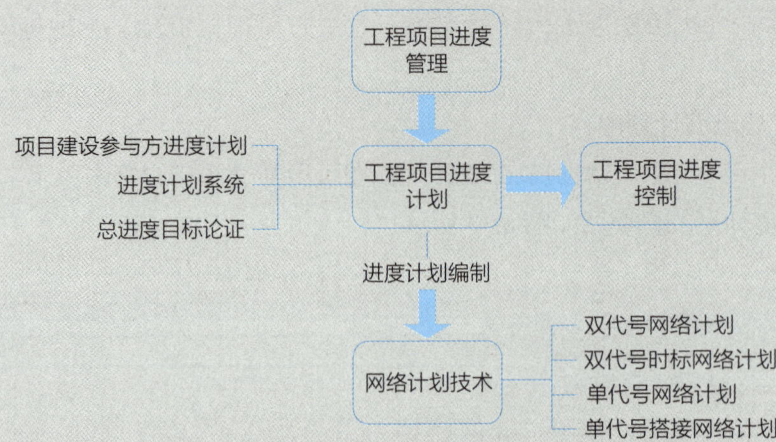

图 6.34　本章知识结构图

（2）工作分解结构是以可交付成果为导向对项目要素进行的分组，它归纳和定义了项目的整个工作范围，每下降一层代表对项目工作的更详细定义。工作（work），可以产生有形结果的工作任务；分解（breakdown），一种逐步细分和分类的层级结构；结构（structure），按照一定的模式组织各部分。

（3）网络计划技术的基本模型是网络图。网络图是由箭线和节点组成的用来表示工作流程的有向、有序的网状图形。所谓网络计划，是用网络图表达任务构成、工作顺序，并加注时间参数的进度计划。

（4）进度控制是一个动态的管理过程，包括进度目标的分析和论证，在收集资料和调查研究的基础上编制进度计划和进度计划的跟踪检查与调整。

（5）业主方进度控制的任务是控制整个项目实施阶段的进度，包括控制设计准备阶段的工作进度、设计工作进度、施工进度、物资采购工作进度，以及项目动用前准备阶段的工作进度。

（6）工程项目进度控制的方法包括组织措施、管理措施、经济措施和技术措施。

（7）进度控制是一个动态编制和调整计划的过程，初始的进度计划和在项目实施过程中不断调整的计划，以及与进度控制有关的信息应尽可能对项目各参与方透明，以便各方为实现项目的进度目标协同工作。为使业主方各工作部门和项目各参与方便捷地获取进度信息，可利用项目专用网站作为基于网络的信息处理平台辅助进度控制。

关键术语

工程项目进度管理　网络计划技术　单代号搭接网络计划　双代号网络计划　进度控制

复习思考题

（1）影响工程进度的原因是什么？

（2）工程项目进度控制的原理是什么？

（3）网络计划技术如何分类？

（4）双代号网络计划如何绘图？时间参数如何计算？关键工作和关键线路如何确定？

（5）双代号时标网络计划如何编制？

（6）单代号网络计划如何绘图？时间参数如何计算？关键工作和关键线路如何确定？

（7）单代号搭接网络计划如何绘图？时间参数如何计算？关键工作和关键线路如何确定？

（8）工程项目进度计划如何分类？

（9）工程项目进度计划的编制方法有哪些？

（10）简述工程项目进度计划系统的概念。

（11）简述工程项目总进度目标论证的工作内容和步骤。

（12）简述工程项目进度检查和调整的方法。

（13）简述工程项目进度控制的含义和任务。

（14）简述工程项目进度控制的措施。

即测即评

请扫描二维码，进行本章测试。

延伸阅读

[1] 丁士昭. 工程项目管理 [M]. 2版. 北京：中国建筑工业出版社，2014：185-227.

[2] GB/T 50326-2006，建设工程项目管理规范 [S].

[3] JGJ/T 121-2015，工程网络计划技术规程 [S].

[4] 高欣. 群体网络计划系统模型的方法和研究 [D]. 同济大学，2000.

[5] 袁凤翔. 建设工程进度控制 [M]. 北京：中国建筑工业出版社，2003.

[6] 中国建设监理协会. 建设工程进度控制 [M]. 北京：中国建筑工业出版社，2003.

[7] 王广斌. 大型项目总进度纲要的编制与跟踪管理 [J]. 同济大学学报，2003（11）：1359-1363.

7 工程项目质量和安全管理

【本章导读】 质量和安全管理是工程项目管理的两个重要控制目标。除此之外，随着环境保护越来越受到重视，工程项目管理的基本内容还应涵盖环境管理。

本章将讨论工程项目质量管理、安全管理、环境管理的基础知识，以及相关方的责任和一些控制要点，其主要内容包括：

（1）工程项目质量的内涵、管理制度及全生命周期过程质量控制的要点；

（2）安全管理的概念、相关理论及制度、现场安全管理工作及检查评价；

（3）工程项目环境管理的概念、相关制度及施工环境保护的措施。

7.1 工程项目质量管理概述

7.1.1 工程项目质量的内涵

1. 工程项目质量的概念

我国国家标准《质量管理体系　基础和术语》（GB/T 19000—2016）关于质量的定义是：一组固有特性满足要求的程度。该定义可理解为：质量不仅是指产品的质量，也包括产品生产活动或过程的工作质量，还包括质量管理体系运行的质量。

工程项目质量是指通过项目实施形成的工程实体的质量，是反映建筑工程满足相关标准规定或合同约定的要求，包括其在安全、使用功能及耐久性能、环境保护等方面所有明显和隐含能力的特性总和。其质量特性主要体现在适用性、安全性、耐久性、可靠性、经济性及与环境的协调性六个方面。

质量与工程项目质量的概念如图 7.1 所示。

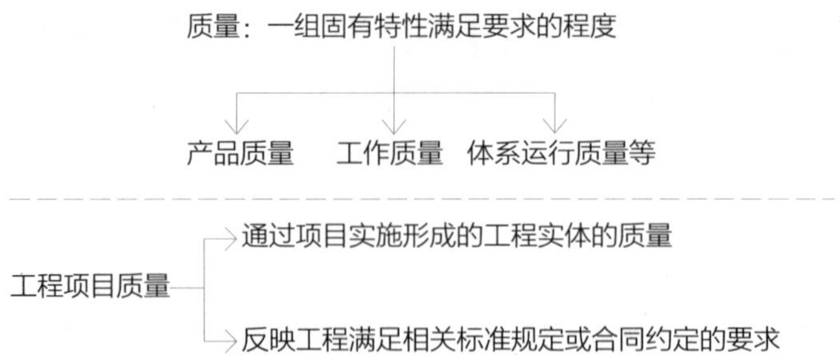

图 7.1　质量与工程项目质量的概念

2. 工程项目质量的基本特性

由于建筑产品一般是采用单件性筹划、设计和施工的生产组织方式，因此，其具体的质量特性指标是在各工程项目的策划、决策和设计过程中定义的。工程项目质量的基本特性可以概括如下。

（1）反映使用功能的质量特性。工程项目的功能性质量，主要表现为反映项目使用功能需求的一系列特性指标，如房屋建筑工程的平面空间布局、通风采光性能等。

（2）反映安全可靠的质量特性。建筑产品不仅要满足使用功能和用途的要求，而且在正常的使用条件下应能达到安全可靠的标准。

（3）反映文化艺术的质量特性。建筑产品具有深刻的社会文化背景，历来人们都把建筑产品视同艺术品。工程项目艺术文化特性的质量来自设计者的设计理念、创意和创新，以及施工者对设计意图的领会与精益施工。

（4）反映建筑环境的质量特性。建筑环境质量不仅包括项目用地范围内的规划布局、交通组织、绿化景观、节能环保，还要追求其与周边环境的协调性或适宜性。

3. 工程项目质量的影响因素

（1）人的因素。人是指直接参与项目建设的决策者、组织者、指挥者和操作者。人的政治素质、业务素质和身体素质是影响质量的首要因素。

（2）材料的因素。材料（包括原材料、半成品、成品、构配件等）是工程项目施工的物质条件，没有材料就无法施工；材料质量是工程项目质量的基础，材料质量不符合要求，工程项目质量就不可能符合标准。

（3）方法的因素。这里所说的方法，包含工程项目整个建设周期内所采取的技术方案、工艺流程、组织措施、检测手段、施工组织设计等。方法是否正确得当，是直接影响工程项目进度、质量、投资控制目标能否顺利实现的关键。

（4）施工机械设备的因素。施工机械设备是实现施工机械化的重要物质基础，是现代化工程建设中必不可少的设施。机械设备的选型、主要性能参数和使用操作要求对工程项目的施工进度和质量均有直接影响。

（5）环境的因素。影响工程项目质量的环境因素较多，有工程技术环境，如工程地质、水文、气象等；工程项目管理环境，如质量保证体系、质量管理制度等；劳动环境，如劳动组合、劳动工具、工作面等。环境因素对工程项目质量的影响，具有复杂而多变的特点。

7.1.2 工程项目质量管理的基本原理和原则

1. 工程项目质量管理的概念

我国国家标准《质量管理体系　基础和术语》（GB/T 19000—2016）关于质量管理的定义是：在质量方面指挥和控制组织的协调活动。与质量有关的活动，通常包括质量方针和质量目标的制定、质量策划、质量保证、质量控制和质量改进等。

工程项目质量管理是指在工程项目实施过程中，指挥和控制项目参与各方关于质量的相互协调的活动，是围绕着使工程项目满足质量要求而开展的策划、组织、计划、实施、检查、监督和审核等所有管理活动的总和。

工程项目的质量要求是由建设单位提出的，即项目的质量目标，是业主的建设意图通过项目策划，包括项目的定义及建设规模、系统构成、使用功能和价值、规格、档次、标准等的定位策划和目标决策来确定的。工程项目质量管理，就是在项目实施整个过程中，包括项目的勘察设计、招标采购、施工安装、竣工验收等各个阶段，项目参与各方致力于实现建设单位要求的项目质量总目标的一系列活动。

2. 工程项目质量管理的基本原理和方法

质量的形成有其客观规律，质量管理也只有在一系列科学的原理指导下才能取得成效。现代质量管理理论经过多年的发展与完善，形成了较为丰富的理论和方法。

（1）PDCA 循环原理。PDCA 循环是质量管理的基本理论，也是工程项目质量管理的基本理论。PDCA 循环为计划→执行→检查→处置，以计划和目标控制为基础，通过不断循环，使质量得到持续改进，质量水平得到不断提高。

（2）三阶段控制原理。三阶段控制包括事前控制、事中控制、事后控制。三阶段不是孤立和截然分开的，它们之间构成有机的系统过程，实质上也就是PDCA循环具体化，并在每一次滚动循环中不断提高，达到质量管理或质量控制的持续改进。

（3）全面质量管理（TQM原理）。从20世纪70年代末起，我国工程建设领域开始引进并推行全面质量管理。全面质量管理是指一个企业以质量为中心，以全员参与为基础，目的在于通过让顾客满意和本企业所有成员及社会受益而达到长期成功的管理途径。

（4）零缺陷与6σ理论。“零缺陷”的概念最早由美国质量管理专家克洛斯比于20世纪60年代初提出。他提出在质量管理中既要保证质量又要降低成本，其核心是要求每一个人“第一次就把事情做好”。该理论为后来的6σ管理指明了方向。

在20世纪80年代美国制造业面临日益激烈的国际竞争背景下，摩托罗拉公司率先提出6σ质量管理方法。6σ质量管理方法是基于统计学原理，引入希腊字母“σ”表示标准偏差值，σ从1到6，表示质量控制水平的数量级依次提高，缺陷或错误就越来越少。6σ管理强调通过设计、调整并最终优化过程工作质量来形成保证顾客满意的产品质量特性，以“关注过程”为手段，最终实现“关注顾客”的目标。对于工程项目施工这种一次性的过程，尤其需要应用克洛斯比的零缺陷理论及6σ管理方法。

7.1.3 工程项目质量控制体系

按照国家标准《质量管理体系　基础和术语》（GB/T 19000—2016）的定义，质量控制是质量管理的一部分。为了有效地进行系统、全面的质量控制，必须由项目实施的总负责单位，负责工程项目质量控制体系的建立和运行，实施质量目标的控制。

1. 工程项目质量控制体系的性质

工程项目质量控制体系既不是业主方也不是施工方的质量管理体系或质量保证体系，而是整个工程项目目标控制的一个工作系统，其性质如下：

（1）工程项目质量控制体系是以项目为对象，由项目实施的总组织者负责建立的面向项目对象开展质量控制的工作体系。

（2）工程项目质量控制体系是项目管理组织的一个目标控制体系，它与项目投资控制、进度控制、职业健康安全与环境管理等目标控制体系，共同依托于同一项目管理的组织机构。

（3）工程项目质量控制体系根据项目管理的实际需要而建立，随着项目的完成和项目管理组织的解体而消失，因此，是一个一次性的质量控制工作体系，不同于企业的质量管理体系。

2. 工程项目质量控制体系的特点

工程项目质量控制体系是面向项目对象而建立的质量控制工作体系，与建筑企业或其他组织机构建立的质量管理体系相比较，其不同点如表 7.1 所示。

表 7.1 工程项目质量控制体系与建筑企业或其他组织机构质量管理体系的不同

不同点＼体系	工程项目质量控制体系	建筑企业或其他组织机构质量管理体系
建立的目的不同	只用于特定的工程项目质量控制	用于建筑企业或组织的质量管理
服务的范围不同	涉及项目实施过程所有的质量责任主体	只针对某一个建筑企业或组织机构
控制的目标不同	控制工程项目的质量目标	某一具体建筑企业或组织的质量目标
作用的时效不同	一次性的质量工作体系	永久性的质量管理体系
评价的方式不同	一般由项目管理的总组织者进行自我评价与诊断	一般需要第三方认证

3. 工程项目质量控制体系的结构

工程项目质量控制体系，一般形成多层次、多单元的结构形态，这是由其实施任务的委托方式和合同结构所决定的。

（1）多层次结构。多层次结构是对应于项目工程系统纵向垂直分解的单项、单位工程项目的质量控制体系。在大中型工程项目尤其是群体工程项目中，第一层次的质量控制体系应由建设单位的工程项目管理机构负责建立；在委托代建、委托项目管理或实行交钥匙工程总承包的情况下，应由相应的代建方项目管理机构、受托项目管理机构或工程总承包企业项目管理机构负责建立。第二层次的质量控制体系，通常是指分别由项目的设计总负责单位、施工总承包单位等建立的相应管理范围内的质量控制体系。第三层次及其以下，是承担工程设计、施工安装、材料设备供应等各承包单位的现场质量自控体系，或称各自的施工质量保证体系。系统纵向层次机构的合理性是工程项目质量目标、控制责任和措施分解落实的重要保证。

（2）多单元结构。多单元结构是指在工程项目质量控制总体系下，第二层次的质量控制体系及其以下的质量自控或保证体系可能有多个。这是工程项目质量目标、责任和措施分解的必然结果。

4. 工程项目质量控制体系的建立

工程项目质量控制体系的建立，一般可按如图 7.2 所示环节开展工作。

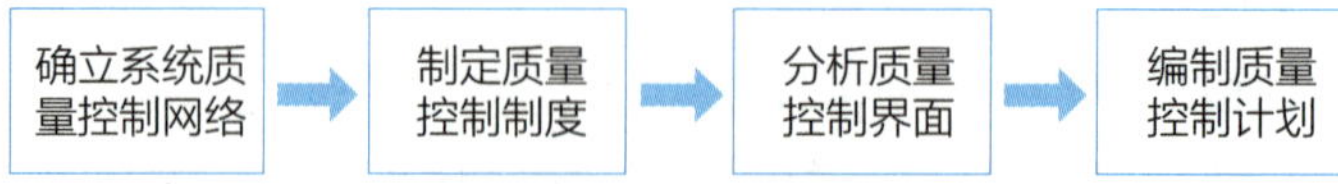

图 7.2　工程项目质量控制体系的建立

（1）确立系统质量控制网络。明确系统各层面的工程质量控制负责人。一般应包括承担项目实施任务的项目经理、总工程师，项目监理机构的总监理工程师、专业监理工程师等，以形成明确的工程项目质量控制责任者的关系网络架构。

（2）制定质量控制制度。包括质量控制例会制度、协调制度、报告审批制度、质量验收制度和质量信息管理制度等，形成工程项目质量控制体系的管理文件或手册，作为承担工程项目实施任务各方主体共同遵循的管理依据。

（3）分析质量控制界面。工程项目质量控制体系的质量责任界面，包括静态界面和动态界面。一般静态界面根据法律法规、合同条件、组织内部职能分工来确定。动态界面主要是指项目实施过程中设计单位之间、施工单位之间、设计与施工单位之间的衔接配合关系及其责任划分，必须通过分析研究，确定管理原则与协调方式。

（4）编制质量控制计划。工程项目管理总组织者，负责主持编制工程项目总质量计划，并根据质量控制体系的要求，部署各质量责任单位编制与其承担任务范围相符合的质量计划，并按规定程序完成质量计划的审批，作为其实施自身工程质量控制的依据。

5. 工程项目质量控制体系的运行

工程项目质量控制体系的建立，为项目的质量控制提供了组织制度方面的保证。工程项目质量控制体系的运行，实质上就是系统功能的发挥过程，也是质量活动职能和效果的控制过程。质量控制体系要有效地运行，还有赖于系统内部运行环境的完善。为系统运行提供支持的环境条件主要是指合同结构、资源配置和组织制度三方面。

（1）工程项目的合同结构。工程合同是联系工程项目各参与方的纽带，只有在项目合同结构合理，质量标准和责任条款明确，并严格进行履约管理的条件下，质量控制体系的运行才能成为各方的自觉行动。

（2）质量管理的资源配置。质量管理的资源配置，包括专职的工程技术人员和质量管理人员的配置；实施技术管理和质量管理所必需的设备、设施、器具、软件等物质资源的配置。人员和资源的合理配置是质量控制体系得以运行的基础条件。

（3）质量管理的组织制度。工程项目质量控制体系内部的各项管理制度和程序性文件的建立，为质量控制体系各个环节的运行提供必要的行动指南、行为准则和评价基准的依据，是系统有序运行的基本保证。

7.1.4 工程项目质量管理制度

为了加强对工程项目质量的管理，保证工程项目质量，保护人民生命和财产安全，根据《中华人民共和国建筑法》，国务院发布《建设工程质量管理条例》(国务院令第279号)，明确规定凡在中华人民共和国境内从事建设工程的新建、扩建、改建等有关活动及实施对建设工程质量监督管理的，必须遵守本条例。《建设工程质量管理条例》规定的部分质量管理条例如下。

1. 建设工程质量监督管理制度

国务院建设行政主管部门对全国的建设工程质量实施统一监督管理。县级以上地方人民政府建设行政主管部门对本行政区域内的建设工程质量实施监督管理。

建设工程质量监督管理，可以由建设行政主管部门或者其他有关部门委托的建设工程质量监督机构具体实施。

2. 建设工程施工图设计文件审查制度

建设单位应当将施工图设计文件报县级以上人民政府主管部门或者其他有关部门审查。施工图设计文件未经审查批准，不得使用。

3. 建设工程竣工验收备案制度

建设单位应当自建设工程竣工验收合格之日起15日内，将建设工程竣工验收报告和规划、公安消防、环保等部门出具的认可文件或者准许使用文件报建设行政主管部门或者其他有关部门备案。

建设行政主管部门或者其他有关部门发现建设单位在竣工验收过程中有违反国家有关建设工程质量管理规定行为的，责令停止使用，重新组织竣工验收。

4. 建设工程质量事故报告制度

建设工程发生质量事故，有关单位应当在24小时内向当地建设行政主管部门和其他有关部门报告。

任何单位和个人对建设工程的质量事故、质量缺陷都有权检举、控告、投诉。

5. 建设工程质量检测制度

为保障建设工程的安全，在施工过程中要求对涉及结构安全和重要使用功能的试块、试件以及有关材料、地基、节能分项、分部工程等，由具有相应资质等级的质量检测单位进行测试、检测。

6. 建设工程质量保修制度

建设工程自竣工验收合格之日起，在规定的期限内，因勘察设计、施工、材料等原因造成的工程质量缺陷，要由施工单位负责维修、更换。

建设工程质量缺陷是指工程不符合国家现行的有关技术标准、设计文件以及合同中对质量的要求。

7.1.5 工程项目参与各方的质量责任和义务

《建设工程质量管理条例》规定建设单位、勘察单位、设计单位、施工单位及工程监理单位需依法对工程项目质量负责。表 7.2 列举了部分各单位应承担的质量责任和义务。

表 7.2　工程项目参与各方的质量责任和义务（部分）

建设单位	勘察、设计单位	施工单位	监理单位
（1）应将工程发包给具有相应资质的单位，不得将建设工程肢解发包。 （2）应当依法对工程项目的勘察、设计、施工、监理等进行招标。 （3）不得迫使承包方以低于成本的价格竞标，不得任意压缩合理工期。 （4）实行监理的建设工程，应当委托具有相应资质的监理单位进行监理。 （5）领取施工许可证前，应当按照国家有关规定办理工程质量监督手续。 （6）收到建设工程竣工报告后，应当组织相关单位进行竣工验收。 （7）应当严格按照国家有关档案管理的规定，及时收集、整理工程项目各环节的文件资料，建立、健全工程项目档案。	（1）依法取得资质证书，并在其资质等级许可的范围内承揽工程。 （2）必须按照工程建设强制性标准进行勘察、设计，并对其质量负责。 （3）设计单位应当根据勘察成果文件进行建设工程设计。 （4）设计单位在设计文件中选用的建筑材料、建筑构配件和设备，应当注明规格、型号、性能等技术指标。 （5）设计单位应当就审查合格的施工图设计文件向施工单位做出详细说明。 （6）设计单位应当参与建设工程质量事故分析，并对因设计造成的质量事故，提出相应的技术处理方案。	（1）依法取得资质证书，并在其资质等级许可的范围内承揽工程。 （2）对建设工程的施工质量负责。 （3）按照工程设计图纸和施工技术标准施工，不得擅自修改工程设计。 （4）必须按照工程设计要求及相关规定，对建筑材料等进行检验，检验应当有书面记录和专人签字。 （5）建立、健全施工质量的检验制度，做好隐蔽工程的质量检查和记录。 （6）对施工中出现质量问题的建设工程或者竣工验收不合格的建设工程，应当负责返修。 （7）建立、健全教育培训制度，加强对职工的教育培训。	（1）依法取得资质证书，并在其资质等级许可的范围内承揽业务。 （2）与被监理工程的施工承包单位以及建筑材料、设备供应等单位有隶属关系或者其他利害关系的，不得承担该项建设工程的监理业务。 （3）应当依照法律、法规以及有关技术标准、设计文件和建设工程承包合同，代表建设单位对施工质量实施监理，并对施工质量承担监理责任。 （4）应当选派具备相应资格的总监理工程师和监理工程师进驻施工现场。 （5）监理工程师应当按照工程监理规范的要求，采取旁站、巡视和平行检验等形式，对建设工程实施监理。

7.2 工程项目的过程质量控制

根据项目管理学中项目是一个过程的定义，那么工程项目质量控制的重点在于过程质量控制。如图 7.3 所示，工程项目的过程质量控制，是指为达到工程项目质量要求而采取相应的作业技术和活动，从而为工程建设增值。

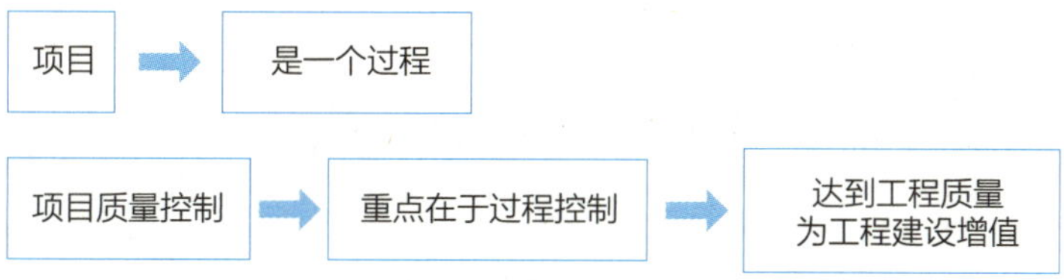

图 7.3 工程项目质量控制的重点及意义

本节首先介绍建设单位工程项目质量控制的目标，然后借鉴 CIOB（Charted Institute of Building）对项目管理阶段的划分，将一般建设工程项目的过程质量控制分为六个阶段，如图 7.4 所示。

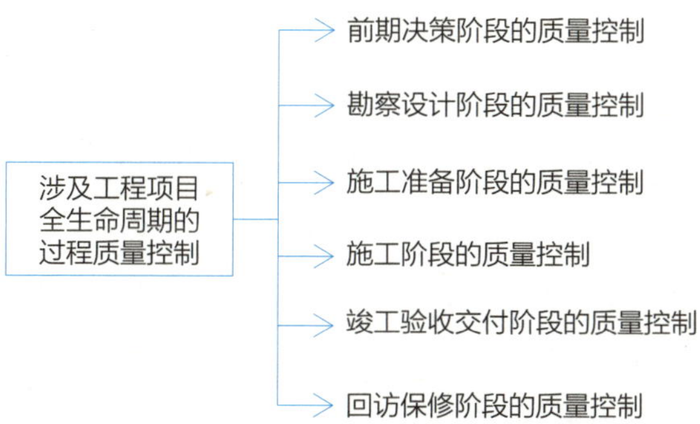

图 7.4 全生命周期的过程质量控制

7.2.1 建设单位工程项目质量控制的目标

建设单位工程项目管理贯穿工程项目全生命周期的各个阶段，明确工程项目质量控制的目标是基础。如图 7.5 所示，工程项目质量目标系统应从建设地点、建筑形式、建筑结构、建筑功能及使用者满意程度等多方面进行系统定义。

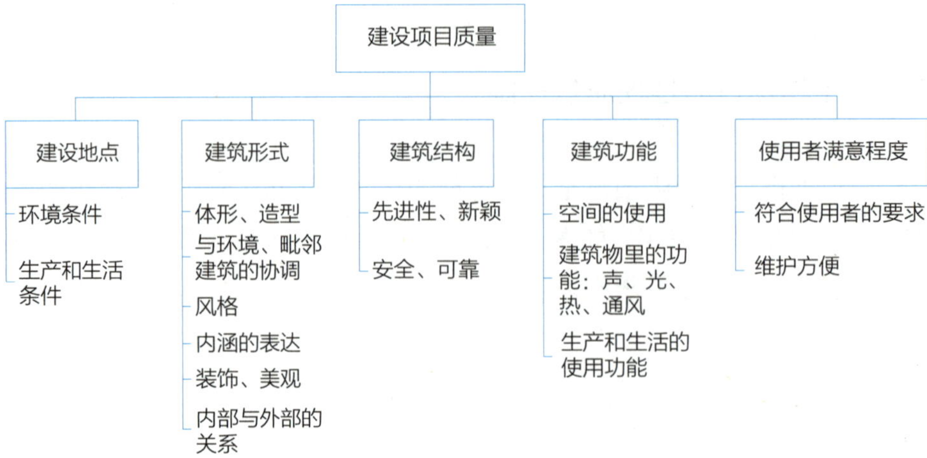

图 7.5　工程项目质量目标系统

7.2.2　工程项目前期决策阶段的质量控制

项目前期决策阶段质量控制的好坏直接影响到项目在后期实施运营阶段的工程质量。在工程项目的建设前期阶段，质量控制应该包括以下四个关键内容：① 明确工程项目的质量目标；② 做好工程项目质量管理的全局规划；③ 建立工程项目质量控制的系统网络；④ 制定工程项目质量控制的总体措施。

【案例 7.1】

某国际机场建设项目前期工程质量控制的关键内容

1. 质量目标的确定

该国际机场是国家和某市的重要基础设施建设项目。该机场的建设，对于进一步开发当地区域，促进长江三角洲发展，进而带动长江中下游地区乃至全国的经济具有深远的战略意义。市委市政府以“一流设计，一流建设，一流管理，一流服务”指出了该机场的建设方针，同时也明确了该机场的质量目标：工程质量达到优良标准，争取国家级建设工程最高荣誉——鲁班奖。

2. 质量管理的全局规划

机场项目质量的内涵是广泛的，不仅指传统意义上机场本身的工程施工质量，而且体现机场前期策划、招投标与合同管理、勘察与设计、材料设备采购等过程的工作质量。例如，机场上空的噪音控制、机场周围生态环境的维护都是机场质量的一部分。

3. 质量控制的系统网络

机场项目在工期紧迫的情况下如何完成预定的质量目标，是管理层面临的严峻问题。指挥部经过反复研究，决定利用地方政府有关部门和行业管理部门的优势，组建有力的管理领导班子。机场建设指挥部、建委驻场办、商检部门组成了质量控制决策层，如图 7.6 所示。同时，发挥监理单位、施工单位、勘察设计单位的作用，形成严密的机场工程建设质量控制网络，对机场项目的质量进行多层控制。

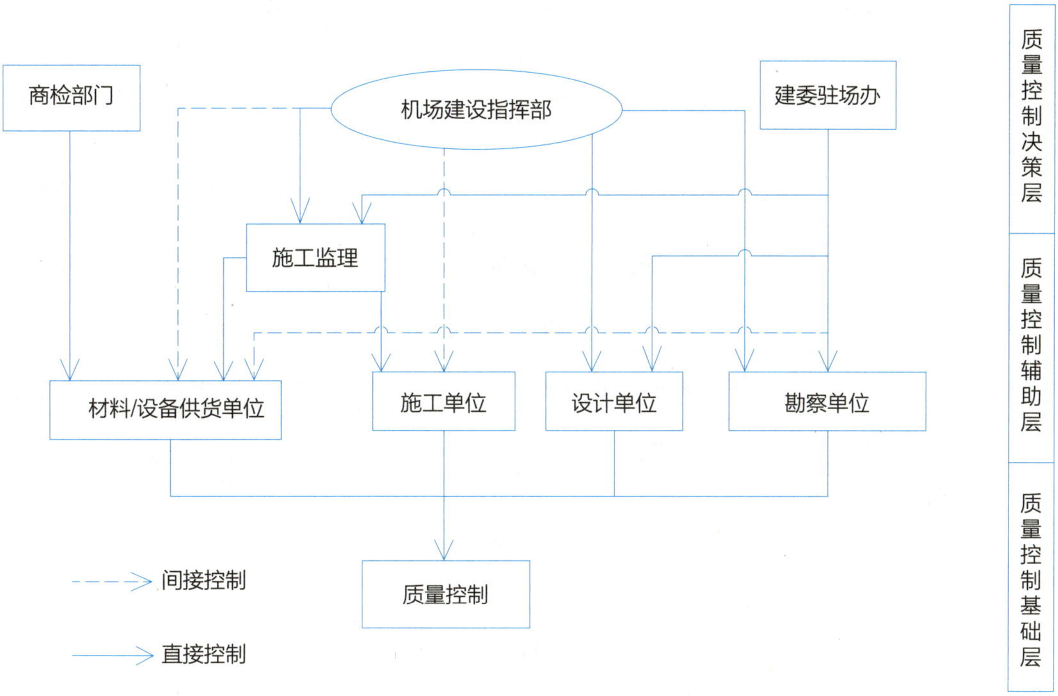

图 7.6　工程建设项目的质量控制决策层

4. 质量控制的总体措施

机场指挥部为了确保工程质量，确定了五项质量控制的总体措施，分别为：

（1）控制设计质量，抓好决策环节。指挥部为了贯彻高起点地满足可持续发展的规划设计意图，在决策阶段制定了机场规划设计的几大原则，所有项目的设计的实施都以这些原则为指导，使设计的质量得到保障。

（2）优选参建单位，保证技术能力。为了按照预定的质量目标完成建设任务，参加建设的各家单位的技术能力必须有充分的保障。不论项目大小，基本上遵循公开、公平、公正的原则通过公开招标决定参建队伍。

（3）独立平行检测，提高监理水平。要求监理单位必须独立平行地对原材料、半成品及施工质量进行测试工作，得到最真实的一手资料。

（4）依靠建委职能，加强质量监督。建委为建设项目设立专门的驻场办公室，加强质量监督。

（5）开展立功竞赛，增强质量意识。

7.2.3 工程项目勘察设计阶段的质量控制

1. 工程项目勘察阶段的质量控制

工程勘察是一项技术性、专业性较强的工作，工程勘察质量控制的基本方法是按照质量控制的基本原理对工程勘察的质量影响因素进行检查和过程控制。

工程勘察质量控制的要点如图 7.7 所示。

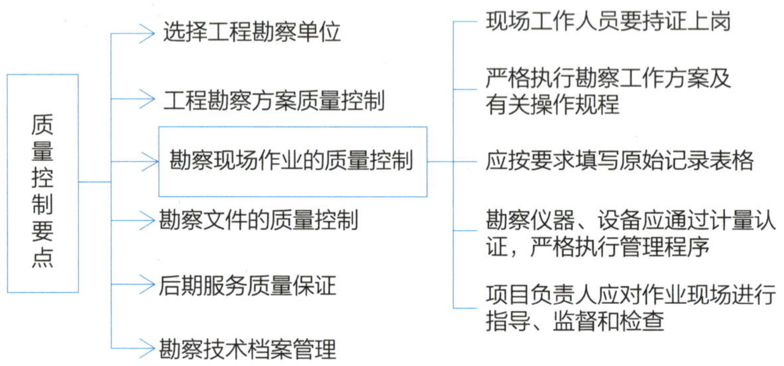

图 7.7 工程勘察质量控制的要点

2. 工程项目设计阶段的质量控制

工程项目设计阶段的质量控制包括工程项目设计准备阶段、设计阶段的质量控制。通常，工程项目采用初步设计、技术设计和施工图设计三阶段设计。因此，设计阶段的质量控制分三阶段的质量控制流程，包括初步设计阶段项目质量控制工作流程、技术设计阶段项目质量控制工作流程和施工图设计阶段项目质量控制工作流程。

【案例 7.2】

某工程项目设计准备阶段及设计阶段的质量控制

1. 工程项目设计准备阶段的质量控制

设计准备阶段质量控制包括确定项目质量要求和标准、确定设计方案比选原则等工作。设计准备阶段项目质量控制流程如图 7.8 所示。

2. 工程项目设计阶段的质量控制

某工程项目三阶段设计的质量控制流程，如图 7.9、图 7.10 和图 7.11 所示。图中可以看到，整个设计阶段，建设单位要对设计文件至少进行六次审核，以达到控制工程项目质量的目的。

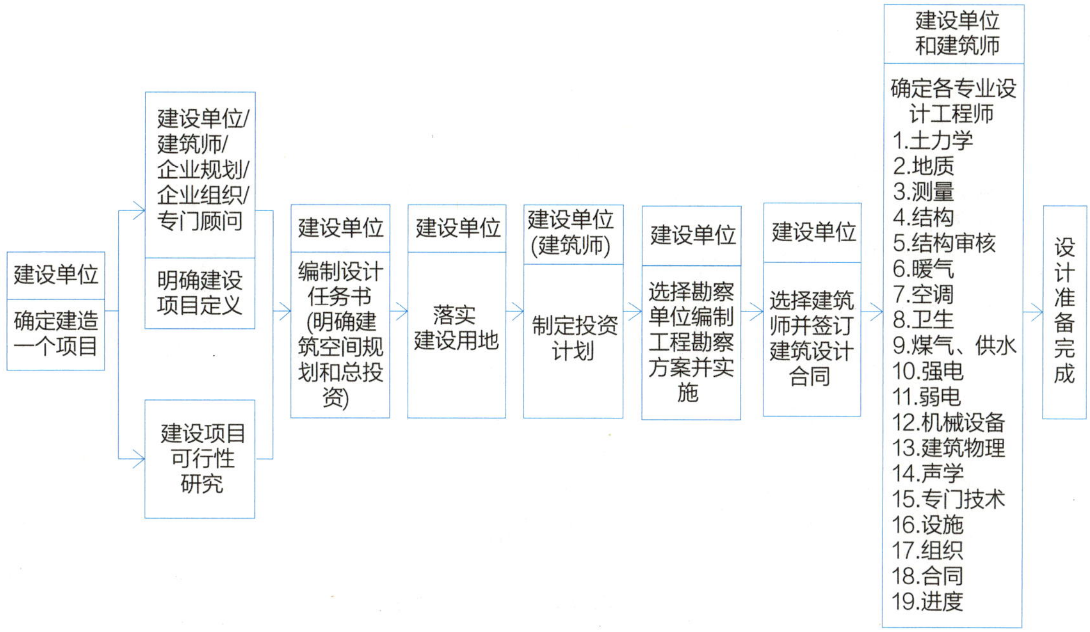

图 7.8　设计准备阶段项目质量控制流程

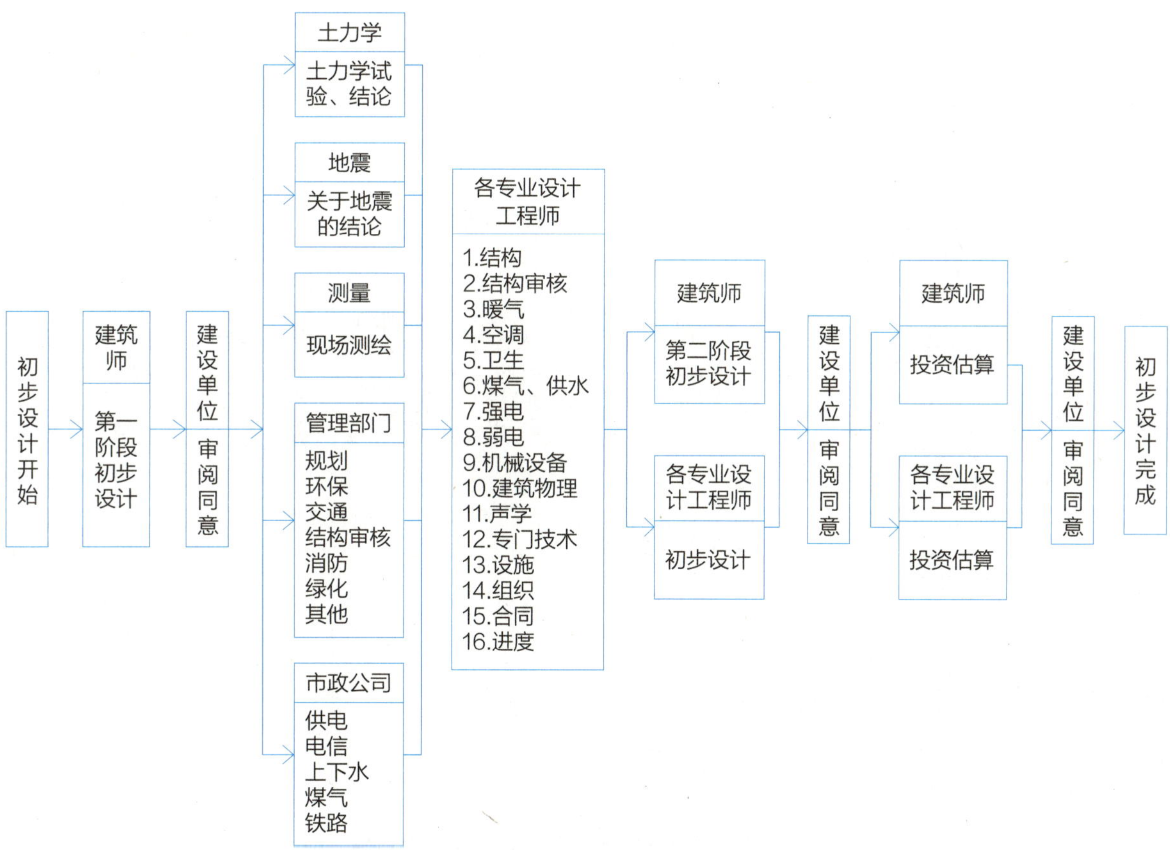

图 7.9　初步设计阶段项目质量控制工作流程

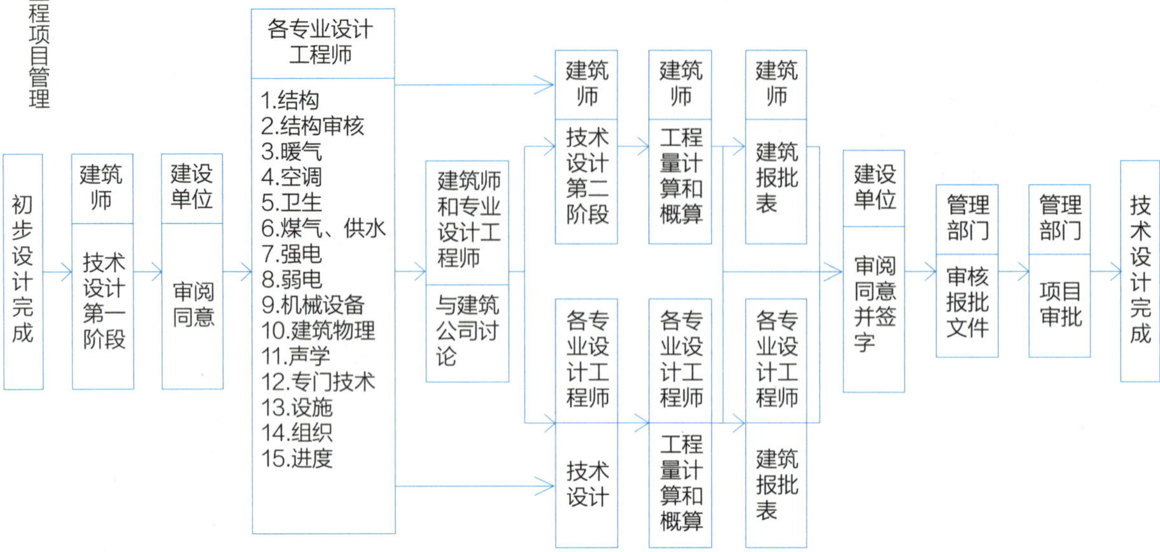

图 7.10　技术设计阶段项目质量控制工作流程

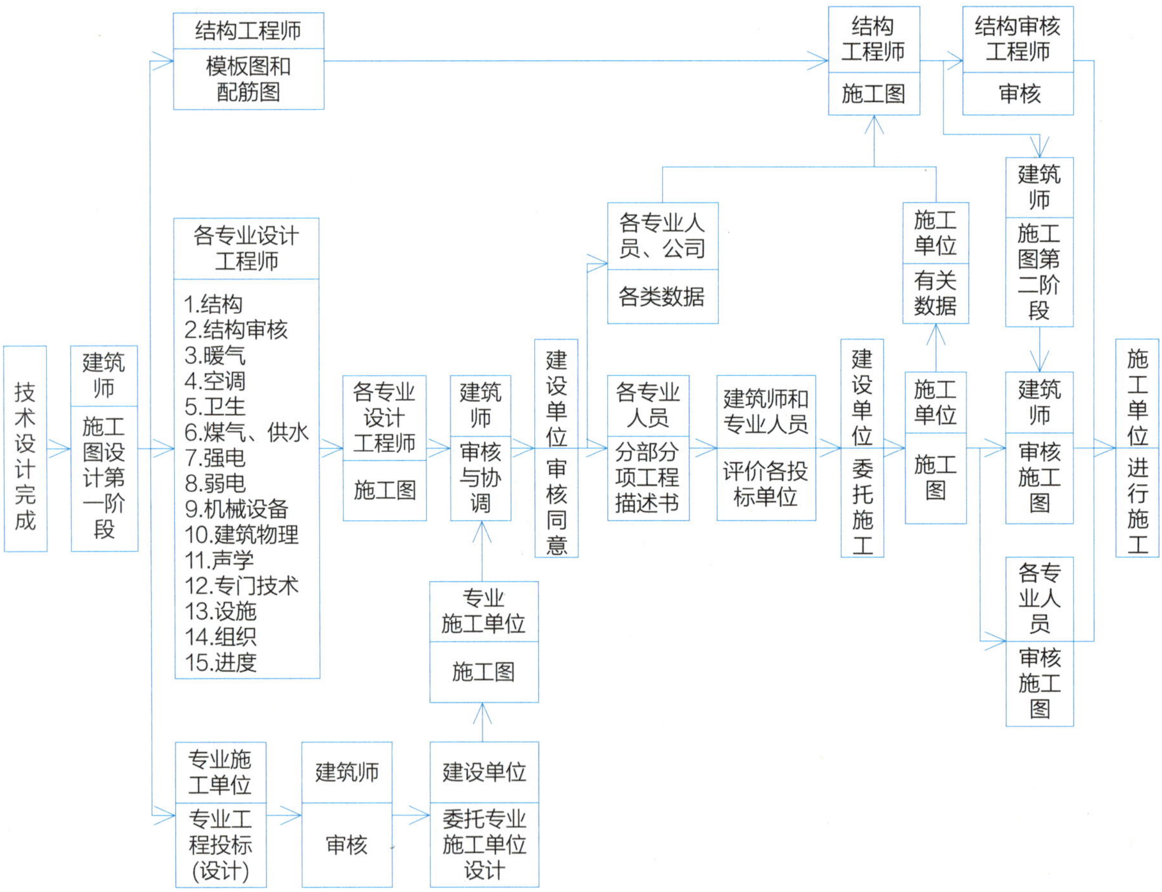

图 7.11　施工图设计阶段项目质量控制工作流程

7.2.4 工程项目施工准备阶段的质量控制

施工准备阶段的质量控制内容与措施，包括图纸会审、编制施工组织设计、组织技术交底、控制物资采购、严格选择分包单位五个部分。

1. 图纸会审

图纸会审由建设单位或监理单位主持，设计单位、施工单位参加，并写出会审纪要。图纸审查必须抓住关键，特别注意构造和结构的审查，必须形成图纸审查与修改文件，并作为档案保存。

2. 编制施工组织设计

施工组织设计中对质量控制起主要作用的是施工方案，主要包括施工程序的安排、施工段的划分、主要项目的施工方法、施工机械的选择，以及保证质量、安全施工、冬季和雨季施工、污染防止等方面的预控方法和针对性的技术组织措施。

3. 组织技术交底

技术交底是一项经常性的技术工作，可分级分阶段进行。技术交底应以设计图纸、施工组织设计、质量验收标准、施工验收规范、操作规程和工艺卡为依据，编制交底文件，必要时可用图表、实样、小样、现场示范操作等形式进行，并做好书面交底记录。

4. 控制物资采购

施工中所需的物资包括建筑材料、建筑构配件和设备等。如果生产、供应单位提供的物资不符合质量要求，施工企业在采购前和施工中又没有有效的质量控制手段，往往会埋下工程隐患，甚至酿成质量事故。因此，采购前应按先评价后选择的原则，由熟悉物资技术标准和管理要求的人员，对拟选择的供方进行技术、管理、质量检测、工序质量控制和售后服务等质量保证能力的调查，信誉以及产品质量的实际检验评价，各供方之间的综合比较，最后做出综合评价，再选择合格的供方建立供求关系。

5. 严格选择分包单位

工程总承包商或主承包商将总包的工程项目按专业性质或工程范围（区域）分包给若干个分包商来完成，是一种普遍采用的经营方式。为了确保分包工程的质量、工期和现场管理能满足总合同的要求，总承包商应由主管部门和人员对拟选择的分包商，包括建设单位指定的分包商，通过审查资格文件，考察已完工程和施工工程质量等方法，从技术及管理实务、特殊及主体工程人员资格、机械设备能力及施工经验，认真进行综合评价，决定是否可作为合作伙伴。

7.2.5 工程项目施工阶段的质量控制

工程项目施工阶段的质量控制工作主要包括材料、构件、制品和设备质量的检查，以及施工质量监督和中间验收等工作。某工程项目建设单位委托工程监理单位进行施工阶段的项目质量控制，其施工阶段项目质量控制工作流程如图 7.12 所示。

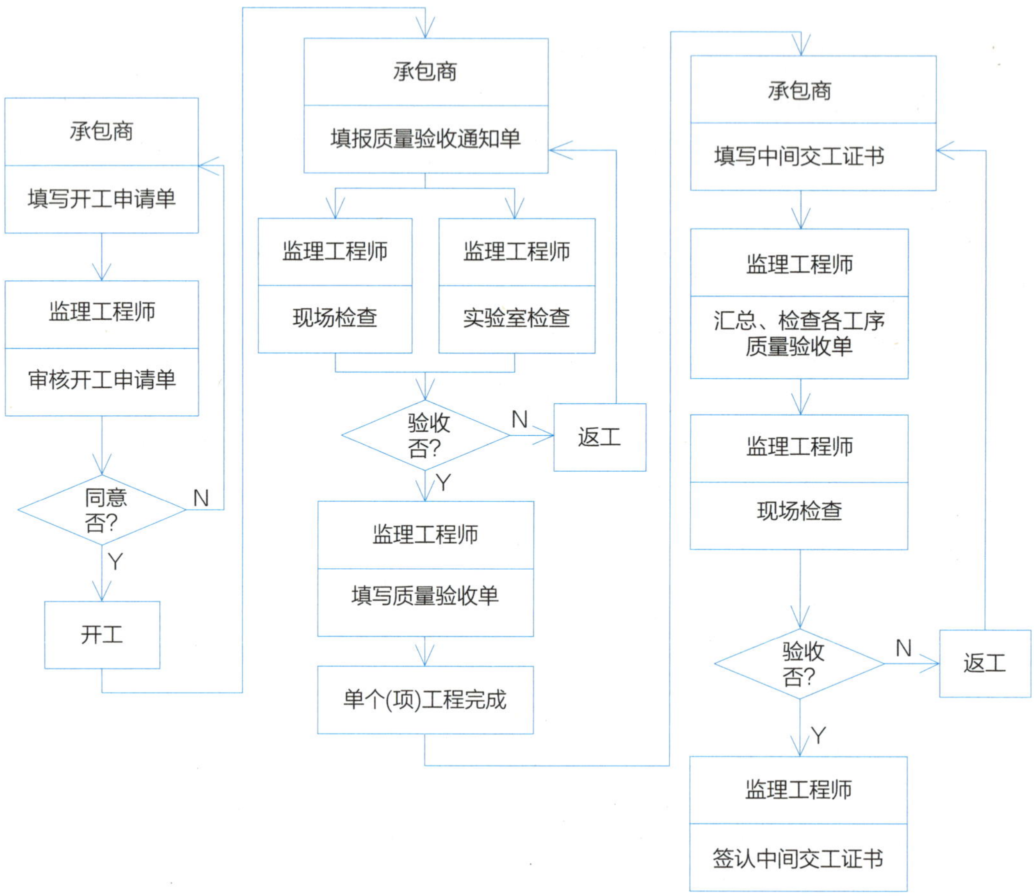

图 7.12 施工阶段项目质量控制工作流程

具体来说，施工阶段质量控制主要包括以下六个方面。

1. 严格进行材料、构配件试验和施工试验

对进入现场的物料，包括甲方供应的物料以及施工过程中的半成品，必须符合规范、标准和设计的要求。对涉及结构安全的，在使用前应由建设单位或监理单位现场见证取样，送有法定资格的单位检测，判断其质量的可靠性。

2. 实施工序质量监控

工序质量监控的对象是影响工序质量的因素，特别是主导因素，其核心是管因素，管过程，而不是单纯管结果，其重点内容包括：① 设置工序质量控制点；② 严格遵守工艺规程；③ 控制工序活动条件的质量；④ 及时检查工序活动效果的质量。

3. 组织过程质量检验

过程质量检验主要指工序施工中或上道工序完工即将转入下道工序时所进行的质量检验，目的是通过判断工序施工内容是否合乎设计或标准要求，决定该工序是否继续进行（转交）或停止。具体形式有：① 质量自检和互检；② 专业质量监督；③ 工序交接检查；④ 隐蔽工程验收；⑤ 工程预检（技术复核）；⑥ 基础、主体工程检查验收。

4. 重视设计变更管理

施工过程中往往会发生没有预料到的情况，如设计与施工的可行性发生矛盾；建设单位因工程使用目的、功能或质量要求发生变化，而导致设计变更。设计变更须经建设、设计、监理、施工单位各方同意，共同签署设计变更洽商记录，由设计单位负责修改，并向施工单位签发设计变更通知书。对建设规模、投资方案有较大影响的变更，须经原批准初步设计单位同意，方可进行修改。

5. 加强成品保护

在施工过程中，有些分项、分部工程已经完成，其他分项、分部工程尚在施工，对于成品，如不采取妥善的措施加以保护，就会造成损伤，影响质量，严重的甚至有些损伤难以恢复到原样，成为永久性缺陷。产品保护工作主要有合理安排施工顺序和采取有效的防护措施两个主要环节。

6. 积累工程施工技术资料

工程施工技术资料是施工中的技术、质量和管理活动的记录，是实行质量追溯的主要依据。施工技术资料管理是确保工程质量和完善施工管理的一项重要工作，施工企业必须按各专业质量检验评定标准的规定和各地的实施细则，全面、科学、准确、及时地记录施工及试（检）验资料，按规定积累、计算、整理、归档，手续必须完备，并不得有伪造、涂改、后补等现象。

7.2.6 工程项目竣工验收交付阶段的质量控制

1. 坚持竣工标准

由于建设工程项目门类很多，性能、条件和要求各异，因此土建工程、安装工程、人防工程、管道工程、桥梁工程、电气工程及铁路建筑安装工程等都有相应的竣工标准。凡达不到竣工标准的工程，一般不能算竣工，也不能报请竣工质量核定和竣工验收。

2. 做好竣工预检

竣工预检是承包单位内部的自我检验，目的是为正式验收做好准备。竣工预检可根据工程重要程度和性质，按竣工验收标准，分层次进行。通常先由项目部组织自检，对缺漏或不符合要求的部位和项目，确定整改措施，指定专人负责整改。在项目部整改复查完毕后，报请企业上级单位进行复检，通过复检，解决全部遗留问题，由勘察、设计、施工、监理等单位分别签署质量合格文件，向建设单位发送竣工验收报告，出具工程保修书。

3. 整理工程竣工验收资料

工程竣工验收资料是使用、维修、扩建和改建的指导文件和重要依据，工程项目交接时，承包单位应将成套的工程技术资料分类整理、编目、建档后移交给建设单位。

7.2.7 工程项目回访保修阶段的质量控制

工程项目在竣工验收交付使用后，施工单位应按照规定在保修期限和保修范围内（见表 7.3），主动对工程进行回访，听取建设单位或用户对工程质量的意见，对施工单位施工过程中的质量问题，负责维修，如属设计等原因造成的质量问题，在征得建设单位和设计单位认可后，协助修补。

表 7.3 工程项目回访保修质量控制要求

回访的方式	保修的期限	保修的实施
□ 季节性回访 □ 技术性回访 □ 保修期满前回访	□ 基础设施工程、房屋建筑的地基基础工程和主体结构工程，为设计文件规定的该工程的合理使用年限。 □ 屋面防水工程、有防水要求的卫生间、房间和外墙面的防渗漏，为 5 年。 □ 供热与供冷系统，为 2 个供暖期、供冷期。 □ 电气管线、给排水管道、设备安装和装修工程，为 2 年。	□ 保修范围：由于施工的责任，对各类建筑工程及建筑工程的各个部位，都应实行保修。 □ 检查和修理：在保修期内，对建筑产品出现的问题应及时检查并修理。

7.2.8 工程项目施工质量验收

工程施工质量验收是在施工单位自行进行质量检查评定的基础上，参与建设活动的有关单位共同对工程的施工质量进行抽查复验，根据相关标准以书面形式对工程施工质量合格与否做出确认。

1. 工程项目施工质量验收的基本要求

（1）工程施工质量应符合《建筑工程施工质量验收统一标准》（GB 50300—2013）和相关专业验收规范的规定；

（2）工程施工应符合工程勘察、设计文件的要求；

（3）参加工程施工质量验收的各方人员应具备规定的资格；

（4）工程质量验收均应在施工单位自行检查评定的基础上进行；

（5）隐蔽工程在隐蔽前应由施工单位通知有关单位进行验收，并应形成验收文件；

（6）涉及结构安全的试块、试件以及有关材料，应按规定进行见证取样检测，即在监理单位或建设单位监督下，由施工单位有关人员现场取样，并送至具备相应资质的检测单位进行检测；

（7）检验批的质量应按主控项目和一般项目验收；

（8）对涉及结构安全和使用功能的重要分部工程应进行抽样检测；

（9）承担见证取样检测及有关结构安全检测的单位应具有相应资质；

（10）工程的观感质量应由验收人员通过现场检查，共同确认。

2. 工程项目施工质量验收的划分

大多数工程项目划分为检验批和分项、分部、单位工程，分级进行质量检验与评定。如表 7.4 所示，以建筑工程为例介绍单位工程、分部工程、分项工程和检验批的划分原则和方法。

表 7.4　单位工程、分部工程、分项工程和检验批的划分原则和方法

单位工程	分部工程	分项工程	检验批
（1）凡具备独立施工条件并能形成独立使用功能的建筑物及构筑物。 （2）建筑规模较大的单位工程，可将其能形成独立使用功能的部分作为一个子单位工程。	（1）单位工程（子单位工程）按专业性质、建筑部位可分为若干个分部工程，如地基与基础、主体结构及建筑给排水等。 （2）当分部工程较大或较复杂时，可按材料种类、施工特点、施工程序、专业系统及类别等划分为若干个子分部工程。	分部工程（子分部工程）按主要工种、材料、施工工艺、设备类别等可划分为若干个分项工程，如模板、钢筋、混凝土、给水管道及配件安装等。	根据施工及质量控制和专业验收需要，分项工程按楼层、施工段、变形缝等划分为一个或若干个检验批。

7.3 工程项目安全管理概述

7.3.1 安全管理的概念

在生产和其他活动中，没有危险，不受威胁，不出事故，这就是安全。安全不但包括人身安全，也包括财产（建筑产品、机械设备、物资等）安全。

安全生产是指为了预防生产过程中发生人身伤害、设备损毁等事故，保证职工在生产中的安全和健康而采取的各种措施和活动。

安全管理是企业管理的重要组成部分，是为保证生产顺利进行，防止伤亡事故发生，确保安全生产而采取的各种对策、方针和行动的总称。

7.3.2 建设工程安全管理相关理论

1. 事故致因理论

事故发生有其自身的发展规律和特点，只有掌握了事故发生的规律，才能保证安全生产系统处于有效状态。事故致因理论是系统安全科学的基石，也是分析我国建筑业事故多发原因的基础。前人站在不同的角度，对事故进行研究，形成了多种事故致因理论，下文简要介绍几种。

（1）单因素理论。单因素理论的基本观点是，事故是由一两个因素引起的。因素是指人或环境（物）的某种特征。其代表性理论主要有：事故倾向性理论、心理动力理论和社会环境理论。

（2）事故因果链理论。事故因果链理论的基本观点是，事故由一连串因素以因果关系依次发生，就如链式反应的结果。其代表性理论有：Heinrich 的事故因果连锁理论、Frank Bird 的管理失误连锁理论等。

Heinrich 的事故因果连锁理论被奉为安全生产的经典理论。该理论认为伤亡事故是由五个要素（遗传和社会环境、人的失误、人的不安全行为或物的不安全状态、事故、伤害）顺序发展的结果，可用多米诺骨牌形象地描述事故及导致伤害的过程，如图 7.13 所示。Heinrich 曾统计了 55 万件机械事故，其中死亡、重伤事故有 1 666 件，轻伤事故 48 334 件，其余为无伤害事故，由此可推导出，大约每发生 330 件意外事故，就有 1 件导致人员重伤或死亡，29 件造成人员轻伤，300 件未产生人员伤害。因此只要消除了人的不安全行为或物的不安全状态，伤亡事故就不会发生。

此后，许多人对该理论进行改进研究，Frank Bird 提出事故的根本原因是管理失误，主要体现在对导致事故的根本原因控制不足。“4M”理论对事故因果连锁理论中的“深层原因”进一步分析，将其归纳为四大因素，即人的因素（man）、设备的因素（machine）、作业的因素（media）和管理的因素（management）。结合 Heinrich、Frank Bird 及“4M”理论，按照逻辑关系可以将事故连锁反应理论归纳为如图 7.14 所示。

图 7.13　Heinrich 事故发生的连锁反应图

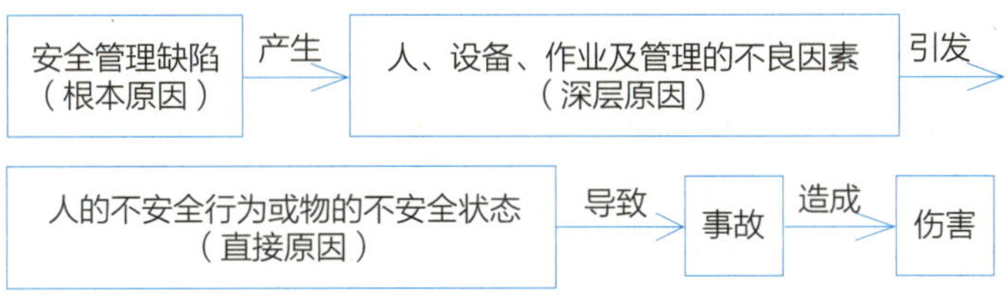

图 7.14　事故连锁反应理论

（3）多重因素——流行病学理论。采用流行病学的研究方法，事故的研究对象不只是个体，更重视由个体组成的群体。该理论认为事故是当时人群、环境与媒介三类变量组中某些因素相互作用的结果。

2. 安全管理基本原理

安全管理是项目管理的重要组成部分，因此应该遵循项目管理的普遍规律，服从项目管理的基本原理与原则。系统原理和人本原理是与项目安全管理有密切关系的两个基本原理。系统原理是指人们在从事管理工作时，运用系统的观点、理论和方法对管理活动进行充分的系统分析，以达到管理的优化目标。人本原理强调在企业管理活动中必须把人的因素放在首位，体现以人为本的指导思想。此外，安全管理工作应当以预防为主。事故预防原理是指通过有效的管理和技术手段，防止人的不安全行为和物的不安全状态出现，从而使事故发生的概率降到最低。

3. 安全管理基本原则

在系统原理、人本原理和事故预防原理的基础上，安全管理的基本原则可以归纳为：

（1）必须以人为本，预防为主。安全生产的方针是“安全第一，预防为主，综合治理”。进行安全管理不仅是处理事故，更重要的是在生产活动中，针对生产的特点，对生产因素采取管理措施，有效地控制不安全因素的发展与扩大，把可能发生的事故消灭在萌芽状态。

（2）管生产同时管安全。安全生产管理是生产管理的重要组成部分，安全与生产在实施过程中，两者存在密切的联系，存在进行共同管理的基础。各级领导人员在管理生产的同时，必须负责管理安全工作。企业中一切与生产有关的机构、人员，都必须参与安全管理并在管理中承担责任。

（3）坚持安全管理的目的性。安全管理的内容是对生产中的人、物、环境因素状态的管理，有效地控制人的不安全行为、物的不安全状态、管理上的缺陷和不良的环境条件，消除或避免事故，达到保护劳动者的安全与健康的目的。

（4）坚持“四全”动态管理。安全管理涉及生产活动的方方面面，包括从开工到竣工交付的全部生产过程、全部的生产时间和一切变化着的生产因素。因此，生产活动中必须坚持全员、全过程、全方位、全天候的动态安全管理。

（5）安全管理重在控制。安全管理的各项主要内容中，对生产因素状态的控制与安全管理的目的关系更直接、更突出。因此，对生产中人的不安全行为、物的不安全状态、管理上的缺陷和不良的环境条件的控制是动态的安全管理的重点。

（6）在管理中发展、提高。安全管理是一种动态管理，需要不断发展，不断变化，以适应变化的生产活动，消除新的危险因素，摸索新的规律，总结管理的办法与经验，从而使安全管理上升到新的高度。

7.3.3 安全生产责任制度

安全生产管理体制是在社会主义市场经济建设中不断总结经验的基础上发展起来的。2014 年 1 月 9 日，国务院在《关于进一步加强安全生产工作的决定》中将其概括为“政府统一领导、部门依法监管、企业全面负责、群众参与监督、全社会广泛支持”，提出了构建全社会齐抓共管的安全生产工作格局的要求。

自 2004 年 2 月 1 日起施行的《建设工程安全生产管理条例》（国务院令第 393 号）规定建设单位、勘察单位、设计单位、施工单位、工程监理单位及其他与建设工程安全生产有关的单位，必须遵守安全生产法律、法规的规定，保证建设工程安全生产。表 7.5 列举了部分各单位需依法承担的安全生产责任。

表 7.5 工程项目参与各方的安全生产责任（部分）

建设单位	勘察、设计、工程监理及其他有关单位	施工单位
（1）应向施工单位提供施工现场及毗邻区域内建筑物、各类管线、气象和水文观测等资料，并保证资料真实、准确、完整。 （2）在编制工程概算时，应当确定建设工程安全作业环境及安全施工措施所需费用。 （3）不得明示或者暗示施工单位购买、租赁、使用不符合安全施工要求的安全防护用具、机械设备、施工机具及配件、消防设施和器材。 （4）在申请领取施工许可证时，应当提供建设工程有关安全施工措施的资料。 （5）应当将拆除工程发包给具有相应资质等级的施工单位。	（1）勘察单位应按照法律、法规和工程建设强制性标准的规定进行勘察，提供的勘察文件应真实、准确。 （2）设计单位应按照法律、法规和工程建设强制性标准的要求进行设计，防止因设计不合理导致生产安全事故的发生。 （3）工程监理单位和监理工程师应当按照法律、法规和工程建设强制性标准的要求实施监理，并对建设工程安全生产承担监理责任。 （4）为建设工程提供机械设备和配件的单位，应当按照安全施工的要求配备齐全有效的保险、限位等安全设施和装置。 （5）出租的机械设备和施工机具及配件，应当具有生产许可证、产品合格证。 （6）在施工现场安装、拆卸施工起重机械和整体提升脚手架、模板等自升式架设设施，必须由具有相应资质的单位承担。	（1）施工单位从事建设工程的新建、扩建、改建和拆除等活动，应当依法取得相应等级的资质证书，并在其资质等级许可的范围内承揽工程。 （2）施工单位主要负责人依法对本单位的安全生产工作全面负责。 （3）对列入建设工程概算的安全作业环境及安全施工措施所需费用，应当用于施工安全防护用具及设施的采购和更新、安全措施的落实等方面，不得挪作他用。 （4）施工单位应当设立安全生产管理机构，配备专职安全生产管理人员。 （5）建设工程实行施工总承包的，由总承包单位对施工现场的安全生产负总责。 （6）建设工程施工前，施工单位负责项目管理的技术人员应当就有关安全施工的技术要求向施工作业班组、作业人员做出详细说明，并由双方签字确认。 （7）应将施工现场的办公、生活区与作业区分开设置，并保持安全距离。 （8）施工单位应当在施工现场建立消防安全责任制度，确定消防安全责任人。 （9）施工单位应当向作业人员提供安全防护用具和安全防护服装，并书面告知危险岗位的操作规程和违章操作的危害。 （10）施工单位采购、租赁的安全防护用具、机械设备、施工机具及配件，应当具有生产（制造）许可证、产品合格证，并在进入施工现场前进行查验。 （11）施工单位的主要负责人、项目负责人、专职安全生产管理人员应当经建设行政主管部门或者其他有关部门考核合格后方可任职。 （12）作业人员进入新的岗位或者新的施工现场前，应当接受安全生产教育培训。 （13）应当为施工现场从事危险作业的人员办理意外伤害保险。

保证安全生产，领导是关键。建筑企业的经理是企业安全生产第一责任者，在任期内，应建立健全以经理为首、分级负责的安全管理保证体系，同时建立健全专管成线、群管成网的安全管理组织机构。如图 7.15 所示，公司、分公司（工程处）、区域公司等机构应根据经营规模、设备管理和生产需要足额配备相应数量的经过培训、持证上岗的专职安全管理人员；施工现场应组建安全生产领导小组，建立项目管理人员轮流安全生产值日制度，解决和处理生产中的安全问题和进行巡回安全监督检查；各生产班组要设兼职安全巡查员，对本班组的作业现场进行安全监督检查。

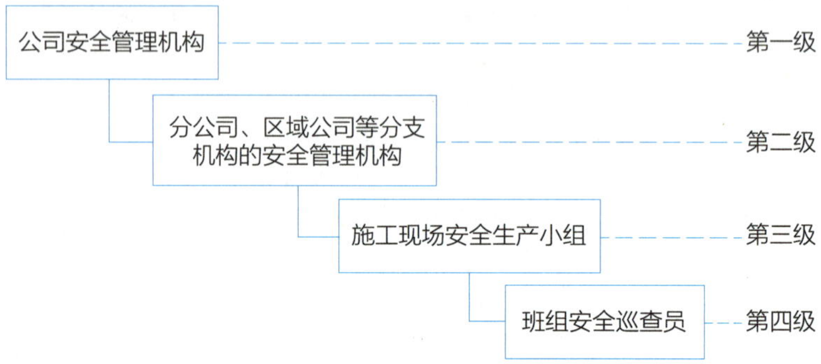

图 7.15　四级安全管理组织机构

7.3.4　安全教育与培训

1. 安全教育的目的与意义

安全教育是提高全员安全素质，实现安全生产的基础。安全工作是与生产活动紧密联系的，与经济建设、生产发展、企业深化改革、技术改造同步进行，只有加强安全教育工作，才能使安全工作适应不断变革的形势需要。

2. 安全教育的基本内容和形式

安全教育的内容包括安全生产思想教育、安全知识教育和安全技能教育。具体来看，其基本内容和形式如表 7.6 所示，包括三类人员安全教育培训、新工人三级安全教育、特种作业人员培训和经常性教育。三类人员必须通过建设行政主管部门或者其他有关部门考核合格取得安全生产考核合格证书后，方可担任相应职务；新工人（包括新招收的合同工、临时工、学徒工、农民工及实习和代培人员）须经教育考试合格后才准许进入生产岗位；建筑施工特种作业人员应通过安全技术理论和安全操作技能培训，经建设主管部门考核合格或每两年复核合格取得有效的建筑施工特种作业人员操作资格证书，方可上岗从事相应作业。

表 7.6 安全教育的基本内容和形式

三类人员安全教育培训	新工人三级安全教育	特种作业人员培训	经常性教育
☐ 施工单位主要负责人 ☐ 项目负责人 ☐ 专职安全管理人员	☐ 公司 ☐ 分公司（工程处） ☐ 班组	☐ 电工 ☐ 架子工 ☐ 起重司索信号工 ☐ 起重机械司机 ☐ 起重机械安装拆卸工 ☐ 高处作业吊篮安装拆卸工 ☐ 经省级以上人民政府建设主管部门认定的其他特种作业人员	☐ 经常性的普及教育贯穿于管理全过程，并根据接受教育对象的不同特点，采取多层次、多渠道和多种活动方法，可以取得良好的效果

安全教育培训可以采取各种有效方式开展活动，应讲究实效，避免枯燥无味的宣讲和流于形式，可采取各种生动活泼的形式，并坚持经常化、制度化。同时，应注意思想性、严肃性、及时性。进行事故教育时，要避免片面性、恐怖性，应正确指出造成事故的原因及防患于未然的措施。

7.3.5 安全技术措施计划和施工安全技术措施

1. 安全技术措施计划

安全技术措施计划是指企业从全局出发的年度或数年间在安全技术工作上的规划，对保证安全生产，保护生产力，提高劳动生产率，促进国民经济发展是非常必要的。它包括以改善劳动条件，防止伤亡事故和职业病为目的的一切技术措施，具体项目和内容有：① 安全技术，以防止工伤为目的的一切措施；② 工业卫生，以保护职工身体健康，防止职业病和职业中毒为目的的一切措施；③ 辅助房屋及设施，有关保证生产（卫生）方面所必需的房屋及一切设施（不含集体福利事业）；④ 宣传教育，如编印安全技术和劳动保护的刊物和标语，开展安全技术和劳动保护研究，试验添置的工具和仪器等。

2. 施工安全技术措施

施工安全技术措施是指工程施工中，针对工程特点、现场环境、施工方法、劳动组织、作业方法、使用的机械、动力设备、变配电设施、架设工具及各项安全防护设施等制定的确保安全施工的措施。它不仅具体地指导了施工，而且也是进行安全交底、安全检查和验收的依据，同样也是职工生命安全的根本保证。

施工安全技术措施要在工程开工前编制，需针对工程的特点制定有针对性的措施，并且要全面、具体。对大型群体工程或一些面积大、结构复杂的重点工程，除编制施工安全技术总体措施外，还应编制单位工程或分部分项工程安全技术措施，详细地制定出有关安全方面的防护要求和措施。一般工程和特殊工程需编制施工安全技术措施的分部分项工程，如图 7.16 所示。

一般工程	□ 土方工程 □ 模板工程 □ 脚手架工程 □ 垂直运输设备	□ 施工洞口防护 □ 场内运输布置 □ 施工临时用电 □ 防火、防毒、防爆等
特殊工程	□ 基坑支护与降水工程 □ 起重吊装工程 □ 拆除工程 □ 爆破工程	□ 其他结构复杂、危险性大、特性较多的分部分项工程

图 7.16　需编制施工安全技术措施的分部分项工程

季节性施工安全措施，就是考虑夏季、冬季等不同季节及雨期的气候给施工生产带来的不安全因素可能造成的各种突发性事故，而从技术上、管理上采取的防护措施。如夏季要制定防暑降温措施，冬季要制定防风、防火、防滑、防煤气和亚硝酸钠中毒措施，而雨期要制定防触电、防雷、防坍塌措施。一般建筑工程可在施工组织设计或施工方案的安全技术措施中编制季节性施工安全措施；危险性大、高温期长的建筑工程，应单独编制季节性的施工安全措施。

7.4　工程项目施工现场安全管理

7.4.1　施工安全生产的特点

建筑业的生产活动危险性大，不安全因素多，每年因工死亡人数居全国各行业的第二位，这主要是由建筑行业的特点决定，如图 7.17 所示。

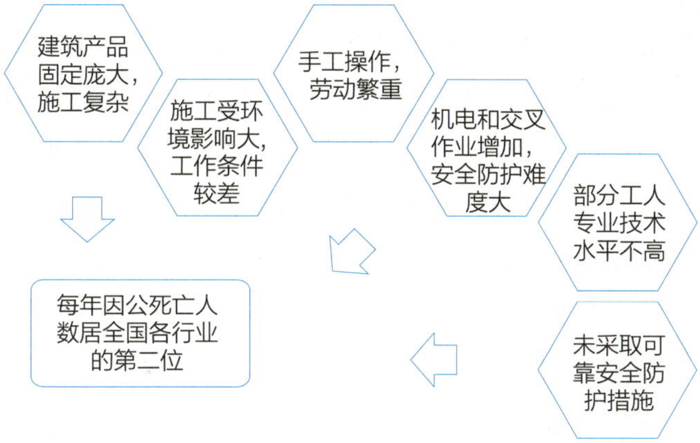

图 7.17　施工安全生产的特点

7.4.2　工程项目施工伤亡事故的分类与处理

1. 建筑工程施工中伤亡事故的六种主要类别

建筑工程施工中伤亡事故的六种主要类别如表 7.7 所示。

表 7.7　建筑工程施工中伤亡事故的六种主要类别

类别	具体内容
高处坠落	操作者在高度基准面 2 m 以上作业时造成的坠落。
物体打击	施工人员在操作过程中受到各种材料、机械零部件以及各种崩块、碎片、滚石和器具飞击，料具反弹，锤击等对人体造成的伤害，不包括因爆炸引起的物体打击。在一个垂直平面的上下交叉作业，最易发生打击事故。
触电	施工现场触电事故主要是设备、机械、工具等漏电，电线老化破皮，违章使用电气用具，对在施工现场周围的外电线路不采取防护措施等所造成。
机械伤害	施工现场使用的木工机械如电平刨、圆盘锯等，钢筋加工机械如拉直机、弯曲机等，以及电焊机、搅拌机、各种气瓶及手持电动工具等在使用中，因缺少防护和保险装置，对操作者造成伤害。
坍塌	在土方开挖或深基础施工中，造成土石方坍塌；拆除工程、在建工程及临时设施等部分或整体坍塌。
火灾爆炸	施工现场乱扔烟头，焊接与切割动火及用水、用电，使用易燃易爆材料等不慎造成火灾、爆炸。

2. 施工伤亡事故处理

（1）突发性安全事故的应急措施。项目承包方应立即启动突发性安全事故应急救援预案，总包和分包单位应根据预案的组织分工立即投入工作中去。抢救伤员，排除险情，采取措施制止事故蔓延扩大；保护事故现场，建立警戒线，撤离无关人员；妥善保管物证，待事故结案后解除现场保护。

（2）安全事故报告。事故发生后，现场有关人员应立即向本单位负责人及事故发生地负有安全生产监管职责的有关部门报告。事故报告应当及时、准确、完整，不得迟报、漏报、谎报或瞒报。

事故报告应当包括下列内容：

① 事故发生单位概况；

② 事故发生的时间、地点以及现场情况；

③ 事故的简要经过；

④ 事故已经造成或者可能造成的伤亡人数（包括下落不明的人数）和初步估计的直接经济损失；

⑤ 已经采取的措施；

⑥ 其他应当报告的情况。

（3）事故调查。事故发生的项目部应积极配合事故调查组的调查、取证，为调查组提供一切便利。若发现有违规现象，除对责任者视其情节给予通报批评和罚款外，责任者还必须承担由此产生的一切后果。

（4）事故处理。事故责任项目部应根据事故调查报告中提出的事故纠正与预防措施建议，编制详细的纠正与预防措施，将事故详情、原因及责任人处理等编印成事故通报，组织全体职员学习，从中吸取教训，防止事故再次发生。

处理施工伤亡事故应遵循“四不放过”原则，其具体内容是：

① 原因不清不放过；

② 责任人未受处理不放过；

③ 群众未受教育不放过；

④ 防患措施未落实不放过。

7.4.3 施工现场的安全管理工作

1. 各阶段安全管理的主要工作

施工现场安全管理是项目安全管理的重点，对施工现场的人、机、环境系统的可靠性，必须进行经常性的检查、分析、判断和调整。施工现场安全管理的主要工作随着施工的推进不断变换，工程施工准备阶段、基础施工阶段、结构施工阶段和装修阶段安全管理的主要工作如图 7.18 所示。

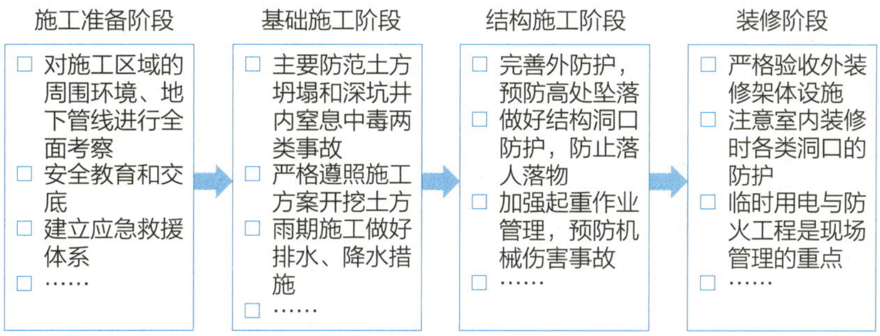

图 7.18　施工现场安全管理的主要工作

2. 冬季及雨期施工时安全管理的主要工作

（1）在大风大雪之后，尽快组织清扫作业面和脚手架。检查是否有安全隐患，防滑措施是否落实。

（2）参加冬季施工的人员衣着要灵便。

（3）在冬季施工中现场蒸汽锅炉要选用安全装置齐全的合格锅炉。

（4）冬季室内取暖要防止煤气中毒。

（5）雨期到来之前，组织电气人员认真检查现场的所有电气设备。

（6）雨期来临之前，做好塔式起重机、外用电梯、钢管脚手架、钢管井字架、龙门架等高大设施的防雷保护。

（7）在雨期中，应尽可能避开开挖土方管沟等作业，尽可能在雨期施工之前做好地下工程施工和基础回填。

（8）雨期要认真做好现场的排水，发现基础下沉要及时加固。雨后要检查脚手架、井字架、塔式起重机等设备的基础，发现下沉要及时处理。

3. 制定施工现场安全生产事故应急救援预案

施工单位要根据建设工程施工的特点、范围，对施工现场各个施工阶段中易发生重大事故的部位、环节进行监控，制定施工现场生产安全事故应急救援预案，并根据应急救援预案建立应急救援组织或配备应急救援人员，配备必要的应急救援器材、设备，并定期组织演练，评估和完善事故应急救援预案。

7.4.4　施工安全管理的检查及评价

1. 安全检查的组织形式

安全检查应根据施工（生产）特点，制定具体检查项目、标准。但概括起来，主要是查思想、查制度、查机械设备、查安全设施、查安全教育培训、查操作行为、查劳保用品使用、查伤亡事故的处理等。

检查的组织形式（见图 7.19），应根据检查目的、内容而定，参加检查的组成人员也不完全相同。

安全检查的组织形式 → 根据检查目的、内容而定

- 针对主要问题进行检查
- 定期安全检查
- 专业性安全检查：垂直提升机、脚手架、电气、塔吊等
- 经常性安全检查：班组、安全值日人员安全检查等
- 季节性及节假日前后安全检查

图 7.19　安全检查的组织形式

2. 施工安全检查标准

应用《建筑施工安全检查标准》（JGJ 59—2011）对建筑施工中易发生伤亡事故的主要环节、部位和工艺等做安全检查评价。该标准将检查评定对象分为安全管理、文明施工、脚手架、基坑工程、模板支架、高处作业、施工用电、物料提升机与施工升降机、塔式起重机与起重吊装、施工机具等分项，每个分项又设立检查评定保证项目和一般项目。

3. 安全生产情况检查评价方法

（1）检查评分方法。将安全生产情况的检查评价列出分项检查表和汇总表，按照分项检查评分、汇总分析评价的方式进行。分项检查表满分 100 分；汇总表由各分项加权平均后得出整体评价分，满分 100 分。评分采用扣减分值的方法，扣减分值总和不得超过该检查项目的应得分值，保证项目中有 1 项未得分或保证项目小计得分不足 40 分，此分项检查评分表不应得分。

（2）安全生产情况评价。以汇总表的总得分及保证项目是否达标作为对施工现场安全生产情况评价的依据，评价结果分为优良、合格、不合格 3 个等级。

① 优良。分项检查评分表无 0 分，汇总表得分在 80 分及以上。施工现场内无重大事故隐患，各项工作达到行业平均先进水平。

② 合格。分项检查评分表无 0 分；汇总表得分在 80 分以下、70 分及以上。达到施工现场安全保证的基本要求，或有 1 项工作存在隐患，其他工作都比较好。

③ 不合格。施工现场隐患多，出现重大伤亡事故的概率比较大。具体分为以下 2 种情况：

• 汇总表得分不足 70 分；
• 有 1 张分项检查评分表得 0 分。

7.5 工程项目环境管理

7.5.1 环境及环境管理的概念

《中华人民共和国环境保护法》关于环境的定义是：影响人类生存和发展的各种天然的和经过人工改造的自然因素的总体，包括大气、水、海洋、土地、矿藏、森林、草原、湿地、野生生物、自然遗迹、人文遗迹、自然保护区、风景名胜区、城市和乡村等。

工程项目环境管理旨在通过有效的策划和控制在建设项目的建造、运营乃至拆除的过程中最大限度地保护生态环境，控制工程建设和运营产生的各种粉尘、废水、废气、固体废弃物以及噪声和振动对环境的污染和危害。

7.5.2 环境管理的制度

根据《中华人民共和国环境保护法》《中华人民共和国环境影响评价法》和《建设项目环境保护管理条例》等有关法律、行政法规对环境保护的规定，形成了我国的环境管理制度，下文摘录部分重要的环境管理制度。

1. 环境影响评价制度

根据《中华人民共和国环境影响评价法》，环境影响评价制度是贯彻预防为主的原则，防止新污染，保护生态环境的一项重要的法律制度。环境影响评价又称环境质量预断评价，是指对可能影响环境的工程建设、规划或其他开发建设活动，事先进行调查、预测和评估，并提出防治环境污染和破坏的对策，以及制定相应方案。《建设项目环境保护管理条例》规定建设单位应当在建设项目可行性研究阶段报批建设项目环境影响报告书、环境影响报告表或者环境影响登记表，并应按照要求编制相关文件，如图 7.20 所示。

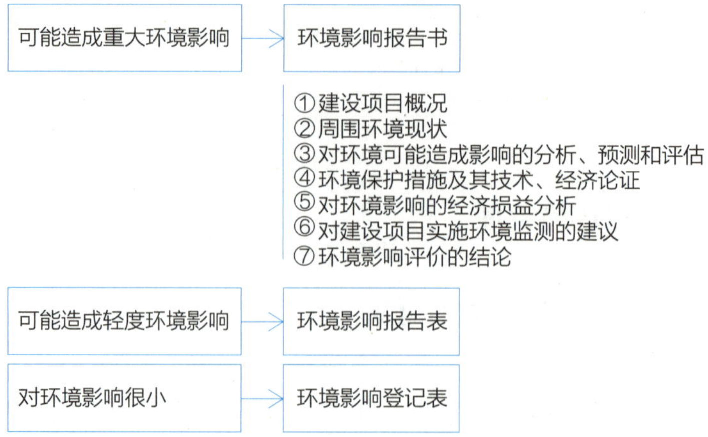

图 7.20　环境影响评价文件编制要求

2. “三同时”制度

建设项目中防治污染的设施，应当与主体工程同时设计，同时施工，同时投产使用。

3. 排污收费制度

排放污染物的企事业单位和其他生产经营者，应当按照国家有关规定缴纳排污费。排污费应当全部专项用于环境污染防治，任何单位和个人不得截留、挤占或者挪作他用。

4. 环境保护目标责任制度和考核评价制度

国家实行环境保护目标责任制度和考核评价制度。县级以上人民政府应当将环境保护目标完成情况纳入对本级人民政府负有环境保护监督管理职责的部门及其负责人和下级人民政府及其负责人的考核内容，作为对其考核评价的重要依据。考核结果应当向社会公开。

5. 排污许可管理制度

实行排污许可管理的企事业单位和其他生产经营者应当按照排污许可证的要求排放污染物；未取得排污许可证的，不得排放污染物。

6. 重点污染物排放总量控制制度

重点污染物排放总量控制指标由国务院下达，省、自治区、直辖市人民政府分解落实。企事业单位在执行国家和地方污染物排放标准的同时，应当遵守分解落实到本单位的重点污染物排放总量控制指标。

对超过国家重点污染物排放总量控制指标或者未完成国家确定的环境质量目标的地区，省级以上人民政府环境保护主管部门应当暂停审批其新增重点污染物排放总量的建设项目环境影响评价文件。

7.5.3 施工环境保护与文明施工

施工环境保护的主要目的是防止在施工生产过程中造成环境污染，识别和控制各种潜在的污染源，并尽量保证在生产过程中有效节约能源和避免资源的浪费。施工过程中的污染源包括粉尘、废水、废气、固体废弃物、噪声和振动以及放射性物质等。

1. 施工过程中大气污染的防治

施工过程中大气污染物的来源主要有烧煤产生的烟尘，建材破碎、筛分等过程产生的粉尘，以及施工动力机械尾气排放等。为了有效防止大气污染，应该通过采取清扫、洒水、遮盖、密封等措施，严格控制施工现场和施工运输过程中的降尘和飘尘对周围大气的污染。另外，应严格禁止在工地现场随意焚烧会产生有毒有害气体的各种物质，同时尽量不使用有毒有害的化学涂料等。

2. 施工过程中水污染的防治

施工过程中水污染的来源主要为施工现场产生的各种废水以及固体废弃物随水流流入水体的部分，包括各种泥浆、水泥、油漆、混凝土外加剂等。施工过程中水污染的防治主要从两方面加以考虑：一方面要尽量采取合理的施工方案，避免和减少污水的产生，控制污水的排放量；另一方面应通过各种措施尽可能使废水能够循环利用。

3. 施工过程中固体废弃物的处理

建筑施工过程中产生的固体废弃物包括工程施工生产和生活中产生的固态、半固态废弃物质。常见的固体废弃物包括施工生产中产生的建筑渣土、废弃建筑施工材料和包装材料以及施工人员在生活中产生的生活垃圾等。对固体废弃物的处理，其基本思想是资源化、减量化和无害化，即通过各种物理、化学方法进行减量化、无害化处理并对可以回收利用的固体废弃物进行资源回收利用。

4. 施工过程中噪声的防治

施工现场噪声污染的主要来源包括施工机械产生的噪声、运输工具产生的噪声，以及人们生产和生活过程中产生的噪声。施工噪声是危害施工现场生产人员健康和周边居民生活的主要原因。因此，施工现场的噪声污染应严格根据相关标准加以限制，可以从声源、传播途径、接收者防护等方面来考虑控制措施。

文明施工是指保持施工现场良好的作业环境、卫生环境和工作秩序。因此，文明施工也是保护环境的一项重要措施。文明施工主要包括：规范施工现场的场容，保持作业环境的整洁卫生；科学组织施工，使生产有序进行；减少施工对周围居民和环境的影响；遵守施工现场文明施工的规定和要求，保证职工的安全和身体健康。

7.5.4 HSE 管理体系

随着人类社会进步和科技发展，职业健康安全与环境的问题越来越受到关注。由于健康、安全和环境的管理在实际工作中密不可分，现代工程项目管理把健康、安全和环境看成一个整体的管理体系。

依据国际 OHSAS 18000 体系标准和 ISO 14000 体系标准，我国分别建立了《职业健康安全管理体系》（GB/T 28000—2011）和《环境管理体系》（GB/T 24000—2004），以加强职业健康安全与环境管理。

工程项目的 HSE 管理是依据上述标准体系将安全、职业健康和环境管理的理念融入项目管理和控制活动的全过程，实现对项目建设全过程的监督、管理，保障整个工程的安全文明施工和交付使用。

本章小结

本章内容的知识结构如图 7.21 所示。

（1）工程项目质量是指通过项目实施形成的工程实体的质量，是反映建筑工程满足相关标准规定或合同约定的要求，包括其在安全、使用功能、耐久性能、环境保护等方面所有明显和隐含能力的特性总和。

（2）工程项目质量管理的基本原理和方法主要有 PDCA 循环原理、三阶段控制原理、全面质量管理原理和零缺陷与 6σ 理论。

（3）工程项目质量控制体系是以项目为对象，由项目实施的总组织者负责建立开展质量控制的工作体系，并随着项目的完成和项目管理组织的解体而消失。质量体系建立的一般流程为：确立系统质量控制网络，制定质量控制制度，分析质量控制界面和编制质量控制计划。

（4）为了加强建设工程质量的管理，保证建设工程质量，建设单位、勘察单位、设计单位、施工单位及工程监理单位应按照《建设工程质量管理条例》的要求承担相应的质量责任和义务。

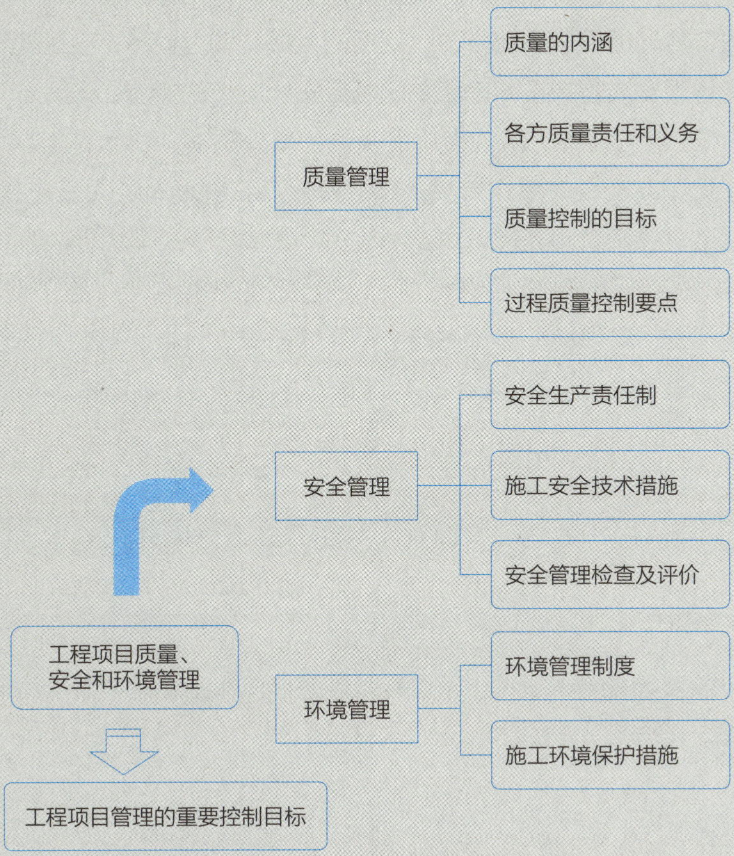

图 7.21　本章知识结构图

（5）工程项目质量控制的重点在于过程质量控制，提高工程质量，从而为工程建设增值。工程项目质量目标应从建设地点、建筑形式、建筑结构、建筑功能及使用者满意程度等多方面进行系统定义。

（6）工程项目前期决策阶段是决定项目质量的最关键阶段，应做到明确质量目标，做好质量管理的全局规划，建立质量控制的系统网络，制定质量控制的总体措施。

（7）施工准备阶段的质量控制内容与措施包括图纸学习与会审、编制施工组织设计、组织技术交底、控制物资采购、严格选择分包单位五个部分；施工阶段的质量控制工作主要包括材料、构件、制品和设备质量的检查，施工质量监督和中间验收等工作。

（8）《建设工程安全生产管理条例》规定建设单位、勘察单位、设计单位、施工单位、工程监理单位及其他与建设工程安全生产有关的单位，必须遵守安全生产法律、法规的规定，承担相应的安全生产责任，保证建设工程安全生产。

（9）施工安全技术措施是指工程施工中，针对工程特点、现场环境、施工方法、劳动组织、作业方法、使用的机械、动力设备、变配电设施、架设工具及各项安全防护设施等制定的确保安全施工的措施。

（10）建筑工程施工伤亡事故主要包括高处坠落、物体打击、触电、机械伤害、坍塌以及火灾爆炸六类。事故发生后，现场有关人员应立即报告，并积极配合事故调查和处理工作。

（11）施工现场安全管理是项目安全管理的重点，对施工现场的人、机、环境系统的可靠性，必须进行经常性的检查、分析、判断和调整。施工现场安全管理的主要工作随着施工的推进不断变换，需要重视施工准备阶段、基础施工阶段、结构施工阶段、装修阶段以及冬季和雨期施工时的安全管理工作。

（12）我国现行的环境管理制度主要有环境影响评价制度、“三同时”制度、排污收费制度、环境保护目标责任制度和考核评价制度、排污许可管理制度、重点污染物排放总量控制制度。为了保证在生产过程中不污染环境，并有效节约能源和避免资源浪费，应注意施工过程中大气污染、水污染、固体废弃物和噪声的防治。

关键术语

工程项目质量　工程项目质量管理　质量管理的基本原理和方法　质量控制体系　质量管理制度　参与各方质量责任和义务　过程质量控制　安全生产　安全管理　事故致因理论　安全管理原则　安全生产责任制　安全技术措施计划　施工安全技术措施　施工伤亡事故　安全检查及评价　环境管理制度　施工环境保护　文明施工　HSE 管理体系

复习思考题

（1）工程项目质量的概念和基本特性是什么？

（2）工程项目质量管理的基本原理和方法是什么？

（3）工程项目质量控制体系的特点是什么？如何建立质量控制体系？

（4）工程项目质量管理应涵盖哪些阶段？每个阶段的质量控制要点是什么？

（5）常见的施工伤亡事故有哪些类型？当施工伤亡事故发生时，应该如何处理？

（6）施工现场安全管理的主要工作有哪些？

（7）如何进行施工安全管理的检查评价？

（8）我国现行的主要环境管理制度有哪些？

（9）如何防治施工生产过程中造成的环境污染？

即测即评

请扫描二维码，进行本章测试。

延伸阅读

［1］丁士昭．工程项目管理［M］．2版．北京：中国建筑工业出版社，2014：229-260.

［2］中华人民共和国国务院．建设工程质量管理条例．国务院令第279号．2000.

［3］中华人民共和国国务院．建设工程安全生产管理条例．国务院令第393号．2004.

［4］中华人民共和国国务院．建设项目环境保护管理条例．国务院令第253号．1998.

［5］全国一级建造师执业资格考试用书编写委员会．建设工程项目管理［M］．4版．北京：中国建筑工业出版社，2015：158-260.

［6］全国人民代表大会常务委员会．中华人民共和国环境保护法．2015.

［7］全国人民代表大会常务委员会．中华人民共和国环境影响评价法．2003.

［8］住房和城乡建设部工程质量安全监管司．建设工程安全生产管理［M］．2版．北京：中国建筑工业出版社，2008：9-22.

[9] 施骞，胡文发. 工程质量管理教程 [M]. 上海：同济大学出版社，2010：17-46.

[10] 曹吉鸣. 工程施工管理学 [M]. 北京：中国建筑工业出版社，2010：309-329.

[11] GB/T 19000—2015，质量管理体系　基础和术语 [S].

[12] GB/T 24000—2004，环境管理体系 [S].

[13] GB/T 28000—2011，职业健康安全管理体系 [S].

[14] Chartered Institute of Building. Code of practice for project management for construction and development [M]. 5th ed. Hoboken: Wiley-Blackwell, 2014: 85-261.

8 工程项目管理信息化

【本章导读】信息和通信技术迅速改变了工程项目管理的方法和手段，提高了工程项目管理的效率，也提升了工程项目管理的水平，对工程项目管理产生了巨大影响。工程项目管理信息化目前正在朝着普及化、网络化、集成化等方向发展。

本章的重点在于理解和掌握工程项目管理信息化的内涵和作用，了解工程项目管理信息化的应用状况和应用特点，主要内容包括：

（1）工程项目信息管理的基本内容；

（2）工程项目管理信息系统和项目信息门户的含义及应用；

（3）BIM 的内涵、BIM 在工程项目管理中的应用以及 BIM 未来的发展趋势。

8.1 工程项目信息管理概述

8.1.1 工程项目信息的概念

工程项目的决策和实施过程，不但是物质生产过程，而且是信息的生产、处理、传递及应用过程。从信息管理的角度可把纷繁复杂的工程项目建设过程归纳为两个主要过程，一是信息过程（information processes），二是物质过程（material processes），如图 8.1 所示。项目策划阶段、设计阶段、招投标阶段等的主要任务之一就是生产、处理、传递及应用信息，这些阶段的主要工作成果就是信息。工程项目施工阶段的主要任务是完成工程项目的实体，但施工阶段的物质生产也始终伴随着信息，它一方面需要施工之前的信息过程产生的信息，另一方面又不断地产生着新信息。实际上工程项目的施工阶段是物质过程和信息过程的高度融合。

信息是工程项目建设生产的依据，是决策的基础，是组织要素之间联系的主要内容，是工作过程之间逻辑关系的桥梁。项目建设的生产活动及过程是非常依赖信息的。工程项目信息管理对项目成功实施有着重要作用。除了人力资源和物质资源外，信息资源也是工程项目实施的重要资源之一。

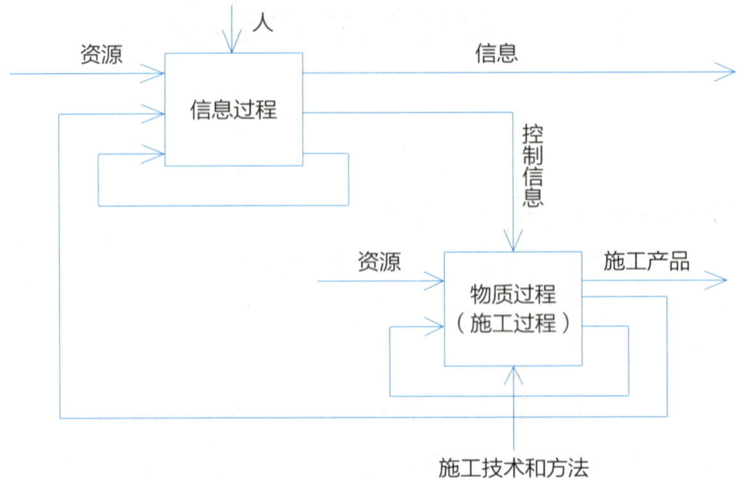

图 8.1　项目建设中的信息过程及物质过程

【小贴士】

美国 Bricsnet.com 公司的统计数据

项目建设成本的 3%~5% 是由可以避免的错误引起的，其中 30% 是因为采用了不准确或过期的图纸所直接造成。

每年美国建筑业为了传递工程文件和图纸在联邦快递上的花费大约为 5 亿美元。

项目建设成本的 1%~2% 仅仅是与打印、复印和传真等有关的办公（paperwork）费用。

项目竣工时，任何一个项目参与方所能够拥有的项目建设信息不足 65%。

8.1.2　信息与数据

信息（information）一词来源于拉丁文，意思是解释、陈述。自美国贝尔实验室的香农第一次将其作为通信理论的专门术语进行深入研究并提出科学概念以来，信息这一概念已广泛渗透到其他各门学科，成为一个内容丰富、运用极广的概念。信息在自然界、社会以及人体自身都广泛存在着，人类进行的每一社会实践、生产实践和科学实验都在接触信息、获得信息、处理信息和利用信息。

声音、文字、数字和图像等都是信息表达的形式。在管理科学领域，信息通常被认为是一种已被加工或处理成特定形式的数据。信息的接收者将依据信息对当前或将来的行为做出决策。工程项目信息是指反映和控制工程项目管理活动的信息，包括各种报表、数字、文字、图像等。

8.1.3 工程项目信息管理的概念与发展

1. 工程项目信息管理的含义

工程项目信息管理指的是工程项目信息资源的开发和利用以及信息技术在工程项目管理中的开发和应用。

2. 工程项目信息管理的意义

由于行业自身的特点——建筑业参与方众多、从业人员素质参差不齐、信息化应用水平非常有限、缺乏有效的沟通方式，使得建筑业的信息管理较为落后。现阶段工程建设信息沟通存在的问题有：

（1）项目产生大量信息，使项目参与方不易获取有效信息；

（2）以纸张为信息传递媒介，使得纸张较多，不易查阅；

（3）项目参与方在地理上比较分散，使得信息传递延误，费用过高；

（4）项目各参与方的信息处理系统互不关联，形成一个个信息孤岛。

通过信息技术在工程项目管理中的开发和应用，能够实现信息存储数字化和存储相对集中；信息处理和转换的程序化；信息传输的数字化和电子化；信息获取更便捷；信息透明度提高；信息流扁平化。信息技术在工程项目管理中开发和应用的意义在于：

（1）"信息存储数字化和存储相对集中"有利于项目信息的检索和查询，有利于数据和文件版本的统一，有利于工程项目的文档管理；

（2）"信息处理和转换的程序化"有利于提高数据处理的准确性，提高数据处理的效率；

（3）"信息传输的数字化和电子化"可提高数据传输的抗干扰能力，使数据传输不受距离限制，并可提高数据传输的保真度和保密性；

（4）"信息获取更便捷""信息透明度提高"以及"信息流扁平化"有利于建设工程项目参与各方之间的信息交流和协同工作。

综上所述，工程项目信息管理对于提高工作效率和质量、降低造价、积累知识、提高工程项目管理水平等有重要的作用。

3. 工程项目信息管理应用与发展

工程项目信息管理随着信息技术的不断进步而有了快速发展。自 20 世纪 70 年代开始，信息技术迅速发展，其在工程项目管理中的应用也日益广泛。工程项目管理信息系统（project management information system，PMIS）、项目信息门户（project information portal，PIP）、建筑信息模型（building information modeling，BIM）则是各个阶段的代表性技术应用（见图 8.2）。

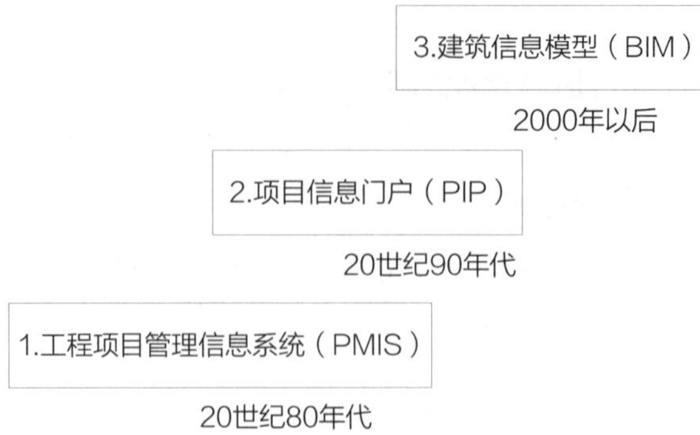

图 8.2　工程项目信息管理的发展

（1）工程项目管理信息系统（PMIS）。20 世纪 70—80 年代，最初出现的是以解决某一问题为目的的单纯程序，如财务、材料、进度管理等软件。随着信息技术的发展，这些单项程序开始逐步集合形成程序系统，而后发展成为工程项目管理信息系统。

（2）项目信息门户（PIP）。20 世纪 80 年代末 90 年代初发展起来的基于网络平台的工程项目管理，其技术基础是网络平台，是在局域网或互联网上构建的信息沟通平台。

（3）建筑信息模型（BIM）。建筑信息模型是指在建筑设施的全生命周期创建和管理建筑信息的过程，这一过程需要在设计与施工以及运营维护阶段的全过程应用三维、实时、动态的模型软件来提高建设生产效率，创建的模型是一个包含丰富数据、面向对象、具有智能化和参数化特点的建筑设施的数字化表示，涵盖了建筑的几何信息、空间信息、地理信息、各种建筑组件的性质信息及工料信息。不同的使用者可从中提取所需信息用于决策或改善业务流程。

8.2　工程项目管理信息系统

8.2.1　工程项目管理信息系统的含义

工程项目管理信息系统（PMIS）是以项目管理知识体系思想为指导，在统一框架体系下进行的项目管理业务处理系统，涵盖质量管理、范围管理、风险管理、采购管理及工期管理等功能，如图 8.3 所示。

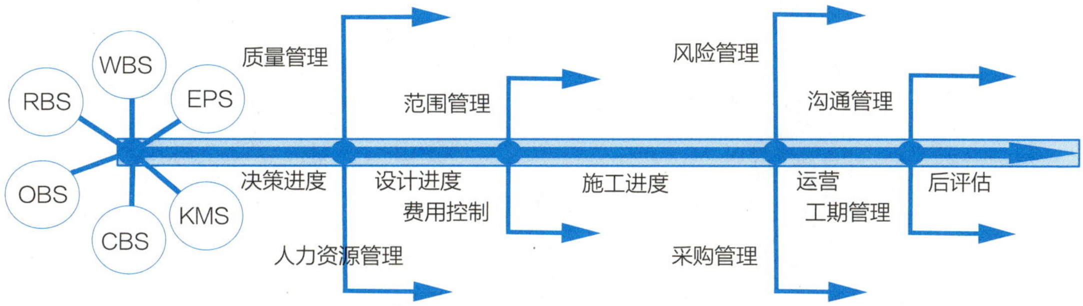

图 8.3　工程项目管理信息系统结构

工程项目管理信息系统主要运用工程项目管理理论和方法，采用动态控制原理，对项目管理的投资、进度和质量等目标的实际值与计划值进行比较，找出偏差，分析原因，采取措施，从而达到目标控制的效果。工程项目管理信息系统主要包括项目投资控制、进度控制、质量控制、合同管理和系统维护等功能模块。运用工程项目管理信息系统是为了及时、准确和完整地收集、存储和处理工程项目的投资、进度、质量和合同等的计划和实际信息，以及时采取措施，尽可能好地实现工程项目的目标。

【小贴士】

工程项目管理信息系统（PMIS）与企业管理信息系统（MIS）

企业管理信息系统（MIS）是服务于企业的人、财、物和产、供、销等的管理，进行信息的收集、传输、加工、存储、更新和维护，以人事管理、财务管理、设施管理等为目标，支持企业高层决策、中层控制、基层运作的集成化的人机系统。

工程项目管理信息系统（PMIS）以工程项目管理目标控制思路展开，有相应的功能模块解决进度、投资、质量、采购、风险、沟通协调、文档管理的业务需求。

8.2.2　工程项目管理信息系统的结构和功能

工程项目管理信息系统主要由进度控制、投资（成本）控制、质量控制和合同管理四个子系统组成，四个子系统共享数据库，并互有联系，如图 8.4 所示。

1. 进度控制

进度控制子系统的基本功能是通过项目的计划进度和实际进度的不断比较，进度控制者可及时获得反馈信息，以控制项目实施进度。

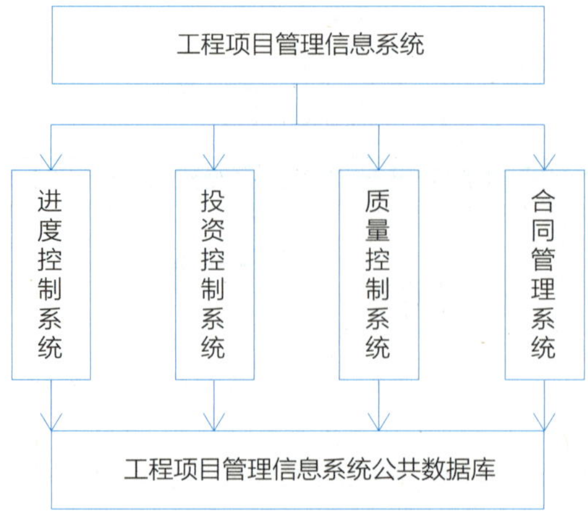

图 8.4　工程项目管理信息系统的构成

2. 投资控制

投资控制子系统的基本功能是通过项目的投资计划值和投资实际值的不断比较，投资控制者可及时获得信息，以控制项目投资计划，为项目目标的实现提供保证。在项目建设过程中，与项目投资有关的费用有投资匡算、投资估算、设计概算、施工图预算、标底、投标价、合同价、结算、决算等。投资计划值与实际值的比较是一个动态的过程，即将与投资有关的费用进行比较，从中发现投资偏差。

3. 质量控制

质量控制子系统的基本功能是辅助制定项目质量标准和要求，通过项目实际质量与质量标准、要求的对比，质量控制者可及时获得信息，以控制项目质量。质量控制子系统的基本方法是质量数据的存储、统计和比较。

4. 合同管理

合同管理子系统涉及项目勘察设计、施工、工程监理、咨询和科研等全部项目，将为合同的起草、签订、执行跟踪管理、归档、索赔等一系列环节提供支持和帮助。

8.2.3　工程项目管理信息系统的实施

工程项目管理信息系统的实施必须具备以下条件（见图 8.5）。

1. 组织件

组织件即明确的工程项目管理组织结构、项目管理工作流程和项目信息管理制度。工程项目信息管理制度是工程项目管理信息系统实施的基础，这是软件系统能正常运行的组织保证。

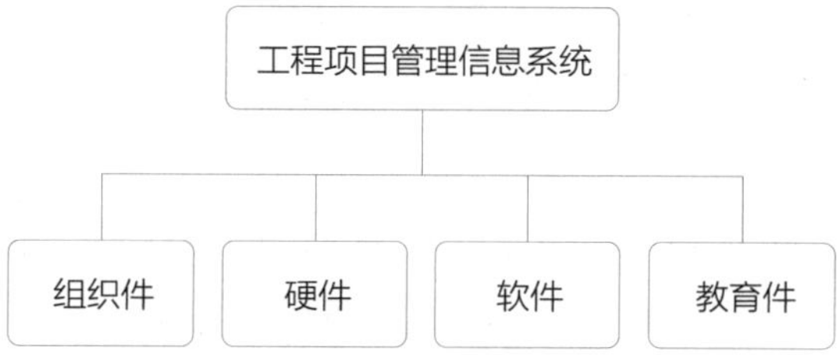

图 8.5　工程项目管理信息系统的必备条件

工程项目信息管理制度包含三部分内容：

（1）项目管理信息结构图。是对项目管理组织结构图中各部门对外主导的信息流程的规定。

（2）项目管理信息编码。包含项目编码、参与项目实施的单位和部门的组织编码、投资控制信息编码、进度控制信息编码、质量控制信息编码、合同管理信息编码等。

（3）信息卡和信息处理表。即对每一条信息均明确信息分类编号、名称、内容、提供者、提供时间、处理者、处理结果、接收和归档者。

2. 硬件

硬件即计算机设备，一般包括服务器、小型机、微机和微机网络等。

3. 软件

软件即保证工程项目管理信息系统正常运行的操作系统、系统软件和应用软件等软件环境。

4. 教育件

教育件即对计算机操作人员、工程项目管理人员和领导进行培训。

8.2.4　工程项目管理信息系统的产品和案例

1. 进度控制系统

进度控制系统是工程项目管理信息系统（PMIS）的核心。进度控制系统即项目进度时间目标与进展分析控制系统，是工程项目管理的基础。从工程项目管理的理论看，项目实施过程是由一系列相关的工作（如前期准备、设计施工等）构成的，而工作需要投入相应的资源才能完成。因此，进度控制系统不是简单的时间管理，还牵涉到资源的均衡、进度的协调与控制。工程项目实施过程中，任何工作都是进度管理的对象，进度控制系统通常采用网络计划技术作为实现方式。

鉴于工程项目进度管理的复杂性，需要考虑是否将工程项目实施过程中所有工作纳入进度控制系统进行管理。一般进度控制系统的管理对象为项目主要进度计划工作，而其他一些辅助性工作通过其他系统与进度控制系统集成加以解决。

随着项目管理技术与信息技术的发展，以网络计划技术为基础的工程项目管理软件日益成熟，能满足工程项目进度管理的需求，进度控制系统可根据工程项目的实际情况与管理要求选用不同层次的商品化项目管理软件。

目前，国内外工程建设领域使用较为广泛的具有代表性的商品化项目管理软件有美国 Oracle 公司的 P6 软件（原 Primavera 公司的 P3E/C 软件），以及美国微软公司的 Project 软件。P6 软件在工程建设领域以其专业性而著称，可满足多层次、多用户对复杂的建设工程项目计划进度管理的需求。而 Project 软件以其易用性受到计划人员的欢迎。提供商品化管理软件的还有 SAP、CA 等公司。

【小贴士】

P6 软件性能介绍

P6 允许多个用户在同一时间使用统一配置的安全权限来访问所有的项目信息，是一个包括了基于 Web 客户端、服务器端以及桌面的多个软件的整体集成解决方案，为团队中的每个成员提供符合各自角色身份的、满足各自职责和技能需求的功能。同时，P6 还提供所有进行中的项目的全面详尽信息，涵盖的内容从高级管理层需要的汇总信息到每个团队成员的详细工作分配信息。并且通过提供可视化的、及时的和准确的信息，为整个项目团队建立清晰的职责划分。

（1）项目进度控制所要考虑的信息内容。工程项目进度信息管理的对象为工作，因而工程项目进度控制的基本信息为工作所包含的信息以及管理需要的相关分类信息。按照工程项目管理理论，任何工程项目都可以通过项目工作分解（WBS）划分为若干项目管理基本单元，这些基本单元由一项或多项工作构成。

影响工作时间安排的因素很多，如资源、限制条件等。这些因素也是工程项目进度控制所要考虑的信息。这些信息与工作或工作分解有关。图 8.6 是工作的有关信息，这些信息在工程项目进度控制中起重要作用。

（2）进度控制系统功能。根据工程项目进度管理的实际需求，结合工程项目管理理论，可从四个方面归纳总结工程项目进度控制系统的功能需求，如图 8.7 所示。

图 8.6　进度控制需考虑的信息

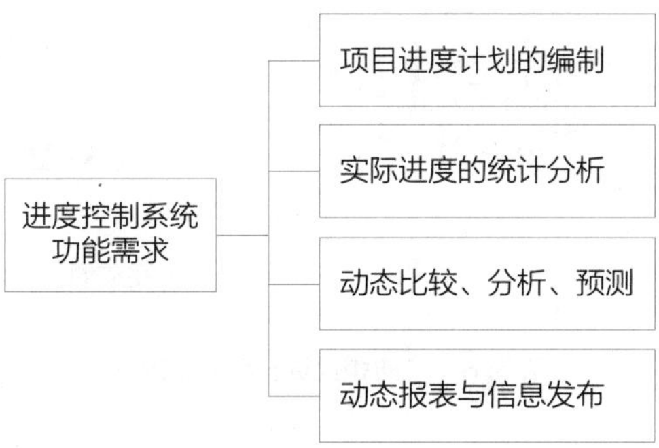

图 8.7　进度控制系统功能需求

2. 合同和投资管理信息系统

工程项目合同和投资管理信息系统是工程项目管理信息系统（PMIS）的重要组成部分。工程项目合同和投资管理信息系统主要协助解决两方面的内容：一方面是依据工程项目的总体进度安排、项目管理组织结构以及项目投资概预算建立项目投资编码系统；另一方面是根据工程项目合同，全面登记管理合同履行过程中与费用相关的各种信息，跟踪分析各类事件状况对工程项目投资以及合同费用的影响。

工程项目合同和投资管理信息系统需要与进度控制系统有机整合才能真正实现动态控制的目标。一般来说，工程项目合同和投资管理信息系统是项目建设过程中“静态”的有关费用及相关事项的记录与管理系统。有关工程项目动态费用分析、赢得值分析等往往在进度控制系统中实现，而在工程项目合同和投资管理信息系统中通过接口或集成调用进度管理系统中的相关数据加以展现（见图 8.8）。

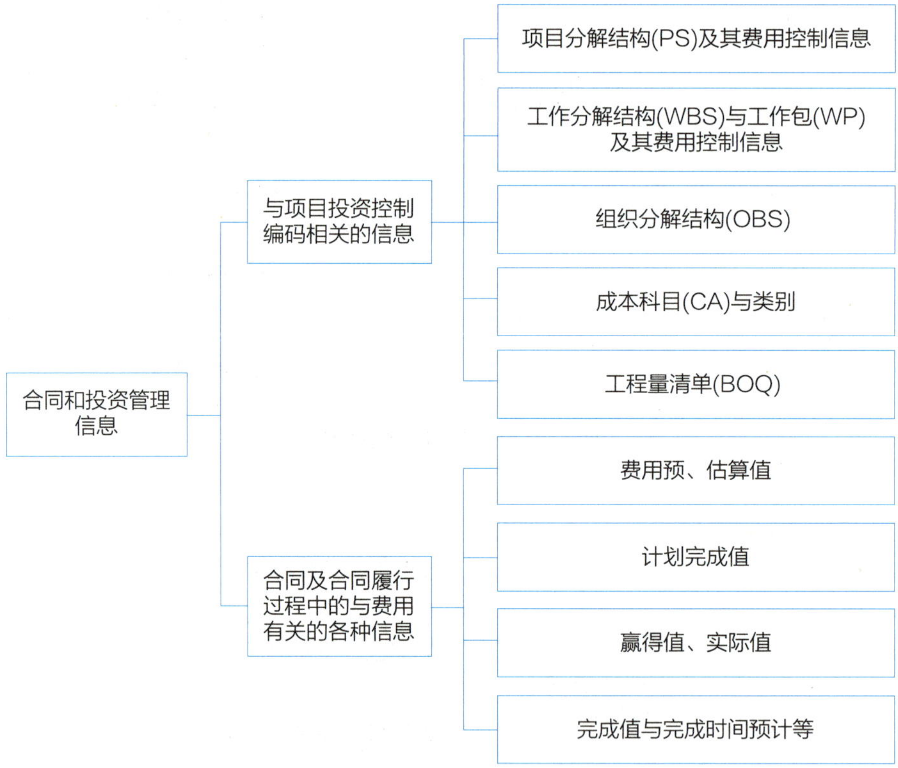

图 8.8 合同和投资管理信息内容

在系统实施过程中编码规则的制定以及基础数据的录入是信息系统实施的重要工作，而对于信息系统本身需要考虑的是编码定义的灵活性以及如何实现辅助自定义编码。合同和投资管理信息系统特有编码如

图 8.9 所示。

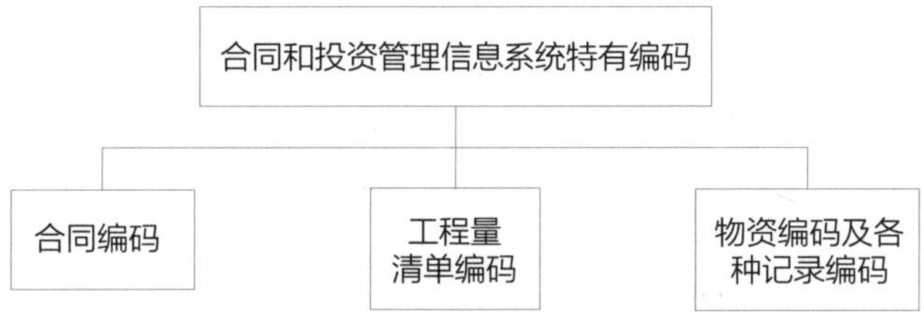

图 8.9　合同和投资管理信息系统特有编码

可从五个方面归纳总结工程项目合同和投资管理信息系统的功能需求，如图 8.10 所示。

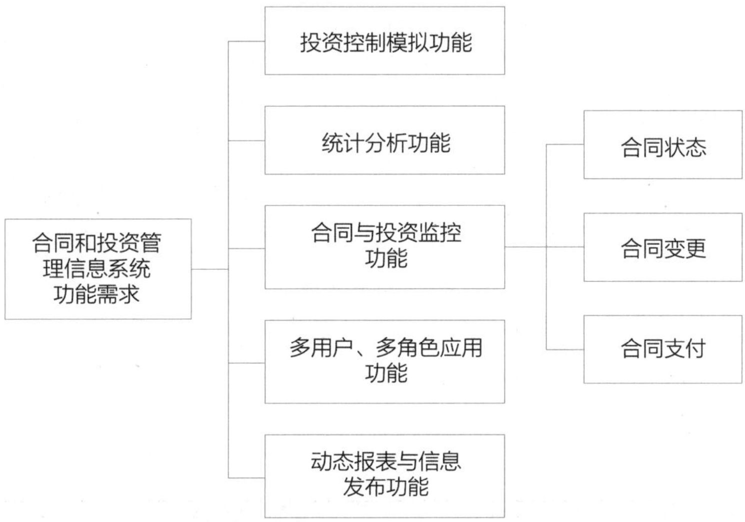

图 8.10　合同和投资管理信息系统功能需求

国内不少建设工程项目自行或委托开发合同与投资管理信息系统。这些系统往往由于需求分析的深度不够以及通用性有限只能解决辅助管理的一些工作，能够真正起到合同与投资控制作用的并不多见。市场上有一些项目合同与投资控制管理专业软件，如 Quikpen 的 Job Center、Emerging Solutions 的 Advantage、Frontrunner 的 Project Axis。在国内使用较多的软件为美国 Oracle 公司的 CM 软件（原 Primavera 公司的 Expedition 软件）、上海普华科技发展有限公司的 Power 系列软件（PowerPIP 和 PowerOn）以及广联达梦龙的 GEPS 软件等。Oracle CM 软件以合同控制为中心，该软件在工程合同与采购订单的静态记录管理以及概预算静态控制中能起到良好的作用。上海普华科技的 Power 系列软件和广联达梦龙的 GEPS 软件都是综合性的项目管理系统，包含了合同管理与费用控制功能。其中，Power 系列软件在国内工程公司及大中型建设工程项目中应用较广泛，GEPS 软件在建筑施工企业中有较多的应用案例。

【案例 8.1】

某核电集团项目进度计划控制

在某核电集团公司引进的第三代 EPR 堆型项目中，P6 软件在该核电设备制造活动的计划管理中起到了十分重要的作用。

在利用 P6 软件进行项目计划编制之前要进行项目分解。项目分解是对项目进行细化的过程，是对项目范围逐级分解的层次化结构。项目分解可能根据项目合同及分包合同的结构来进行，也可能根据项目管理的需求来进行。它将工程项目工作内容分解成较小、较易控制的管理单元或工作包，直到作业层，以便于项目计划的细化与编制，责任的落实与监控。

首先，根据合同要求及现有核电项目实施的经验，制定进度计划编制程序，以及项目管理模型。其次，根据项目的实际情况，对项目进行分解。最后，根据业主提供的一级计划以及合同规定的二级计划、相关土建安装时间及其他接口输入信息，制定三级、四级工程计划。核岛主设备项目计划主要数据内容有 EPS（企业项目结构）、WBS（作业分类结构）、作业代码、作业名称、原定计划工期、开工日期、完工日期等主要作业数据字段。一般在分解到 WBS 后，基本的项目关系结构及项目内的主要执行项次就可以较为清晰地表达出来了。P6 中的工作分解结构如图 8.11 所示。

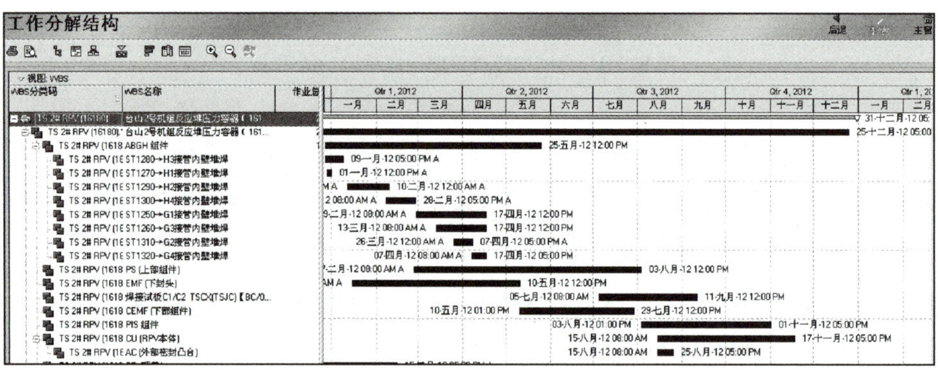

图 8.11　P6 工作分解结构

部分项目根据需要还在编制完作业基础数据后，对每道作业进行资源加载，如对设计工作设定工作量资源，根据工作量资源预测工作量的负荷分布情况，并进行合理调整。另外，还定义了许多项目管理所需要的各种作业分类码，如作业级别代码、里程碑代码、责任代码、阶段代码、区域代码、项目工程师代码、分包商代码、交货状态代码等。经过多次调整及计算后就形成了此项目设备制造的目标进度计划横道图（见图 8.12）。

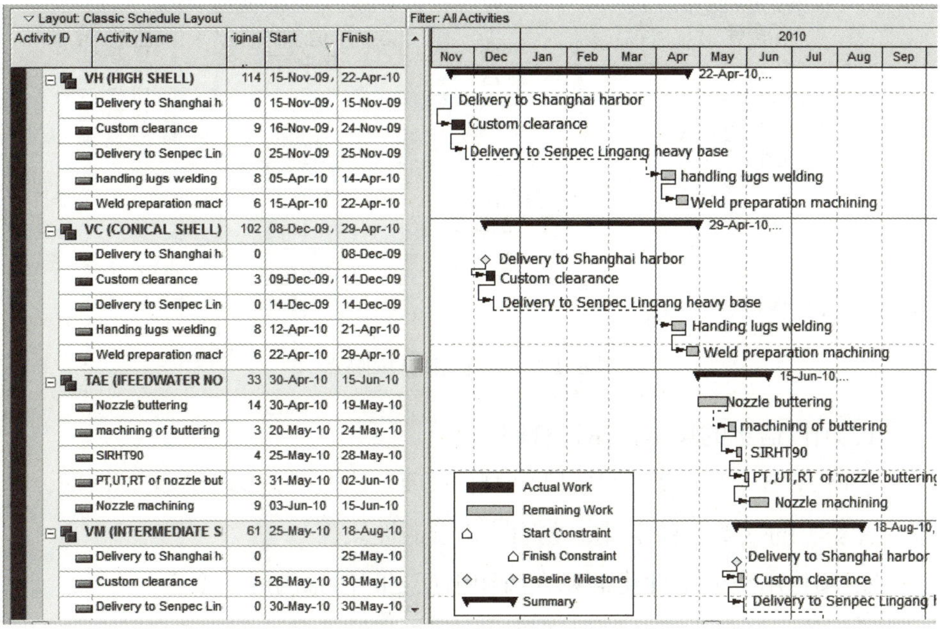

图 8.12　核岛设备制造计划主横道图

8.3　项目信息门户

8.3.1　项目信息门户的含义

项目信息门户指的是在网络基础上对项目信息进行集中存储和管理的系统，它为项目用户提供个性化的项目信息入口，并提供相互之间信息交流和沟通的渠道，从而为建设项目参与各方营造一个高效、稳定、安全的网络项目管理工作环境。

工程项目管理信息系统（PMIS）以专业功能见长，而项目信息门户在基于 Web 的跨组织多方协同工作平台、多种应用和信息的集成、决策支持三个方面具有明显的优势（见图 8.13）。

项目信息门户具有以下基本功能。

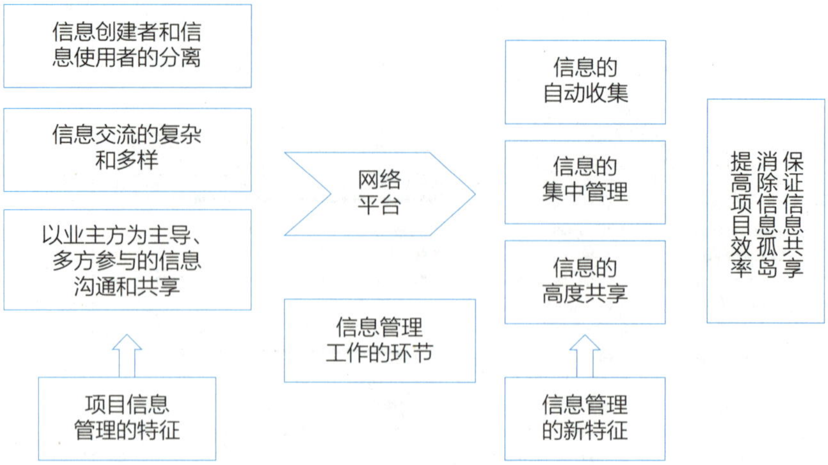

图 8.13　项目信息门户的特点

1. 项目信息的集中存储和管理

项目信息门户是以工程项目为中心对项目信息进行集中存储与管理，提高信息交流的效率、稳定性、准确性和及时性。

2. 项目用户的个性化信息入口和相互之间信息沟通的渠道

项目信息门户为每一项目成员设定了相应的信息处理和信息管理的职责和权限。项目成员可以从项目信息门户上最大限度地获取所需要的项目信息，在系统设定的范围和工作流程内有效地处理和利用信息，实现对信息管理全过程的有序和有效参与。

3. 工程项目参与各方共同的网络项目管理工作环境

项目信息门户使工程项目信息的传递和处理变得灵活、方便和可靠，形成一个共同的、高效率的工作环境。同时，由一个系统软件在网络环境下对工程项目的信息存储、管理和交流等工作活动进行管理和监控，避免了人为情况下的很多不稳定和不安全因素，从而为工程项目提供一个稳定和安全的工作环境。

【小贴士】

项目信息门户（PIP）和工程项目管理信息系统（PMIS）

PMIS 是参与项目的某一方或几方，为有效控制项目的投资、进度、质量目标，主要利用信息处理技术，处理与项目目标控制有关的结构化数据，为工程项目管理者提供信息处理的结果。项目参与各方有各自的 PMIS。PMIS 是一个相对封闭的信息系统，其核心功能是目标控制。

PIP 则是项目参与各方为有效地进行信息沟通和共享，利用信息管理和通信技术，提供个性化的信息获取途径和高效协同工作的环境，可以集中存储、处理 PMIS 所产生的目标控制数据。

项目的成功既需要 PMIS 提供有效的目标控制功能，也需要 PIP 提供良好的信息沟通和协作功能。

8.3.2 项目信息门户的功能和应用实施

1. 项目信息门户的功能

项目信息门户的核心功能（见图 8.14）包括：信息交流（project communication）、文档管理（document management）、协同工作（project collaboration）。

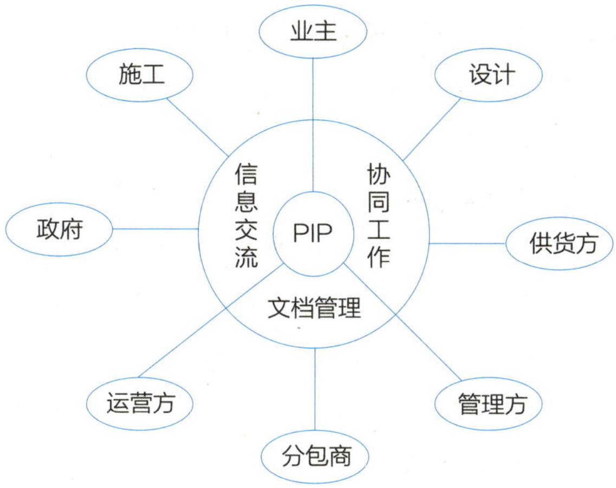

图 8.14 项目信息门户的核心功能图

（1）项目各参与方的信息交流。工程项目各参与方的信息交流功能主要是使业主方以及项目各参与方之间在项目范围内进行信息交流和传递。如电子邮件传递信息功能、预定项目文档的变动通知功能等。

（2）项目文档管理。工程项目文档管理功能包括文档查询、文档上传和下载、文档在线修改以及文档版本控制等功能。

（3）项目各参与方的协同工作。工程项目各参与方的协同工作功能，能够使项目各参与方在 PIP 中在线完成同一份工作，如工程项目相关事项的讨论功能、在线图纸信息编辑更改功能、在线报批功能。

项目信息门户（PIP）的产品还有一些扩展功能，如多媒体的信息交互、电子商务功能等（见表 8.1）。

表 8.1 信息门户的功能

功能	细分功能
信息交流	变更提醒、公告发布、团队目录、书签管理
文档管理	文档查阅、版本控制、文档的上传和下载、在线审阅
工作流管理	工程变更、处理跟踪、处理统计
协同工作	项目邮件、BBS、实时在线、视频会议
项目管理	任务管理、项目日历、进度控制、投资控制
系统管理	用户安全、安全控制、用户帮助与培训、界面制定、历史记录

项目信息门户借助于现代信息技术建立一个建设工程项目信息平台，供项目各参与方共同使用，通过各个参与方之间的协作和沟通，实现优势互补，从而使得工程项目的整体利益最大化，进而实现各项目参与方的利益，实现各参与方共赢的最终目的。

2. 项目信息门户的应用实施

项目信息门户的应用实施应选用已有的 PIP 商品软件，如不适用也可自行进行软件的设计开发，设计出符合企业自身条件的软件产品。

项目信息门户系统实施成功的基本条件有两个，一个是要有先进、适用的 PIP 软件产品，另一个就是要有科学、合理的 PIP 系统实施组织设计，即从技术层面、组织和管理层面以及合同法律层面对 PIP 的成功实施提供保证。

8.3.3 项目信息门户的产品

目前，在欧美等工业发达国家的建筑业，基于互联网的项目信息门户的建设成为建筑业信息技术应用的热点。据统计，全球范围内，专门为建筑业的企业提供基于互联网的项目信息门户软件产品和应用服务的厂商就有数百家，其中既有像 Meridian、Primavera、Bently、Framework Technologies 和 Webproject 这样的著名项目管理软件供应商，也有 Bidcom.com、e-Builder Buildonline.com 和 Crephen.com 这样的应用服务提供商。

ProjectWise 是一个面向工程企业的三级客户/服务器体系结构、运行于 Microsoft Windows NT 网络操作系统上的工程信息管理系统。它是由美国 Bentley 系统公司提供的，可实现工程设计流程控制及图档管理的需求。

ProjectWise 是典型的三层体系结构，既能提供标准的客户端/服务器（C/S）访问方式，以高性能的方式（稳定性和速度），满足那些使用专业软件（CAD/GIS等）的用户的需求，包括工程师、测绘人员、设计师等，同时也提供浏览器/服务器（B/S）访问方式，以简便、低成本的方式满足项目管理人员的需求。

【案例8.2】

项目信息门户的应用

1. 大型工程项目的业主建立的基于互联网的项目信息门户

3Com公司作为一家实力雄厚的业主单位，在Internet上建立了自己的基于互联网的项目信息门户作为管理公司建设项目的平台。它通过这一平台在全球建筑市场上完成的工程造价总额已达到4.5亿美元。作为参与投标的条件，其要求所有项目的承包商和设计单位都必须与Internet连接，使用基于互联网的项目信息门户作为项目信息沟通的工具。使用基于互联网的项目信息门户的工程项目在项目的设计和施工阶段节省了大量的时间和费用，而且作为在建项目的业主，3Com公司在运营维护阶段还可以利用这些集中存储的信息对项目设施进行行之有效的管理。

2. 由实力雄厚的承包商采用基于互联网的项目信息门户进行项目信息交流和沟通

美国建筑公司Webcor所承担的一个建设工程项目是在加州的Santa Clara兴建一座12层的办公楼，该项目的合同总金额为5 000万美元，项目业主在纽约，项目设计单位则在旧金山，其他项目参与单位也是分布在全美各地。Webcor Builders公司使用Cephren公司的ProjectNet TM系统进行信息交流和沟通，节省了信息交流和沟通成本约5万美元。该公司总裁认为，如果所有的分包商都采用这一系统进行项目信息交流的话，总的信息交流和沟通成本可以节约20万美元。

3. 租用第三方的基于互联网的项目信息门户服务进行项目信息交流和沟通

在美国拉斯维加斯兴建的一个大型项目The Venetian，其项目参与单位遍布全球各地。项目有着十分严格的目标要求，其投入使用时间每延误1天将给项目的发展商带来700万美元的损失。在项目管理咨询单位的建议下，建设单位以每月1 250美元的价格租用了Blue-Line/On-Line公司提供的Project Extanet服务，利用该公司的网站作为项目信息交流和沟通与协同工作的平台。通过网站提供的变更提醒、事务追踪等功能，帮助分布在全球各地的设计、咨询单位和设备供应商进行协同工作，最终按时完成了项目。

8.4 BIM 技术及其应用

8.4.1 BIM 技术的概念

1974 年，被誉为 BIM 之父的查克·伊士曼教授提出了 BIM 的设想，预言未来将会出现可以对建筑物进行智能模拟的计算机系统，并将这种系统命名为 building description system。20 世纪 70 年代和 80 年代，BIM 的发展虽受到 2D CAD 的冲击，但学术界对 BIM 的研究从来没有中断。1986 年，美国学者罗伯特·爱什提出了 building modeling 的概念，这一概念与现在业内广泛接受的 BIM 概念非常接近，包括三维特征、自动化的图纸创建功能、智能化的参数构件、关系型数据库等。在 building modeling 概念提出后不久，building information modeling 的概念就被提出。但受当时计算机硬件与软件水平的影响，BIM 的思想还只是停留在学术研究的范畴，并没有在行业内得到推广。BIM 真正开始流行是 2002 年以后，得益于软件开发企业的大力推广，很多业内人士开始关注并研究 BIM。现在，和 BIM 相关的软件、互操作标准都得到了快速的发展，Autodesk、Bentley、Graphisoft 等全球知名的建筑软件开发企业纷纷推出了自己的产品。

关于 BIM 的定义，不同机构有不同的理解方式。由美国国家建筑科学研究院联合设施信息委员会等国际著名的建筑协会一起编制的国家建筑信息模型标准 NBIMS（NBIS 2008）中对 BIM 进行了如下定义：建筑信息模型是对设施的物理特征和功能特性的数字化表示，它可以作为信息的共享源从项目的初期阶段开始为项目提供全生命周期的信息服务，这种信息的共享可以为项目决策提供可靠的保证。这一定义是目前对 BIM 较为权威的阐释，得到了广泛的认可。而美国的佐治亚理工学院（Georgia Institute of Technology）的查克·伊士曼教授与另外三位 BIM 研究专家在 2008 年出版的 BIM Handbook 中对 BIM 进行的定义是：building information model 是对建筑设施的数字化、智能化表示；building information modeling 是应用这种模型进行建筑性能模拟、规划、施工、运营的活动，建筑信息模型不是一个对象，而是一种活动。

building information model 和 building information modeling 虽然都可以缩写为 BIM，但却有着不同的含义：前者是一个静态的概念，而后者是一个动态的概念。静态的建筑信息模型（building information model）可以从

building、information、model 三个方面去解释。building 表示的是 BIM 的行业属性，BIM 服务的对象是建筑业而非其他行业，其他行业也有产品数据模型，如制造业的 product data model；information 是 BIM 的灵魂，BIM 的核心是在不同的阶段为不同的组织提供各种与建筑产品相关的信息，包括几何信息、物理信息、工程信息、价格信息等；model 是 BIM 的信息创建和存储形式，建筑设施的信息可以表达成多种方式，如图纸、文本文件、Excel 表格等，而 BIM 中的信息是以模型的形式创建和存储的，这个模型具有三维、数字化、面向对象等特征。由于建筑物的方案、设计、施工、交付是一个过程，因此，building information model 的应用也是一个过程，应用模型来进行设计、建筑、运营、管理的过程可以被认为是 building information modeling，而随着建设过程的推进，building information model 中的信息也在不断地被补充和完善。

查克・伊士曼教授在其著作 BIM Handbook 中还指出，BIM 并不能简单地被理解为一种工具，它体现了建筑业广泛变革的人类活动，这种变革既包括了工具的变革，也包括了生产过程的变革。由此可见，随着 BIM 理论的不断发展，广义的 BIM 已经超越了最初的产品模型的界限，正被认同为是一种应用模型来进行建设和管理的思想和方法，这种新的思想和方法将引发整个建筑生产过程的变革。

BIM 的根本价值点是能极大地改进建筑业在过程、专业、组织等方面割裂的问题，通过提高各方面协同集成水平，从而提高建筑业的生产效率，如图 8.15 所示。

图 8.15　BIM 应用价值体现

BIM 中重要的不是 3D 模型，而是其中有序、可靠、及时的信息，信息（内容）的创建、共享、应用和管理是 BIM 发挥其功能和价值的基础（见图 8.16）。而 BIM 通过其信息应用的广度和深度增加了这一有利基础条件，可极大程度上发挥其价值，为所应用的建设项目创造长久持续的价值。

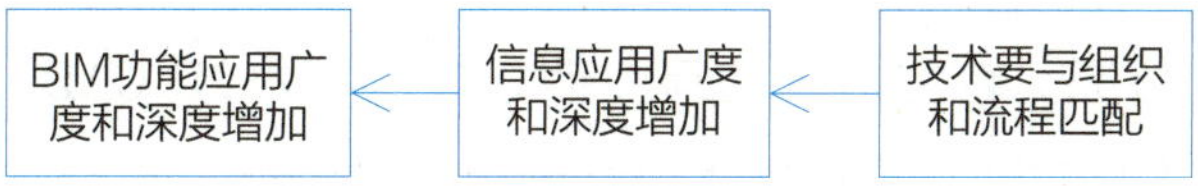

图 8.16　BIM 价值的基础要求

8.4.2 BIM 技术在项目管理中的应用

1. BIM 的特征

（1）技术特征。

① 信息存储结构具有多元化特征。相比 2D CAD 设计软件，BIM 最大的特点就是摆脱了几何模型的束缚，开始在模型中承载更多的非几何信息，如材料的耐火等级、材料的传热系数、构件的造价与采购信息、质量、受力状况等一系列扩展信息。也正是 BIM 构件信息的多元化特征，使其除了具有一般 3D 模型的功能外，还可以模拟建筑设施的一些非几何属性，如能耗分析、照明分析、冲突检查等。

② 以参数化建模作为创建模型的主要技术。BIM 的主要技术是参数化建模技术。操作的对象不再是点、线、圆这些简单的几何对象，而是墙体、门、窗、梁、柱等建筑构件。BIM 将设计模型（几何形状与数据）与行为模型（变更管理）有效结合起来，在屏幕上建立和修改的不再是一堆没有建立起关联关系的点和线，而是由一个个建筑构件组成的建筑物整体。

③ 以联合数据库的分类模型作为模型系统的实现方法。由于 BIM 内含的信息覆盖范围包括了项目的整个建设周期，因此模型必须包含相当多的建筑元素才能满足项目各参与方对信息的需求，采用联合数据库的分类模型则可让不同专业的组织参与方通过一个模型进行交流，从设计准备到初步设计再到施工图设计的各阶段，项目不同的参与方通过基本模型获取所需的信息来完成自己的专业模型，然后把他们的成果通过 IFC 格式交换反馈到信息模型当中，传递到下一个阶段以供使用和参考。这种系统可行性强，而且模型在整个生命周期中可以充分利用。事实上，目前使用的 BIM 系统大都采用联合数据库的分类模型，而最终的信息集成则依靠专门的集成软件来实现，如图 8.17 所示。

④ 以通用数据交换标准作为系统间信息交换的基础。BIM 的核心是信息的交换与共享，而解决信息交换与共享的核心在于标准的建立，有了统一的数据表达和交换标准，不同系统之间才能有共同语言，信息的交换与共享才能实现。

（2）实践特征。较之传统建筑业信息技术（如 2D CAD），BIM 技术具有创新性，其不是对现有行业技术进行简单改进修补式的局部创新，而是突破性创新。BIM 技术的出现，改变了工程项目信息的内容、表达方式及使用方式，如图 8.18 所示。结合现有文献研究和实践成果，BIM 技术主要有三种实践特征：技术跨组织性、内嵌高度任务相依性及外源非定制性。

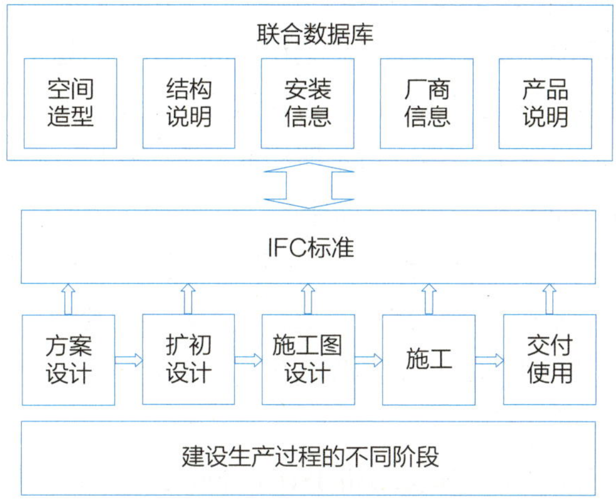

图 8.17　BIM 的分布式数据库模型

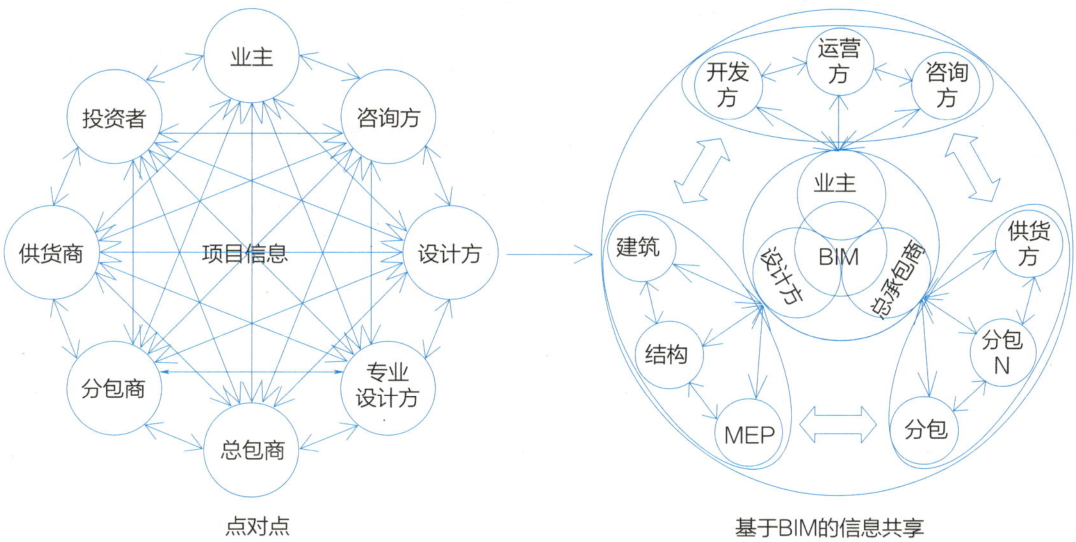

图 8.18　基于 BIM 的信息共享

基于 BIM 技术的应用过程，可以将其应用任务活动分为两种：模型构建及功能分析、基于模型的信息沟通与协调。

2. BIM 技术的标准和规划与工程项目管理的联系

（1）BIM 标准与工程项目管理。建筑数据模型中的信息随着建筑全生命周期各阶段（包含规划、设计、施工、运营等阶段）的展开，将会被逐步积累。考虑到这些信息横跨建筑全生命周期各个阶段，并由大量的技术和管理人员使用不同的应用软件产生并共享，为了更好地进行信息共享，有必要制定和应用与 BIM 技术相关的标准。

BIM 标准将规定什么人在什么阶段产生什么信息，信息应该采用什么格式，以及信息应该如何分类三方面的内容。

① 与 BIM 标准相关的基础标准。目前，在 BIM 标准的编制过程中，主要利用了三类基础标准，即建筑信息组织标准、BIM 信息交付手册标准以及数据模型表示标准。在这三类标准中，建筑信息组织标准用于分类编码标准和过程标准的编制，BIM 信息交付手册标准用于过程标准的编制，而数据模型表示标准则用于数据模型标准的编制。

② 分类编码标准。建筑全生命周期涉及大量的信息，有效地存储与利用这些信息是相关参与方降低成本、提高工作效率的关键，而实现信息的有效存储与利用的基础是信息分类和代码化，分类编码标准则是实现这些目标的必不可少的部分。

OmniClass 标准是参考国际标准 ISO 12006-2 与 ISO/PAS 12006-3 开发的建筑信息分类与编码标准，涵盖了建筑全生命周期（包含规划、设计、施工、运维等各阶段）的所有信息（如建筑原料、建筑过程、建筑产品、建筑专业等），图 8.19 展示的是 OmniClass 标准表 21“元素”分类结构示意图。

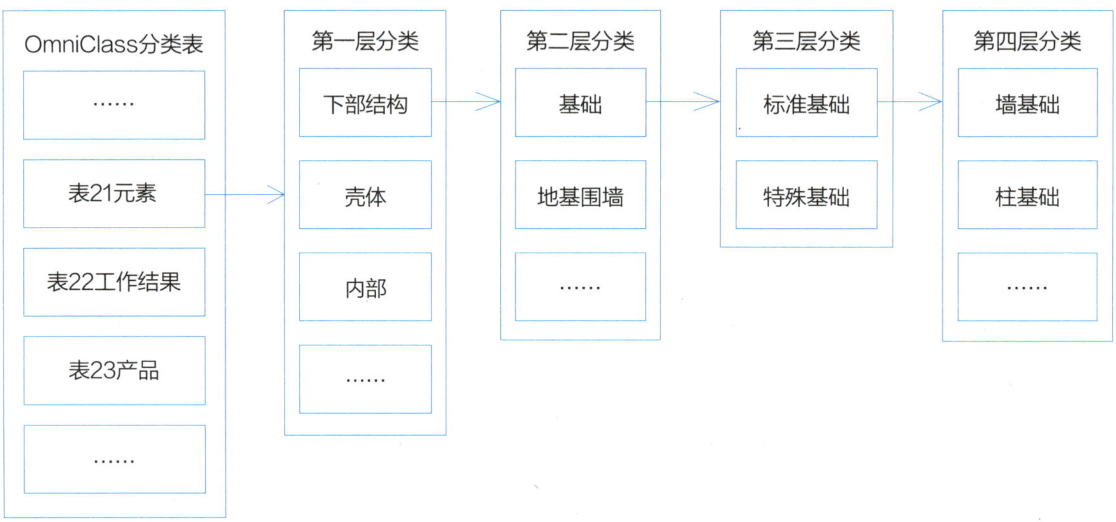

图 8.19　OmniClass 标准表 21“元素”分类结构示意图

③ 数据模型标准。数据模型标准规定用以交换的建筑信息的内容及其结构，是建筑工程软件交换和共享信息的基础。目前国际上获得广泛认可的数据模型标准包括 IFC 标准、CIS/2 标准和 gbXML 标准。我国已经采用 IFC 标准的平台部分作为数据模型标准。

IFC 标准是开放的建筑产品数据表达与交换的国际标准，由国际组织 buildingSMART 制定并维护，可被应用在从勘察、设计、施工到运营的工程项目全生命周期中。IFC 标准采用面向对象方法进行描述，其体系架构如图 8.20 所示。IFC 标准的体系架构由 4 个层次构成，从下到上分别是资源层、核心层、共享层和领域层。

图 8.20　IFC 标准的体系架构

④ 过程标准。在建筑工程项目中，BIM 信息的传递分为横向传递（不同专业间）与纵向传递（不同阶段间）两种，制定过程标准就是为了保证信息传递的准确性与完整性，对传递过程中涉及的信息内容、传递流程、参与方等部分进行规定，从而提高项目各参与方、各阶段间的 BIM 信息传递的效率与可靠性。过程标准主要包含三类标准，即 IDM 标准、MVD 标准以及 IFD 库。

（2）项目级 BIM 实施规划在工程项目管理中的应用。

① 编制 BIM 实施规划的重要性。项目级 BIM 实施规划有助于将 BIM 技术与工程项目实施的具体流程和实践融合在一起，发挥 BIM 技术应用的功能和巨大价值，提高实施过程中的效率。BIM 实施规划应该明确项目 BIM

应用的范围，确定 BIM 工作任务和流程，确定项目各参与方之间的信息交换，并描述支持 BIM 应用需要项目和公司提供的服务和任务。内容包括 BIM 项目实施的总体框架和流程，并且提供各类技术相关信息和多种可能的解决方案和途径。

A. 多种解决方案。可帮助项目团队在项目各阶段（包括设计、施工和运营）创建、修改和再利用信息量丰富的数字模型。

B. 多种分析工具。可在项目动工前透彻分析建筑物的可施工性与潜在性能，利用这些分析数据，项目团队可在建筑材料、能源和可持续性方面更加明智地决策并尽早发现和预防构件（如管道和梁）间的冲突，减少资金的损失。

C. 项目协作沟通信息平台。不仅有助于强化业务过程，还可以确保团队所有成员以结构化方式共享项目信息。

② BIM 实施规划的编制原则。从技术层面分析，BIM 可以在建设项目的所有阶段使用，也可以被项目所有参与方使用，可以完成各种任务和应用。项目级 BIM 实施规划应根据项目建设的特点、项目团队的能力、当前的技术发展水平、BIM 实施成本等多个方面综合考虑得出对特定建设项目性价比最优的方案。

BIM 的实施规划时间应该涵盖项目建设的全过程，包括项目的决策阶段、设计准备阶段、设计阶段、施工阶段和运营阶段，并且要涉及项目的各个参与单位。考虑到 BIM 技术可以跨越建设项目各个阶段使用，因此应在建设项目的早期成立 BIM 实施规划团队，在项目规划设计阶段的初期进行编制，并且随着项目的进行而不断深入和完善。

BIM 实施规划编制前，项目团队成员应对项目应用的战略目标与定位、参与方的机会与职责、项目团队业务实践经验、项目团队的工作流程以及所需要的相关培训等进行分析和研究。项目级 BIM 实施规划团队需包括业主、施工单位、材料供应商、设备供应商、工程监理单位、设计单位、勘测单位、物业管理单位等项目的主要参与方。业主或项目总承包单位是最佳的 BIM 规划团队负责人。若项目参与方还没有较为成熟的 BIM 实施经验，可以委托专业的 BIM 咨询服务公司牵头制定项目级实施规划。

③ BIM 实施规划编制的主要内容。为了保证 BIM 项目的高效和成功实施，相应的实施规划要包括 BIM 项目的目标、流程、信息交换要求和软硬件基础设施 4 个部分。项目级 BIM 实施规划流程分为 4 个步骤，这种流程编排旨在引导业主、项目经理、项目实施方通过一种结构化的程序来编制详尽和一致的规划，如图 8.21 所示。

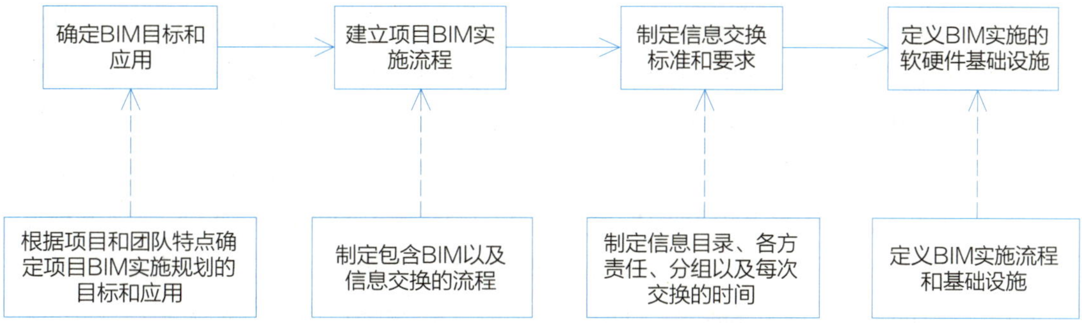

图 8.21 项目级 BIM 实施规划内容和步骤

A. 确定 BIM 目标和应用。明确项目 BIM 实施规划的总体目标可以清晰地识别 BIM 可能为项目和项目团队带来的潜在价值。BIM 实施目标应该与建设项目的目标密切相关，包括缩短工期、提高现场生产能力、提高质量、减少工程变更、成本节约、利于项目的设施运营等。BIM 的实施目标还应该与提升项目团队成员的能力相关。

BIM 技术的功能应用是项目级实施规划中一个非常重要的内容，它明确了 BIM 技术在建设项目实施中应用的功能和潜在价值。美国宾夕法尼亚州立大学的计算机集成化施工研究组（The Computer Integrated Construction Research Program of the Pennsylvania State University）在其发表的 BIM Project Execution planning Guide Version 2.0 中，总结了美国建筑市场上 BIM 的 25 中常见的应用。该总结在行业内得到了广泛的认同，可以在 BIM 实施规划中结合具体项目参考应用。

B. 建立项目 BIM 实施流程。控制 BIM 实施流程需要确定每个流程之间的信息交换模板，并为后续策划工作提供依据。BIM 实施流程包括总体流程和详细流程。总体流程描述整个项目中所有 BIM 应用之间的顺序以及相应的信息输出情况；详细流程则进一步安排每个 BIM 应用中的活动顺序，定义输入与输出的信息模块。

在编制 BIM 总体流程图时应考虑以下三项内容：a. 根据建设项目的实施阶段确定 BIM 应用的功能；b. 定义每个 BIM 应用的责任方；c. 确定每个 BIM 应用的信息交换模板。

C. 制定信息交换标准和要求。在 BIM 技术应用实施过程中，如果前一 BIM 应用所输出的信息与后一 BIM 应用所需输入的信息不能完全吻合，其原因不仅和软件的开发水平相关，还与每个 BIM 应用所处的项目进展阶段、应用的人员及应用目标和功能相关。BIM 技术的应用涉及项目实施的多个参与单位和多名参与专业人员，定义 BIM 信息交换标准和要求就成为保障 BIM 应用获得所期望效果的必要工作。一般应考虑以下因素：a. 信息接收方：确定需要接收信息并执行后续 BIM 应用的项目团队或成员。b. 模型文件类型：列出在 BIM 应用中使用的软件名称及版本号，它对于确定 BIM 应用之间的数据互用是必要的。c. 建筑元素分类标准用于组织模型元素：目前，国内项目可以借用美国普遍采用的分类标准 UniFormat，或已被纳入美国国家 BIM 应用标准的最新分类标准 OmniClass。d. 信息详细程度：信息详细程度可以选用某些规则，如美国建筑师协会定义的模型开发级别（Level of Development，LOD）规则等。e. 注释：用于解释未被描述清楚的内容。

D. 定义 BIM 实施的软硬件基础设施。BIM 实施的软硬件基础设施主要是指在明确应用目标和信息交换要求和标准的基础上，确定整个技术实施的软硬件和网络配置方案，这些基础设施是保障 BIM 实施的基础和必要条件，一般情况下，包括计算机技术和项目管理治理环境两部分内容。

3. BIM 技术在建设项目全生命周期的应用

越来越多的工程项目在招投标阶段就要求投标人具备相应的 BIM 团队规模、部门设置和 BIM 体系标准；在项目管理过程中要求承包方具备相应的 BIM 操作能力、技术水平和管理经验。

为提高项目管理水平，采用 BIM 技术，按照 BIM“全过程、全寿命”辅助工程建设的原则，改变原有的工作模式和管理流程，建立以 BIM 为中心的项目管理模式，涵盖项目的投资、规划、设计、施工、运营各个阶段。

BIM 是一种工具，也是一种管理模式，在建设项目中采用 BIM 技术的根本目的是更好地管理项目。BIM 技术只有在项目管理中“生根”，将 BIM 技术和项目管理紧密联系在一起，才能发挥更大的价值。

（1）BIM 在建设项目全生命周期的功能应用。2009 年，美国宾夕法尼亚州立大学的计算机集成化施工研究组（The Computer Integrated Construction Research Program of the Pennsylvania State University）完成了一个 bSa（building SMART allience）项目，其研究成果写成了《BIM 项目实施计划指南》（BIM Project Execution Planning Guide）第一版，到了 2010 年又发表了 BIM Project Execution Planning Guide 的第二版。在这个指南中，对美国建筑市场上 BIM 技术的常见应用进行了调查、研究、分析、归纳和分类，得出了 BIM 技术的 25 种常见的应用，如图 8.22 所示。

BIM 功能应用按照工程项目策划、设计、施工到运营的各阶段排序，范围较为宏观、概括，便于 BIM 团队根据工程项目的实际情况从中选择。

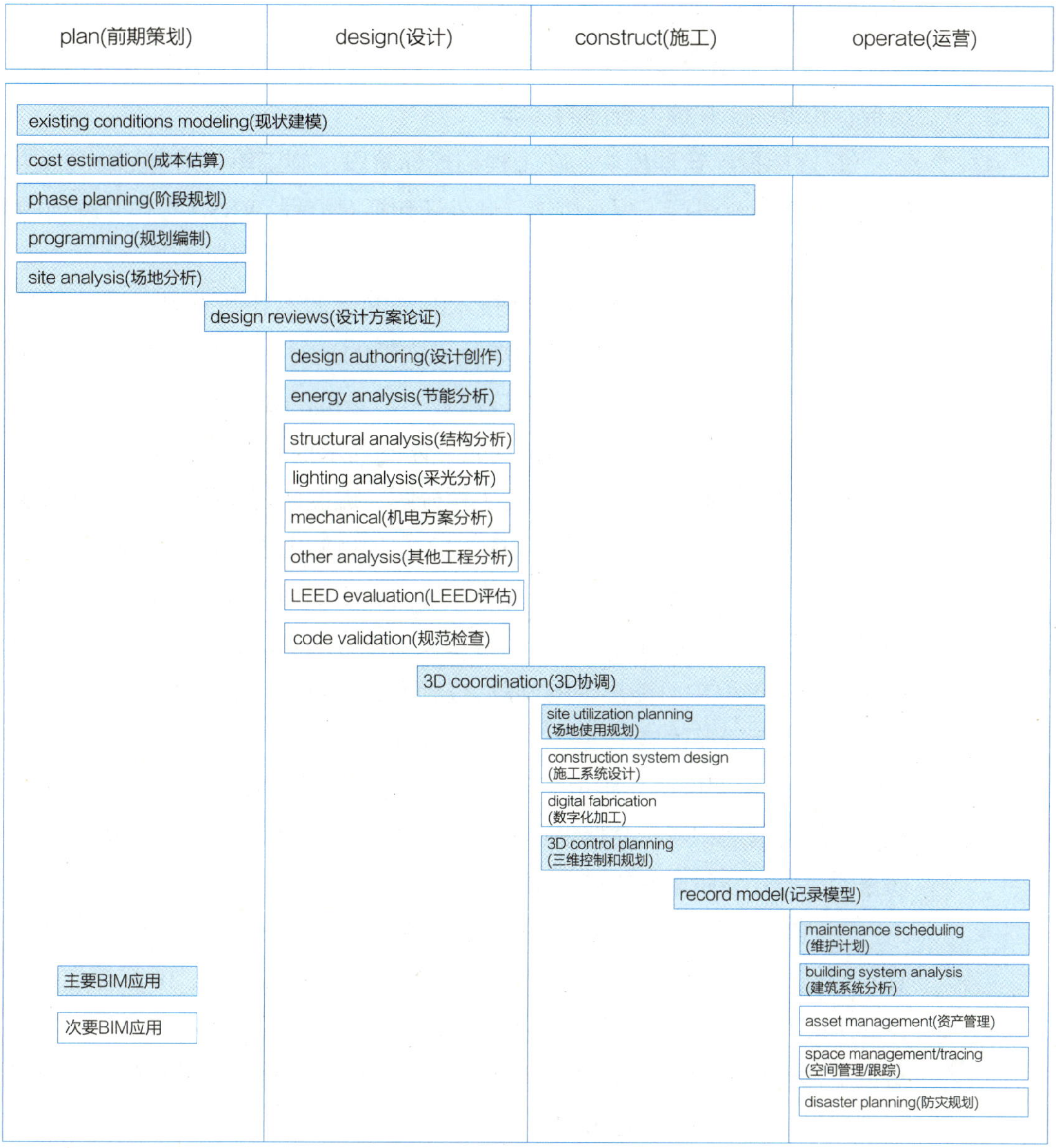

图 8.22　BIM 的 25 种功能应用

另外，美国教授 Salman Azhar、Michael Hein 等指出，BIM 模型是由包含建筑物的所有相关信息的一系列“SMART 对象”所组成，可用于可视化和参数化设计、图纸复核、法规分析、成本估计、建造模拟、界面和碰撞检测等方面。

（2）基于 BIM 技术的工程项目管理。BIM 技术具有一系列应用优势和价值，使其逐渐在施工进度管理、工程造价管理、安全管理以及运维管理等过程中得到了具体的应用。

基于 BIM 技术的工程项目管理信息系统，在以下方面对工程项目进行管理，以充分发挥基于 BIM 的项目管理理念。

① 项目前期管理模块。主要是对前期策划所形成的文件和 BIM 成果进行保存和维护，并提供查询的功能。

② 招标投标管理模块。在工程招投标阶段，施工单位对照招标方提供的工程量清单，进行工程量校核，此外还包括对流程、WBS（工作分解结构）及合同的约定。

③ 进度管理模块。采用 BIM 技术的进度管理不等同于 4D 模拟，模拟仅仅是一种记录和追溯，基于 BIM 技术实现的是对进度的比对和分析。基于 BIM 的工程项目施工进度管理应以业主对进度的要求为目标，基于设计单位提供的模型，将业主及相关利益主体的需求信息集成于 BIM 模型成果中，施工总包单位以此为基础进行工程分解、进度计划编制、实际进度跟踪记录、进度分析及纠偏等工作。BIM 为工程项目施工进度管理提供了一个直观的信息共享和业务协作平台，在进度计划编制过程中打破各个参建方之间的界限，使参建各方各司其职，支持相关主体协同制定进度计划，提前发现并解决施工过程中可能出现的问题，从而使工程施工进度管理达到最优状态，更好地指导具体施工过程，确保工程高质、准时完工。

④ 质量管理模块。质量管理是一个质量保证体系，通过以验收为核心流程的规范管理和质量文档来实现。质量管理模块则用于对设计质量、施工质量和设备安装质量等的控制和管理。

⑤ 工程造价管理模块。BIM 技术的成熟推动了工程软件的发展，尤其是工程造价相关软件的发展。第一是从 2D 工程量计算进入 3D 模型工程量计算阶段，完成了工程量统计的 BIM 化；第二是逐渐由 BIM4D（3D + 时间/进度）建造模型发展到 BIM5D（3D + 成本 + 进度）全过程造价管理，实现工程建设全过程造价管理 BIM 化。

⑥ 费用控制管理模块。在项目实施过程中进行动态成本分析时，需要将模型信息、流程和 WBS 工作任务分解紧密联系在一起，其中模型信息反映了费用的要素，流程反映的是对资金的控制，WBS 反映的是以某种方式划分的施工流程。

⑦ 合同管理模块。工程合同管理是对工程项目中相关合同的策划、签订、履行、变更、索赔和争议解决的管理。

⑧ 物资设备管理模块。基于工程量统计的材料管理，不仅在施工阶段发挥作用，而且在运营阶段为项目管理者提供了运营维护的便利。

⑨ 后期运行评价管理模块。项目结束后，项目管理过程中的数据记录为管理者提供了基于数据库的知识积累。

4. 应用案例

（1）BIM 在上海中心大厦工程中的应用。上海中心大厦（见图 8.23）项目位于上海浦东陆家嘴地区，总高度 632 m，建成后将成为上海最高的摩天大楼。从规模看，上海中心大厦是世界上第一次在软土地基上建造重达 85 万吨的单体建筑，也是世界上第一次在超高层建造 14 万 m^2 柔性幕墙，并且由于上海中心大厦的自身定位较高，因此给建设团队带来了诸多高难度的挑战，如系统分支复杂，项目参建单位众多，海量信息有效传递的难度大，有大量创新设计理念和应用，成本控制难度大。为了应对这些挑战，建设方做出了“建设单位主导、参建单位共同参与的基于 BIM 技术的精益化管理模式”的战略选择，在项目建设中引入 BIM 技术，在设计阶段基于 BIM 模型进行大量模拟分析，达到精细设计要求，施工阶段进行专业间碰撞检查、施工模拟分析以及增加工厂预制，设计和施工过程中形成的模型和信息为后面的运营维护提供帮助，实现物业管理一站式服务。

图 8.23　上海中心大厦

（2）BIM 在 Camino 医疗集团项目上的应用。坐落于美国加利福尼亚的 Camino 医疗集团项目（见图 8.24）是一个新型医疗建筑设施，建筑面积 2.3 万 m^2，建成后包括一个三层综合医疗楼以及一个大型停车场。在本项目中，项目业主方 Sutter 医疗集团通过使用 BIM 技术（特别是 3D/4D 技术），为项目的成功提供了良好保证。通过运用 BIM 技术，减少了现场的混乱程度，实现了构件更快、更准确的现场安装，减少了资源浪费，提高了生产效率（5%~30%），同时几乎没有产生任何返工（总计 36 000 人工时，返工 41 人工时）。

图 8.24　Camino 医疗集团项目示意图

5. BIM 技术的应用效益和展望

（1）BIM 技术的应用效益。对于 BIM 技术，各国政府和专业协会、学会也积极出台相关政策及实施规划，促进 BIM 的应用。美国总务管理局（GSA）自 2003 年即开始实施国家 3D–4D–BIM 项目，自 2007 年起便要求其所属的所有联邦建设项目均采用 BIM 技术。韩国则于 2010 年实施了公共采购服务项目，计划在 2016 年前所有公共建设项目采用 BIM 技术。我国政府则把对 BIM 的支持和引导列入“十二五”“十三五”规划当中，另外上海市通过的《关于在本市推进建筑信息模型技术应用的指导意见》也明确了对 BIM 技术的应用推广。

【小贴士】

BIM 技术应用状况

据统计，2010 年，美国已有 49% 的项目应用了 BIM 技术，西欧为 36%。韩国政府则规定，到 2016 年，所有政府投资的项目强制使用 BIM 技术。世界上很多国家和行业也有相似的规定。

McGraw-Hill（麦克劳希尔）发布的 SmartMarket 报告 The Business Value of BIM in North America：Multi-Year Trend Analysis and User Ratings（2007—2012）显示，在建筑业，总体而言北美地区的 BIM 采纳率从 2007 年的 28% 上升到 2012 年的 71%（见图 8.25），其中施工企业的 BIM 应用采纳率为 74%，高于建筑设计企业的 70%。

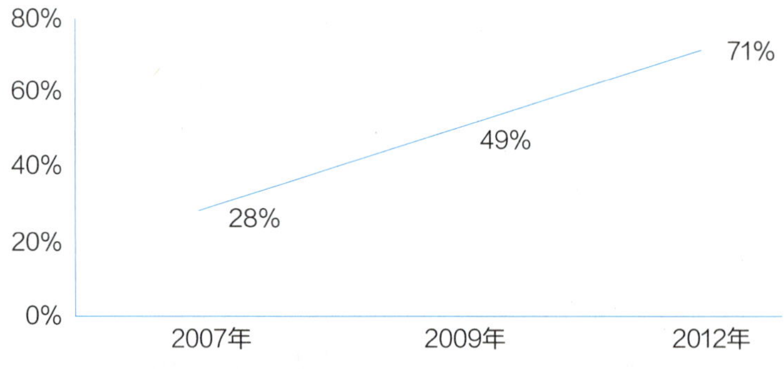

图 8.25　北美建筑业企业 BIM 技术采纳状况

（2）BIM 的应用价值。具体归纳起来，在建筑行业，BIM 主要有以下几个方面的应用价值。

① 更快速、更准确地计算成本，加强业主对成本控制的能力，减少成本超支的风险。在美国 One Island East Office Tower 项目上，因为采用了

BIM 的算量方法，业主保留了比平常更低的不可预见费。在 Hillwood 项目上，工程造价人员应用 BIM 算量方法节约了 92% 的时间，误差与手工计算相比只有 1%。

② 提高业主对设计方案的评估能力。在项目进行的各个阶段，业主都需要有管理和评价设计方案的能力。在传统的建设模式下，二维的图纸限制了业主对设计方案的理解，业主对设计方案的管理和评价都是依靠设计人员对业主的描述以及效果图来判断的，业主的需求经常会发生变化，但有时候很难判断新的要求是否已经被实现。BIM 的可视化功能可以极大地提高业主对方案的理解能力，有助于业主和设计人员及其他项目参与方之间进行更好的沟通。

③ 提高业主对市场的反应速度。在美国通用汽车厂房扩建的案例中，业主需要提高建设速度来抓住市场机遇，但同时又希望预算不要超支。项目团队应用了全新的建设流程——基于 BIM 的建设工程项目集成化交付模式（IPD），运用了自动化设计出图、模拟，场外构件生产等一系列创新的方法，最后比业主要求的工期还提前了 12.5%。

④ 提高建设设施的可持续性。据统计，一个 465 m^2 的建筑物 1 年的能耗为 7.5 万美元到 10 万美元。使用节约能源的系统可以每年减少 10% 的能耗，也就是 8 000 美元到 1 万美元。而这样一套系统的投资大约是 5 万美元，相当于 6 年所节约的能源总量。BIM 通过提供更好的设计和分析服务使建筑物可以更好地适应环境的变化，提高能源的利用效率。

⑤ 为设施管理提供更好的平台。在美国海岸警卫队建筑设施规划的案例中，设施管理者利用 BIM 来更新和编辑数据库，比传统的方法节省了 98% 的时间，不但提高了信息管理的效率，同时也节省了很多用来输入这些信息的人力。

【小贴士】

BIM 应用对施工现场生产效率的影响

美国麦克劳希尔公司（McGraw-Hill Construction）在 2012 年 BIM 报告中指出，施工企业 BIM 技术应用对施工现场生产效率有着重要的影响，包括以下 4 个方面：

（1）减少施工现场返工；

（2）缩短整个项目持续时间；

（3）减少施工图纸的错漏；

（4）有效推进业务的扩展。

BIM 正在改变建筑业内外部团队合作的方式。为了实现 BIM 的最大价值，需要重新思考工程项目管理团队成员的职责和工作流程，基于 BIM 的工作方式打破了原来不同的企业和数据使用者之间的固有界限，通过协同工作实现信息资源的共享。

BIM 技术的应用，能带来生产力和企业效能的提升，但在短期内却有可能因为对新技术的消化不够，而引起对工作流程的干扰，旧有业务失衡，产生项目风险。因此，在充分了解 BIM 应用价值的同时，也应深刻理解 BIM 技术应用可能带来的问题。研究表明，大约 70% 的针对 BIM 技术应用而进行的业务工作流程改造项目，会因为以下三个原因而失败：一是缺乏持续的有力的中高层领导的支持；二是不切实际的 BIM 项目目标和期望；三是项目成员对改变的抗拒。

（3）BIM 技术的未来发展。

① BIM 应用对于项目实施过程的影响。

A. BIM 4D 工具成为施工管理的技术手段。目前，很多 BIM 软件开发商都将 4D 功能作为 BIM 软件不可或缺的一部分，甚至一些小型的软件开发公司专门开发 4D 软件工具。BIM 的 4D 功能优势是传统基于 2D 图纸的施工管理模式所不能比拟的：a. 优化进度计划。相比传统的甘特图，BIM 可直观地模拟施工过程以检验施工进度计划是否合理有效。b. 模拟施工现场，更合理地安排物料堆放、物料运输路径及大型机械位置。c. 跟踪项目进程，可以快速辨别实际进度是否提前或滞后。d. 使各参与方与各利益相关者更有效地沟通。

B. 工程人员组织结构与工作模式发生变革。由于 BIM 智能化的应用，工程人员组织结构、工作模式及工作内容等将发生革命性的变化，体现在以下几个方面：a. 集成项目交付（IPD）模式下的人员组织结构不再是传统意义上的处于对立的单独的各参与方，而是集成工作的一个团队组织；b. 由于工作效率的提高，某些工程人员的数量编制将有所缩减，而专门的 BIM 技术人员数量将有所增加，对于人员 BIM 培训的力度也将增加；c. 制定统一规范的 BIM 标准。

C. 一体化协作模式的优势得到认同。建筑业的领头企业已经认识到未来的项目实施过程将需要一体化的项目团队来完成，且 BIM 的应用将发挥巨大的利益优势，大型施工企业未来的发展趋势是设立自己的设计团队。

D. 更多地服务于绿色建筑。BIM 技术可以为设计人员在分析能耗、选择低环境影响的材料等方面提供帮助。

② BIM 技术的发展趋势。

A. BIM 模型自动检测是否符合规范与可施工性。在新加坡，一些项目的 BIM 模型已经具备了自动检测是否符合规范与可施工性的性能。而一些以创新为主的公司，如 solibri 和 EPM，其基于 IFC 标准已经开发出了具有模型自动检测功能的软件（如 Jotne2007、Solibri2007）。

B. 制造商启用 3D 产品目录。越来越多的制造商顺应 BIM 发展的趋势，将其产品目录以 3D 的格式上传网络，用户可以下载需要的 3D 产品，并将其插入到已建的 BIM 模型中检查是否符合要求。

C. 多维（*n*D）项目管理模式。未来项目管理的维度将由三维（3D）发展到四维（4D）、五维（5D）甚至是多维（*n*D），虚拟建设模式已经不再停留在研究领域而是被广泛应用到项目管理中，并且越来越多的软件涌现出来支撑其应用。

D. 实现预制加工工业化与全球化。依靠 BIM 模型详尽且准确的信息，场外预制加工得以实现，且未来的发展将是实现预制加工的工业化与全球化，这些都大大节省了工期，提高了生产效率。

E. BIM 与 GIS。地理信息系统（GIS）是用来收集、存储、分析、管理和呈现与地理位置有关的城市信息数据，如城市的道路、燃气、电力、通信、供水等。在 2D 图纸时代，建筑信息与其他城市信息一起仅能呈现其位置，其间的联系与影响无从体现与管理。而到了 3D 模型时代，BIM 参数模型融入 GIS 系统中，二者相互联系，相互影响，BIM 建模过程需要充分考虑是否与周围的城市信息数据相冲突，而城市设施的改造等也将考虑既有建筑，其 BIM 模型将为决策提供指导。到了“3D+ 环境”时代，BIM 与 GIS 的结合将发挥更智能化的作用，但无论是技术还是管理，所面临的挑战也无疑是巨大的。

8.4.3 VDC/BIM 概念和框架

1. VDC 的概念

现今 BIM 技术的应用领域涉及上文提及的全生命周期的设计、施工及运维各个阶段，更加强调对建设项目全过程产品、组织、流程等各类信息进行集成化的表达和管理。BIM 技术的这一集成化理念在斯坦福的集成设施交付中心（CIFE）提出的虚拟设计与施工（virtual design and construction，VDC）理论中体现更为明显。虚拟设计与施工的概念自 CIFE 于 2001 年提出后几经修改，2007 年其定义为：虚拟设计与施工是在工程建设过程中通过应用多学科、多专业集成化的信息技术模型，对设计和施工项目进行建模和管理，来准确地反映和控制项目建设的过程，以成功地实现项目建设的目标。

2. BIM 和 VDC 的关系

从发展过程看，VDC 和 BIM 是同时代提出的工程项目模型化应用的不同视角，BIM 是 VDC 的一个子集，BIM 模型相当于 VDC 的产品模型，BIM4D 应用则相当于 VDC 的产品模型 + 流程模型，VDC/BIM 理论和方法将是未来建筑业信息化的发展方向。通过将 VDC 的集成模型应用于工程项目实践中，可以获得项目建设的完整数据和信息，辅助可视化设计过程，极大地提高设计效率。

3. VDC-POP 理论框架

虚拟设计与施工理论是集成化管理思想和信息技术在工程建设领域的创造性应用。VDC 建模方法的理论框架可以用集成的 POP 模型来概括。POP 模型是指产品（product）、组织（organization）、过程（process）模型。产品是指组织为了完成项目而交付的成果；组织是为完成产品而参与到项目中的单位或人；过程是指组织为了完成产品而经历的程序。

通过利用 POP 模型，可以使设计团队建立一个全新集成的多专业项目设计模型，用来支持下游的详细设计、施工组织计划，并且能够在其他工程项目中重复应用。借助 POP 模型，VDC 目标体系可以将项目目标划分为 3 类：可控目标、过程目标和成果目标，并通过完成可控目标实现过程目标这种梯层制的方式逐步实现项目的成果目标。

4. VDC-POP 理论框架的实践应用

自 2001 年来，斯坦福大学设施集成化工程中心已经在几十个不同类型的建设项目中应用 VDC 方法，并采用各种工具和模型完成项目建设，其中洛杉矶的迪斯尼音乐厅项目就是一个取得很好效益的典型案例。

该项目的 4D 模型由 June H. Marker 带领的 CIFE 团队和华特・迪士尼公司的研发小组共同完成。他们深入现场，和承包商紧密协作。在项目结束后的总结会上，项目建设各方一致认为 VDC 的应用在以下 3 个方面起到了关键的作用：

（1）进度安排与进度分析。运用 4D 模型能够模拟不同进度计划的实施效果，提前了解并分析不同计划的优缺点，相比于甘特图和关键线路图，4D 模型更容易发现计划中存在的潜在问题。

（2）团队协作和交流。VDC 的可视化模型使得项目建设各参与方间的会议讨论效率大大提高，可以允许更多的专业人员参与讨论，另外对于在项目进展中才参与进来的工程人员，4D 模型可以帮助他们更加迅速地了解项目的进展情况。

（3）团队建设。可视化的环境可以创造出解决问题的良好氛围，能够使得各方对问题的理解更加明确一致。

本章小结

本章内容的知识结构如图 8.26 所示。

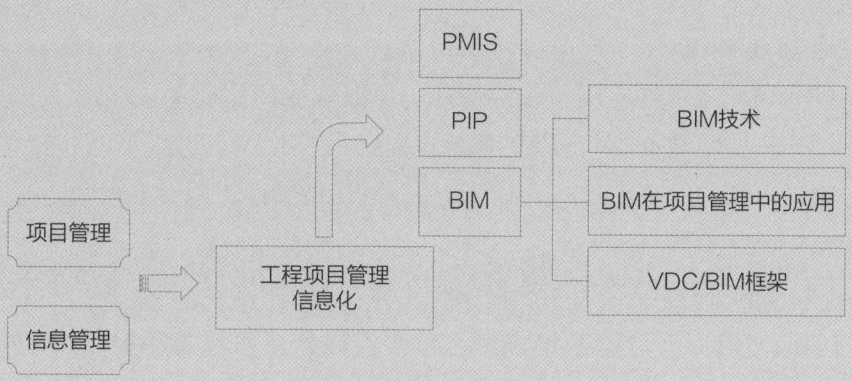

图 8.26　本章知识结构图

（1）工程项目管理信息化指的是工程项目管理信息资源的开发和利用以及信息技术在工程项目管理中的开发和应用。

（2）工程项目管理信息系统（PMIS）是以项目管理知识体系思想为指导，在统一框架体系下进行的项目业务处理系统，涵盖质量管理、安全管理、资源管理、文档管理及事务管理等功能。主要由进度控制、投资（成本）控制、质量控制和合同管理四个子系统组成。其应用需要组织件、硬件、软件和教育件。

（3）项目信息门户（PIP）指的是在网络基础上对工程项目信息进行集中存储和管理的系统运行软件，它为工程项目用户提供个性化的项目信息入口，并提供相互之间信息交流和沟通的渠道，从而为工程项目参与各方营造一个高效、稳定、安全的网络项目管理工作环境。项目信息门户（PIP）的核心功能包括信息交流、文档管理、协同工作。

（4）项目信息门户（PIP）在基于 Web 的跨组织多方协同工作平台、多种应用和信息的集成、决策支持三个方面有着明显优势。

（5）建筑信息模型（BIM）是对设施的物理特征和功能特性的数字化表

示，它可以作为信息的共享源从项目的初期阶段开始为项目提供全生命周期的信息服务，这种信息的共享可以为项目决策提供可靠的保证。

（6）建筑数据模型中的信息随着建筑全生命周期各阶段（包含规划、设计、施工、运营等阶段）的展开，将会被逐步积累。这些信息横跨建筑全生命周期各个阶段，并由大量的技术和管理人员使用不同的应用软件产生并共享，建筑信息模型（BIM）标准包括 BIM 基础标准、分类编码标准、数据模型标准以及过程标准四大类。

（7）建筑信息模型（BIM）实施规划是指导 BIM 应用和实施工作的纲领性文件。项目级 BIM 实施规划有助于将 BIM 技术与工程项目实施的具体流程和实践融合在一起，发挥出 BIM 技术应用的功能和巨大价值，提高实施过程中的效率。

（8）BIM 技术的应用可以更快速、更准确地计算成本，加强业主对成本控制的能力，减少成本超支的风险；提高业主对设计方案的评估能力；提高业主对市场的反应速度；提高建设设施的可持续性；为设施管理提供更好的平台。

（9）虚拟设计与施工理论是集成化管理思想和信息技术在工程建设领域的创造性应用。借助 POP 模型，VDC 目标体系可以将项目目标划分为 3 类：可控目标、过程目标和成果目标，并通过完成可控目标实现过程目标这种梯层制的方式逐步实现项目的成果目标。

关键术语

工程项目信息管理　工程项目管理信息化　工程项目管理信息系统　项目信息门户　协同工作平台　BIM 技术　参数化建模　BIM 标准　BIM 项目实施规划　BIM 应用　VDC-POP 框架

复习思考题

（1）简述信息化的背景及发展战略。

（2）简述工程项目管理信息化的发展过程。

（3）简述进度控制系统在整个工程项目管理信息系统（PMIS）中的作用与重要性。

（4）进度控制系统应用的难点是什么？对大型工程项目采用什么样的方式进行进度跟踪控制？

（5）合同和投资管理系统应用的难点是什么？

（6）什么是项目信息门户（PIP）？

（7）简述项目信息门户（PIP）和工程项目管理信息系统（PMIS）的区别。

（8）简述建筑信息模型（BIM）的定义及应用价值。

（9）建筑信息模型（BIM）的特征有哪些？如何理解参数化建模是 BIM 的核心技术？

（10）BIM 标准为何对于 BIM 应用有着重要作用？

（11）如何理解 BIM 标准的分类？

（12）如何区分 BIM 实施规划中的企业级规划和项目级规划？

（13）制定项目级 BIM 实施规划的意义是什么？

（14）BIM 可以在哪些方面应用？产生什么样的效益？

（15）BIM 技术未来可能的发展趋势是什么？

（16）BIM 技术和 VDC 之间的关系是什么？

（17）VDC-POP 理论框架的内涵和意义是什么？

即测即评

请扫描二维码，进行本章测试。

延伸阅读

[1] 丁士昭. 工程项目管理［M］. 2 版. 北京：中国建筑工业出版社，2014：407-469.

[2] 丁士昭，等. 建设工程信息化导论［M］. 北京：中国建筑工业出版社，2014.

[3] 李建成，王广斌. BIM 应用·导论［M］. 上海：同济大学出版社，2015：84-125.

[4] 何关培. BIM总论 [M]. 北京：中国建筑工业出版社，2011：159-174.

[5] 林则夫. 项目管理软件应用 [M]. 北京：机械工业出版社，2008.

[6] 黄梯云. 管理信息系统 [M]. 4版. 北京：高等教育出版社，2009.

[7] Brad Hardlin. *BIM and Construction Management: Proven Tools, Methods, and Workflows* [M]. Hoboken: Wiley Publishing, Inc, 2009.

[8] Eastman, C. M. *BIM Handbook: A Guide to Building Information Modeling for Owners, Managers, Designers, Engineers and Contractors* [M]. Hoboken: John Wiley & Sons, 1999.

[9] McGraw Hill. *The business value of BIM for construction in major global markets* [R]. New York: McGraw-Hill, 2014.

[10] Kymmell W. *Building information modeling: planning and managing construction projects with 4D CAD and simulations* [M]. New York: McGraw-Hill, 2008.

9 工程设计阶段的项目管理

【本章导读】设计过程是工程项目实施阶段的重要环节，项目管理的六大基本职能也贯穿于整个设计过程，成为设计阶段项目管理的核心任务。项目设计不仅仅是设计单位单方面的创造，还与委托方（即业主方）的参与和管理密切相关。委托方的设计管理对保障设计工作的质量和进度会起到关键的作用。项目业主方是工程项目建设全过程的决策者，也是项目功能需求的提出者，往往还是最终用户和使用者，业主方在设计的过程中应该主动、积极地配合设计单位的工作，提出明确的设计要求，及时确认合格的设计成果文件，并及时解决需要业主解决的问题。本章将讨论工程设计阶段项目管理的基本理论和一些重要的概念，并辅以设计阶段项目管理的实践案例，以加深读者对概念的理解。其主要内容包括：

（1）设计任务的委托及设计合同的管理；

（2）设计阶段的目标控制；

（3）设计协调；

（4）设计阶段信息管理等。

9.1 工程设计阶段的项目管理概述

建设项目设计阶段是在前期策划和设计准备阶段的基础上，通过设计文件将项目定义和策划的主要内容予以具体化和明确化，是下阶段建设的具体指导性依据。因此，设计过程是实现策划、建设和运营衔接的关键性环节。策划的内容能否得到充分、适当的体现和表达，关系到项目最终交付使用后的运营效果和项目成败。

9.1.1 设计过程特点

建设项目的设计过程可以从狭义和广义两个层次理解。

（1）狭义的“设计过程”是指从组织设计竞赛或委托方案设计开始，到施工图设计结束为止的设计过程，可以划分为方案设计、初步设计和施工图设计 3 个主要阶段。

（2）从建设项目管理角度出发，建设项目的设计工作往往贯穿于工程建设的全过程，从选址、可行性研究、决策立项，到设计准备、方案设计、初步设计、施工图设计、招投标以及施工，一直延伸到项目的竣工验收、投入使用以及回访总结为止，如图 9.1 所示。

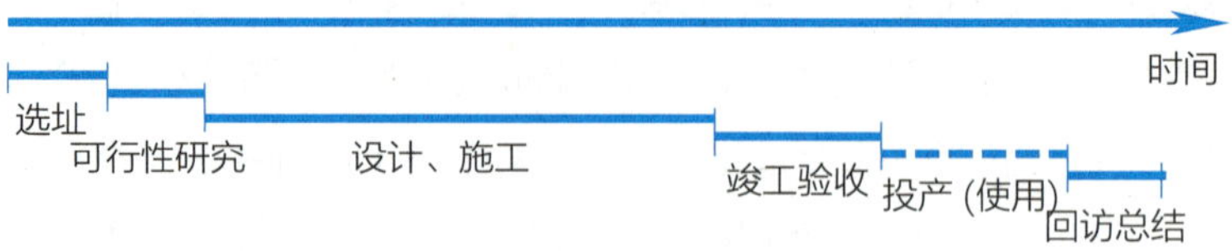

图 9.1　项目管理中广义的设计过程

设计过程的特点包括创造性、专业性和参与性三个方面，如图 9.2 所示。

- 设计过程是一个创造过程
  ——“无中生有”，从粗到细，从笼统到清晰
- 设计工作是一项专业性工作
  ——委托专业人士承担，专业分工细
- 业主必须参与设计过程
  ——应明确设计要求，及时确认有关设计文件

图 9.2　设计过程的特点

1. 创造性

设计过程是一个“无中生有”、从粗到细、从笼统到清晰的创造过程。在工程设计中，设计的原始构思是一种创造。但是又并非所有的设计工作都是“无中生有”，每个阶段的设计都是在上一阶段的设计成果及相关文件依据下进行的，后阶段设计的重点是把设计的原始构思进行细化，并将好的创意贯彻到底。

建设项目设计过程各阶段之间是逐步深化的，项目目标和定义逐层深化的螺旋上升逻辑关系充分体现在设计过程不同阶段的设计文件中，如图 9.3 所示。

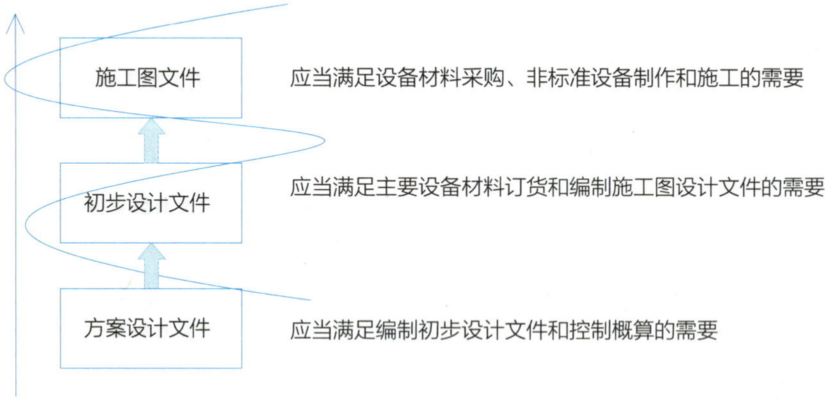

图 9.3　不同设计过程阶段的设计文件间逻辑关系

2. 专业性

设计过程是由各工程专业设计工种协作配合的一项高度专业化的工作，表现在以下两个方面：

第一，我国对设计市场实行从业单位资质、个人执业资格准入管理制度，只有取得设计资质的单位和取得执业资格的个人才允许进行设计工作。

目前我国建筑行业的专业注册制度已基本实行注册结构工程师、注册建筑师、注册咨询工程师、注册建造师和注册监理工程师等管理制度，一套基本完整的专业注册管理制度已建立。

第二，工程建设项目的设计工作是一项非常复杂的系统工程，必须由分工合理、专业完备且协调良好的团队进行这项工作。

通常项目设计工作由一个设计总负责人主持，在他的统一领导下，建筑、结构、暖通、给排水、电气、智能化、概预算等多个专业团队协同工作，各司其职，共同完成设计任务。

3. 参与性

设计过程由业主、设计单位、咨询单位和施工单位以及材料设备供货商等众多项目参与方共同参与。因为业主是建设项目全过程的最高决策者，也是项目功能需求的提出者，往往还是最终用户和使用者，业主方的设计阶段的项目管理对今后建设项目的实施及投入使用起着重要的作用。

业主在设计阶段的管理活动最主要的内容包括两方面：

一是明确提出各阶段设计的建设项目的功能需求；

二是及时确认有关的设计文件和需要业主解决的其他问题，承担及时决策的责任。

在国际上，普遍遵循“谁设计谁负责”的基本原则，业主应尊重设计单位，但同时应加强对设计过程的参与、协调与控制。

9.1.2 各设计阶段的特点

设计过程是一个从创意构思到具体实施细节的不断细化、不断明晰的过程。针对一个具体项目的设计过程，不同设计阶段有不同特点，需要有针对性地参与协调和管理。以房屋建筑项目的单体建筑为例，这三个阶段设计工作有不同的特点，如图 9.4 所示。

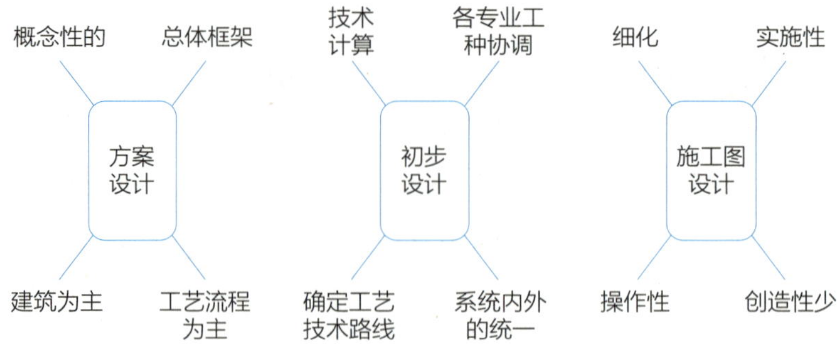

图 9.4　某房屋单体建筑设计阶段划分

1. 方案设计

（1）方案设计的特点是概念性的，作用是确定设计的总体框架。思想方法上以功能分析为主，以满足最终用户的需求为导向。内容以建筑和规划专业为主，要体现建筑的艺术风格。

（2）方案设计文本的篇幅往往不大，水、暖、电、设备等专业甚至不画图，只有文字说明。

（3）方案设计在很大程度上决定了该项目的整体设计水平，决定了该项目的整体品质和水平，其创造性很强，对后续设计起指导作用，因此其价值不容忽视。

2. 初步设计

（1）初步设计的特点是技术计算，为了实现建筑师的构想，结构、给排水、暖通、强弱电等各专业工种都要进行技术计算，并做出较详细的设计。

（2）初步设计的难点之一是各专业工种的技术协调，解决建筑与结构、建筑与设备、结构与设备等之间的矛盾。这一阶段成果标志应该是各专业技术路线得到确定，并实现系统内外的统一。

（3）按照我国现行法规的规定，初步设计阶段的深度应能满足施工招标和材料设备采购的需要，满足编制设计概算（总投资）的需要，并往往作为造价控制的主要依据。

（4）初步设计是设计的关键阶段，有很强的创造性和可操作性，应该多论证，业主应重视和参与，不能等到后续施工图设计出来后再有较大变更，造成被动。

3. 施工图设计

（1）施工图设计的特点是操作性的，一般为细部详图和节点大样图，注重可实施性和可施工性，因此这一阶段图纸数量较多，工作量较大，但创造性相对少一些。

（2）施工图设计的重点是处理设计与施工的协调，设计要有足够的深度，往往不断补充出图，或根据施工需要修改图纸，因此通常时间会持续很长，要配合施工全过程，及时解决现场问题。

9.1.3 设计阶段的项目管理类型

设计阶段的项目管理按照管理主体主要可分为设计单位自身项目管理与业主方项目管理。本章所说设计阶段的项目管理是指业主方的设计阶段的项目管理。在设计阶段，业主方的项目管理类型主要有三种，如图 9.5 所示。

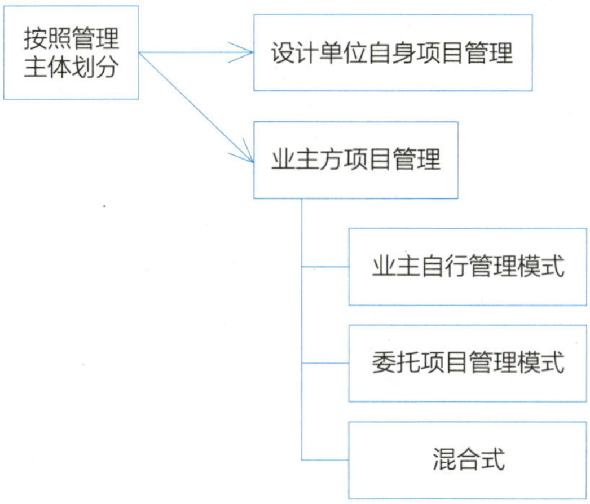

图 9.5 设计阶段的项目管理类型

9.1.4 设计阶段项目管理工作内容

设计阶段的项目管理是为了保证建设项目目标的实现。其工作内容围绕着工程项目管理的核心任务“三控”“三管”和“一协调”展开。根据设计阶段项目建设内容，可以确定设计阶段的项目管理的工作内容，如表 9.1 所示。

表 9.1 设计阶段项目管理工作内容和范围

实施阶段＼工作内容	安全管理	投资控制	进度控制	质量控制	合同管理	信息管理	组织协调
方案设计阶段	√	√	√	√	√	√	√
初步设计阶段	√	√	√	√	√	√	√
施工图设计阶段	√	√	√	√	√	√	√
招投标阶段	√	√	√	√	√	√	√
施工阶段	对承包商和监理单位做好必要的配合						

需要注意的是，建设项目"设计管理"不等同于"设计阶段项目管理"。由于建设环境的持续变化，建设项目的设计管理往往超越项目设计阶段，持续运行并影响项目交付价值的实现。

9.2 设计任务的委托及设计合同管理

9.2.1 设计竞赛

设计竞赛的种类有很多，如图 9.6 所示。

- □ 设想性的竞赛；
- □ 原则性的方案性竞赛；
- □ 具体实施性竞赛。

图 9.6 设计竞赛的种类

其中，设想性的竞赛是指竞赛发起者要求竞赛参加者对一项设计任务提出一些设想性的建议，即提出一些想法。原则性的方案性竞赛的设计深度要比设想性的竞赛深，竞赛参加者对一项设计任务应提出原则性、方案性的解决办法。所谓原则性、方案性指的是所提出的解决办法不必过分详细，不必过分具体。具体实施性竞赛则应当更具体，竞赛者提出的设计可付诸实施，它比原则性的方案性竞赛的设计深度当然要深。

设计竞赛就其参加者的范围而言，可分为如图 9.7 所示的两种。

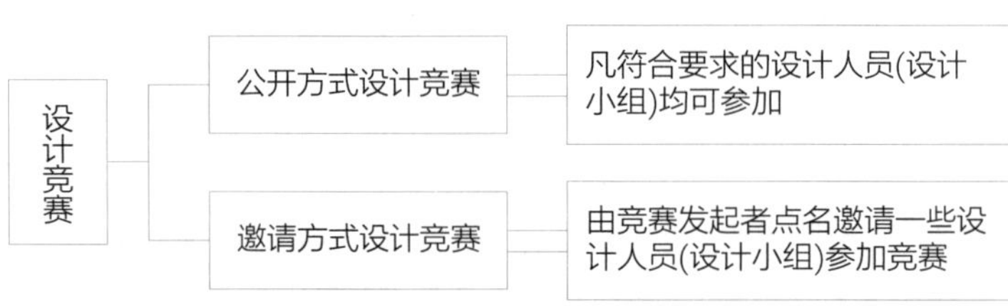

图 9.7 设计竞赛的类型

根据设计任务的规模和复杂程度，或根据设计任务的其他特点，设计竞赛可组织为单轮竞赛或多轮竞赛。在一些工业发达国家，如德国和美国等，制定有设计竞赛的相关条例，以指导设计竞赛工作的组织和实施。

9.2.2 设计任务的委托模式及合同结构

在现代工程建设中，参与一个项目的设计单位往往不止一家。这是由以下两方面原因造成的：

（1）现代建设项目的规模日益增大，功能和技术要求日趋复杂而导致设计工作本身的复杂性提高，一家设计单位很难完全满足业主方的要求。

（2）设计任务是可以分阶段完成的，如通常划分的方案设计、初步设计和施工图设计 3 个设计阶段，这也便于将设计任务分阶段进行委托。

因此，设计任务的委托模式也由过去直接委托一家设计单位转变为多种委托模式，主要有平行委托、总设计、设计合作体和设计联合体四种模式，如图 9.8 所示。

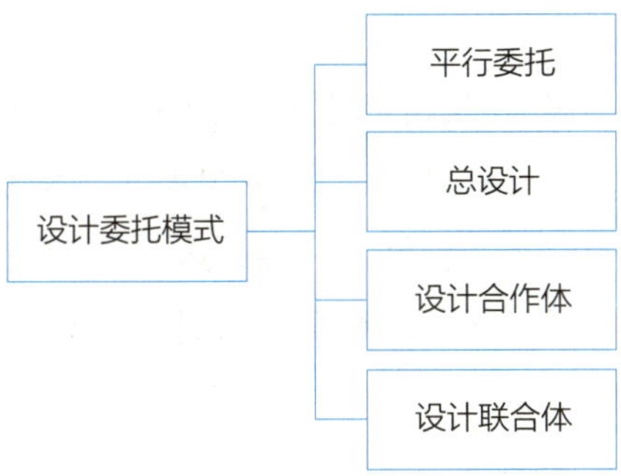

图 9.8 设计委托模式类型

基于上述四种设计委托模式，设计委托的合同结构主要有三种模式，如图 9.9 所示。

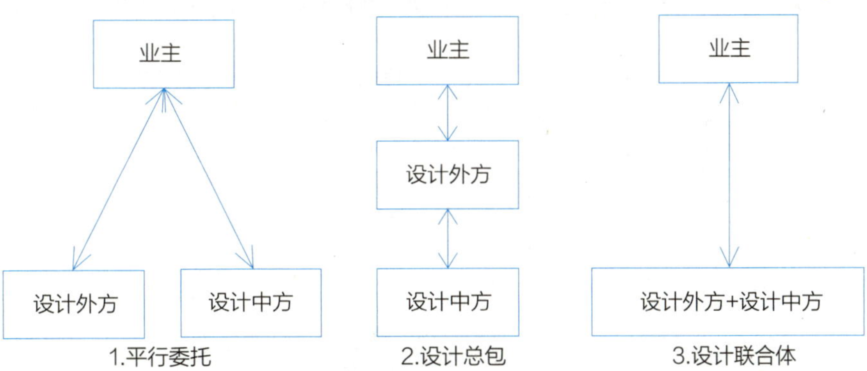

图 9.9 中外合作设计委托合同结构模式

（1）平行委托。平行委托是业主签订两份设计委托合同，把设计任务分别委托给外方和中方的设计单位。

这种方式的缺陷是中方和外方之间的设计衔接困难比较多，设计协调工作量大，当中外双方产生矛盾时，需要业主方来协调；外方出的图纸有时会不符合中国现行规范或深度不够，很有可能出现图纸多次返工、设计进度拖延、设计图纸不能满足深化设计等问题。

（2）设计总包。设计总包是业主把设计任务委托给中方或外方设计单位，被委托方再把设计任务的一部分分包给另一方，中外双方合作共同完成设计任务。

我国通常做法是外方设计单位作为设计总包，中方设计单位作为设计分包，这样不但可以发挥中外双方各自的技术优势，而且设计参与各方的设计协调工作量相对业主平行委托会大大减少。

这种模式也有缺点。由于业主方与中方设计单位没有直接的合同关系，在施工图设计以及漫长的施工过程中，所有设计变更都要通过设计外方来协调，增加了协调难度，降低了工作效率。

（3）设计联合体。设计联合体方式是业主方与中方设计单位、外方设计单位三方共同签约，中方和外方设计单位以联合体的形式，在联合体设计委托合同中阐明双方的权利、责任、义务以及工作分工，既避免了平行委托模式中业主方协调工作量太大，又避免了设计总包模式中业主方与设计中方没有合同关系的弊病。

在这种合同形式下，中方、外方设计单位的合作更加紧密，业主方在各个设计阶段要抓的对象更加明确，组织协调工作更加简单，因此设计联合体模式是一种非常好的合同委托方式，当前已得到越来越多的应用。

在中外合作设计联合体模式中，为了获得一个优秀的方案，具体的联合方式又存在三种，即外方做到底、方案买断和合作初步设计，如图 9.10 所示。

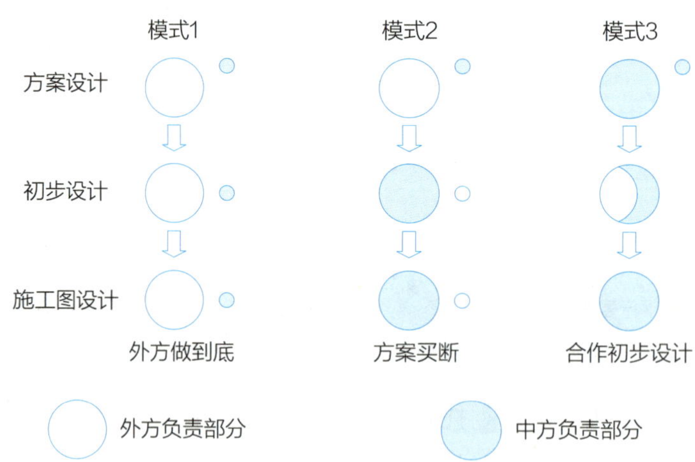

图 9.10　中外合作设计联合体的各阶段分工

① 外方做到底。外方设计单位从方案设计做到初步设计，再到施工图设计，中方只做顾问。这种模式在浦东开发初期被广泛使用，但问题是外方设计单位施工图设计的深度往往不够，或与中国的施工工艺不符，或与施工的协调有困难，在实践中发生了很多问题，因此现行法规已经不允许。

② 方案买断。外方只做方案设计，然后转交中方做初步设计和施工图设计。但是由于方案设计是概念性的，不够详细，表达很有限，中方设计单位往往对方案理解不够充分，致使原设计意图在后续设计中得不到充分的贯彻，在实践中产生很多问题，削减了原方案设计的价值。

③ 合作初步设计。外方做方案，中方做方案的顾问；初步设计分专业工种由中、外方分别承担，互为顾问；施工图设计由中方承担，外方为顾问。合作初步设计介于外方做到底和方案买断两者之间，延长中外设计方的交接时间。经过工程实践的检验，该种方式基本适合我国的国情，也能较好地发挥中外合作设计的长处。

然而，不论委托模式如何，都应坚持项目使用者或客户需求在设计任务委托中的主导作用，并注重最终项目交付价值的实现对设计管理工作的引领作用，不能因为设计者与使用者的分离导致项目价值导向的偏离。

9.2.3　设计合同的签订

设计合同是设计阶段项目管理和协调的基础和依据，业主必须根据项目实际情况，选择适合的合同文本。

1. 国内设计合同文本

国内大部分建设项目设计合同采用原建设部和原国家工商行政管理总局联合颁布的《建设工程设计合同（示范文本）》。《建设工程设计合同（示范文本）》有两种类型，分别针对民用建设工程和专业建设工程。

2. 国际设计合同文本

目前国际上比较典型的、有影响的且应用广泛的设计合同文本如图 9.11 所示。

- □ 国际咨询工程师联合会（FIDIC）制定的 FIDIC 合同；
- □ 美国建筑师协会（AIA）制定的 AIA B141 业主与建筑师的标准协议书；
- □ 英国皇家建筑师协会、皇家测量师协会、咨询工程师联合会等机构组成的联合委员会（JCT）制定的设计与施工总承包协议书；
- □ 世界银行制定的咨询工程师标准服务协议书（固定总价）。

图 9.11　国际设计合同文本

9.2.4 设计阶段合同管理任务

设计阶段业主签订的任何合同，都与项目的投资、进度和质量有关，因此，项目管理中应该充分重视合同管理。设计阶段合同管理的任务主要包括以下方面，如图 9.12 所示。

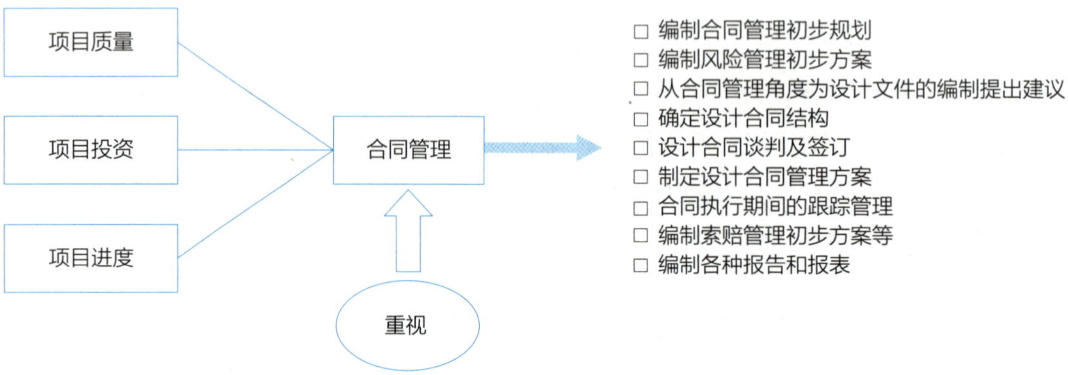

图 9.12 设计阶段合同管理的任务

（1）分析、论证项目实施的特点及环境，编制项目合同管理的初步规划。

（2）分析项目实施的风险，编制项目风险管理的初步方案。

（3）从合同管理的角度为设计文件的编制提出建议。

（4）根据方案竞赛的结果，提出并确定设计合同的结构。

（5）选择标准合同文本，起草设计合同及特殊条款，进行设计合同的谈判、签订。

（6）从目标控制的角度分析设计合同的条款，分析合同执行过程中可能出现的风险以及如何进行风险转移，制定设计合同管理方案。

（7）进行设计合同执行期间的跟踪管理，包括合同执行情况检查，以及合同的修改、签订补充协议等事宜。

（8）分析可能发生索赔的原因，制定防范性对策，编制索赔管理初步方案，以减少索赔事件的发生；如发生索赔事件，对合同纠纷进行处理。

（9）编制设计合同管理的各种报告和报表。

设计阶段合同管理的任务还可以按照设计阶段的划分来进一步分解，分别分解归类到方案设计阶段、初步设计阶段（或扩初设计阶段）和施工图设计阶段。

9.2.5 案例分析：交通银行总行办公大楼（交银金融大厦）合同结构

1. 案例背景

上海交银金融大厦（见图 9.13）是一座综合性、多功能、智能型的超高层金融、贸易办公楼。地上建筑面积约 8.5 万 m^2，由 2 栋分别为 52 层和 44 层的塔楼及 5 层裙房组成，总高度为 230.35 m，地下建筑面积约 2 万 m^2，分为 2 层，局部 3、4 层。项目开工于 1997 年 4 月，2002 年 10 月竣工。

2. 合同结构

上海交银金融大厦项目采用中外合作设计模式（图 9.14），设计外方是设计合作体的主体单位，承担方案设计、扩初设计及精装修设计要求的责任；设计中方承担施工图设计及精装修施工图设计的责任。中外设计单位采用设计联合体的方式进行合作。在该方式下，业主方与中方设计单位、外方设计单位三方共同签约，并在联合体设计委托合同中阐明双方的权利、责任、义务以及工作分工。

图 9.13　交银金融大厦

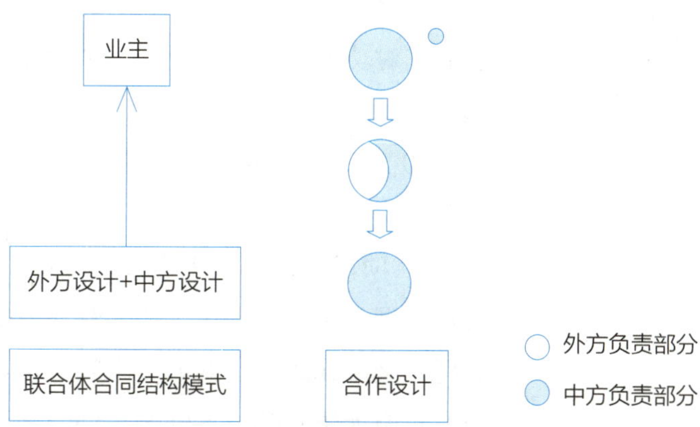

图 9.14　合同结构模式和各阶段分工

在这种合同形式下，中方、外方的合作更加紧密，中外双方交接过程延长，使方案设计的构思得到了贯彻；业主方在各个设计阶段要抓的对象更加明确，组织协调工作更加简单。

交银大厦中外合作设计的合同文本是经过专家的多回讨论、论证和逐条细化而得出来的，详细地说明合同中双方的责任与义务。下面就以该项目设计合同中合同外方的服务内容与合同外方的责任为例来进行说明。

（1）合同中设计外方的服务内容。

① 方案设计，包括结构方案技术论证、方案设计估算，以及精装修和

总体设计部分的方案设计。

② 扩初设计中的建筑和弱电部分设计（包括智能化系统设计）、精装修设计和室外总体设计。负责扩初设计各专业工种的技术协调、进度协调，对整个扩初设计质量把关。

③ 提供施工图设计纲要。用草图方式向设计中方提供对建筑质量有决定性影响的有关施工图设计的要求（如建筑表面）。

④ 提供进口设备与材料的资料，满足招标要求及进口许可证的需要：

• 向业主提交设备和系统的技术规范书（the technical specification），以使业主可以根据规范和图纸进行设备的招标或采购；

• 向设计中方推荐可能的供货商，提供数据表和产品说明。

⑤ 承担中方设计部分的咨询顾问工作。设计外方将负责向设计中方解释方案设计的原则，并在上海期间就扩初设计提供建议。

⑥ 对施工图设计进行认可。设计外方将对施工图设计提供咨询，并确认施工图是否符合扩初设计的原则。设计外方对施工图设计的关键图纸进行审核。中方首先把相关图纸寄往德国，确认工作将由设计外方人员于来沪期间完成。

⑦ 参与方案设计审批和扩初设计审批，了解中国有关法规和规定，了解业主对功能和使用的要求，了解政府及市政部门对本项目的要求，以确保通过审批。

⑧ 对供货商或承包商等其他单位所作的专业细部设计进行审核，并签字确认。

⑨ 项目全过程在上海设常设机构，派一名代表常驻上海，该人员应熟悉本工程项目及其设计，能够解决方案设计、扩初设计和施工图设计有关的问题。施工期间出现的大技术问题涉及外方设计或负责的部分，或中外设计双方有重大矛盾的技术问题，外方将派专家到现场解决。

⑩ 施工期间的服务。施工阶段的服务将包括由于设计缺陷和设计变更的原因，对设计外方的方案和扩初设计图纸的变更。

（2）合同中设计外方的责任。设计外方承担的方案设计其深度必须符合中国的规定，其功能必须满足业主的要求，并能通过有关政府部门的审批及业主的认可。对因设计质量原因或设备选用造成的返工或修改，由设计外方无偿完成。在以后的设计阶段、施工配合及保修期阶段中的重大设计变更涉及方案设计，由外方负责修改，并承担因修改图纸造成时间拖延的罚款。

① 设计外方必须对方案设计范围内全部技术问题负责，按中国有关规

定承担法律责任，并赔偿业主的损失。

② 设计外方承担的扩初设计部分，其深度必须符合中国的规定，整个扩初设计质量必须符合中国的有关规定，其功能必须满足业主的要求，并能通过有关部门的审批和业主的认可。对因设计质量原因和设备选用（业主造成的除外）造成的返工或修改，属设计外方承担设计的部分由外方无偿修改；属设计中方承担设计的部分，由外方督促设计中方无偿修改。在以后的设计过程、施工配合及保修期中，任何设计变更若涉及扩初设计，由外方负责修改或督促中方修改，并承担由于修改图纸造成时间拖延的罚款。

③ 设计外方必须对扩初设计的有关技术问题负责，按中国有关规定承担法律责任，并赔偿业主的损失。

④ 设计外方应按合同规定的期限向业主交付完整的扩初设计文件（包括中外方分别承担的部分，并已进行总体协调，双方均在对方图纸上签字认可，已翻译成中文），否则按本合同特殊应用条款 B 部分第 8 条款规定的比例向业主支付罚款。

⑤ 设计外方必须对施工图的关键图纸进行认可签字，确保设计思想贯穿到底；否则将向业主支付不大于同期设计酬金的违约金。

⑥ 设计外方必须在施工阶段按本合同有关规定提供服务，否则将向业主支付不大于同期设计酬金的违约金。

9.3 设计任务书

设计任务书的编制过程实质是一个项目前期策划的过程，是一个对建筑产品的目标、内容、功能、规模和标准进行研究、分析和确定的过程。设计阶段要重视设计任务书的编制。

9.3.1 设计依据

在整个设计管理工作中，业主方非常重要的一项工作是给设计提要求。施工的依据是图纸，设计的依据就是设计任务书。图纸是把对施工的最终产品——建筑物的要求用图纸的形式表达出来，对施工来说图纸极其重要，如果没有详细的图纸，会给施工带来很大的困难。同样的道理，设计任务书是将对设计产品的要求用文字形式表达出来，因此也很重要。但目前在实践中设计任务书未能引起足够的重视，存在没有设计任务书或任务书不够详细等问题，这是造成大量图纸返工、修改，委托方对设计成果不满意的重要原因之一。

设计任务书的依据一般包括以下几个方面的内容，如图 9.15 所示。

- □ 国家文件和规定；
- □ 城市规划文件；
- □ 设计规范；
- □ 市政设施条件；
- □ 环境资料；
- □ 业主的功能要求。

图 9.15　设计任务书的依据

业主的功能要求是指业主对项目的需求以及为了满足这种需求项目应该具有的功能和使用要素。

功能需求的明确是一个渐进的过程，以科技园区功能需求为例，可以将一个科技园区人员的需求分为工作需求、生活需求以及其他需求。综合以上需求，进行归纳与整合，进一步明确科技园区的整体功能要求，包括生产功能、生活功能、园区管理功能、公共服务功能、教育培训功能、环境功能等。

在进行了功能分析之后，就可以对各功能分区进行使用要素的面积分配，如每个功能分区包括哪些使用要素，这些使用要素的面积分配是多少等，通常会得出一张使用要素面积分配一览表。

9.3.2　设计任务书的作用和重点

设计任务书是确定工程项目和编制设计文件的依据，是设计阶段质量控制的重要内容之一。设计任务书的作用主要表现在以下两个方面。

（1）设计任务书是进行工程设计和其他准备工作的依据，是指导设计工作开展的大纲，设计单位进行设计主要是依据经批准的设计任务书来进行。

（2）设计任务书是对拟建项目在规划、建筑、结构、设备等方面所要达到的目标的系统描述，是业主对项目功能要求的集中体现。业主对建设工程项目的组成结构、空间功能、建筑总体、建筑设备、规模标准等需求都是以设计任务书的形式体现出来的。

业主对建设工程项目的功能要求是设计任务书的重点，关于功能的描述是设计任务书的重要组成部分，功能描述的质量在很大程度上决定了方案设计的质量。因此，功能描述必须准确、严谨，又能充分体现业主的意图，需要注意以下几点。

（1）对功能的要求要合理、适当，使项目的投资能控制在业主既定的投资范围内。过高的要求必然会增加投资，甚至使方案不可行。

（2）对功能的描述要尽量具体，避免使用模糊语言。模糊语言导致模糊理解，不同的理解导致不同的方案，使方案失去可比性。

（3）对功能的描述应全面，不能遗漏；否则将对以后的设计进度产生影响。

对于一些工业建筑项目，工艺要求往往成为设计任务书的重点。

【案例 9.1】

某卷烟厂项目中编制设计任务书的重点

在某卷烟厂项目中，某建设项目管理公司在编制设计任务书时遵循工厂设计工艺领先、工艺导向的原则，详细分析了工艺对建筑物的要求：工艺对土建的影响包括层高、面积、柱网、工作便捷以及荷载等，其中荷载又包括静力、动力、振动、不均匀荷载等，这些都会影响到设计；工艺对建筑设备的影响包括用电量、用水量、运行中对温度的要求、运行中对湿度的要求、对检修和维修的要求等，如图 9.16、图 9.17 所示。

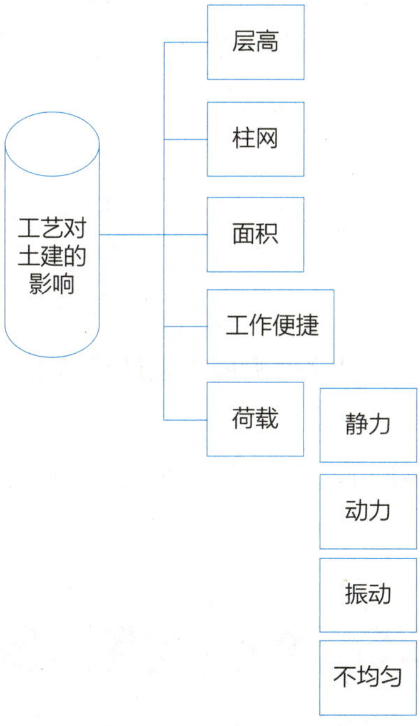

图 9.16 某卷烟厂项目工艺对土建的影响

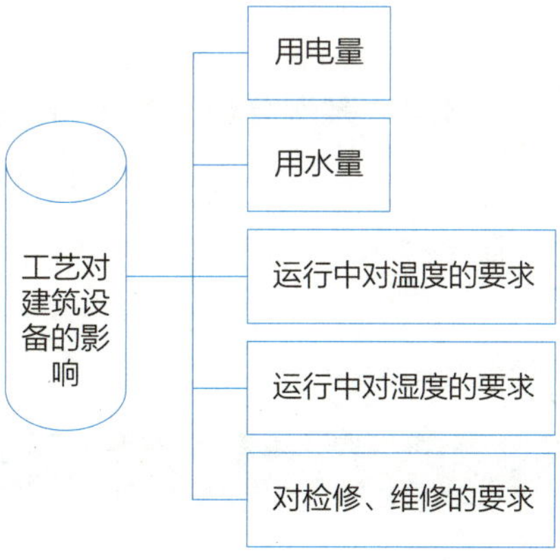

图 9.17 某卷烟厂项目工艺对建筑设备的影响

9.3.3　设计任务书的内容

建设工程项目设计阶段不同，设计任务书的内容和侧重点也有所不同，这里以初步设计任务书为例，介绍设计任务书的内容。初步设计任务书主要包括项目组成结构、项目的规模、项目的功能、设计的标准和要求、项目的目标等内容。

1. 项目组成结构

项目组成结构图主要说明项目由哪些部分组成，包括哪些单体，并绘制出每一部分的项目组成结构图。

2. 项目的规模

项目的规模主要说明项目的占地面积、总建筑面积、各组成部分的建筑面积及其分配、各房间的大小等内容。

3. 项目的功能

项目的功能主要说明项目的用途，如展览、会议、餐饮、住宿、办公、生产等。

4. 设计的标准和要求

对项目的不同部位，有不同的设计标准。例如，某会展中心建设项目有五个大会议室，其中一个是国际会议室，四个是普通会议室，国际会议室的设计标准比普通会议室要高很多，主要表现在设备、装修等方面。

5. 项目的目标

项目的目标主要说明项目的投资目标、进度目标和质量目标，供设计人员在编制设计文件时参考。

9.3.4　案例分析：某银行总行办公大楼（某金融大厦）设计任务书

在某金融大厦项目设计管理中，其各个阶段的设计任务书如表 9.2 所示。

表 9.2　某金融大厦各阶段设计任务书

序号	名称
1	方案征集文件
2	优化方案设计任务书
3	初步设计任务书

续表

序号	名称
4	修改初步设计要求文件
5	施工图设计要求文件
6	弱电系统设计要求文件
7	精装修设计要求文件
8	外立面幕墙设计要求文件
重点：业主对功能的要求	

这些设计任务书共同构成对某金融大厦的设计要求，在不同的设计阶段指导某金融大厦项目设计工作的开展。

某金融大厦设计任务书的主要部分：

（一）前言

（二）项目组织结构

包括裙房主楼（一至五层）组织结构图、南楼（六层以上）组织结构图、北楼（六层以上）组织结构图、地下室组织结构图、室外总体组织结构图等。

（三）建筑设计要求

包括总平面设计要求、地下室部分设计要求、主楼和裙房 ±0.000 以上平面图要求、建筑立面设计要求、室内各主要用房的面积、各层面（包括地下室）主要房间室内装修用料、室内精装修要求等。

建筑总体布局及单体设计必须做到功能合理，交通方便，体现出功能与环境的统一。

1. 总平面

（1）应有 B1−3 地块位置示意图。

（2）场地总平面图。

（3）交通流向总平面图。

（4）主要技术经济指标：含基地总面积、建筑覆盖率、容积率、建筑最高高度、地下控制深度、绿化面积比率、停车数量。

（5）燃油锅炉房的储油罐、煤气调压站应在总图上标明位置，考虑建筑防火间距，布置在地下一层的油泵房应尽量靠近地下储油罐。

（6）在各专业总图上应标明给水管线、排水管线、煤气管线、供电线路的位置。

（7）南楼和北楼应有供大型登高消防车停靠的立面，并在该处设置宽度不小于 10 m 的硬地坪，确保消防车通行。

（8）室外总体：应规划内部庭院，包括广场、绿地、道路、停车场、公共设施、银行识别标志等设计，还应设计照明装饰、旗杆、雕塑、喷泉、花坛。

（9）与南面相邻建筑的连廊须符合相应的宽度、标高、方位、尺寸的要求。

（10）±0.000 相当于绝对标高 4.60 m。

2. 地下室部分

3. 主楼和裙房 ±0.000 以上平面图要求

4. 建筑立面

5. 室内各主要用房的面积要求

6. 各层面（包括地下室）主要房间室内装修用料表要逐层详细表明，内容应包括房间名称、地面、墙面、柱面、平顶等。

7. 室内精装修主要空间

（四）结构设计要求

包括提供设计规范，说明工程地质情况、地基基础及地下室结构设计要求、上部结构设计要求等。

结构抗力体系要求技术先进、布局合理、经济、牢固、安全，尽量采用国内优质材料。

（五）机电设计要求

包括供配电设计、给排水设计、暖通空调设计、动力部分设计、电梯配置、弱电智能化系统设计、设备选用及布置等。

电梯根据实际用量来确定，要求快速、稳定、舒适，满足大厦人流的需要，宜采取分区服务，设监控和群控设施。

1. 供配电设计

（1）用电量。

① 电压等级 10 kV。

② 每路容量（包括备用电源）均为 5 200 kVA，总用电量为 10 400 kVA。

③ 总最大功率应考虑变压器的经济运行因素。

④ 三路供电，二路正常用电，一路备用电。

（2）按设计委托合同要求，向业主提交设备和系统的技术规格说明书，使业主可以根据技术规范书和图纸进行设备的招标或采购。

（3）本工程电线管路采用钢管，电缆管路采用钢管，不采用塑料管。

2. 给排水设计

3. 暖通空调设计

4. 动力部分设计

5. 电梯配置

6. 弱电智能化系统设计

7. 设备选用及布置

（六）初步设计总概算要求

9.4 工程设计阶段的目标控制

9.4.1 设计阶段投资控制

建设项目不同阶段对投资的影响程度不同，国内外无数项目实践证明，项目前期和设计阶段的投资控制是整个项目实施期控制的关键。

根据动态控制原理，项目计划需要不断进行调整、变更，以适应动态变化的情况和对项目更深的认识和把握。因此，投资计划工作也是贯穿项目建设全过程的，投资计划的表现形式在项目的各个阶段也是逐步深化、逐步调整的。在各阶段形成阶段性的计划版本时，各阶段计划版本的深化程度不一样，精确化程度也不同。

项目建设各阶段具有如图 9.18 所示的各种形式。据国外经验数据，在进行可行性研究阶段的投资匡算时，误差在实际造价的 ±30%；随着工程设计的进展，到设计阶段施工图预算时，其误差水平可以控制在实际造价的 ±5%。总体而言，项目建设的过程也是计划值不断逼近实际值的过程。

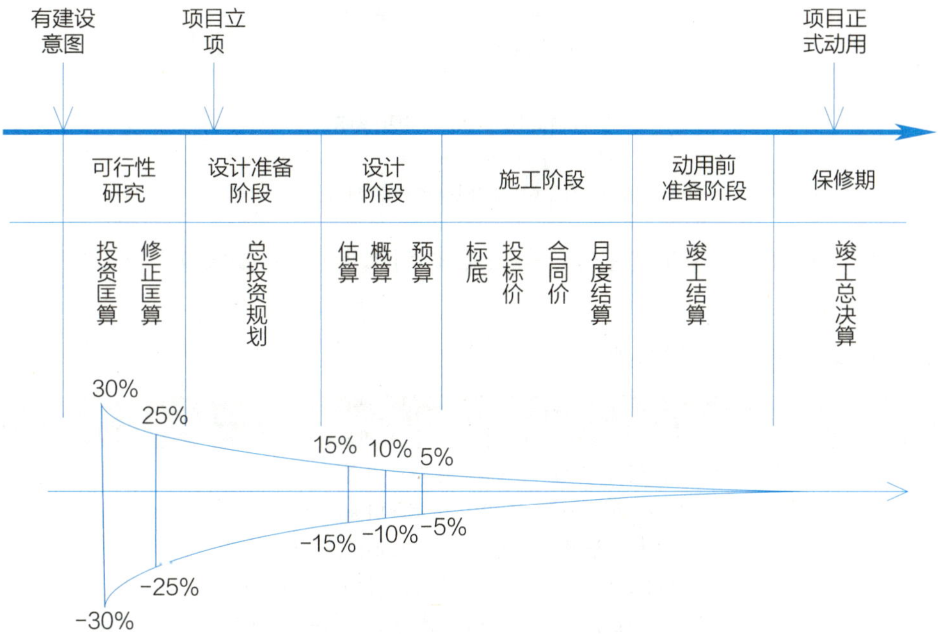

图 9.18　投资计划在不同阶段的表现形式

需要强调的是，设计阶段的投资控制工作并不单纯是项目财务方面的工作，也不单纯是项目经济方面的工作，而是包括组织措施、经济措施、技术措施、管理措施在内的一项综合性工作。设计阶段投资控制的方法如图 9.19 所示。

图 9.19　设计阶段投资控制的方法

设计阶段投资控制的主要任务按照设计阶段划分，如表 9.3 所示。

表 9.3　设计过程各阶段投资控制任务

设计阶段	设计阶段投资控制任务
设计方案优化阶段	（1）编制设计方案优化任务书中有关投资控制的内容； （2）对设计单位方案优化提出投资评价建议； （3）根据优化设计方案编制项目总投资修正估算； （4）编制设计方案优化阶段资金使用计划并控制其执行； （5）比较修正投资估算与投资估算，编制各种投资控制报表和报告。

续表

设计阶段	设计阶段投资控制任务
扩初设计阶段	（1）编制、审核扩初设计任务书中有关投资控制的内容； （2）审核项目设计总概算，并控制在总投资计划范围内； （3）采用价值工程方法，挖掘节约投资的可能性； （4）编制本阶段资金使用计划并控制其执行； （5）比较设计概算与修正投资估算，编制各种投资控制报表和报告。
施工图设计阶段	（1）根据批准的总投资概算，修正总投资规划，提出施工图设计的投资控制目标； （2）编制施工图设计阶段资金使用计划并控制其执行，必要时对上述计划提出调整建议； （3）跟踪审核施工图设计成果，对设计从施工、材料、设备等多方面作必要的市场调查和技术经济论证，并提出咨询报告，如发现设计可能会突破投资目标，则协助设计人员提出解决办法； （4）审核施工图预算，如有必要调整总投资计划，采用价值工程的方法，在充分考虑满足项目功能的条件下进一步挖掘节约投资的可能性； （5）比较施工图预算与投资概算，提交各种投资控制报表和报告； （6）比较各种特殊专业设计的概算和预算，提交投资控制报表和报告； （7）控制设计变更，注意审核设计变更的结构安全性、经济性等； （8）编制施工图设计阶段投资控制总结报告； （9）审核、分析各投标单位的投标报价； （10）审核和处理设计过程中出现的索赔和与资金有关的事宜； （11）审核招标文件和合同文件中有关投资控制的条款。

设计阶段是投资控制最为关键的阶段。设计阶段投资控制的基本工作原理是动态控制原理，即在项目设计的各个阶段，分析和审核投资计划值，并将不同阶段的投资计划值和实际值进行动态跟踪比较，当其发生偏离时，分析原因，采取纠偏措施，使项目设计在确保项目质量的前提下，充分考虑项目的经济性，使项目总投资控制在计划总投资范围之内。

9.4.2 设计阶段进度控制

设计过程是建设工程项目中的一个重要阶段，设计进度能否按时完成，将对后续的招投标及施工产生重要影响。进度控制的一个鲜明的特点是其过程特别复杂，会涉及很多影响因素，这些因素主要来自政府部门、业主方、设计院，以及一些不可预见性因素，如图 9.20 所示。

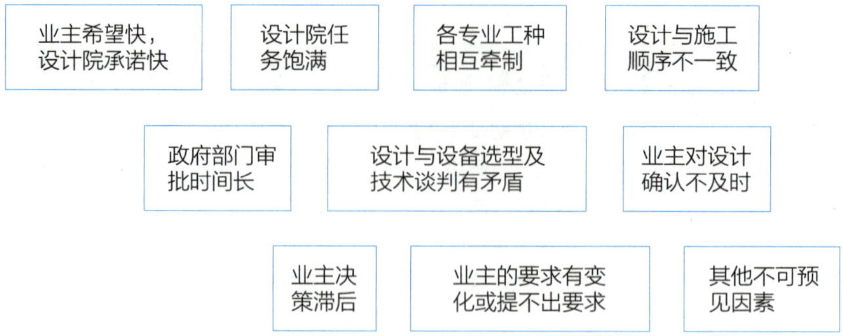

图 9.20　影响设计进度的因素

1. 政府部门

政府部门可能影响进度控制的因素包括政府部门审批时间长、政府部门责任分配不清等情况。

2. 业主方

业主方可能影响进度控制的因素包括业主决策滞后、业主对设计确认不及时、业主的要求有变化或提不出要求等情况。

3. 设计院

设计院可能影响进度控制的因素包括设计院任务饱满、各专业工种相互牵制、设计与设备选型及技术谈判有矛盾等情况。

4. 不可预见性因素

不可预见性因素包括法规政策发生变化等情况。

设计阶段进度控制的主要任务按照设计阶段划分，如表 9.4 所示。

表 9.4　设计过程各阶段进度控制任务表

设计阶段	设计阶段进度控制任务
设计方案优化阶段	（1）编制设计方案优化进度计划并控制其执行； （2）比较进度计划值与实际值，编制本阶段进度控制报表和报告； （3）编制本阶段进度控制总结报告。
扩初设计阶段	（1）编制扩初设计阶段进度计划并控制其执行； （2）审核设计单位提出的设计进度计划； （3）比较进度计划值与实际值，编制本阶段进度控制报表和报告； （4）审核设计进度计划和出图计划，并控制执行，避免发生因设计单位推迟进度而造成施工单位要求索赔； （5）编制本阶段进度控制总结报告。

续表

设计阶段	设计阶段进度控制任务
施工图设计阶段	（1）编制施工图设计进度计划，审核设计单位的出图计划，如有必要，修改总进度规划，并控制其执行； （2）协助业主编制甲供材料、设备的采购计划，协助业主编制进口材料、设备清单，以便业主报关； （3）督促业主对设计文件尽快做出决策和审定，防范业主违约事件的发生； （4）协调主设计单位与分包设计单位的关系，协调主设计与装修设计、特殊专业设计的关系，控制施工图设计进度满足招标工作、材料及设备订货和施工进度的要求； （5）比较进度计划值与实际值，提交各种进度控制报表和报告； （6）审核招标文件和合同文件中有关进度控制的条款； （7）控制设计变更及其审查批准实施的时间； （8）编制施工图设计阶段进度控制总结报告。

设计阶段进度控制的方法仍是规划、控制和协调。规划是指编制、确定项目设计阶段总进度规划和分进度目标；控制是指在设计阶段，以控制循环理论为指导，进行计划进度与实际进度的比较，发现偏差，及时采取纠偏措施；协调是指协调参加单位之间的进度关系。

9.4.3 设计阶段质量控制

一个项目的设计质量不仅直接决定了项目最终所能达到的质量标准，而且决定了项目实施的进度水平和费用水平。目前设计阶段质量控制的问题如图 9.21 所示。

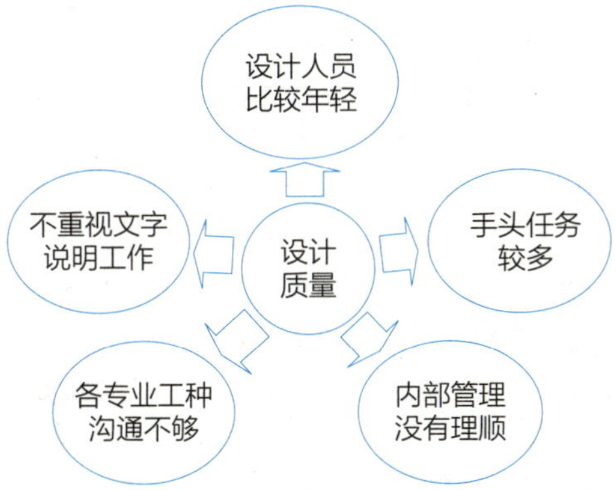

图 9.21 设计阶段质量控制的问题

设计阶段质量控制的主要任务按照设计阶段划分，如表 9.5 所示。

表 9.5　设计过程各阶段质量控制任务

设计阶段	设计阶段质量控制任务
设计方案优化阶段	（1）编制设计方案优化任务书中有关质量控制的内容； （2）审核优化设计方案是否满足业主的质量要求和标准； （3）审核优化设计方案是否满足规划及其他规范要求； （4）组织专家对优化设计方案进行评审； （5）在方案优化阶段进行设计协调，督促设计单位完成设计工作； （6）从质量控制角度对优化设计方案提出合理化建议。
扩初设计阶段	（1）编制扩初设计任务书中有关质量控制的内容； （2）审核扩初设计方案是否满足业主的质量要求和标准； （3）对重要专业问题组织专家论证，提出咨询报告； （4）组织专家对扩初设计进行评审； （5）分析扩初设计给质量目标带来的风险，并提出风险管理的对策与建议； （6）若有必要，组织专家对结构方案进行分析论证； （7）对智能化总体方案进行专题论证及技术经济分析； （8）对建筑设备系统技术经济等进行分析、论证，提出咨询意见； （9）审核各专业工种设计是否符合规范要求； （10）审核各特殊工艺设计、设备选型，提出合理化建议； （11）在扩初设计阶段进行设计协调，督促设计单位完成设计工作； （12）编制本阶段质量控制总结报告。
施工图设计阶段	（1）跟踪审核设计图纸，发现图纸中的问题，及时向设计单位提出。 （2）在施工图设计阶段进行设计协调，督促设计单位完成设计工作。 （3）审核施工图设计与说明是否与扩初设计要求一致，是否符合国家有关设计规范、有关设计质量要求和标准，并根据需要提出修改意见，确保设计质量达到设计合同要求及获得政府有关部门审查通过。 （4）审核施工图设计是否有足够的深度，是否满足施工要求，确保施工进度计划顺利进行。 （5）审核特殊专业设计的施工图纸是否符合设计任务书的要求，是否符合规范及政府有关规定的要求，是否满足施工的要求。 （6）协助智能化设计和供货单位进行建设项目智能化总体设计方案的技术经济分析。 （7）审核招标文件和合同文件中有关质量控制的条款。 （8）对项目所采用的主要设备、材料充分了解其用途，并做出市场调查报告；对设备、材料的选用提出咨询报告，在满足功能要求的条件下，尽可能降低工程成本。 （9）控制设计变更质量，按规定的管理程序办理变更手续。 （10）编制施工图设计阶段质量控制总结报告。

设计阶段质量控制与投资控制、进度控制一样，也应该进行动态控制。通常是通过事前控制和设计阶段成果优化来实现的。其最重要的方法就是在各个设计阶段前编制一份好的设计任务书，分阶段提交给设计单位，明确各阶段设计要求和内容，在各阶段设计过程中和结束后及时对设计提出修改意见，或对设计进行确认。

9.5 设计协调

9.5.1 设计协调的内涵

设计阶段是一个由多个方面、多家单位、多个部门和众多人员共同参与的复杂的特殊生产过程，为了使这个复杂系统中所有参加元素有机结合、顺利运作，就必须进行有效的组织和管理协调。

按照协调内容和对象进行划分，设计协调主要包含以下6个方面的内容，如图9.22所示。

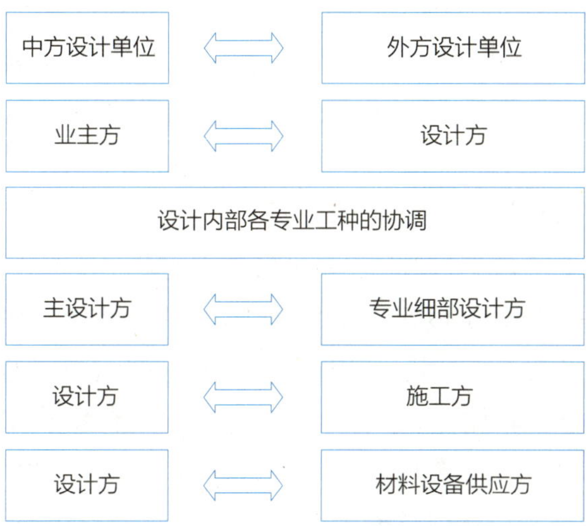

图9.22 设计协调的内容

1. 中方设计单位与外方设计单位的协调

中外方设计单位在技术、工作方式以及对项目的理解上存在较大差异，会产生各种误会，这种误会日积月累，可能在合作中产生很大的矛盾，再加上双方在语言、文化和制度上的差异，甚至可能造成双方合作不下去。这一定要引起业主方项目管理的重视。双方的任务分工和责任必须在合作设计合同中予以明确规定，并在后期注重双方协调，及时化解双方矛盾。

2. 业主方和设计方的协调

设计阶段业主方和设计方之间，尤其是双方的领导之间，必须进行大量的沟通，将业主方的想法和意见及时反馈给设计方，并针对其具体建议，进行必要的设计修改。在设计前，业主对功能的要求应尽可能明确；在设计过程中，业主应对设计及时予以确认，及时决策，并尽可能减少设计变更。

3. 设计内部各专业工种的协调

工程设计需要各种设计工种进行相互协调和配合，如建筑、结构、电气、机电和概预算等，设计方内部之间必须进行良好的协调。一般情况下，各专业工种的协调属于设计单位内部的事情，主要是通过设计单位的质量保证体系来实现，但对于一些技术复杂，或工期要求紧的项目，业主方必须参与。

4. 主设计方与专业细部设计方的协调

现代工程设计专业分工越来越细化，所有设计工作不可能由一家设计单位来完成，需要有其他设计方参与细部设计，这些细部设计涉及物资供应单位、加工制作单位和施工安装单位。与细部设计单位之间的协调很重要，协调工作通常取决于主设计单位的设计管理能力，同时业主方也可能会参与。

5. 设计方与施工方的协调

在设计阶段，要充分考虑设计的可建造性，尤其是施工单位的能力和技术特点。在施工过程中，设计单位要负责解决可能出现的各种技术问题，配合施工以确保工期和质量。所以，必须做好双方的协调工作，实现设计和施工顺利衔接。

6. 设计方与材料设备供应方的协调

在设计阶段，考虑到材料和设备订货周期问题以及部分包含细部设计的专业设备采购，必须要求设计方提供材料设备采购清单，并制定采购计划，根据工程实施的需要，安排设计和材料设备供应方的沟通和协调，以保障工程顺利实施。在采购之前，设计单位要参与设备材料的询价；在采购过程中，要提出采购清单和技术要求，参与技术谈判；在确定设备选型后，要负责完善设计。设计方与材料设备供应方的协调也是设计阶段项目管理中的一项重要的协调工作。

9.5.2 案例分析：长沙卷烟厂专业细部设计协调对象

长沙卷烟厂技术改造工程由白沙集团作为业主方组织建设，其中一期工程主要包括新建制丝车间（含配方库、贮丝房等）、动力中心、污水处理站，并配备 1 条 15 000 kg/h 的制丝线，及制冷、空调、空压等动能设施的建设，计划总投资10亿元。联合工房建筑面积约为51 000 m^2，动力中心建筑面积约为9 000 m^2，如图9.23所示。

图9.23　长沙卷烟厂联合工房一期工程

长沙卷烟厂项目除了建筑、结构、设备等专业设计之外，还需要选择细部设计单位对某些专业进行细化设计。该项目的专业细部设计目录，如表9.6所示。

表9.6　长沙卷烟厂专业细部设计目录

	设计内容	设计单位	确认单位	审批单位
1	物流系统	物流公司	主体设计单位	
2	香、糖料厨房（防爆）	供应商	—	消防
3	箱装烟丝外运系统	—	—	交通局
4	干冰膨胀烟丝设备	—	—	
5	室外装饰设计	幕墙承包商	—	市建管办
6	室内装修设计	装饰公司	—	
7	人防地下室加固改造	主体设计单位	—	市人防办
8	钢结构细部设计	钢结构承包商	主体设计单体	
9	室外绿化设计	园林公司	—	园林局
10	泛光照明	专业公司	—	
11	污水处理中心	设备供应单位	主体设计单位	市环保局
12	燃气管理线及表房	煤气公司	—	
13	电梯	电梯供应商	—	市安监局
14	擦窗机	供应商	—	
15	通信机房、程控机	电话局	—	市邮电管理局
16	综合布线系统	专业公司	—	市技术监督局
17	消防报警、水喷淋	—	—	市消防局
18	闭路电视监控防盗	—	—	公安局技术办

9.5.3 设计协调的方法

设计协调方法主要包括三种，如图 9.24 所示。

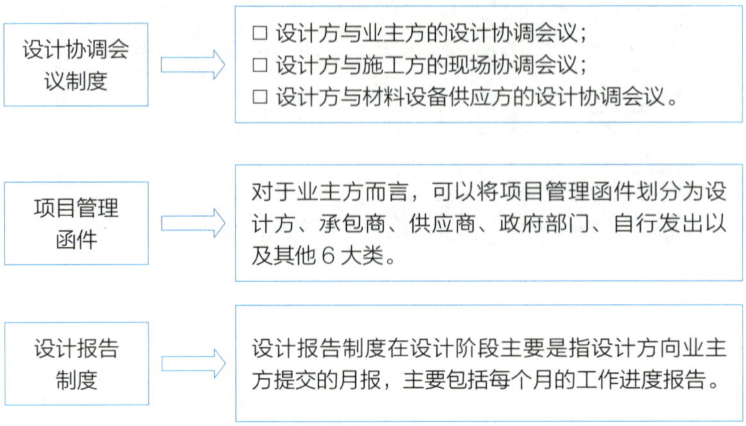

图 9.24 设计协调的方法

1. 设计协调会议制度

按照设计协调内容的差异，设计协调会议制度主要包括三种类型的设计协调会议，如图 9.25 所示。

□ 设计方与业主方的设计协调会议；
□ 设计方与施工方的现场协调会议；
□ 设计方与材料设备供应方的设计协调会议。

图 9.25 设计协调的类型

设计方与业主方的设计协调会议主要用于设计方与业主方的定期交流和沟通，将业主方对于设计方工作的想法和意见的结果反馈给业主方；设计方与施工方的现场协调会议主要用于施工过程出现的设计问题的解决，及时解决施工过程中出现的技术问题；设计方与材料设备供应方的设计协调会议是针对材料设备采购中出现的需要设计方解决和确认的问题。

每个会议的参加人员、召开时间、讨论内容、主持人员以及记录人员都应该在设计过程中事先以书面形式予以明确规定，形成规章制度。要做好会议记录管理和文件流转工作，保证会议上的决议能及时传递给相关各方。通常是由业主代表或业主方项目管理公司主持该类例会。

2. 项目管理函件

项目管理函件除了根据项目管理手册要求，对工程日常事务进行记录和确认以外，还可以用于工程设计中突发问题的解决，是业主方项目经理的书面指令，是对设计协调会议制度的重要补充。它可以按照函件发出人或接收人进行分类，如对于业主方而言，可以将项目管理函件划分为设计方、承包商、供应商、政府部门、自行发出以及其他 6 大类。此外，项目管理函件的格式、书写内容、收发流程以及管理归档都应当在设计阶段形成书面制度，予以明确规定。

3. 设计报告制度

设计报告制度在设计阶段主要是指设计方向业主方提交的月报，主要包括每个月的工作进度报告。

9.6 工程设计阶段信息管理

9.6.1 设计阶段信息管理任务

设计阶段信息管理的主要任务如图 9.26 所示。

- □ 建立设计阶段的工程信息的编码体系；
- □ 建立设计阶段信息管理制度，并控制其执行；
- □ 设计阶段各类工程信息的收集、分类归档和整理；
- □ 运用计算机作为项目信息管理手段，随时向业主方提供有关项目管理的各类信息，并提供各类报表和报告；
- □ 协助业主建立有关会议制度，整理各类会议记录；
- □ 督促设计单位整理工程技术经济资料和档案；
- □ 填写项目管理工作记录，每月向业主递交设计阶段的项目管理工作月报。

图 9.26 设计阶段信息管理的主要任务

9.6.2 设计文件管理

设计阶段的项目管理的信息管理制度，不仅与业主、项目管理单位有关，还与设计阶段中有关的主要单位有很大的关联，如设计单位、施工单位、建设监理单位等。信息管理制度的建立，对各方的信息传递进行了必要的规定，不仅便于工程顺利进行，还能督促各方对建设项目实施过程中信息的分类、整理、收集、传递进行规范化和科学化。

下面主要以设计文件及图纸分发管理为例，来说明设计文件管理制度。

1. 优化方案设计及扩初设计的分发管理

优化方案设计及扩初设计文件由设计单位发出，业主方设计管理部门负责管理。设计单位每次发出设计图纸和技术说明时，应致函业主方设计管理部门，说明发出图纸文件的用途、内容，附上图纸和技术说明清单，进行归类、登记和整理，并分发给其他相关人员（如业主代表、总工和设计项目管理经理等），同时准备好供规划、市政及建设主管部门审批的设计图纸及文件，落实和安排有关审批事宜。

2. 施工图设计的分发管理

施工图设计文件应由设计单位发出，业主方设计管理部门负责管理。设计单位每次发出设计图纸和技术说明时，应致函业主方设计管理部门，说明发出图纸文件的用途、内容，并附上图纸和技术说明清单，同时抄送其他相关人员（如业主代表、设计项目管理经理和施工总监等）。业主方设计管理部门根据收到的图纸和说明清单目录，进行归类、登记和整理，并分发给其他相关人员及部门单位（如业主代表、设计项目管理经理和施工总监等）。

送交承包商用于施工的图纸，由施工监理工程师根据收到的图纸和技术说明目录清单，发函至业主方设计管理部门，说明需要发给各施工单位的单位名称、图纸目录和份数，业主方设计管理部门按此发放下去。

本章小结

本章内容的知识结构如图 9.27 所示。

（1）设计过程特点。设计阶段工程项目管理主要有三方面的特点：创造性、专业性和参与性。

（2）工程项目管理类型。在设计阶段，业主方的项目管理类型主要有三种：业主自行管理模式、委托项目管理模式和混合式。

（3）设计任务的委托。设计任务的委托主要包括设计竞赛、设计任务的委托模式和设计委托的合同结构。其中设计任务的委托模式有平行委托、总设计、设计合作体、设计联合体四种模式。在中外合作设计中，设计委托的合同结构主要有平行委托、设计总包、设计联合体三种模式。

（4）设计任务书。建设工程项目设计阶段不同，设计任务书的内容和侧重点也不同。初步设计任务书的内容主要包括项目组成结构、项目的规模、项目的功能、设计的标准和要求、项目的目标。

（5）目标控制。设计阶段目标控制主要有投资控制、进度控制和质量控制三种。

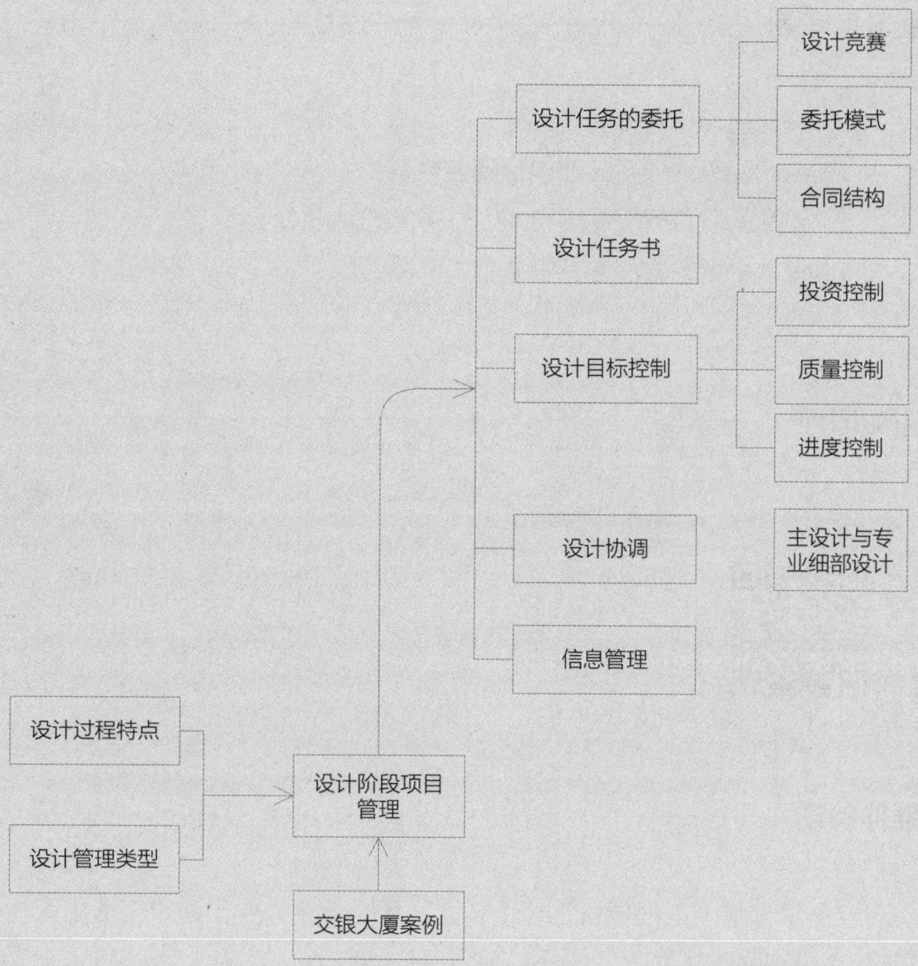

图 9.27 本章知识结构图

（6）设计协调。设计协调主要包含六方面的内容：中方设计单位与外方设计单位的协调、业主方和设计方的协调、设计内部各专业工种的协调、主设计方与专业细部设计方的协调、设计方与施工方的协调、设计方与材料设备供应方的协调。

关键术语

设计阶段项目管理类型　设计竞赛　设计任务委托模式　设计委托的合同结构　中外合作设计　设计联合体　设计任务书　目标控制　设计协调　设计阶段信息管理

复习思考题

（1）设计过程具有哪些特点？

（2）设计阶段的项目管理包括哪些内容？

（3）设计阶段目标控制的特点、任务和方法是什么？

（4）设计协调的方法包括哪些？

即测即评

请扫描二维码，进行本章测试。

延伸阅读

[1] 丁士昭. 工程项目管理 [M]. 2 版. 北京：中国建筑工业出版社，2014：319-344.

[2] 乐云. 建设工程项目管理 [M]. 北京：科学出版社，2013：352-382.

[3] 乐云. 建设项目前期策划与设计过程项目管理 [M]. 北京：中国建筑工业出版社，2009：53-100，159-183.

[4] 乐云. 项目管理概论 [M]. 北京：中国建筑工业出版社，2008：139-182.

[5] 何清华. 项目管理案例 [M]. 北京：中国建筑工业出版社，2008：219-255.

10　工程项目采购管理

【本章导读】建设工程项目采购是项目实施的重要环节，采购工作的结果将直接影响项目的投资、进度和质量控制，采购管理是项目管理工作的一个重要内容。本章内容主要包括：

（1）工程项目采购的基本原则、采购程序和方法、工程发包的基本模式；

（2）业主方在工程项目采购管理中的任务；

（3）工程项目采购的策划与计划，以及招标文件的主要内容、评标方法等。

10.1　工程项目采购概述

10.1.1　工程项目采购的含义

工程项目采购不能简单地理解为物资采购，即购买机械设备和建筑材料等。根据世界银行的定义，项目采购是以不同方式，通过努力从系统外部获得货物（goods）、工程（works）和服务（services）的整个采办过程。项目管理协会（PMI）的定义是：为达成项目范围的工作而从执行组织外部获取货物和服务的各种过程。

因此，建设工程项目采购的对象可能是工程、货物或服务（见图 10.1）。具体来说，包括工程施工、设备安装、管道线路铺设、装饰装修等工程，各种各样的物品采购，包括原材料、产品、设备和电力，以及固态、液态或气态物体。当然，还有勘察、设计、工程咨询、工程监理等服务。

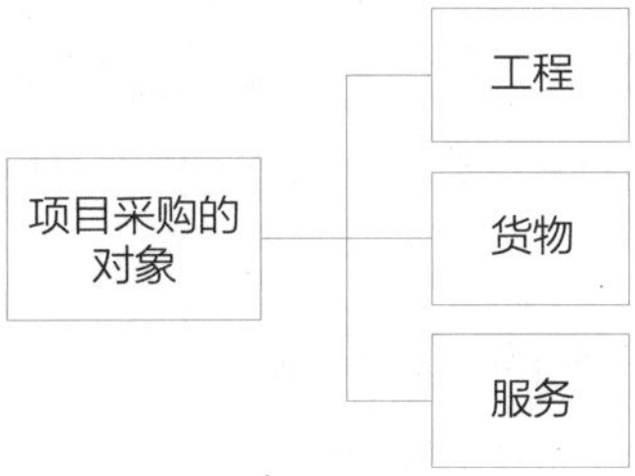

图 10.1　项目采购的对象

世界银行在其贷款项目的工程和货物采购指南中提出，尽管项目实施所遵循的具体采购规则和程序取决于项目的具体情况，但对货物和工程采购的要求一般是出于以下四个方面的考虑：

（1）经济性和效率（economy and efficiency）。

（2）公平竞争的机会（equal opportunity）。

（3）国内发展（domestic development）。

（4）透明性（transparency）。

基于咨询服务的特点，世行在其专门的采购指南中提出高质量服务的重要性，并将其列为采购原则的第一要素。世行的采购既有严格的原则性，又有适度的灵活性。

《中华人民共和国政府采购法》规定，政府采购应当遵循公开透明原则、公平竞争原则、公正原则和诚实信用原则。

【小贴士】

政府采购是指各级国家机关、事业单位和团体组织，使用财政性资金采购依法制定的集中采购目录以内的或者采购限额标准以上的货物、工程和服务的行为。

《中华人民共和国招标投标法》（以下简称《招标投标法》）第5条规定：“招标投标活动应当遵循公开、公平、公正和诚实信用的原则。”这些原则是招标采购过程中各项活动的基本准则。

10.1.2 工程项目采购的任务

工程项目采购工作主要是在设计阶段以及设计完成后进行，许多物资采购工作也可能在施工阶段进行，而设计招标或工程总承包单位的选择也可能在设计准备阶段或设计进行到一定阶段才进行。

在工程项目采购过程中，业主方工程项目管理的任务仍然包括安全管理和其他六个主要方面，即投资控制、进度控制、质量控制、合同管理、信息管理、组织与协调。

1. 工程发包与物资采购的投资控制

工程发包与物资采购投资控制的任务主要有以下几个方面：

（1）审核项目投资概算和施工图预算。业主需要对初步设计概算或者施工图预算进行审核，分析其是否合理、准确。

（2）编制和审核标底。标底编制完成后业主应对标底进行审核，并将标底与初步设计概算或者施工图预算进行比较，分析是否存在偏差，若存在则分析其原因，并采取相应的控制措施。

（3）审核招标文件和合同文件中有关投资的条款，从有利于投资控制的角度选择确定招标文件和合同文件的有关条款。

（4）对各投标文件中的主要施工技术方案作必要的技术经济比较论证，寻求最经济的技术方案。

（5）审核、分析各投标单位的投标报价，并进行对比分析，寻求最低评标价格。

（6）对投资控制工作进行分析总结，提出投资控制报告。

（7）在评标及合同谈判过程中继续寻求节约投资的可能性。

2. 工程发包与物资采购的进度控制

工程发包与物资采购进度控制的主要任务有以下几个方面：

（1）编制工程发包与物资采购工作的详细进度计划，并控制其执行；

（2）编制施工总进度规划，并在招标文件中明确工期总目标；

（3）审核招标文件和合同文件中有关进度的条款；

（4）审核、分析各投标单位的进度计划，审核其是否符合施工总进度规划和工期总目标的要求，审核其施工进度计划是否合理；

（5）定期提交进度控制报告；

（6）参加评标及合同谈判。

3. 工程发包与物资采购的质量控制

工程发包与物资采购质量控制的主要任务有以下几个方面：

（1）审核初步设计和施工图设计，保证设计质量；

（2）审核招标文件和合同文件中有关质量控制的条款；

（3）审核、分析各投标单位的质量计划；

（4）定期提交质量控制报告；

（5）参加评标及合同谈判。

4. 工程发包与物资采购的合同管理

工程发包与物资采购合同管理的主要任务有以下几个方面：

（1）合理划分子项目，明确各子项目的范围；

（2）确定项目的合同结构；

（3）策划各子项目的发包方式和各种物资的采购模式；

（4）起草、修改或审核施工承包合同，以及甲供材料、设备的采购合同；

（5）参与合同谈判工作。

5. 工程发包与物资采购的信息管理

工程发包与物资采购信息管理的主要任务有以下几个方面：

（1）起草、修改各类招标文件；

（2）建立项目的结构和各子项目的编码，为计算机辅助的进度控制、投资控制奠定基础；

（3）招投标过程中各种信息的收集、分类与存档。

6. 工程发包与物资采购的组织与协调

工程发包与物资采购组织与协调的主要任务有以下几个方面：

（1）组织对投标单位的资格预审；

（2）组织发放招标文件，组织投标答疑；

（3）组织对投标文件的预审和评标；

（4）组织、协调参与招投标工作的各单位之间的关系；

（5）组织各种评标会议；

（6）向政府主管部门办理各项审批事项；

（7）组织合同谈判。

10.1.3　工程项目采购的方式

项目采购的方式有多种，可以根据项目采购的对象、项目的特点和要求等选择确定。

我国政府投资工程的项目采购，适用《中华人民共和国政府采购法》《中华人民共和国招标投标法》等规定（见图 10.2）。前者规定除了招标采购方式外，还有其他采购方式可供选择，可能更符合客观实际要求。当然，首选是公开招标方式。而后者主要是从工程的角度，规定哪些工程的采购必须招标：① 大型基础设施、公用事业等关系社会公共利益、公众安全的项目；② 全部或者部分使用国有资金投资或者国家融资的项目；③ 使用国际组织或者外国政府贷款、援助资金的项目。

《中华人民共和国政府采购法》规定的政府采购方式：
- □ 公开招标
- □ 邀请招标
- □ 竞争性谈判
- □ 单一来源采购
- □ 询价
- □ 其他采购方式

《中华人民共和国招标投标法》规定的招标方式：
- □ 公开招标
- □ 邀请招标

世界银行贷款项目中的工程和货物的采购方式：
- □ 国际竞争性招标
- □ 有限国际招标
- □ 国内竞争性招标
- □ 询价采购
- □ 直接签订合同
- □ 自营工程

……

图 10.2　采购方式

根据世界银行贷款项目采购指南，国际竞争性招标和国内竞争性招标都属于公开招标，而有限国际招标则相当于邀请招标，直接签订合同则是针对单一来源的采购。

对于咨询顾问的选择和聘请，世行采取的方式主要为：基于质量和费用的选择、基于质量的选择、固定预算下的选择、最低费用的选择、基于咨询顾问资历的选择、单一来源的选择、商业惯例、特殊类型咨询顾问的选择。

10.2 工程项目采购的基本模式

工程项目采购模式又称为承发包模式、任务委托模式、交付模式、组织实施方式等。对于施工任务发包来说，最基本的模式有平行发包、施工总承包、施工总承包管理等（见图 10.3）。

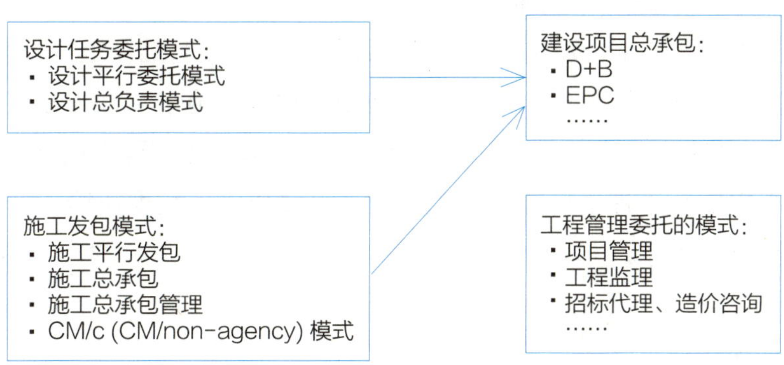

图 10.3 发包模式

10.2.1 施工平行发包模式

1. 平行发包的含义

平行发包，又称为分别发包，是指发包方根据建设项目的特点、项目进展情况和控制目标的要求等因素，将建设项目按照一定原则分解，将设计任务分别委托给不同的设计单位，将施工任务分别发包给不同的施工单位，各个设计单位和施工单位分别与发包方签订设计合同和施工合同。合同结构如图 10.4 所示。

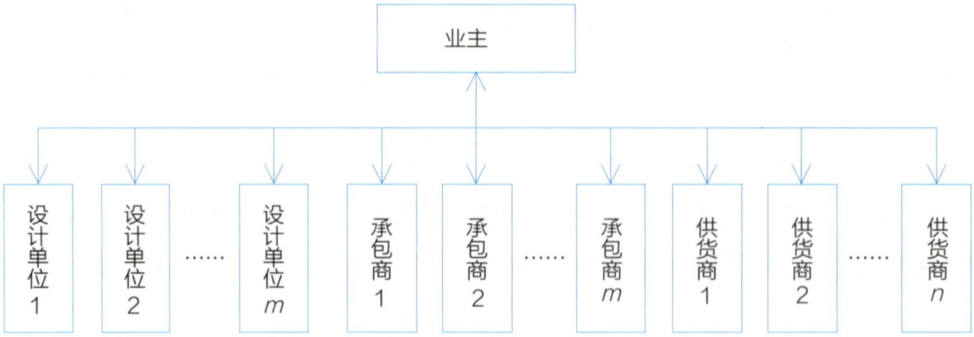

图 10.4　平行承发包模式的合同结构图

2. 施工平行发包

在施工平行发包模式中，业主将不同的施工任务分别发包给不同的施工单位，各个施工单位分别与业主签订合同，各个施工单位之间是平行关系。

一般情况下，在通过招标选择承包人时该部分工程的施工图已经完成，每个合同都可以实行总价合同。

对施工任务的平行发包，发包方可以根据建设项目结构进行分解发包，也可以根据建设项目施工的不同专业系统进行分解发包。如某办公楼建设项目中，业主将打桩工程发包给甲施工单位，将主体土建工程委托给乙施工单位，将机电安装工程委托给丙施工单位，将精装修工程委托给丁施工单位等，如图 10.5 所示。

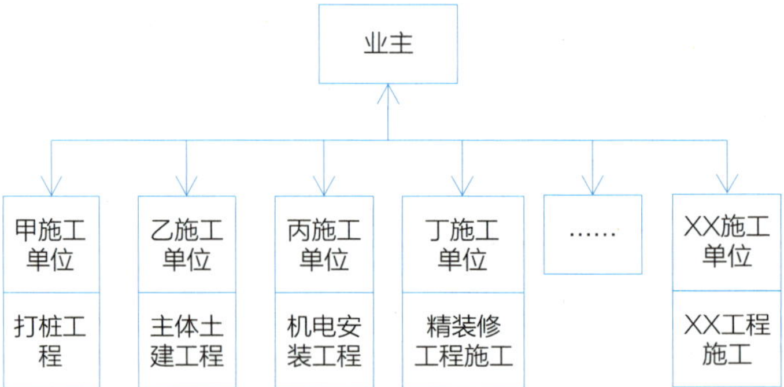

图 10.5　施工平行发包实例

3. 施工平行发包的特点

施工平行发包的特点，包括对项目投资控制、进度控制、质量控制的影响等，如图 10.6 所示。

投资控制	· 每一部分工程的发包，都以施工图设计为基础，投标人进行投标报价较有依据； · 每一部分工程的发包，业主都可以按照期望的标准和要求选择满意的承包单位(如价格最低，或进度最快，或质量可靠、信誉最好等)； · 对业主来说，要等最后一份合同签订后才知道整个工程的总投资，对投资的早期控制不利。
进度控制	· 某一部分施工图完成后，即可开始这部分工程的招标，开工日期提前，可以边设计边施工，缩短建设周期； · 由于要进行多次招标，业主用于招标的时间较多； · 施工总进度计划的编制和控制由业主负责，由不同单位承包的各部分工程之间的进度计划及其实施的协调由业主负责。
质量控制	· 每一部分工程(标段)的实施，都可以选择最可靠、最信任的承包商，有利于该部分工程的质量控制； · 符合质量控制上的“他人控制”原则，不同分包单位之间能够形成一定的控制和制约机制，对业主的质量控制有利； · 合同交互界面比较多，应重视各合同之间界面的定义和管理，否则对质量控制不利。
合同管理	· 业主要负责所有合同的招标、谈判、签约，招标及合同管理工作量大； · 业主在每个合同中都会有相应的责任和义务，签订的合同越多，业主的责任和义务就越多； · 业主要负责对多个合同的跟踪管理，工作量较大。
组织与协调	· 业主直接控制所有工程的发包，可决定所有承包商的选择； · 业主要负责对所有承包商的管理及组织协调，承担类似于施工总承包管理的角色，协调工作量大，矛盾集中，业主的管理风险大； · 业主方可能需要较多的人力和精力进行管理。

图 10.6 施工平行发包特点

4. 选择施工平行发包的情形

若存在以下情况和条件，则适合选择施工平行发包：

（1）项目规模太大或系统很复杂，不可能选择一个单位总包（基于风险和施工单位的能力）；

（2）时间紧迫，急于开工；

（3）基于建筑市场环境，业主想直接选择和控制每个子系统的施工单位（不信任总承包单位）；

（4）业主方有足够的经验和能力管理多家施工单位。

10.2.2 施工总承包模式

1. 施工总承包的含义

施工总承包（general contractor，GC），是指发包人将全部施工任务发包给一个施工单位或由多个施工单位组成的施工联合体或施工合作体，施工总承包单位主要依靠自己的力量完成施工任务。当然，经发包人同意，施工总承包单位可以根据需要将施工任务的一部分分包给其他符合资质条件的分包人（见图 10.7）。

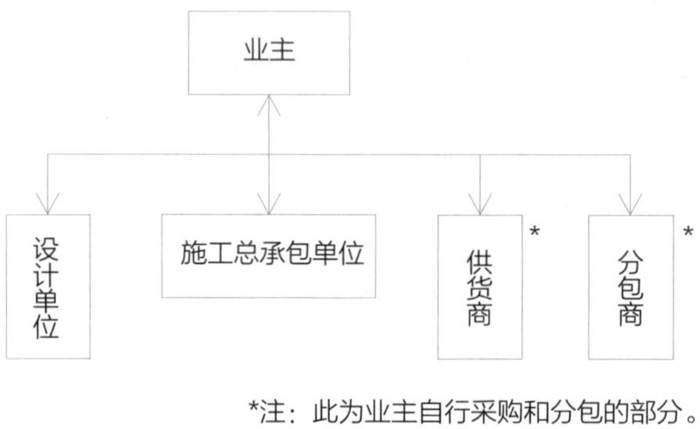

图 10.7 施工总承包模式的合同结构

与平行发包相似，为减少和避免风险，一般在通过招标选择施工总承包单位时所有的施工图都已经完成，不确定因素减少了，有利于实行总价合同。其开展顺序和平行发包有所不同（见图 10.8）。

图 10.8 施工总承包的项目开展顺序

2. 施工总承包模式的特点

施工总承包的特点，包括对项目投资控制、进度控制、质量控制的影响等，如图 10.9 所示。

投资控制	· 一般以施工图设计为投标报价的基础，投标人的投标报价较有依据； · 在开工前就有较明确的合同价，有利于业主对总投资的早期控制； · 若在施工过程中发生设计变更，则可能发生索赔。
进度控制	· 一般要等施工图设计全部结束后，才能进行施工总承包的招标，开工日期较迟，建设周期势必较长； · 施工总进度计划的编制和控制由施工总承包单位负责，而设计、施工、供货之间的进度计划协调由业主负责。
质量控制	· 建设项目质量的好坏很大程度上取决于施工总承包单位的选择，取决于施工总承包单位的管理水平和技术水平。业主对施工总承包单位的依赖较大。
合同管理	· 业主只需要进行一次招标，与一家承包商签约，招标及合同管理工作量大大减少，对业主有利； · 在很多工程实践中，采用的并不是真正的施工总承包，而用所谓的费率招标，实质上是开口合同，对业主方的合同管理和投资控制不利。
组织与协调	· 业主只负责对施工总承包商的管理及组织协调，工作量大大减少。

图 10.9　施工总承包的特点

3. 国内的施工总承包现状

目前，国内的施工总承包实施，由于对基本理论和方法的认识不足，存在以下状况：

（1）追求速度和效率，等不及完整施工图，较少实行严格的施工总承包模式；

（2）业主对施工总承包不信任，将许多分部工程直接发包，实质是平行发包；

（3）对施工总承包存在误解，出现土建总承包、安装总承包、标段总承包等。

10.2.3　施工总承包管理模式

1. 施工总承包管理的含义

施工总承包管理的英文名称是 managing contractor，简称 MC，意为管理型承包商。它不同于施工总承包。采用施工总承包管理模式时，业主与某个具有丰富施工管理经验的单位或联合体、合作体签订施工总承包管理协议，由施工总承包管理方负责整个建设项目的施工组织与管理。一般情况下，施工总承包管理单位不参与具体工程的施工，而具体工程施工需要再进行分包的招标与发包，把具体施工任务分包给分包商来完成。但有时也存在另一种情况，即施工总承包管理单位也想承担部分工程的施工，这时它也可以参加一部分工程的投标，通过竞争取得任务。

2. **施工总承包管理模式与施工总承包模式的比较**

（1）工作开展程序不同。施工总承包模式的工作程序是：先进行建设项目的设计，待施工图设计结束后再进行施工总承包招投标，确定施工总承包单位后再进行施工，如图 10.10（a）所示。从图中可以看出，许多大型建设项目如果要等到施工图全部出齐再进行工程招标，显然是很困难的。

而如果采用施工总承包管理模式，施工总承包管理单位的招标可以不依赖完整的施工图，换句话说，施工总承包管理单位的招标可以提前到建设项目尚处于设计阶段进行。另外，工程实体由施工总承包管理单位化整为零，分别进行分包的发包，即每完成一部分施工图就招标一部分，从而使该部分工程的施工提前到整个建设项目设计阶段尚未完全结束之前进行，如图 10.10（b）所示。

为了更好地说明施工总承包管理与施工总承包在工作程序和对进度影响等方面的不同，将施工总承包的一般工作程序同时表示在图 10.10 中。从图 10.10 中可以看出，施工总承包管理模式可以在很大程度上缩短建设周期。

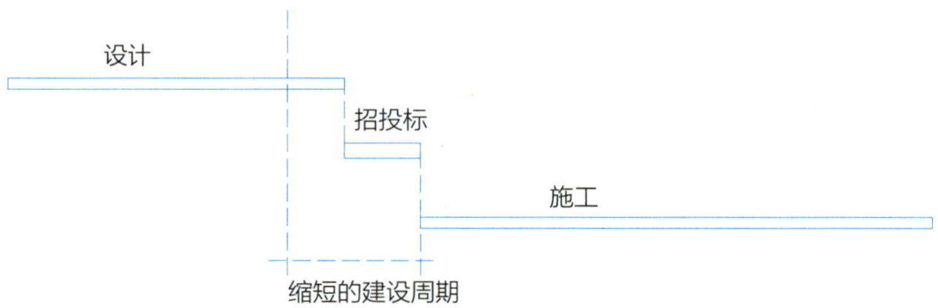

(a) 施工总承包模式下的项目开展程序

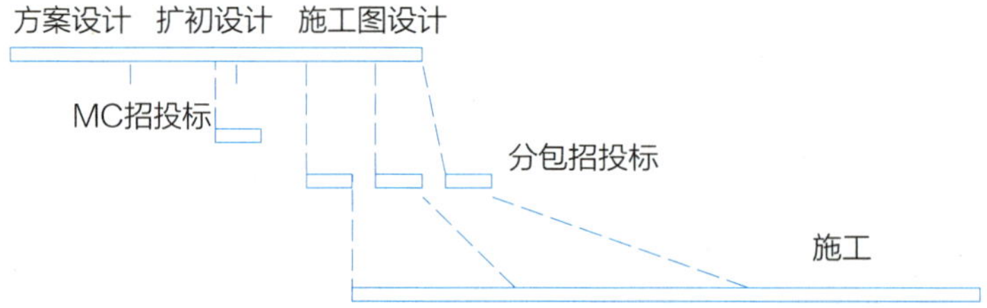

(b) 施工总承包管理模式下的项目开展顺序

图 10.10　施工总承包与施工总承包管理模式下项目开展顺序的比较

（2）合同关系不同。施工总承包管理模式的合同关系有两种可能，即发包人与分包单位直接签订合同，或由施工总承包管理单位与分包单位签订合同，其合同结构分别如图 10.11 和图 10.12 所示。

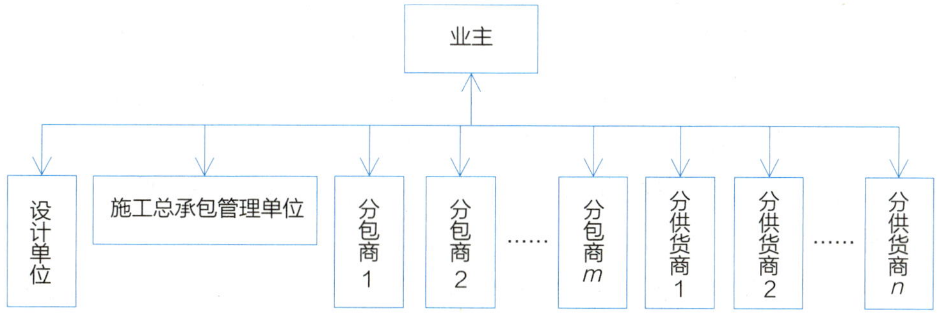

图 10.11　施工总承包管理模式下的合同结构 1

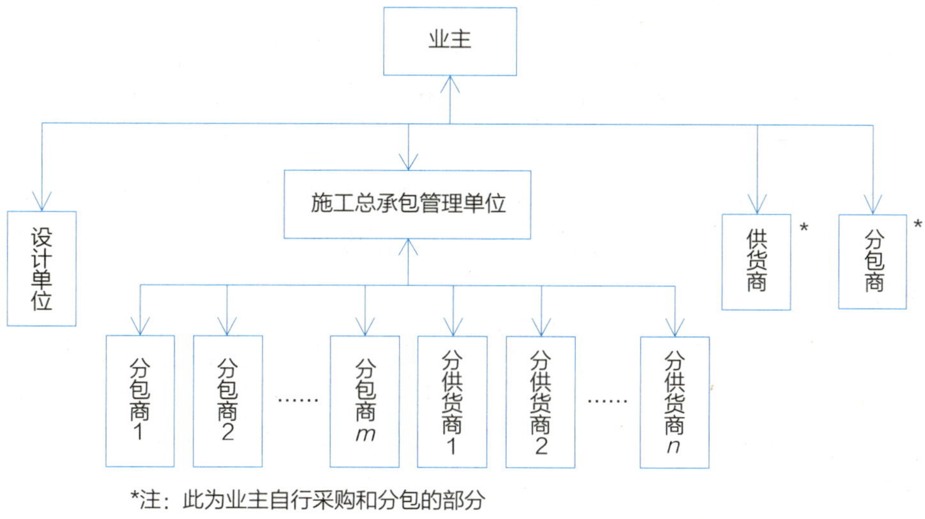

图 10.12　施工总承包管理模式下的合同结构 2

（3）对分包单位的选择和认可。在施工总承包管理模式中，发包人通常通过招标选择分包单位。一般情况下，分包合同由发包人与分包单位直接签订，但每一个分包人的选择和每一个分包合同的签订都要经过施工总承包管理单位的认可，因为施工总承包管理单位要承担施工总体管理和目标控制的任务和责任。如果施工总承包管理单位认为发包人选定的某个分包人确实没有能力完成分包任务，而发包人执意不肯更换分包人，施工总承包管理单位也可以拒绝认可该分包合同，并且不承担该分包人所负责工程的管理责任。

（4）对分包单位的付款。在施工总承包管理模式中，对各个分包单位的各种款项可以通过施工总承包管理单位支付，也可以由发包单位直接支付。如果由发包单位直接支付，需经过施工总承包管理单位的认可。

（5）对分包单位的管理和服务。施工总承包管理单位既要负责对现场施工的总体管理和协调，也要负责向分包人提供相应的服务。当然，对于施工总承包管理单位提供的某些设施和条件，如搭设的脚手架、临时用房等，如果分包人需要使用，应该支付一定的费用。

（6）施工总承包管理的合同价格。施工总承包管理合同中一般只确定施工总承包管理费（通常是按工程建安造价的一定百分比计取），而不需要确定工程总造价，这也是施工总承包管理模式的招标可以不等到设计图纸出齐的原因之一。

而对于分包合同价，由于是在该部分施工图出齐后再进行分包的招标，因此应该采用实价（即单价或总价合同）。由此可以看出，施工总承包管理模式与施工总承包模式相比具有以下优点：① 合同总价不是一次确定，某一部分施工图设计完成以后，进行该部分施工招标，确定该部分合同价，因此整个建设项目的合同总额的确定较有依据；② 所有分包合同和分供货合同的发包，都通过招标获得有竞争力的投标报价，对业主方节约投资有利；③ 施工总承包管理单位只收取总包管理费，不赚总包与分包之间的差价；④ 业主对分包单位的选择具有控制权；⑤ 有利于边设计边施工，缩短建设周期。

在国内，普遍对施工总承包管理模式存在误解，认为施工总承包管理单位仅仅做管理与协调工作，而对建设项目目标控制不承担责任。实际上，每一个分包合同都要经过施工总承包管理单位的确认，施工总承包管理单位有责任对分包人的质量、进度进行控制，并负责审核和控制分包合同的费用支付，负责协调各个分包单位的关系，负责各个分包合同的管理。因此，在组织结构和人员配备上，施工总承包管理单位仍然要有费用控制、进度控制、质量控制、合同管理、信息管理、组织与协调的组织和人员。

10.2.4 建设项目总承包

业主方把建设项目的设计任务和施工任务进行综合委托的模式可称为建设项目总承包或工程总承包。

【小贴士】

《中华人民共和国建筑法》第24条明确规定："建筑工程的发包单位可以将建筑工程的勘察、设计、施工、设备采购一并发包给一个工程总承包单位，也可以将建筑工程勘察、设计、施工、设备采购的一项或者多项发包给一个工程总承包单位；但是，不得将应当由一个承包单位完成的建筑工程肢解成若干部分发包给几个承包单位。"

1. 建设项目总承包的产生

传统的工程建设实施模式中，设计与施工往往是分离的。这是生产力发展以及社会进步到一定阶段的必然产物。由于建筑形式不断创新，建筑高度不断刷新，工业建设项目中的工艺越来越复杂，技术越来越先进，客观上要求工程设计专业化、设备制造专业化、施工专业化。

专业化为建设规模更大、技术更复杂和更先进的工程提供了可能。但同时，设计与施工的分离也导致了许多问题，主要有以下几个方面：

（1）设计单位较少了解施工，有时也较少考虑可施工性；

（2）在设计时还不能确定将由谁施工，因而不能结合施工单位的特点和能力进行设计，但在确定了施工单位以后，又可能会引起设计修改；

（3）施工单位“按图施工”，基本上处于被动地位，在一定程度上影响了其积极性的发挥；

（4）若施工图完成以后再进行施工任务的发包，项目建设周期长；

（5）建设单位项目目标的控制有困难，主要是不利于投资控制和进度控制；

（6）建设单位的组织、协调工作量大；

（7）主体工程与配套工程施工往往分离，导致主体工程结束后至项目动用的间隔时间长。

建设项目总承包模式起源于欧洲，是为了解决设计与施工分离的弊端而产生的一种模式。实行建设项目总承包模式，可以在很大程度上解决上述问题。建设项目总承包的基本出发点是借鉴工业生产组织的经验，实现建设生产过程的组织集成化，以克服由于设计与施工的分离致使投资增加，以及克服由于设计和施工的不协调而影响建设进度等弊端。

建设项目总承包，顾名思义，就是将建设项目实施的全部任务委托给一个总承包单位，即将设计、物资和设备采购、施工与安装等全部建设任务一并委托，由一个单位或多个单位组成的联合体承担。该模式起源于欧洲，但欧洲以及其他国家并没有建设项目总承包这种工程发包名称，而是针对不同类型的项目运用不同的更有针对性的发包模式。在以房屋建筑为主的民用建筑项目中，国外一般采用设计和施工总承包（design-build，D+B）模式；在以大型装置或工艺过程为核心的工业和基础设施建设领域，如大型石化、橡胶、冶金、制药、能源、电力、交通等建设项目，工艺设备的设计、制造、采购和安装成为建设项目实施中最重要、最关键的核心，而工艺设备的设计、制造、采购和安装又与整个工艺的设计紧密相关，因此，在这些类型的建设项目中，国外一般采用设计、采购、施工总承包（engineering， procurement，construction，EPC）（见图 10.13）。其中，EPC 模式又可以衍生出许多变化的形式，比如 EPCm 和 EPCa 等。

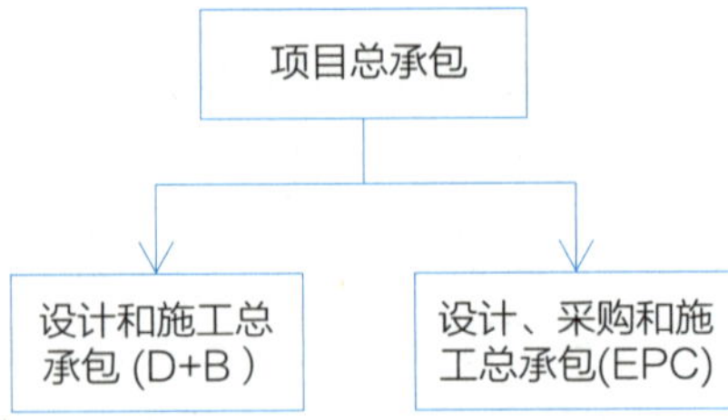

图 10.13　项目总承包分类

国际上，项目总承包还有其他名称，如 turnkey、design-construct 等，其本质都是设计和施工集成的委托模式。我国将 D + B 模式、EPC 模式、turnkey 模式和 design-construct 模式等都叫做建设项目总承包（或工程总承包），这是对上述集成发包模式的归纳和提炼，但是，在实际运用中，EPC 总承包模式与 D + B 总承包模式在适用项目和操作方法上还是有很大不同的，合同条件也不同，美国的有关学会（协会）和 FIDIC 等组织都发布了分别适用于 EPC 总承包模式和 D + B 总承包模式的标准合同条件。

2. 建设项目总承包的范围

实行建设项目总承包的几个关键问题需要明确：一是由谁承担设计和施工总承包任务；二是何时开始总承包以及承包的范围是什么；三是如何进行总承包的招标、投标和评标等。

建设项目总承包单位可以从方案设计阶段就开始总承包，也可以从初步设计阶段、技术设计阶段或者施工图设计阶段开始总承包。但是，当施工图设计完成以后再进行总承包，就变成施工总承包模式了（见图 10.14）。

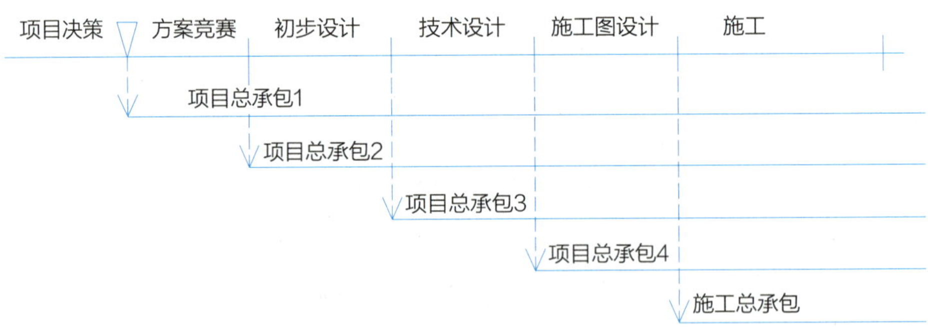

图 10.14　项目总承包单位的介入时间

3. 建设项目总承包的组织

国外承担建设项目总承包的组织机构一般有两种形式：一种是永久性组

织，即永久性的经济实体；一种是临时性的组织，即针对一个具体的建设项目，由若干个设计单位和施工单位组成的临时性组织（见图 10.15）。

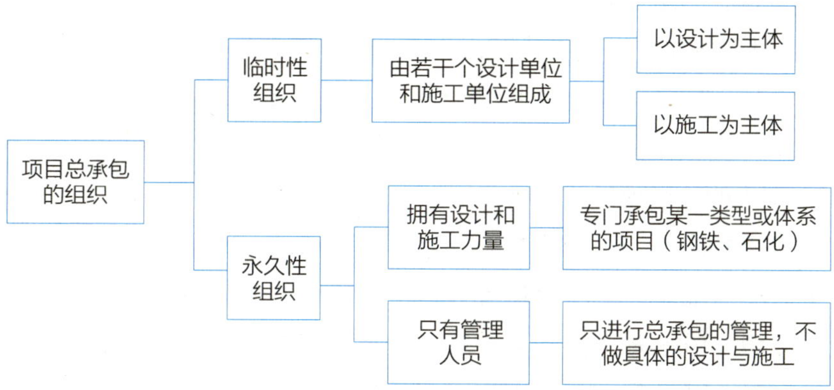

图 10.15 项目总承包的组织形式

临时组织又可以分为以设计为主体和以施工为主体两种形式。国外主要是以施工为主体，因为施工企业承担风险的能力和控制项目的能力比设计单位强。在实际操作中，往往具有以下三种可能的模式：一是由施工单位承接建设项目总承包的任务，而设计单位受施工单位的委托承担其中的设计任务，即设计作为分包；二是由设计单位承接建设项目总承包的任务，而施工单位作为其分包承担其中的施工任务；三是由设计单位和施工单位组成联合体，联合承包。

4. 建设项目总承包的招标、投标与评标

在施工总承包模式中，业主对工程的检查和验收都以图纸和合同为依据。但在设计和施工总承包模式中，承包方既要进行设计，又要进行施工，如果业主要通过招标选择项目总承包单位，根据什么招标、评标呢？这是实行设计和施工总承包模式的一个关键问题。

施工总承包的招标通常是以图纸和分部分项工程说明以及工程量清单为依据，这种招标称为构造招标。设计和施工总承包模式在招标时可能还没有一张图纸，这时的招标必须有功能描述书以及有关的要求和条件说明，这种招标叫作功能招标。功能描述书以及有关的要求和条件说明是否清楚、明确和具体，是招标能否成功和建设项目能否顺利实施的关键。

业主可以自行编制或委托项目管理咨询公司编制建设项目功能描述书以及有关的要求和条件说明，投标人据此进行投标，编制设计建议书和设计文件，并根据其设计方案进行工程报价。

关于项目总承包招标的评标工作，一般分两个阶段进行：首先是对设计进行评审，审查设计是否满足业主的功能要求；其次再对投标价进行评审。

如果设计方案不满足业主的功能要求，就没有资格进入下一阶段的评审，就是说，价格再便宜也不可能中标。一般情况下，业主将在符合要求的设计方案中选择投标价格最低的投标单位作为中标单位。

在设计和施工总承包模式下，业主一般要聘请专业化的项目管理咨询公司协助其进行管理，协助编制建设大纲和功能描述书，协助招标、评标、签订合同以及设计和施工阶段的管理。

5. 国内的建设项目总承包现状

我国从 1982 年开始试点探索工程项目总承包。1984 年国务院《关于改革建筑业和基本建设管理体制若干问题的暂行规定》提出建立工程总承包企业的设想。1988 年上海市建设委员会委托同济大学和上海华东建筑设计院联合开展工程总承包研究课题。1997 年《建筑法》明确提倡工程总承包，之后住建部多次发文推进工程总承包模式。但至 2016 年，工程总承包模式并未被广泛应用。

2017 年 2 月，国办发〔2017〕19 号文《关于促进建筑业持续健康发展的意见》再次强调要加快推行工程总承包：装配式建筑原则上应采用工程总承包模式；政府投资工程应完善建设管理模式，带头推行工程总承包。自此，全国各地区、各行业纷纷开始推行工程总承包模式，实行工程总承包的项目数量呈爆发式增长。但是，在项目数量增长的同时，也出现了许多问题。比如，将所有总承包模式都称为 EPC 模式；对不适合采用工程总承包或不具备工程总承包发包条件的项目强行采用工程总承包模式发包；没有很好地研究和探索工程总承包的发包方法和条件；没有明确提出和描述项目的功能需求；草率签订工程总承包合同；等等。上述问题导致工程总承包的风险与日俱增，项目实施过程中的矛盾和纠纷不断，影响了项目的进展和质量，最终对工程项目的增值效果也不尽如人意。

我国实行工程总承包过程中出现的问题，其原因是多方面的，比如基础理论研究不足，对工程实践的指导性和操作性不强；有些政策文件要求多上项目、快上项目，但政策的成熟度不足；无论是投资方、工程咨询方还是设计和施工企业，对工程总承包概念的理解比较片面或有偏差，市场中真正具备工程总承包能力的企业比较少。

在我国，进一步有序推进工程总承包，对工程项目投资效益，对建筑业发展都非常有必要，因此，需要认真扎实地学习工程总承包的基本理论和方法，尤其要学习和借鉴国际先进经验和做法。我国建筑业要真正走出去，要在国际上站稳脚跟，更要认真和深入学习基本理论和国际惯例，在交流中运用国际同行听得懂的语言和准确的术语，才有可能相互理解，彼此认可。

10.2.5 工程项目采购的发展趋势

1. 采购手段的变化

随着信息技术不断发展，利用网络平台进行采购招标的各项工作已经成为现实，并将愈来愈得到更加广泛的应用。目前，利用互联网发布招标信息和公告已经非常普遍，而在网上进行资格审查、购买招标文件、递交投标文件等也已经逐渐为人们所接受，由于其具有成本低、效率高、保密性好等特点，将成为项目采购的一个重要的发展方向。

2. 工程建设管理和工程任务委托模式的变化

近年来，建筑业发生了深刻的变化，对现代工程建设管理的模式和工程项目的任务委托与实施模式也产生了深远的影响。

近年来建筑业发生的变化主要体现在：

（1）大中型项目投资和经营的私有化进程的发展。

（2）业主方更多地希望设计和施工紧密结合，倾向设计 + 施工的方式发包；希望建筑业提供形成建筑产品的全过程的服务，包括项目前期的策划和开发，以及设计、施工，乃至设施管理的服务。

（3）建筑业在项目融资和经营方面参与程度加深。

（4）建筑市场的全球化进程和建筑市场竞争加剧。

（5）从机械制造业、汽车工业引进、改变建筑产品生产组织的模式。

（6）在设计、施工、建筑材料和建筑设备的技术领域不断出现创新。

（7）建筑公司（建筑施工、安装公司）功能的变化。

（8）设计事务所（设计公司）、建筑公司和咨询公司内部管理的变化。

（9）信息技术的迅速发展对建筑业的影响。

国际建筑业的以上变化对工程项目建设的委托和实施产生了深刻的影响，如出现了平行发包、施工总承包、施工总承包管理、项目总承包等许多不同类型的承发包模式。这些模式都局限于项目设计任务的委托和建筑施工、安装任务的发包。对于业主而言，这都属于对建筑产品订货生产的购买活动，它比工业产品购买的组织复杂得多，不熟悉工程项目建设和实施业务的业主几乎无法应付。业主方希望简化建筑产品购买的组织，而又不损害其利益，并希望建筑业能提供范围更宽的服务，由此产生了多种新颖的发包模式，如：

（1）D + D + B（develop + design + build），即受委托方负责项目前期决策阶段的策划、设计和施工；

（2）D＋B＋FM（design＋build＋facility management），即受委托方负责项目的设计、施工和设施管理；

（3）F＋P＋D＋B＋FM（finance＋procurement＋design＋build＋facility management），即受委托方负责项目的融资、采购、设计、施工和设施管理。

3. 建设工程的项目集成交付模式

项目集成交付（integrated project delivery，IPD）（目前尚无统一的中文译名）是美国建筑师协会（AIA）在2007年发布的《项目集成交付指南》中提出的一种新型管理和组织模式。IPD指的是将人力资源、工程系统、业务结构以及实践经验集合成为一个过程的项目交付方式，在这个集成过程中，项目的各参与方可以充分利用各自的才能和洞察力，通过多方合同，组建团队协同管理，在项目实施各个阶段紧密合作，使项目效率最大化，给业主创造更大价值。

IPD主要涵盖了四个方面的思想，如图10.16所示。

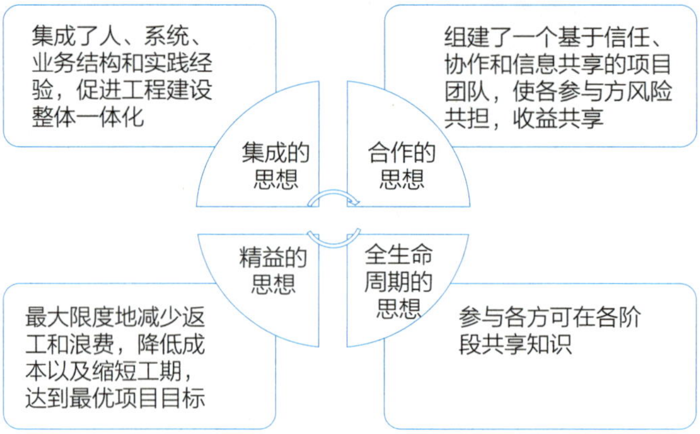

图10.16　IPD的思想

与传统采购模式相比较，IPD模式的参与各方在项目前期介入早，具有更紧密的合作伙伴关系和较高的协同性，能持续不断地优化设计方案，较传统模式具有更强的主动性、更高的效率、更低的成本、更多的收益。

10.3　工程项目采购规划

10.3.1　工程项目采购规划的目的和作用

工程项目管理的核心任务是进行项目的目标控制，而目标控制的前提和基础工作是工程项目管理规划，工程项目采购规划是工程项目管理总体规划的一个重要的组成部分（见图 10.17）。

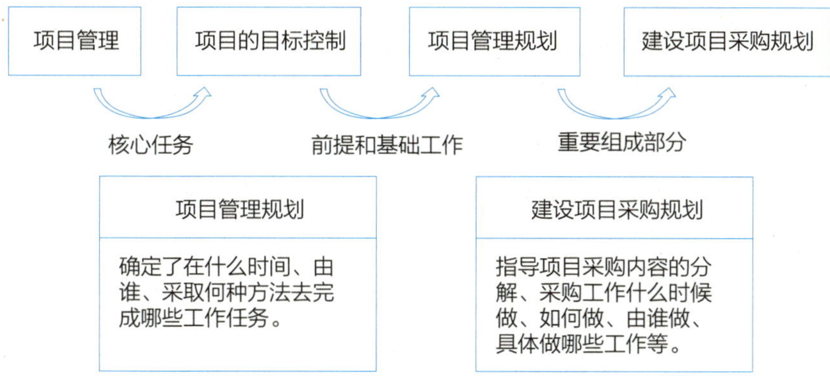

图 10.17　项目管理规划和项目采购规划

采购规划既是指导工程项目采购各项工作的基础，也是控制和检查、监督采购工作的基础。任何一项工作，如果没有计划的指引，也就无法对实际工作进行检查对比，更谈不上进行动态跟踪和控制，其目标是很难实现的。因此，要非常重视工程项目采购规划的意义和作用，加强工程项目采购规划的编制工作。

10.3.2　工程项目采购规划的内容

工程项目采购规划至少应该包括以下几个方面的主要内容。

（1）发包模式的选择，如采用平行发包、施工总承包、项目总承包等工程发包模式的可能性和利弊的分析。

（2）将项目进行适当、合理的分解，确定各项采购的范围和内容。要按照最有利于项目目标控制的原则对项目进行分解，并进行费用估算，以便发包控制。

（3）落实项目采购的组织机构，建立采购工作班子或者委托招标代理机构进行采购，确定采购工作流程等。

（4）落实采购工作的时间安排，制定采购工作进度计划。要根据项目实施的总进度目标安排各项采购工作的进度计划。

（5）选择适当的采购方式，如选择国际竞争性招标或是国内竞争性招标，公开招标或是邀请招标等。

10.3.3 工程项目采购规划的制定

工程项目采购规划的内容应该包括在工程项目管理总体规划中，在工程项目实施的开始阶段就应编制，并随着工程项目的进展不断调整。

1. 制定工程项目采购规划的工作步骤

工程项目采购规划，可按照如下工作步骤制定（见图 10.18）。

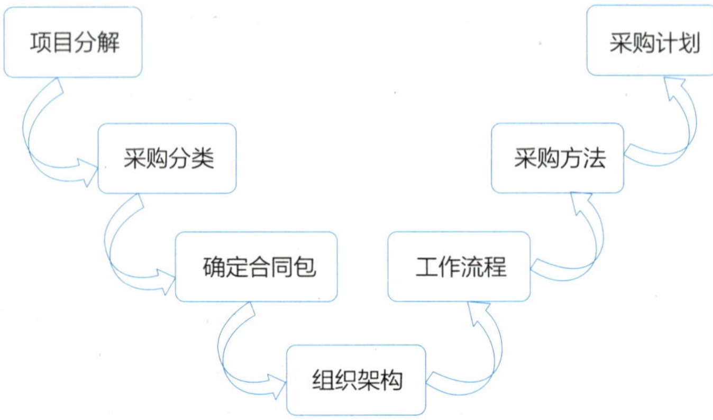

图 10.18 工程项目采购规划工作步骤

（1）进行工程项目分解分析，并列出所有需要采购的内容；

（2）对采购内容进行分类，可以按照工程、货物、服务来划分；

（3）对采购内容进行分解或打包合并，确定合同包；

（4）明确采购的组织架构和采购的工作流程；

（5）确定采购的方法，如采用国际竞争性招标、国内竞争性招标或邀请招标等方法；

（6）制定采购工作的进度计划。

2. 项目分解与合同包的确定

在进行项目分解与合同打包时要考虑以下几个因素：

（1）将类似的产品或服务放在一起考虑，实行批量采购往往容易获得更加优惠的报价。

（2）符合工程进度计划的要求。计划先实施的工程或先安装的设备要先采购，采购工作量要适当均衡，不能过于集中。同时也要考虑设备制造周期，如可考虑基础设施设备和非标设备优先采购原则。

（3）地理因素。有些土木工程如公路、铁路等要考虑将地理位置比较集中的工程放在一起采购，避免过于分散。

（4）合同额度要适中。如果太大，会限制投标人的条件，导致够格投标公司太少；而如果太小，许多公司缺乏投标的兴趣，也会导致竞争不足。

3. 建立项目采购的组织

采购的组织是实现采购目标和完成采购任务的重要保障，也是保证招标采购过程公开、透明的必要条件。采购组织的规划包括组织结构设计和任务分工、流程设计等。

【案例 10.1】

某国际机场扩建工程设备采购组织规划

某国际机场扩建工程建设，业主方根据分工明晰、制度严格、权力制约的原则，建立了由招标领导小组、评标委员会、招标工作小组、投资监理和法律顾问及各职能部门组成的组织架构，招标过程中还聘请了设计单位、机场进出口公司、科研院校等各方面技术、经济专家参与，邀请公证处等机构参与监督，并出具公证书（见图 10.19）。

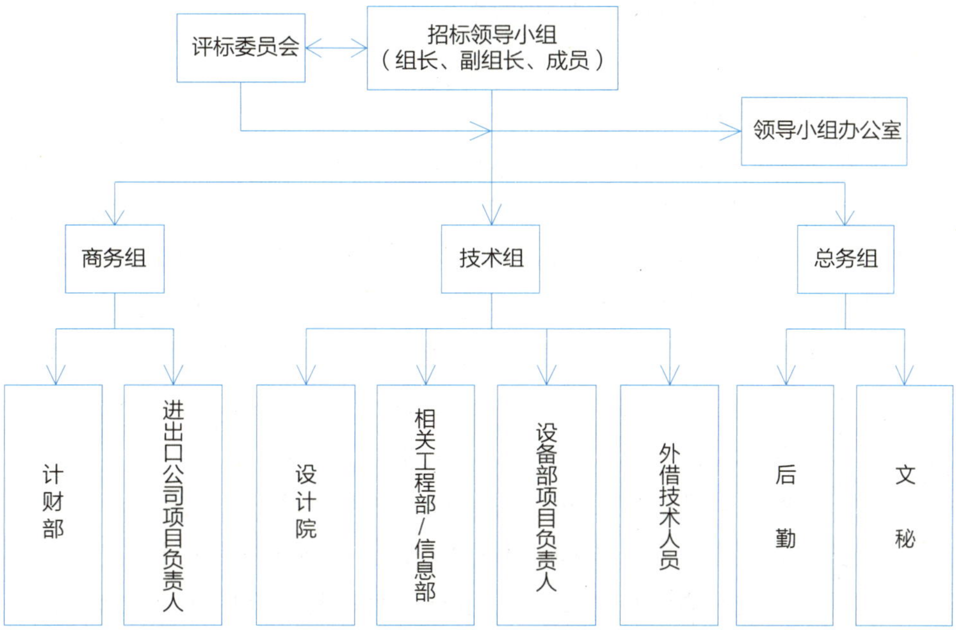

图 10.19 某国际机场扩建工程设备采购组织规划图

10.4 工程项目采购资格审查

10.4.1 资格审查的含义及分类

招标人可以根据招标项目本身的特点和要求，在招标公告或者招标邀请书中要求投标申请人提供有关资质、业绩和能力等的证明，并对投标申请人进行审查。资格审查分为资格预审和资格后审（见图 10.20）。

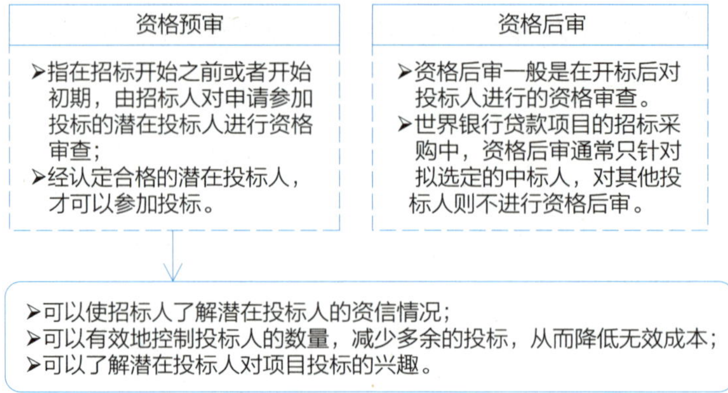

图 10.20　资格审查分类

10.4.2　资格审查的内容和程序

1. 资格审查的内容

资格预审应主要审查潜在投标人或者投标人是否符合下列条件：具有独立订立合同的权利；具有履行合同的能力；没有处于被责令停业、投标资格被取消、财产被接管或冻结、破产等状态；在最近几年内没有骗取中标和严重违约及重大工程质量问题；法律、行政法规规定的其他资格条件。

资格预审时，招标人不得以不合理的条件限制、排斥潜在投标人或者投标人，不得对潜在投标人或者投标人实行歧视待遇。任何单位和个人不得以行政手段或者其他不合理方式限制投标人的数量。

对于设备和信息系统采购的资格审查，招标人不仅要对投标人（供应商）的技术资格能力提出详细的量化要求，而且还要对系统集成方、主要设备制造方、安装方（特种设备）、主要配套产品生产厂商等的资格、能力等规定详尽的评价指标，特别是要从项目全生命周期的角度，从用户的使用和维修角度，对供应商的技术培训、售后服务、备品备件供应、技术扩展等能力进行考察和确认，从源头上保证入围供应商的基本技术素质。

【案例 10.2】

航班信息集成服务项目资格条件

某国际机场扩建工程建设业主方对航班信息集成服务项目制定了详细的定量化资格条件（见图 10.21）。既保证了入围供应商的基本质量，又吸引了投标竞争对手的积极参与，增加招标的竞争力度，从而得到质优价低的设备与系统。

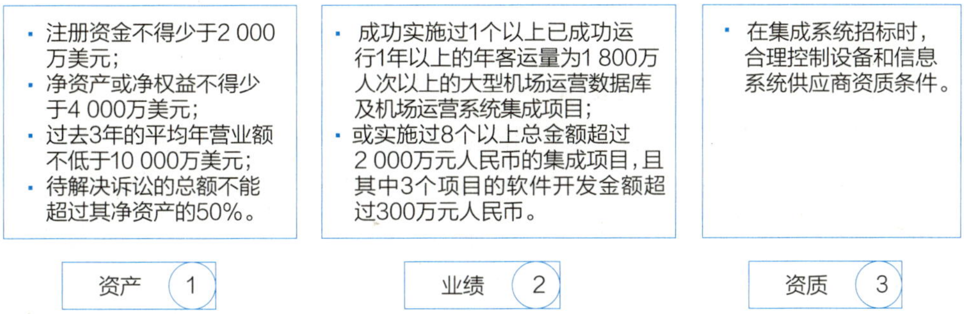

图 10.21　航班信息集成服务项目资格条件

2. 资格审查的程序和标准

资格审查的程序，如图 10.22 所示。

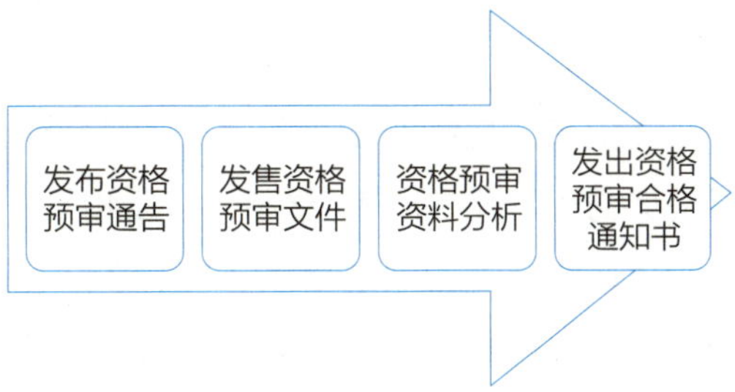

图 10.22　资格预审程序

对选中的投标人进行资格后审的评审标准有：类似项目的经验及过去项目的执行情况、当前的实际生产能力和技术能力、流动资金来源。如果是货物采购，还需要考察其零配件及售后服务情况，是否满足法律要求。与资格预审相比，资格后审更强调对发出中标通知书时的当前情况进行审查。

如果选中的投标人不满足资格后审的要求，不能对其授予合同，要立即审查评标价次低的投标人资格，直至满足条件，授予合同为止。

10.5　工程项目采购招标文件

根据工程项目招标方式不同，招标文件的内容和编制要点也不尽相同，以下介绍设计、施工、物资采购、工程监理等招标文件的主要内容和编制要点。

10.5.1　工程设计招标文件

1. 设计招标文件的主要内容

国内选择设计单位也往往采用招标的办法，其设计招标文件的内容与施工招标文件的内容有所不同。设计招标文件仅提出设计依据，以及工程项目应达到的技术指标、项目限定的工作范围、项目所在地的基本资料、要求完成的时间等内容，而无具体的工作量。

设计招标文件的内容主要有：① 工程名称、地址、占地面积、建筑面积等；② 投标须知；③ 设计依据文件；④ 项目设计任务说明；⑤ 合同的主要条件；⑥ 设计依据的有关资料；⑦ 投标文件编制要求及评标原则等。

2. 设计招标文件的编制要点

在设计招标文件中，明确设计任务及要求是非常重要和关键的内容，大致可包括以下几个方面：① 设计文件的编制依据；② 国家有关行政主管部门对规划方面的要求；③ 有关功能的要求；④ 技术经济指标要求；⑤ 平面布局要求；⑥ 建筑设计方面、结构设计方面、设备设计方面的要求；⑦ 特殊工程方面的要求；⑧ 其他有关方面的要求，如环保、消防等。

如关于建筑设计方面的要求，应提出需要考虑的问题有城市规划方面、建筑的外部造型与朝向、建筑的内部设计等（见图 10.23）。

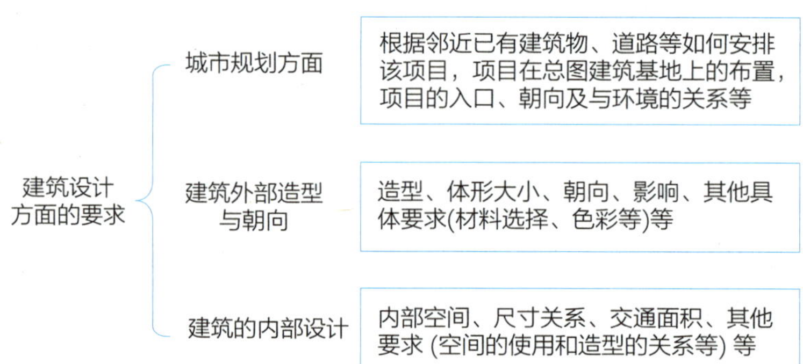

图 10.23　建筑设计要求

3. 设计招标文件的编制要求

招标文件中包括设计任务要求和说明，它是设计的重要依据，要全面反映招标人对项目功能的要求和投资意图，其表达应该注意：① 清晰严谨，不要被误解；② 全面、完整，任务要求不要有遗漏；③ 要求灵活，应为投标人发挥设计的创造性留有充分的余地。

10.5.2 工程施工招标文件

1. 工程施工招标文件的主要内容

工程项目施工招标文件一般包括下列内容：① 投标邀请书；② 投标人须知；③ 合同主要条款、合同协议书格式以及银行履约保函格式、履约担保书格式、预付款担保格式等；④ 采用工程量清单招标的，应当提供工程量清单；⑤ 技术规范和要求；⑥ 设计图纸；⑦ 评标标准和方法；⑧ 投标文件格式，包括投标书及投标书附录、工程量清单与报价表、辅助资料表、资格审查表等。

2. 施工招标文件的编制要点

（1）工程施工合同条件。世界银行贷款项目中，对土建工程招标一般都采用 FIDIC 土木工程施工合同条件。在国内，国家住房和城乡建设部与原国家工商行政管理总局借鉴国际上通用的土木工程施工合同的成熟经验和有效做法，于 2013 年修订了《建设工程施工合同（示范文本）》（GF−2013−0201）。该文本适用于各类公用建筑、民用住宅、工业厂房、交通设施及线路、管道的施工和设备安装等工程。

另外，国家九部委联合发布的《标准施工招标文件》（2007 年版）也附带含标准的合同条款。

各种工程施工合同示范文本一般都由以下 3 部分组成：① 协议书；② 通用条款；③ 专用条款。

各种工程施工合同示范文本的内容一般包括：① 词语定义与解释；② 合同双方的一般权利和义务；③ 工程施工的进度控制；④ 工程施工的质量控制；⑤ 工程施工的费用控制；⑥ 施工合同的监督与管理；⑦ 工程施工的信息管理；⑧ 工程施工的组织与协调；⑨ 施工安全管理与风险管理。

（2）投标人须知。投标人须知一般应包括的内容有：招标范围、投标人的资格要求、投标费用、现场考察、招标文件、澄清和修改、投标文件、投标价格和货币、投标有效期、投标保证金、投标书的形式和签署要求、投标书的密封与标志、投标截止日期、开标与评标、投标书的澄清、投标书的检查与响应性的确定、错误修正、投标书的评价与比较、授标、中标通知书、合同协议书的签署、履约保证金等。

关于投标价格，一般对于结构不太复杂或工期在 12 个月以内的工程，可以采用固定总价合同，再考虑一定的风险系数。而结构比较复杂、工期超过 12 个月的项目，应采用可调整价格的总价合同。价格的调整方法以及调整范围应在招标文件中确定。

在招标文件中应该明确投标保证金的数额，一般保证金的数额不超过投标总价的 2%，投标保证金的有效期应该超过投标有效期。

在招标文件中应该明确要求中标单位按规定提交履约担保，履约担保可以采用银行保函或履约担保书的形式。

投标有效期即从投标截止日期到公布中标日为止的一段时间。投标有效期的确定应依据工程大小和繁简等具体情况而定，即要保证招标单位有足够的时间对全部投标进行比较和评价。结构不太复杂的中小型工程，投标有效期可以定为 28 天或以内；结构复杂的大型工程，投标有效期可以定为 56 天或以内。按照国际惯例，一般为 90～120 天，通常不应超过 182 天。在此期间，全部投标文件应保持有效，投标人不得修改或撤销其投标。世界银行规定，如果业主要求延长投标有效期，应在有效期终止前征求所有投标人意见，投标人有权同意或者拒绝延长投标有效期，业主不能因此而没收其投标保证金。同意延长投标有效期的投标人不得要求在延长期内修改其投标文件，而且投标人必须同时延长其投标保证的有效期，对投标保证的各种有关规定在延长期内同样有效。

（3）工程量清单。有的工程项目采用工程量清单报价方法，即发包方依据工程设计图纸、工程量计算规则、一定的计量单位和技术标准等，计算得到构成工程实体各分部分项的实物工程量汇总清单，投标人只需要根据发包人提供的工程量清单对各项单价进行投标报价。这种方法有利于缩短投标时间，降低承包人计算工程量的风险，在 FIDIC 土木工程施工合同条件和有关工程施工中得到广泛采用。

住房和城乡建设部和质量监督检验检疫总局根据《中华人民共和国招标投标法》和《建筑工程施工发包与承包计价管理办法》（建设部令第 107 号）及其他有关法律、法规，联合发布了国家标准《建设工程工程量清单计价规范》（GB 50500—2013），推行工程量清单招标方式。招标单位应按照上述规范，根据图纸计算工程量，提供给投标单位作为报价的基础。

投标人在投标时，依据工程量清单、拟定的施工组织设计、反映本企业技术水平和管理水平的企业定额、市场价格信息等计算和确定综合单价，填报分部分项工程量清单计价表中所列项目的综合单价与合价。

10.5.3 工程物资采购招标文件

工程建设过程中的物资包括建筑材料和设备等。材料和设备的供应一般需要经过订货、生产（加工）、运输、储存、使用（安装）等各个环节，经历一个非常复杂的过程。

1. 物资采购招标文件的主要内容

物资采购招标文件应清楚地说明拟购买的货物及其技术规格、交货地点、交货时间表、维修保修要求，技术服务和培训的要求，付款、运输、保险、仲裁条款，以及可能的验收方法与标准，还应明确规定在评标时要考虑的除价格以外的其他能够量化的因素，以及评价这些因素的方法。

物资采购招标文件的主要内容有以下几个方面：

（1）招标书；

（2）投标须知；

（3）招标标的物的清单和技术要求、技术规范和图纸；

（4）合同格式及主要合同条款；

（5）投标书格式、投标物资的数量以及价目表格式、投标保函格式等各种格式文本；

（6）其他需要说明的问题和事项。

2. 物资采购招标文件的编制要点

（1）标的。招标文件应对拟采购的货物进行清晰的定义，包括购销物资的名称（注明牌号、商标）、品种、型号、规格、等级、花色、技术标准或质量要求等。

（2）技术规格和规范。招标文件应明确货物或设备的技术要求和参数。技术要求和参数应采用国家标准和规范，或者采用国际通用标准和规范，一般不能采用某一制造厂家的技术规格作为招标文件的技术要求。有兼容性要求的，技术规范应清楚地说明与已有的设施或设备兼容的要求。

（3）投标报价。报价应包括单价、总价及运费、保险费、仓储费、装卸费、各种税、手续费等。设备、材料国际采购合同中常用的价格条件有离岸价格（FOB）、到岸价格（CIF）、成本加运费价格（CFR）等，这些都应在报价方法和要求中说明；否则，各家投标人的报价就没有可比性。

（4）货物采购合同的主要内容。货物采购合同的主要内容包括：① 标的；② 数量；③ 包装；④ 交付及运输方式；⑤ 交货期限；⑥ 价格；⑦ 验收和保修；⑧ 结算的时间、方式和手续；⑨ 违约责任。

10.5.4 工程监理服务招标文件

1. 招标文件的主要内容

工程监理服务的招标文件主要包括以下几个方面的内容：

（1）投标人须知；

（2）工程项目简介；

（3）委托工程监理任务的范围和工作任务大纲；

（4）合同条件；

（5）评标原则、标准和评标方法；

（6）招标人可以向工程监理人提供的条件，包括办公、住宿、生活、交通、通信条件等；

（7）工程监理投标报价方式及费用构成；

（8）项目有关资料；

（9）投标书格式和有关表格。

2. 招标文件的编制要点

（1）委托工程监理任务大纲。工程监理任务大纲是工程监理投标单位制定工程监理规划、确定工程监理报价的依据，其主要内容有：工程监理工作纲要和目标，对总监理工程师及工程监理人员的要求，工程监理工作计划，投资、进度、质量控制的方法，合同管理和信息管理的方法，工程监理工作报告等。

（2）工程监理任务。工程监理的内容，即工程监理过程中的具体工作，如协助业主进行设计管理、施工招标、确认分包商、审批设计变更、控制和协调工程进度、工程合同款支付签证、主持质量事故鉴定与处理等。

业主的授权，包括审批设计变更、停工令和复工令、采购及支付等权力。

（3）工程监理合同条件。一般采用国家颁布的标准合同文本。特殊项目或国际招标的项目可以采用 FIDIC 颁布的雇主与咨询工程师项目管理协议书国际范本。

（4）确定评标原则、标准和方法。工程监理招标的标的是工程监理服务，与工程和货物招标有所不同。因此，选择中标人的原则应该是能力、质量为主而不是以费用为主，应该在能力、质量和费用之间寻求平衡。评标方法可以采用评议法、综合评分法和最低评标价法等。

10.6 工程项目采购评标

评标的目的是在满足工程质量要求的前提下，保证采购工程、货物和服务所需要的费用最少，即采购的工程、货物和服务具有最佳经济性。

为达到上述目的，评标时，投标价格只是考虑的因素之一，其他因素还包括：交货工程完工的时间；关于费用支付的条件；技术的优势、能力、生产率；运行费用；维护费用；效率等。

因此，评标时需要综合考虑以上各个因素，对投标书做出综合评价。

货物和工程采购的评标程序，都由如图 10.24 所示的步骤组成。

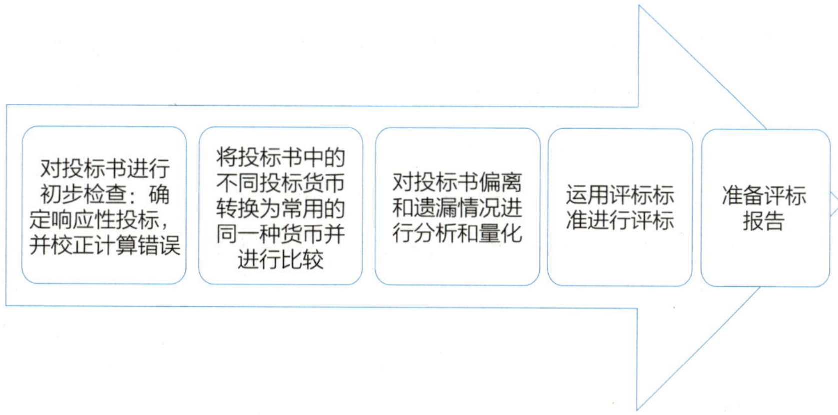

图 10.24　货物和工程采购的评标程序

10.6.1　投标书检查

1. 投标书检查的主要内容

开标后和正式评标前，招标人首先要确定每份投标文件是否完全符合招标文件的要求，因此需要对投标书进行检查，这个过程又称为初步评审。投标书检查的主要内容包括：① 标书是否完整，是否有签名；② 是否包含了投标保证金和其他要求的文件；③ 是否有计算错误。

要根据招标文件的有关条款，检查投标书在技术、财务、管理、法律方面是否存在实质性偏差。检查的目的是确定投标文件是否实质性响应了招标文件的要求，后期的详细评标只针对那些实质性响应的投标书。

2. 不可接受的偏差

投标文件存在不可接受的偏差，将作为废标处理。按照世界银行采购政策要求，如果投标文件出现以下情况，可视为不可接受的偏差：

（1）迟到提交的投标文件；

（2）不合格的投标人；

（3）未签字的投标文件；

（4）没有或不可接受的投标保证金；

（5）投标人 / 联营体未通过资格预审；

（6）要求报固定价格，而投标人要求价格调整；

（7）不可接受的替代设计；

（8）不符合时间进度要求；

（9）不可接受的分包；

（10）要求变更仲裁的条件、规则、地点等。

3. 修正计算错误

修正计算错误是通常的商业惯例，一般在检查过程中和正式评标前完成。世界银行的采购政策要求，修正计算错误一般按照以下原则：

（1）当大小写数字不一致时，以大写为准；

（2）当小数点的位置明显有错误时应该更正；

（3）一般不修改单价和数量，只修改算术错误（加、减、乘、除），即修改小计和总数。

上述修改并不要求获得投标人的同意，也不需要其确认。如果修改合适，投标人会接受这些更正，如果投标人不接受，则有被没收投标保证金的风险。当然，在必要时可以要求投标人澄清。

10.6.2 工程采购评标的方法

衡量投标文件是否最大限度地满足招标文件中规定的各项评价标准，可以采取打分的方法、折算货币的方法或者其他方法，评出中标人。需要量化的因素及其权重应当在招标文件中明确规定。评标委员会对各个评审因素进行量化时，应当将量化指标建立在同一基础或者同一标准上，使各投标文件具有可比性。

工程施工招标的评标主要考察投标人的标价、施工方案、工程质量、工期、企业的信誉和业绩等方面，评标的方法一般包括以下几种（见图 10.25），还有法律行政法规允许的其他评标方法。

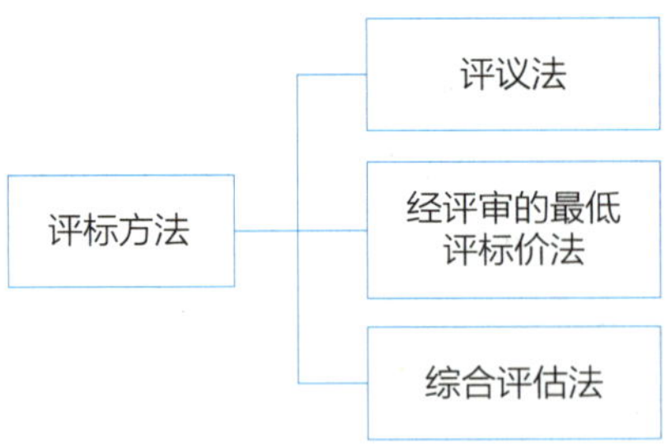

图 10.25　常用评标方法

1. 经评审的最低评标价法

首先，通过对各投标书的审查，评标委员会要淘汰那些技术方案不满足基本要求的投标书。其次对基本合格的标书按预定的方法将某些评审要素按一定规则折算为评审价格，加到该标书的报价上形成评标价，以评标价最低的标书为最优。此时的最优并不一定是最低报价的投标书。

可以折算成价格的评审要素一般包括：

（1）投标书承诺的工期提前给项目可能带来的超前收益，可以以月为单位按预定计算规则折算为相应的货币值，从该投标人的报价内扣减此值；

（2）实施过程中必须发生而又属于招标文件中的明显漏项部分，给予相应的补偿，增加到报价上去；

（3）技术建议可能带来的实际经济效益，按预定的比例折算后，在投标价中减去该值；

（4）投标书内提出的优惠条件可能给招标人带来好处，以开标日为准，按照一定的方法折算后作为评审价格的考虑因素之一；

（5）对其他可以折算为价格的要素，按照对招标人有利或不利的原则，减少或增加到投标价上去。

经评审的最低评标价法一般适用于具有通用技术、性能标准或者投标人对其技术、性能没有特殊要求的招标项目。采用这一方法，评标委员会应当根据招标文件规定的评标价格调整方法，对所有投标人的投标报价作必要调整。

采用经评审的最低评标价法必须对报价进行严格审查。世界银行贷款项目的招标采购一般不设标底，而有的工程项目招标编制标底。对投标价明显低于标底的，应该经过质疑、答辩的程序，或者要求投标人提出相关说明资料，以证明其具有实现低标价的有力措施。

2. 综合评估法

综合评估法，是将最大限度地满足招标文件中规定的各项综合评价标准的投标人推荐为中标候选人的方法。采用这种方法，需要在招标文件内规定评审指标和评标标准，开标后按评标程序，根据评分标准，由评委对各投标单位的标书进行评分，最后以总分最高的投标单位为中标单位。图 10.26 为其具体步骤。

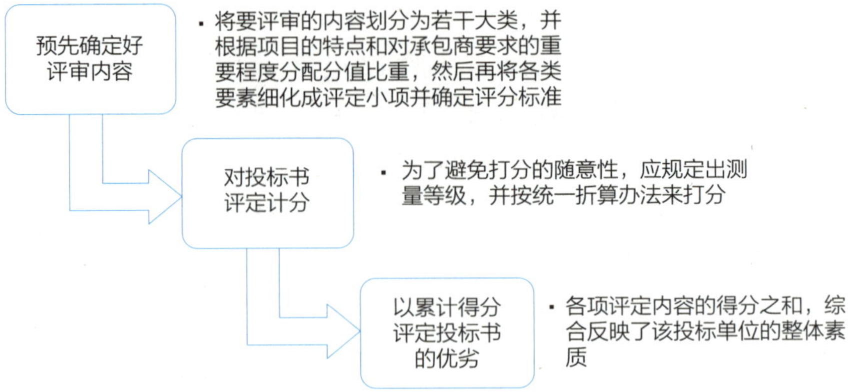

图 10.26　综合评估法步骤

3. 评议法

评议法不量化评价指标，通过对投标单位的能力、业绩、财务状况、信誉、投标价格、工期、质量、施工方案（或施工组织设计）等内容进行定性分析、比较和评议后，选择各指标都比较优良的投标单位为中标单位，也可以用表决的方式确定中标单位。这是一种定性的评价方法，由于没有对各投标书的量化比较，评标的科学性较差。其优点是简便易行，在较短时间内即可完成，一般适用于小型工程或规模较小的项目招标。

10.6.3　货物采购评标的方法

工程建设物资的采购应以最合理价格为原则，即评标时不仅要考察其报价的高低，还要考虑货物运抵现场过程中可能支付的所有费用，如果是设备招标则还要评审设备在预定的寿命期内可能投入的运营、维修和管理的费用等。

在采购大宗建筑材料或定型批量生产的设备时，由于标的物的规格、性能、主要技术参数均为通用指标，因此评标一般仅限于对投标人的商业信誉、报价和交货期限等方面的比较。而订购非批量生产的大型复杂机组设备、特殊用途的大型非标准部件，招标评选时要对投标人的商业信誉、加工制造能力、报价、交货期限和方式、安装（或者安装指导）、调试、保修及操作人员培训等各方面条件进行全面比较。

工程建设物资采购的评标方法一般包括如图 10.27 所示的几种。

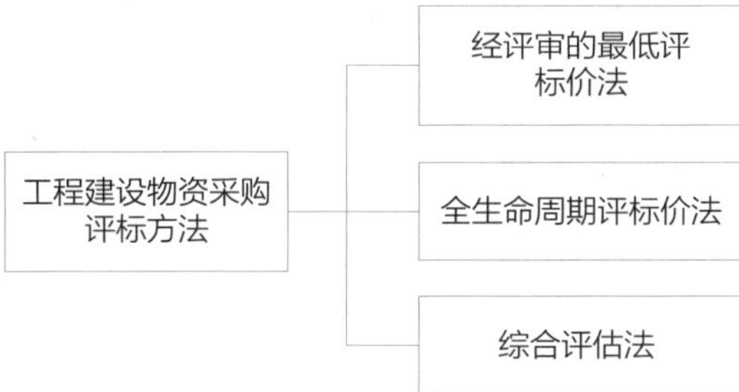

图 10.27 工程建设物资采购评标方法

1. 经评审的最低评标价法

经评审的最低评标价法是以设备投标价为基础，将评定的各要素按预定的方法转换成相应的价格，在原投标价上增加或扣减该值而形成评标价格。评标价格最低的投标书为最优。比如采购机组、车辆等大型设备时，较多采用这种方法。在评标时，除投标价格以外，还需要考察的因素和折算方法如图 10.28 所示。

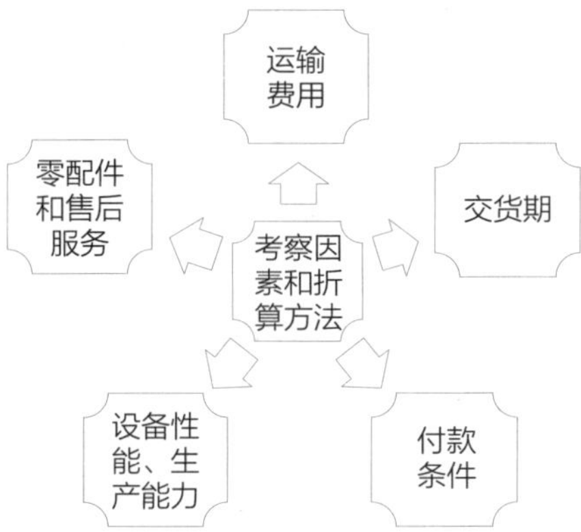

图 10.28 经评审的最低评标价法需考察的因素和折算方法

（1）运输费用。这部分可能是需要招标单位额外支付的费用，包括运费、保险费和其他费用，如运输超大件设备需要对道路加宽、桥梁加固等所需要的支出等。换算为评标价格时可以按照运输部门（铁路、公路、水运）、保险公司及其他有关部门公布的收费标准，计算货物运抵最终目的地将要发生的费用。

（2）交货期。以招标文件规定的具体交货时间作为标准，当投标书中提出的交货期早于或者晚于规定时间时，要考察这种提前或延误是否给招标单位带来收益或者损失。提前交货，有时会对招标人有好处，如带来一定的收益，但是，有时也会带来麻烦，如要增加现场的仓储管理费和设备保养费。如果迟于规定时间交货，但推迟的时间是在可以接受的范围内，则交货日期每延迟一定时间，就按照投标价的某一百分比计算折减价，将其加到投标价上去。

（3）付款条件。投标人应该按照招标文件规定的付款条件来报价，对不服从付款条件的投标，可视为非响应性投标而予以拒绝。但在订购大型设备的招标中，如果投标人在投标书中提出，若采用不同的付款条件（如增加预付款或前期阶段支付款）就可以降低报价，以此作为选择方案供业主参考，则这一付款要求也可以给予考虑。当支付要求的偏离条件在可接受的情况下，应将偏离要求而给业主增加的费用（如资金利息等），按招标文件中规定的贴现率换算成评标时的净现值，加到投标书中提出的报价上。

（4）设备性能、生产能力。设备应具有招标文件技术规范中所规定的生产效率。如果所提供设备的性能、生产能力等某些技术指标没有达到技术规范要求的基准参数，则每种参数比基准参数低百分之几，应以投标设备实际生产效率单位成本为基础计算，在投标价格上增加若干金额。

（5）零配件和售后服务。零配件以设备运行若干年内各种易损备件的获取途径和价格作为评审要素。售后服务内容一般包括安装监督、设备调试、提供被检、负责维修、人员培训等工作，评价这些服务的可能性和价格。如果招标文件规定报价应该包括这两部分费用，则评标时就不必考虑；如果要求投标人单独报价，则应将其加到投标价上。

对于技术规格简单的初级商品、原材料、半成品以及其他技术规格简单的货物，由于其性能、质量相同或比较容易评价其质量级别，可把价格作为唯一尺度，将合同授予报价最低的投标者。

2. 全生命周期评标价法

许多生产线、成套设备、车辆等运行期间的各种后续费用（备件、油料及燃料、维修等）较高的货物，可以采用设备全生命周期的费用为基础进行评估。评标时应首先确定一个统一的设备评审生命期，其次根据各投标书的实际情况，在投标价上加上该年限运行期内所发生的各项费用，再减去生命期末的残值。计算各项费用和残值时，都应按照招标文件中所规定的贴现率折算成净现值。

这种方法是在经评审的最低评标价的基础上进一步增加运行期间的费用作为评审价格。这些应以贴现值计算的费用包括：① 燃料、零件费用；② 维护费用；③ 使用期内的所有权费用；④ 转售价值 / 残值。

3. 综合评估法

按照预先确定的评分标准，分别对各投标书的报价和各种服务进行评审计分。

（1）评审计分的评审要素。评审计分的评审要素主要包括：投标价格，运输费、保险费和其他费用的合理性，投标书中规定的交货期限，偏离招标文件规定的付款条件影响，备件价格和售后服务，设备的性能、质量、生产能力，技术服务和培训等。

（2）评审要素的分值分配。评审要素确定后，应根据采购对象的性质、特点及各要素对总投资的影响程度划分权重和计分标准。

（3）采用综合评分法的有关要求。仅当评审因素无法通过货币方法量化时才采用综合评分法。其优点是比较简单、直观，缺点是对分数的分配带有主观性，因此，一般不鼓励采用，只有在例外的情况才使用这种方法。

4. 国内优惠

世界银行贷款项目的货物采购，也允许给予国内企业一定的优惠，按照世界银行采购政策的要求，货物采购的国内优惠：

（1）只针对本地制造的货物，且该货物的人力、原材料以及部件至少为出厂价的 30%；

（2）在递交标书前，该生产设施已用于生产该类货物；

（3）按照 CIF 价的 15% 计算（加到国外投标人的报价上）；

（4）仅采用国际竞争性招标（ICB）时适用，采用国内竞争性招标（NCB）或其他招标方法时不适用。

5. 货物采购评标的其他方法——考虑生产率费用方法

确定在生命周期内每单位产出的费用，进行比较。计算方法：用生命周期内的费用净现值除以总的产出。

【案例 10.3】

某棕榈油厂项目招标的生命周期费用法评标

某棕榈油厂项目招标，采用生命周期费用法进行评标，如表 10.1 所示。

表 10.1 某棕榈油厂项目采用生命周期费用法评标

项目	A 投标人	B 投标人
初始费用	9 500	10 300
年度运行费	1 200	1 000
考虑运行 6 年，12% 折现率计算 NPV 费用	4 933	4 111
生命周期总费用	14 433	14 411
每年产量	3 600	4 000
单位产出费用评价	4.01	3.60
排名	2	1

注：所有费用以千美元计。

10.6.4 咨询服务采购的评标

1. 咨询服务采购的特点

与工程、货物招标采购相比，咨询服务单位的选择具有以下特点：

（1）通常涉及无形商品的提供，其质量和内容难以像货物和工程那样定量描述，有时难以精确描述其技术规格；

（2）重视投标人的能力和质量（这主要由咨询公司的技术和专门知识决定），而不是价格；

（3）有的咨询服务项目（如设计）涉及某些特定技术或艺术，往往与知识产权的保护息息相关，能够满足要求的咨询公司的范围受到一定的限制。

根据以上特点，结合有关国际惯例和国内法规以及实践，咨询服务采购的方法除了公开招标、邀请招标以外，还有征求建议书、两阶段招标、竞争性谈判、设计竞赛以及聘用专家等形式。

2. 评标方法

对咨询服务单位的评选可以采用如表 10.2 所示的几种方式。

表 10.2 咨询服务单位的评选

评选方式	适用任务类型
基于质量和费用（quality & cost based system，QCBS）的选择方法	在咨询单位短名单中使用竞争程序，根据其建议书的质量和服务的价格来选择中标单位，对于质量和价格的权衡应取决于具体咨询服务的性质和内容。
基于质量的评标方法	① 复杂的或专业性很强的任务，很难确定精确的任务要求和所需要的投入，招标人希望投标人在建议书中提出创新（国家经济或行业研究，跨行业可行性研究，设计一个处理有危险废弃物的工厂，制定城市总体规划或金融部门改革方案等）； ② 对后续工作具有很大影响，希望请最好的专家来完成的任务； ③ 可用不同方法完成的任务，以至于不同的服务建议书之间不具有可比性。
最低费用的选择方法	具有标准或常规性质的任务（如审计、非复杂工程的设计等），这类任务一般有公认的惯例和标准，合同金额也不大。
基于咨询单位资历的选择方法	适用于很小的任务，不宜为此准备和评审有竞争的建议书。

在基于质量的评标方法中，招标文件可要求先提交技术建议书，不提交

财务建议书，或者要求同时提交技术建议书和财务建议书，但分装在不同的信封内（双信封制）。以上四种方法中，基于质量和费用的选择方法在咨询服务招标采购实践中最为常用。

3. 世界银行基于质量和费用（QCBS）的选择方法

（1）对技术建议书的质量评审。对技术建议书的质量评审内容，主要包括以下几个方面：① 投标人与该工作任务的相关经验；② 准备采用的工作方法的质量；③ 建议的关键人员的资历；④ 知识的转让；⑤ 在执行任务所需要关键人员中本国人员的参与程度，世界银行鼓励本国人员更多地参与项目的建设。

应该对每个内容在 0~100 分进行打分，然后将分值加权计算得到总分数。

（2）评审内容的权重。对每项评审内容的权重建议，如表 10.3 所示。

表 10.3　评审内容权重

内容	分数
投标人的专门经验	5~10
工作方法	20~50
关键人员	30~60
知识转让	0~10
本国人员的参与	0~10
总分	100

（3）评审内容的再细化。应该对各项评审内容再进一步细化，并确定各个子项的评分标准。

（4）评估方法。建议只对关键人员加以评估。鉴于关键人员最终决定工作完成的质量，如果提出的任务较复杂，就应给予这一标准更多的权重。评标委员会应通过履历表审查建议的关键人员资历和经验。

如果完成任务主要取决于关键人员的表现，如一大组特定人员中的主要负责人，则可以考虑进行面试，考察其对咨询项目的理解和认识、控制目标的设定和保障目标实现的措施等。根据与任务的相关程度，对人员按以下三个子标准评级：① 一般资历。一般的教育和培训程度、工作经历及年限、现任职务、作为咨询公司职员的年限、在发展中国家的工作经验等。② 承担任务的充足条件。与特定任务相关的受教育程度、培训及针对该行业、领域、学科的经验等。③ 在该地区的经验。对当地语言、文化、管理体制、政府机构的了解程度等。

（5）技术标的合格条件。评标委员会应该以对任务大纲的响应性为基础对各建议书进行评审。如果某份建议书没有对任务大纲中的重要方面做出响应，或未能达到邀请函中规定的最低技术分，则应被认为是不合适的，并在这一阶段被拒绝，同时其财务建议书将原封不动地被退回。在这一阶段结束时，评标委员会应准备一份对建议书质量的评审报告，说明得出评审结果的依据和每份建议书相应的长处和不足。

（6）费用评审。对商务标的审查，如存在计算错误，首先应予以校正；其次要将投标货币换算成评标货币；最后将报价折算成评标分。报价的费用应不含税，但包括其他可报销费用，如旅费、翻译费、报告打印费和文秘费等。可给予报价最低的建议书的财务得分 100 分，其他建议书的财务得分按其报价呈反比递减。作为选择，也可在对费用分配分值时使用正比或其他方法。所使用的方法应在招标文件中说明。

（7）质量和费用综合评审。将质量和费用得分加权后相加得到总分。应该根据任务的复杂性和质量的相对重要性来选定费用的权重。费用评分的权重不应过大，一般应控制在占总分的 10%～20%，无论在任何情况下均不应超过 30%。

4. 我国基于费用和质量的评价方法

以上主要是世界银行等国际组织对服务采购的一般评价方法，而我国的做法基本与此类似，说明如下。

（1）对技术标书的评审。一般来讲，对于设计招标，主要从设计方案、投入产出、经济效益以及设计进度等方面评审。对于工程监理招标，主要从质量控制、进度控制、投资控制、信息管理和合同管理等的人员、措施和方法等进行评审。

（2）对咨询单位的业绩和资质的评审。业绩，主要评审咨询单位有无类似咨询服务的经验，以往所做的咨询服务的项目情况、服务内容、获奖情况等。资质，目前咨询服务方面的资质主要有工程咨询、勘察、设计、工程监理、招标代理、造价咨询等，资质等级一般分为甲、乙、丙等等级。

（3）费用评审。关于费用评审，我国一般有两种方式，一是以国家物价管理部门和有关行业主管部门、行业管理协会等制定的咨询服务价格为基准来评价咨询服务费用，二是以各个咨询投标单位的报价为基准来评价咨询服务费用。

本章小结

本章内容的知识结构如图 10.29 所示。

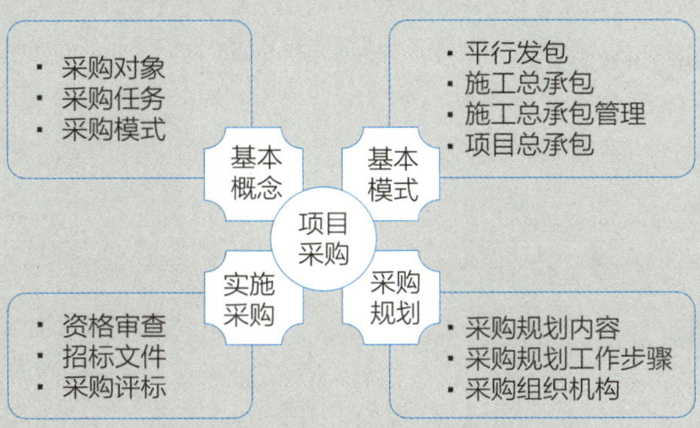

图 10.29　本章知识结构图

工程项目采购是项目实施过程中的重要环节，对于项目的投资、进度和质量控制会产生重大影响。

（1）项目采购的方式有多种，我国政府采购方式包括公开招标、邀请招标、竞争性谈判、单一来源采购、询价等；世行贷款项目采购方式包括国内竞争性招标、国际竞争性招标、有限国际招标、询价采购、直接签订合同等。可根据项目采购的对象、项目的特点和要求等选择确定。

（2）项目采购的模式也有多种，包括平行发包、施工总承包、施工总承包管理、项目总承包等。各种模式的合同结构、特点也不同。随着信息技术的不断发展，建筑业发生了深刻的变化，并且由于业主方的需求影响，现代工程建设管理的模式和工程项目的任务委托与实施模式也发生了变化，由此产生了多种新颖的发包模式。

（3）工程项目采购规划既是指导工程项目采购各项工作的基础，也是控制和检查、监督采购工作的基础。

（4）招标过程中，为了解投标人的资信等情况，需对投标人进行资格审查，分为资格预审和资格后审。

（5）根据工程项目招标方式不同，针对设计、施工、物资采购、工程监理等招标文件的内容和编制要点也不尽相同。

（6）开标后和正式评标前，业主首先需要对投标书进行检查，符合条件后，根据采购对象选择不同评标方法进行评标。

关键术语

项目采购（project procurement） 施工总承包管理（managing contractor） 设计和施工总承包（design-build，D + B） 施工总承包（general contractor） 设计、采购、施工总承包（engineering，procurement，construction，EPC） 综合项目交付（integrated project delivery，IPD） 基于质量和费用（quality & cost based system，QCBS）

复习思考题

（1）工程项目采购的基本原则是什么？

（2）施工总承包管理模式的特点有哪些？与施工总承包模式的不同点是什么？

（3）工程发包与采购阶段工程项目管理的任务是什么？

（4）采购规划的作用和编制程序是什么？

（5）工程施工招标的程序是什么？

（6）工程施工采购评标的方法有哪些？货物采购评标的方法有哪些？

即测即评

请扫描二维码，进行本章测试。

延伸阅读

[1] 丁士昭．工程项目管理 [M]．2 版．北京：中国建筑工业出版社，2014：113-148.

[2] 中华人民共和国国家发展计划委员会等 7 部委．工程建设项目施工招投标办法，2003．此办法于 2013 年被《关于废止和修改部分招标投标

规章和规范性文件的决定》修改。

[3] 全国人民代表大会常务委员会. 中华人民共和国招标投标法. 1999.

[4] 乐云. 国际新型建筑工程CM承发包模式[M]. 上海：同济大学出版社，1998.

[5] 张连营，赵旭. 工程项目IPD模式及其应用障碍[J]. 项目管理技术，2011，9(1)：13-18.

[6] 中华人民共和国建设部. 关于培育发展工程总承包和工程项目管理企业的指导意见. 2003.

[7] 中华人民共和国财政部. 政府采购管理暂行办法. 1999.

[8] 徐韫玺，王要武，姚兵. 基于BIM的建设项目IPD协同管理研究[J]. 土木工程学报，2011(12)：138-143.

[9] The American Institute of Architects. Integrated project delivery: a guide [M]. USA: The American Institute of Architects, 2007.

11　工程项目施工管理

【本章导读】工程项目施工阶段投资量大，工期紧，协调关系复杂，是整个工程建设管理过程中一个重要环节。为了更好地实现施工计划、组织、领导和控制的管理职能，需要明确施工参与各方的项目管理目标和任务，熟悉工程施工的特点和建设程序，掌握施工生产要素及其优化配置的原理，科学合理地编制工程施工的组织设计，并交付竣工验收。本章的主要内容有：

（1）阐述施工生产特点和要素组成；明确各施工参与方施工管理目标和任务，提出施工准备工作的要求。

（2）从施工技术和经济角度，分析施工方案设计、施工进度计划编制、施工平面图布置等的方法和步骤。

（3）介绍工程项目可持续建设的维度、绿色建筑的基本概念及其发展，阐述绿色施工的内涵和特点，分析绿色施工的总体框架。

11.1　工程项目施工管理概述

工程项目施工管理的实质就是对施工阶段投入、产出转换过程的增值活动进行有效管理，实现技术可行、经济合理基础上的资源高度集成，满足顾客对产品和服务特定的需求。

11.1.1　施工生产特点及管理含义

工程项目施工是将建设意图和蓝图变成现实的建筑产品（建筑物或构筑物）的生产活动，是一个“投入－产出”的过程，即投入一定的资源，经过一系列的转换，最后以建筑物或构筑物的形式产出并提供给社会的过程。

为确保实现预期的产出，需在转换过程的各个阶段实施监控，并把执行结果与事先制定的标准进行比较，以决定是否采取纠正措施，此即反馈机制。建筑产品的“投入－转换－产出”过程，如图 11.1 所示。

建筑产品的单件性、位置固定、形式多样、结构复杂和体积庞大等基本特征决定了工程施工具有生产周期长、资源使用的品种多且用量大、空间流动性高等单件小批生产的特点。建筑产品的施工生产特点，如表 11.1 所示。

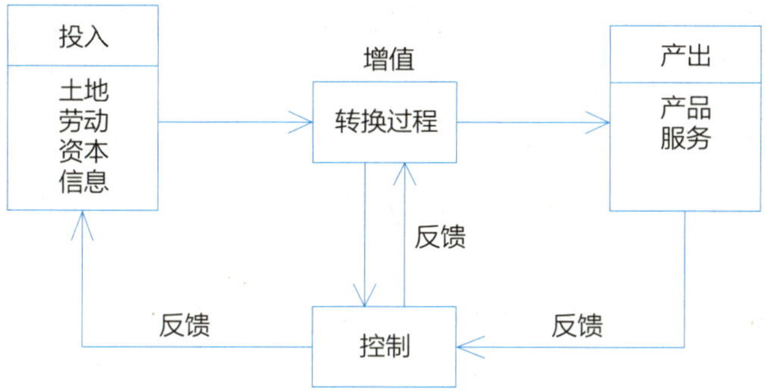

图 11.1 建筑产品的“投入—转换—产出”过程

表 11.1 建筑产品施工生产的特点

序号	特点	表述
1	生产流动性大	工程项目施工的固定性决定了产品生产的流动性。一般的工业产品都是在固定的工厂、车间内生产，而建筑产品要随其建造地点的变动而流动，人、机、料等生产要素还要随着工程施工程序和施工部位的改变而不断地在空间流动，只有经过事先周密的设计组织，确保人、机、料等互相协调配合，才能使施工过程有条不紊，连续且均衡地进行。
2	外部制约性强	不同建设产品结构、构造、艺术形式、室内设施、材料、施工方案等各不相同，工程施工阶段项目管理不仅要符合设计图纸和有关工艺规范的要求，还受到建设地区的自然、技术、经济和社会条件的约束。
3	完工周期长	工程项目体形庞大，需要耗费大量的人力、物力和财力，加上建造地点的固定性，施工活动的空间具有局限性，各专业、工种间还受到工艺流程和生产程序的制约，从而导致建筑产品生产一般具有较长的完工周期。
4	协调关系复杂	工程项目施工过程不仅涉及业主、设计、监理、总包商、分包商、供应商等施工参与方在工程力学、建筑结构、建筑构造、地基基础、水暖电、机械设备、建筑材料和施工技术等多专业、多工种的分工合作，还需要城市规划、征用土地、勘察设计、消防、“七通一平”、公用事业、环境保护、质量监督、科研试验、交通运输、银行财政、机具设备、物质材料、电水气等的供应、劳务等社会各部门和各领域的审批、协作和配合，施工组织关系错综复杂，综合协调工作量大。

工程项目施工管理是指业主、设计、承包商、供应商等工程施工参与方，围绕着特定的建设条件和预期的建设目标，遵循客观的自然规律和经济规律，应用科学的管理思想、管理理论、组织方法和手段，进行从工程施工准备开始到竣工验收、保修等全过程的组织管理活动。

由于工程施工参与方地位和作用不同，其各自的工作任务分工和管理职责也有所区别。业主方主要任务是项目施工阶段的总体部署、投资控制、费用支付、合同变更、沟通协调等；设计方需要确保设计意图的落实，参与施工质量的监督检查和验收；供应商应该按合同要求，按照工艺标准和技术规范，合理安排组织加工和制作，按时、保质提供工程施工所需的材料物质和设备；承包商则应该全面履行施工承包合同的标的，在控制施工成本和保证施工进度基础上，交付满足使用功能和工艺标准的合格工程产品。

11.1.2　施工生产要素组成

物质资料生产的一个基本前提，就是必须有一定的生产要素投入，包括土地资源、资本、劳动力、技术、管理和信息。施工经济活动的目的就是通过对各种生产要素的合理配置，以较少的投入获得较多的、能满足人们需要的产出。因此，必须提高工程施工资源的配置效率即生产要素的使用效率。

1. 土地资源

土地是最基本的一种生产要素。从广义上来说就是指包含土地在内的自然资源。自然资源主要包括水资源、能源资源、矿产资源、土地资源、气候资源等。由于自然资源受地理、气候等天然条件影响较大，因此，自然资源是有限的和稀缺的。在施工过程中，施工区域应该限制在规划红线之内，尽可能节约农田，减少对城市道路和公共土地的占用。

2. 资本

经济学上，凡用于生产、扩大生产能力及提高生产效率的物资都称为资本。从类型上来看，资本分为三种形式，即物质资本、人力资本和金融资本。一般定义所提到的资本要素，主要指的是物质资本和金融资本。

（1）金融资本。施工生产和经营活动的先决条件是必须具有一定数量的资金。资金筹措是工程施工资金运动的第一个环节，将决定工程生产经营活动的财务风险和财务成本。在整个资金筹集过程中，首先要预测、衡量各项资金的需要量，根据市场调查确定施工规模和生产任务量，在确保合理、勤俭节约和加速周转的前提下，确保每个时期生产经营活动所必需的资金数量，然后确定相应的筹资渠道和方式。

（2）物质资本。作为物质资本的一种主要形式，建筑材料是指在建筑工程中所使用的各种材料及其制品的总成，是建筑工程的物质基础。建筑材料的分类，如图 11.2 所示。

物质资本的另一种主要形式——施工机械设备是工程施工必不可少的物质技术基础，是构成生产力的重要因素。建筑业现阶段属于劳动密集型行业，人均机械设备装备率、人均动力装备率、综合机械化程度等指标比较低，机械设备相对比较旧。

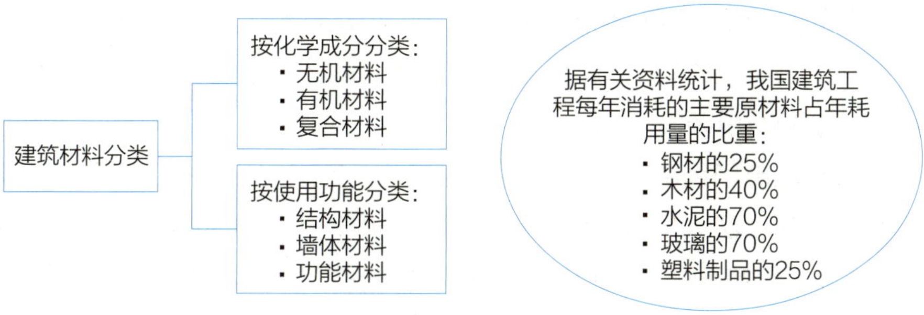

图 11.2　建筑材料的分类

3. 劳动力

劳动力是指可用于生产过程的一切人力资源，不仅包括体力劳动者，也包括脑力劳动者。劳动力要素是一种对经济发展起决定性作用的要素。项目施工参与人员包括业主方、施工方、勘察设计方和供货方的专业技术人员和管理人员，也包括各工种的施工生产工人。施工专业技术人员和管理人员应取得有关的职业资格和专业岗位证书；施工技术工人必须取得建筑施工操作证书，方可上岗从事相应作业；普通工种工人则一般以体力劳动为主，职业技能和文化程度比较低。

4. 技术

技术是指制造某项产品、应用某项工艺或提供某项服务的系统知识。技术要素的表现形态可以是文字、表格、数据、配方等有形形态，也可以是实际生产经验、个人的专门技能等无形形态。近年来，我国施工技术的进步十分显著，在地基处理与基坑围护、高性能混凝土、钢结构及预应力等工程中取得了举世瞩目的成果，建设了一大批规模宏大、结构新颖、施工难度大的建筑物和构筑物，如北京大兴国际机场、上海中心、港珠澳跨海大桥、国家体育中心、国家大剧院等，无论是技术还是质量都可以与国外同类工程相媲美，同时也对我国施工技术的发展产生了巨大的推动作用，使我国施工技术水平上了一个新台阶。

5. 管理

管理要素又称生产组织要素或企业家才能要素，是指为了生产和生活的需要而采取的对经济活动过程的计划、决策、组织、指挥、控制和协调。管理不但关系到企业的效益和发展，更直接关系到企业的生存。

马克思曾经指出："一切规模较大的直接社会劳动或共同劳动，都或多或少地需要指挥，以协调个人的活动，并执行生产总体的运动——不同于这一总体的独立器官的运动——所产生的各种一般职能。"① 这就是说，管理

① 马克思恩格斯文集（第五卷）[M]. 北京：人民出版社，2009：384.

是人们共同劳动得以顺利实现的必要条件，也是各种生产要素能够相互融合并释放出巨大能量的催化剂。经济越发达，劳动社会化程度越高，管理工作也就越复杂和越重要。

随着建筑市场经济改革和国际化的深入，我国先后推行了工程招投标、建设监理、项目法人、合同管理等一系列制度，引入了 BOT、EPC、D + B、CM 等多种工程投融资、工程管理和承发包模式，在工程施工管理法制、体制、机制等各个方面取得了明显的进步。

6. 信息

信息是客观世界中各种事物的变化和特征的反映，是客观事物之间联系的表征，也是客观事物状态经过传递后的再现，是消息、情报、资料的统称。电子计算机和现代通信技术在工程施工管理中的应用，使高速、高效地大量收集、储存和处理施工信息资料成为可能，从而大大提高了工程项目信息系统的工作质量和效率，并大大增强了其可传递性和流动性。

上述六种生产要素中，管理、技术和信息要素都具有高智力、高知识含量的特点，具有知识的共性，可以大致归类为知识要素。因此，以上六种要素又可以简单概括为四种主要或基本要素，即自然资源、资本、劳动力和知识要素。施工生产要素如图 11.3 所示。

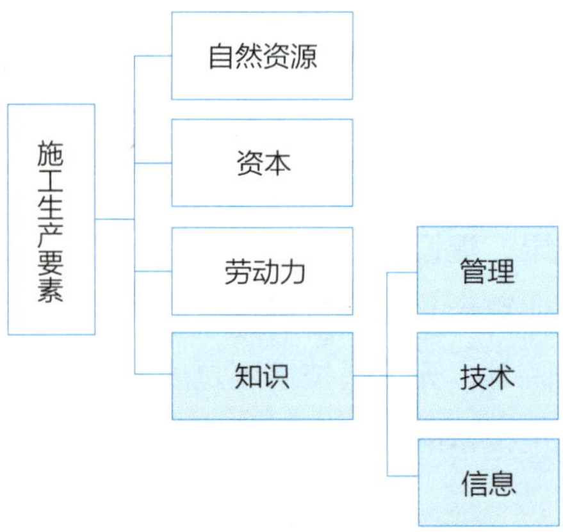

图 11.3　施工生产要素示意图

11.1.3　工程项目参与各方在施工阶段的任务

1. 业主方管理目标和任务

业主是工程项目施工生产各项资源的总集成者和总组织者，工程监理、工程造价咨询、招投标代理等单位代表业主利益，为工程项目提供全方位、全过程的各种咨询服务。其项目管理目标包括项目施工阶段费用目标、施工进度目标、施工质量目标、施工安全目标等，项目管理任务主要如下。

（1）投资控制。

① 在工程招标、设备采购的基础上对项目施工阶段投资目标进行详细的分析、论证；

② 编制施工阶段各年、季、月度资金使用计划，并控制其执行；

③ 审核各类工程付款和材料设备采购款的支付申请；

④ 组织重大项目施工方案的科研、技术经济比较和论证；

⑤ 定期进行投资计划值与实际值的比较，完成各种投资控制报表和报告；

⑥ 工程投资目标风险分析，并应制定防范对策；

⑦ 审核和处理各项施工费用索赔事宜。

（2）进度控制。

① 落实项目施工阶段的总体部署，进行施工总进度目标论证；

② 编制或审核项目各子系统及各专业施工进度计划，并在项目施工过程中控制其执行；

③ 编制年、季、月工程综合计划，落实资源供应和外部协作条件；

④ 审核设计方、施工方、材料设备方提交的施工进度计划和供应计划，并检查、督促和控制其执行；

⑤ 定期进行施工进度计划值与实际值比较，分析进度偏差及其原因；

⑥ 掌握施工动态，核实已完工程量，编制各年、季、月、旬进度控制报告；

⑦ 根据施工条件的变化，及时调整施工进度计划。

（3）质量控制。

① 组织并完成施工现场的“三通一平”工作；

② 办理施工申报手续，组织开工前的监督检查；

③ 组织图纸会审和技术交底，审核批准施工组织设计文件；

④ 审核承包单位技术管理和质量保证体系，审查分包单位资质条件；

⑤ 审查进场原材料、构配件和设备等的出厂证明、技术合格证、质量保证书，以及按规定要求送验的检验报告，并签字确认；

⑥ 检查和监督工序施工质量、各项隐蔽工程质量，以及分项工程、分部工程、单位工程质量，检查施工记录和测试报告等资料的收集整理情况，签署验评记录；

⑦ 参与工程质量事故检查分析，审核批准工程质量事故处理方案，检查事故处理结果。

（4）安全控制。

① 审查安全生产文件，督促施工单位建立健全安全生产责任制；

② 督促施工单位对工人进行安全生产教育及部分工程项目的安全技术交流；

③ 审核进入施工现场承包单位和各分包单位的安全资质和证明文件，检查施工过程中的各类持证上岗人员资格；

④ 审核并签署现场有关安全技术签证文件，按照建筑施工安全技术标准和规范要求，审查施工方案及安全技术措施；

⑤ 检查并督促施工单位落实各分项工程或工序及关键部位的安全防护措施，审核施工单位提交的安全检查报告，定期组织现场安全综合检查评分；

⑥ 参与意外伤害事故的调查和处理。

（5）合同管理与组织协调。

① 合同结构的分解、合同类型的确定、合同界面的划分和合同形式的选择；

② 合同文件起草、谈判与签约，包括施工、设备材料采购等各类项目合同；

③ 通过合同跟踪、合同清理，及时掌握和分析合同履行情况，提供各种合同管理报告；

④ 针对工程实际情况与合同有关规定不符的情况，采取有效措施，加以控制和纠正；

⑤ 合同变更处理，工程索赔事宜和合同纠纷的处理；

⑥ 主持协调项目参与各方之间的关系，组织协调与政府各有关部门、社会各方的关系；

⑦ 办理建设项目报建、施工许可证等证照及各项审批手续。

（6）竣工验收。

① 在施工单位自评合格和勘察、设计单位认可的基础上，对竣工工程质量进行检查；

② 制定竣工验收计划，组成专家验收组，确定验收方案，书面通知建设参与各方和工程质量监督机构；

③ 组织规划、人防、消防、电梯、卫生、环境保护、交通等专项验收，完成专业单位的检测和测量报告；

④ 组织竣工档案资料检查，取得档案验收合格证，按规定向有关主管部门移交工程档案资料；

⑤ 组织有关单位现场验收检查，形成竣工验收意见，共同签署竣工验收报告；

⑥ 按照规定向工程质量监督机构办理竣工验收手续，提交建设项目竣工验收报告，办理竣工验收备案手续。

2. 承包方管理目标和任务

承包方是施工阶段项目管理的实施主体，其项目管理目标包括项目施工成本、施工进度、施工质量、施工安全等，项目管理任务主要如下。

（1）成本控制。

① 编制施工成本计划，确定人工费、材料费、机械台班费、措施费和间接费的构成；

② 建立项目成本核算制，并设置核算台账，记录原始数据；

③ 落实施工成本控制责任制，制定成本要素的控制要求、措施和方法；

④ 合理安排施工采购计划，通过生产要素的优化配置，有效控制实际成本；

⑤ 组织施工调度、施工定额管理和施工任务单管理，控制活劳动和物化劳动；

⑥ 分析施工成本偏差原因，并制定控制的措施；

⑦ 编制月度项目成本报告，预测后期成本的变化趋势和状况。

（2）进度控制。

① 确定施工进度总目标，按承包的专业或施工阶段的分目标；

② 建立以项目经理为责任主体的项目进度控制体系；

③ 编制施工总进度计划和相应的劳动力、主要材料、预制件、半成品和机械设备需要量计划、资金收支预测计划；

④ 编制年、月、旬、周施工计划，逐级落实施工任务；

⑤ 跟踪和记录施工进度计划的实施，进行统计与分析，发现进度偏差和影响进度的原因；

⑥ 采取调度措施及时调整施工进度计划，并不断预测未来进度状况。

（3）质量控制。

① 编制项目质量计划及施工组织设计文件，建立和完善质量保证体系；

② 编制测量方案，复测和验收现场定位轴线及高程标桩；

③ 工程开工前及施工过程中，进行书面技术交底，办理签字手续并归档；

④ 组织原材料、构配件、半成品和工程设备的现场检查、验收和测试，并报经监理工程师批准；

⑤ 组织工序交接检查、隐蔽工程验收和技术复核工作；

⑥ 按国家建设项目质量管理有关规定处理施工过程中发生的质量事故；

⑦ 落实建筑产品和半成品保护措施。

（4）安全控制。

① 建立安全生产责任制，制定现场安全、劳动保护、文明施工和环保措施；

② 有针对性地分别进行职工安全教育和培训，并做好培训教育记录；

③ 检查各类施工持证上岗人员的资格，落实劳动保护技术措施和防护用品；

④ 按规范要求检查和验收施工机械、施工机具、临时用电设施、脚手架工程，采取安全防护措施；

⑤ 施工作业人员操作前，组织安全技术交底，双方签字认可；

⑥ 按有关资料对施工区域周围道路管线采取相应的保护措施；

⑦ 依法办理从事危险作业职工的意外伤害保险。

（5）合同管理和组织协调。

① 建立施工合同管理组织体系和各项管理制度，明确合同管理工作职责；

② 审查合同文本，研究合同条款，分析合同风险，提出防范对策；

③ 跟踪施工合同执行情况，分析合同目标的偏差程度，并提出调整方法和措施；

④ 落实工程合同变更，按约定程序处理施工索赔和合同纠纷；

⑤ 参与协调施工阶段项目各参与方之间的关系；

⑥ 组织协调与政府各有关部门、社会各方的关系；

⑦ 办理各类施工证照及审批手续。

（6）竣工验收。

① 组织竣工初验，提出工程竣工申请；

② 按规定要求收集整理质量记录，编制竣工文件；

③ 参与竣工验收检查，陈述工作报告，签署竣工验收报告；

④ 及时整改处理查出的施工质量缺陷；

⑤ 签署工程质量保修书；

⑥ 完成工程移交准备。

3. 勘察设计方管理目标和任务

勘察设计单位是工程项目施工阶段的主要参与方。尽管勘察设计单位项目管理任务主要集中在设计阶段，但在工程实践中设计阶段和施工阶段往往是交叉的。施工阶段勘察设计单位项目管理效果好坏，直接影响施工阶段管理目标和任务实现。施工阶段勘察设计方项目管理目标包括项目设计成本、设计进度、设计质量、设计安全等。勘察方和设计方施工管理主要任务，如图 11.4 所示。

勘察方施工管理主要任务

- 按工程建设强制性标准实施地质勘察，保证勘察质量；
- 向业主提供评价准确、数据可靠的勘察报告；
- 对地基处理、桩基的设计方案提出建议；
- 检查勘察文件及施工过程中勘察单位参加签署的更改文件材料，确认勘察符合国家规范、标准要求，施工单位的工程质量达到设计要求；
- 参与竣工验收检查，陈述工作报告，签署竣工验收报告。

设计方施工管理主要任务

- 严格执行强制性标准和有关设计规范，按时保质提供施工图及有关设计资料；
- 施工图审查合格后，参与设计交底、图纸会审，并签署会审记录；
- 配合业主招标工作，编制招标技术规格及施工技术要求；
- 审核认可设备供应商及专业分包商的深化设计；
- 参与隐蔽工程验收和单位工程竣工验收；
- 参与工程质量事故分析，对因设计造成的质量事故提出相应的技术处理方案；
- 参与竣工验收检查，陈述工作报告，签署竣工验收报告。

图 11.4 勘察方和设计方施工管理主要任务

11.1.4 施工准备

建设准备工作既要有阶段性，又要有连贯性。不仅在拟建项目开工之前要做好建设准备工作，而且随着项目施工的进展，在各施工阶段开始之前也要做好建设准备工作。因此建设准备工作必须有计划、有步骤地分期、分阶段进行，要贯穿拟建工程整个生产过程的始终。

在主体工程开工之前，建设单位必须完成各项建设准备工作，其主要内容包括：

（1）征地、拆迁和场地平整；

（2）完成施工用水、电、路和场地平整等综合配套工程；

（3）材料和设备的招标采购；

（4）组织建设监理和主体工程招标，选定建设监理单位和施工承包队伍；

（5）必需的生产、生活临时建筑工程；

（6）办理各项建设行政报批手续；

（7）编制工程施工管理文件。

就施工单位而言，工程施工准备工作按其性质及内容通常包括技术准备、物资准备、劳动组织准备和施工现场准备。

（1）技术准备。技术准备是施工准备的核心。任何技术的差错或隐患都可能引起人身安全和质量事故，造成生命、财产的巨大损失。技术准备的具体内容如图 11.5 所示。

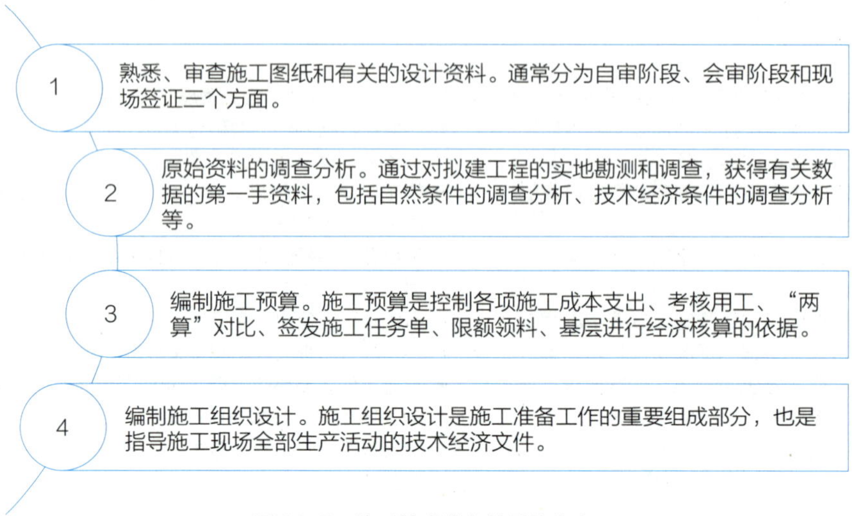

图 11.5　施工技术准备的具体内容

（2）物资准备。材料、构配件、制品、机具和设备是保证施工顺利进行的物质基础，这些物资的准备工作必须在工程开工之前完成。根据各种物资的需要量计划，分别落实货源，安排运输和储备，使其满足连续施工的要求。

（3）劳动组织准备。劳动组织准备的范围既包括总承包单位自身的劳动组织准备，又包括各分包单位的劳动组织准备，落实分包合同条件。主要包括组建施工管理机构、配备各专业和工种的施工队伍、组织劳动力进场、安排技术交底、落实安全教育和文明施工制度等方面的内容。

（4）施工现场准备。施工现场准备工作主要有施工场地的控制网测量、施工现场的补充勘探、搭设临时设施、安装和调试施工机具、建筑构配件、制品和材料的进场、冬季和雨期施工安排等。

为了落实各项施工准备工作，加强对其检查和监督，必须根据各项建设准备工作的内容、时间和人员配置，编制建设准备工作计划。

11.2　工程项目施工阶段技术和经济策划

11.2.1　工程项目施工方案设计

施工方案是施工组织设计的核心，也是指导现场作业的主要文件之一，其合理与否将直接影响到工程的成本、工期和质量。建筑物功能以及施工技术的提高，如超深基础、大跨度、高耸以及现代化的办公、保安、消防等设备系统，对施工方案的内容、制定过程和步骤、关键技术路线和动态控制与管理提出了新的要求。

1. 施工方案的基本内容

在工程项目的不同阶段，施工方案编制的内容和深度也不同。尤其是大型工程及施工技术复杂和难度大的工程，应对其重要的施工技术方案进行系统性的考虑，确定并形成施工的关键技术路线。施工方案基本内容如表 11.2 所示。

表 11.2 施工方案基本内容

序号	内容	说明
1	施工流向	它是指施工活动在空间的展开与进程。对单层建筑要定出分段施工在平面上的流向；对多层建筑在竖向方面定出分层施工的流向。
2	施工顺序	它是指分部工程（或专业工程）以及分项工程（或工序）在时间上展开的先后顺序。分项工程（或工序）之间施工顺序的确定，是为了按照施工的客观规律组织施工，在保证质量与安全施工的前提下充分利用空间，争取时间，实现缩短工期的目的。
3	施工方法和施工机械	施工方法和施工机械的选择是紧密相关的，它们是在技术上解决分部分项工程的施工手段。施工方法和施工机械的选择在很大程度上受结构形式和建筑特征的制约。结构选型和施工选案是不可分割的，一些大型工程，往往在结构设计阶段就要考虑施工方案，并根据施工方法确定结构计算模式。
4	专项施工安全设计	也称分部分项工程安全施工组织设计。针对每项工程在施工过程中可能发生的事故隐患和可能发生安全问题的环节进行预测和部署，从而在技术上和管理上采取措施，消除或控制施工过程中的不安全因素，防范发生事故。《建筑法》第 38 条规定，对专业性较强的工程项目，应当编制专项安全施工组织设计。《建设工程安全生产管理条例》第 26 条规定，对专业性较强的，达到一定规模的危险性较大的分部分项工程，如基坑支护与降水工程、土方开挖工程、模板工程、起重吊装工程、脚手架工程、拆除与爆破工程，应编制专项施工方案。
5	施工现场环境保护和文明施工	要求保持作业环境的整洁卫生，减少施工粉尘、废水、废气、固体废弃物、噪声和振动等对周围居民和环境的影响，保证职工的安全和身体健康。
6	关键技术路线	它是指在大型、复杂工程中对工程质量、工期、成本影响较大，施工难度又大的分部分项工程中所采用的施工技术的方法和途径，包括施工所采取的技术指导思想、综合的系统施工方法以及重要的技术措施等。

施工方案拟定时，不能简单地照搬照套已有的技术规范的内容，一般须根据实际施工条件及设计图纸要求，对主要工程项目的几种可能采用的施工方法做技术经济比较，然后选择最优方案作为安排施工进度计划、设计施工平面图的依据。

2. 施工方案制定步骤

（1）熟悉工程文件和资料。制定施工方案之前，应广泛收集工程有关文件及资料，包括政府的批文、有关政策和法规、业主方的有关要求、设计文件、技术和经济等方面的文件和资料，当缺乏某些技术参数时，应进行工程实验以取得第一手资料。

（2）划分施工过程。划分施工过程是进行施工管理的基础工作，也是用现代信息技术控制施工的基础工作。施工过程划分的方法可以与项目分解结构（PBS）、工作分解结构（WBS）结合进行。施工过程划分后，就可对各个施工过程的技术进行分析。

（3）计算工程量。计算工程量应结合施工方案按工程量计算规则来进行。

（4）确定施工顺序和流向。施工顺序和流向的安排应符合施工的客观规律，并且处理好各施工过程之间的关系和相互影响。

（5）选择施工方法和施工机械。拟定施工方法时，应着重考虑影响整个单位工程施工的分部分项工程的施工方法，对于常规做法的分项工程则不必详细拟定。在选择施工机械时，应首先选择主导工程的机械，其次根据建筑特点及材料、构件种类配备辅助机械，最后确定与施工机械相配套的专用工具设备。

（6）确定关键技术路线。关键技术路线的确定是对工程环境和条件及各种技术选择的综合分析的结果。例如，深基坑的开挖及支护体系，高耸结构混凝土的输送及浇捣，高耸结构垂直运输，结构平面复杂的模板体系，大型复杂钢结构吊装，高层建筑的测量、机电设备的安装和装修的交叉施工安排等。施工方案制定步骤如图 11.6 所示。

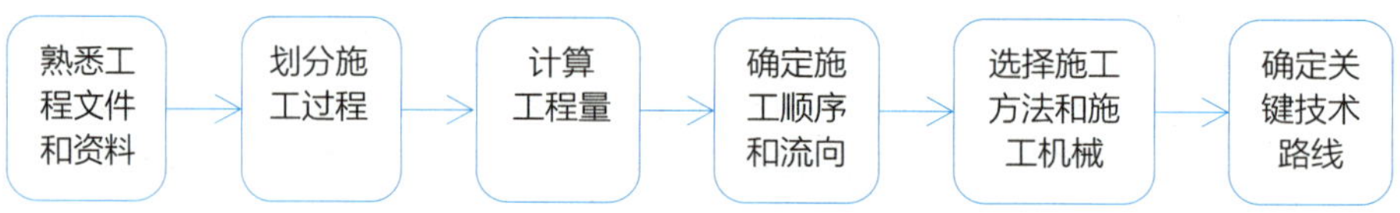

图 11.6　施工方案制定步骤

在施工组织总设计中，施工方案一般由总承包单位编制；单位工程施工设计及分部分项工程施工设计是在施工单位技术部门的指导下由项目部负责编制的，用来指导具体施工。施工方案编制完成后，尚需要经过审批和审核。

施工方案由承包商的项目部负责编制，由上一级技术部门负责审批，重要的施工方案由公司总工程师或集团的总工程师负责审批，报总监理工程师批准。

11.2.2 工程项目施工进度计划

施工进度计划是为实现施工工期目标而科学地预测并确定未来的行动方案，是在确定施工目标的工期基础上，对各项施工过程的施工顺序、起止时间和相互衔接关系以及所需的劳动力和各种技术物资的供应所做的具体设想和统筹安排，从而保证施工项目能够在合理的工期内，尽可能以低成本和高质量完成。

1. 施工进度计划编制依据

在编制施工进度计划之前，还需要对已建成的同类或相似项目的实际施工进度进行调查研究，掌握第一手资料，并进行分析、整理，吸取经验和教训，充分考虑各种风险影响因素。

施工进度计划的编制依据如图 11.7 所示。

施工进度计划的编制依据

1. 施工招投标文件和合同文件

施工招投标文件和合同文件中规定的工期是确定工期计划值的基本依据，合同任务规定的各项工作开工和完工日期、资源配备要求等，必须通过进度计划来落实。

2. 施工部署或施工方案

施工部署或施工方案体现了一个施工项目的特点，明确了施工总体部署、施工顺序、技术方案、组织方法等内容，因而是确定施工过程时间和顺序的基础。可以认为，如果没有施工部署或施工方案，就没有施工进度计划。

3. 工程设计进度计划

图纸资料是施工的依据，施工进度计划必须与设计进度计划相衔接，必须根据每部分图纸资料的交付日期来安排相应部位的施工时间，满足出图计划和施工图审核的要求。

4. 材料和设备供应状况

工程施工中的材料和设备消耗量巨大，材料和设备市场的供应条件、运输条件、采购和加工制作方法、交付使用时间等，都会影响施工进度计划的进展速度。因此，施工进度计划必须与材料和设备供应状况协调一致。

5. 现场施工条件

在编制施工进度计划时，还应注意收集有关现场施工条件的资料，主要包括施工现场动拆迁、场地平整和水文、地质、气候环境资料，以及交通运输条件、水电供应情况、地下管线情况等。

图 11.7 施工进度计划的编制依据

2. 施工进度计划的类型

根据作用、范围、功能和表现形式不同，施工进度计划分为以下几种。

（1）按计划内容分类，有时间进度计划与资源进度计划。针对施工项目本身的时间进度计划，是最基本的主导性施工计划，它确定了该工程施工的工期目标，规定了各项工作的开工和完工，以及各项工作的逻辑关系。为了实现时间目标，还需有一系列支持性资源进度计划，如资金使用计划，劳动力使用计划，机械设备使用计划，材料、构配件和半成品供应计划等，使施工时间进度计划落到实处。

（2）按计划时间长短分类，有总进度计划与阶段性计划。总进度计划是控制工程施工全过程的整体性计划，其时间跨度涵盖施工工期；对房屋建筑工程来说，阶段性计划可包括施工准备工作计划、地基基础施工计划、主体结构施工计划、设备安装施工计划、装饰装修施工计划、外围总体施工计划，也可包括工程年、季、月施工进度计划，旬、周施工作业计划等。

（3）按项目组成分类，有总体进度计划、分项进度计划和作业计划。施工进度目标的确定是一个由粗到细、逐步深化的过程。因此，施工进度计划也是从上到下形成多个层次。施工进度目标及计划体系如表 11.3 所示。

表 11.3　施工进度目标及计划体系

序号	进度目标	计划名称	形式	对象	编制时间	用途
1	建设工期	总体进度计划	横道图或网络图	建设项目	建设准备阶段	控制性
2	施工工期	分项进度计划	网络图	单位工程	施工招标阶段	实施性
3	作业周期	作业计划	形象进度表	分部、分项工程	施工准备阶段	操作性

3. 施工进度计划的编制步骤

尽管施工进度计划有多种类型，表现为不同的编制主体、不同的施工对象、不同的功能层次、不同的粗细程度，但其编制的原理、方法和步骤有许多共性。

一般来说，施工进度计划编制有一个自上而下逐步细化和自下而上汇总协调的过程。通过分析优化施工进度计划，对各个施工过程或工序在时间上、空间上和资源利用上进行平衡和协调，以便进度计划与资源投入数量、施工生产能力相适应，并将综合平衡和协调后经批准的计划作为正式施工进度计划。

（1）分析施工任务和条件。根据施工项目的性质，确定具体任务和施工内容，通常按照施工项目结构（建设总体项目、单项工程、单位工程）、工程规模和交付使用的顺序，分析需实施的详细任务、面临的施工条件，形成一个明确的任务清单，并划清参与单位各自工作的范围和边界。

（2）确定施工进度总目标和分目标。施工进度总目标通常是指工程施工项目从动工开始，到通过工程验收、交付使用的期限，即建设工期或施工工期，以道路开通、桥梁通车、工厂点火投产、商场开业等为标志。为了保证施工进度总目标的落实，还应该将施工进度总目标分解为不同等级的进度分目标，由此构成一个施工进度目标系统。

（3）安排施工总体部署和工艺组织方案。不同的施工总体部署和主要施工方案，直接影响施工的工艺方案和组织安排，决定施工的空间区段划分，施工流程，劳动力、材料、机械设备等的投入强度，需仔细研究，反复比选。

（4）确定施工过程名称。根据工作分解结构（WBS）的要求，分别列出施工总进度计划或各分项施工进度计划中各项施工过程的名称，它是施工进度计划的基本组成单元。施工进度计划中施工过程划分的粗细程度，应该根据计划的需要来决定。

凡是与工程施工对象直接有关的施工内容均应列入计划。而对于那些辅助性工作和服务性工作，如运输、加工制作类施工过程，由于它们在施工顺序和时间安排上是相互穿插进行的，既不占用在建建筑物空间，也不挤占施工工期，故不必单独列入。

（5）确定施工顺序。一般说来，施工顺序受施工工艺和施工组织两方面的制约。当施工方案确定之后，工作之间的工艺关系也就随之确定；工作之间的组织关系是由于劳动力、施工机械、材料和构配件等资源的组织和安排需要而形成的。

确定施工顺序是为了按照施工的技术规律和合理的组织关系，解决各项工作在时间上的先后和搭接问题，以便充分利用空间，争取时间。

（6）估算施工活动的持续时间。确定总进度计划中各施工活动的开始和结束时间，估算各分项计划中施工活动的持续时间。一般可用下列方法：① 查阅工期定额及参照类似工程经验资料；② 计算实物工程量和有关时间；③ 专家估算。

当然，采用上述前 2 种计算方法求出的施工过程持续时间，往往还会受到其他因素的影响，需根据实际情况和经验作适当调整。

（7）绘制初步施工进度计划。根据工作逻辑关系表和绘图要求，合理构图，正确标注，形成初步施工横道图计划或者网络图计划。

（8）确定各项施工过程的时间参数、关键线路及工期。

（9）施工进度计划的调整与优化。根据施工资源限制条件和施工工期、成本资料，检查施工进度计划是否满足约束条件限制，各施工过程的顺序、平行搭接和技术间歇是否合理，总工期是否满足合同规定，主要工种的工人是否能满足连续、均衡施工的要求，主要机具、材料等的利用是否均衡和充分等情况。否则，就需进行优化和调整。

（10）绘制正式施工进度计划。正式施工进度计划经过批准后，加以贯彻实施。

11.2.3 工程项目施工平面布置

施工平面图是工程项目施工组织设计的一项重要内容。实践证明，科学合理的施工平面图设计，对于提高施工生产效率，降低工程建设成本，保证工程质量和施工安全等方面起着十分关键的作用。

1. 施工平面图的分类

建筑施工过程是一个变化的过程，工地上的实际情况随工程进展在不断改变。为此，施工平面图应按照基础、主体结构、安装、装修等施工阶段分别进行设计。

根据项目施工对象和生产规模不同，施工平面图可分为施工总平面图和单位工程施工平面图。施工平面图的分类及其特点如图 11.8 所示。

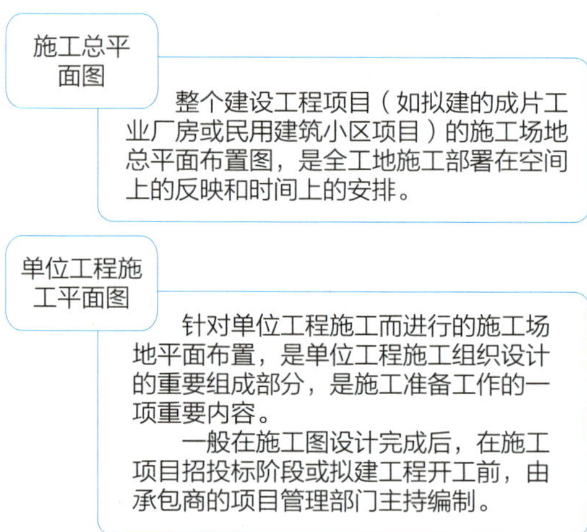

图 11.8 施工平面图的分类及其特点

2. 施工平面图基本内容

施工总平面图以整个建设工程项目为对象，范围较广，内容比较宏观；单位工程施工平面图内容则比较具体和详细。二者设计的内容既有相同之处，又有各自特点。它们的基本内容可概括为：

（1）地上和地下已有的和拟建的建筑物、构筑物及其他设施（道路、各种管线等）的位置和尺寸；

（2）工程临时生产和生活设施，包括各类加工厂、仓库和堆场、行政管理和文化生活利用房；

（3）工程临时配套设施，包括施工用道路、铁路、码头，给排水管线和供电线路，蒸汽和压缩空气管道；

（4）起重机开行路线及轨道铺设，垂直运输设施的位置，起重机回转半径；

（5）防洪设施、安全防火设施、环境保护设施等；

（6）永久性和半永久性测量用的水准点、坐标点、高程点、沉降观测点等。

3. 施工平面图设计步骤

施工平面图设计步骤如下。

（1）确定运输线路或布置起重机械位置。设计施工总平面图时，首先应确定主要材料、构件和设备等进入施工现场的运输方式。

对于单位工程施工平面图，起重机械处于施工现场的中心位置，直接影响着仓库、材料、构件、道路、搅拌站及水电线路的布置。因此，应首先予以考虑。

（2）布置仓库和堆场。在布置仓库和堆场时，应尽量利用永久性仓库。仓库和材料堆场应接近使用地点，保持交通方便，遵守安全技术和防火规定。例如，砂石、石灰、水泥等仓库或堆场宜布置在搅拌站和预制场附近；砖、石等材料和构件应直接布置在施工对象附近，以免二次搬运。

（3）布置场内临时道路。根据各加工厂、仓库及各施工对象的位置布置道路，并研究货物周转运行图，以明确各段道路上的运输负担。道路规划要区别主要道路和次要道路，满足车辆的安全行驶。

布置场内临时道路时应尽量利用永久道路，提前修建或先修建永久路基和简单路面，作为施工所需的临时道路。临时道路应有足够的宽度和转弯半径，现场内道路干线应采用环形布置。主要道路宜用双车道，次要道路可为单车道，道路末端要设置回车场。

（4）布置行政和生活临时设施。在工程建设期间，需要为现场施工人员修建一定数量行政管理与生活居住临时建筑。这类临时建筑包括：① 行政管理和辅助生产用房，包括办公室、传达室、汽车库等；② 居住用房，包括职工宿舍、招待所等；③ 生活用房，包括浴室、食堂、商店等。

（5）布置临时水、电管网和其他动力设施。建筑工地临时供水，包括生产用水（一般生产用水和施工机械用水）、生活用水（施工现场生活用水和生活区生活用水）和消防用水三部分。为充分利用永久性供水设施为施工服务，可首先建设永久性供水系统，其次在工地铺设局部的补充管网，满足工地供水需要。

11.3 绿色项目管理与绿色施工

11.3.1 可持续发展背景下的绿色项目管理

1. 可持续发展概述

可持续发展是以保护环境为基础，以激励经济发展为条件，以改善和提高人类生活质量为目标的一系列关于自然、科学技术、经济、社会协调发展的理论和战略。可持续发展的概念自提出之时就广泛地被全球各界所认同和接受，并作为“自然—社会—经济”这个复杂巨系统的运行规则和运行目标，被各个国家编制到各种经济计划和各类发展规划之中。1980 年国际自然保护同盟制定的《世界自然资源保护大纲》中最早提出可持续发展的相关概念和要求，指出必须研究自然的、社会的、生态的、经济的以及利用自然资源过程中的基本关系，以确保全球的可持续发展。1981 年布朗（Lester R. Brown）出版的《建设一个可持续发展的社会》中提出：以控制人口增长、保护资源基础和开发再生能源来实现可持续发展。1987 年联合国世界环境与发展委员会（WCED）发布《布伦特兰报告》，系统阐述了可持续发展的思想并提出可持续发展的定义：既满足当代人需求，又不损害后代人满足其自身需求的能力。1992 年，联合国召开“环境与发展大会”，通过《里约环境与发展宣言》《21 世纪议程》等文件，达成关于可持续发展的全球共识。

可持续发展蕴含着深刻的内涵：① 以“发展”为核心，发展作为人类共同和普遍的权利，集成社会、科技、文化、环境等多项因素。处于不同发展程度的个体享有平等的不容剥夺的发展权利。② 重视发展的限制条件，即资源、环境等物质的稀缺性与不可逆性。③ 强调关系的公平性，当代人在发展过程中应使后代人也有相同的发展机会，同代人的发展不应当损害他人的利益。④ 关注人与自然的和谐共生，人类应保有新的道德观念和价值标准，以尊重自然、师法自然、保护自然，与之和谐相处。

党的二十大报告指出：“中国式现代化是人与自然和谐共生的现代化。人与自然是生命共同体，无止境地向自然索取甚至破坏自然必然会遭到大自然的报复。我们坚持可持续发展，坚持节约优先、保护优先、自然恢复为主的方针，像保护眼睛一样保护自然和生态环境，坚定不移走生产发展、生活富裕、生态良好的文明发展道路，实现中华民族永续发展。”

2. 工程项目可持续建设

工程项目可持续建设涉及多个维度的内容，包括专业维度、生命周期维度和可持续性能维度（见图 11.9）。

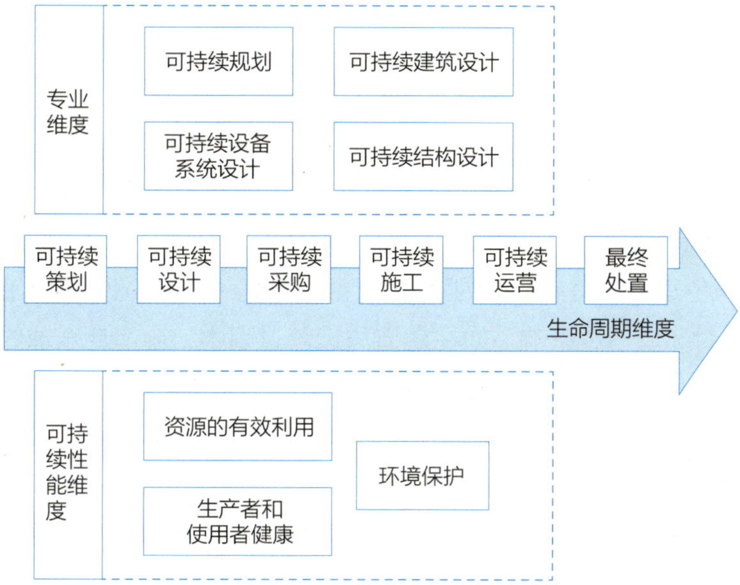

图 11.9 工程项目可持续建设与管理的维度

从专业维度来看，工程项目的可持续建设包含规划、建筑、结构、设备等多个专业子系统。各个专业子系统包括细分的措施与方法，如可持续规划中考虑土地资源的集约化利用，减少对环境的影响，提高公共设施的利用率；建筑设计中整合功能与环境，优化自然通风与采光，通过节能材料实现建筑节能效果；优化结构体系，采用节能环保并且可重复利用的结构材料；进行可持续的设备选型和设备系统设计等。纵观工程项目生命周期，可持续建设与管理贯穿工程项目的策划、设计、采购、施工、运营等多个环节，即工程项目的可持续策划、可持续设计、可持续采购、可持续施工、可持续运营、可持续处置。可持续理念一以贯之，各个环节紧密衔接且不可割裂。从可持续性能维度而言，可持续建设与管理过程及结果要体现并实现资源有效利用、环境保护以及生产者和使用者健康等可持续性能，包括节约资源、提高资源利用率、使用可再生能源、减少建设过程中的各项污染与有害物质，以及保护生产者在施工过程中的身体健康、提高项目使用者的生产生活舒适性等。

3. 绿色建筑

（1）绿色建筑的基本概念。根据国家标准《绿色建筑评价标准》（GB/T 50378-2019）中的界定，绿色建筑（green building）是指在全寿命周期内，节约资源、保护环境、减少污染，为人们提供健康、适用、高效的使用空间，最大限度地实现人与自然和谐共生的高质量建筑。目前国内外尚未形成对绿色建筑标准定义的共识，其内涵和外延随着观念发展不断演进。绿色建筑应该具有以下几点内涵：

① 绿色建筑的根本是满足使用要求。绿色建筑的基本出发点和落脚点是“以人为本”，应该优先考虑使用者的健康、舒适以及安全，将使用者健康、舒适和安全融入绿色建筑特性中。在建筑节能实践中，不能以牺牲使用者的健康生活，降低使用者舒适度为代价，应以此为前提，通过优化能源利用方式，提高能源利用效率来实现节能环保。

② 绿色建筑的重点是节约资源与保护环境。建筑行业消耗大量的资源与能源，对环境造成影响。如在建造与运营过程中，会消耗全球约 16% 的水径流量、40% 的发电量，约 40% 的氮硫化合物产生于建造过程，近 40% 的原材料被开采、生产加工为建筑材料。因此节约资源与保护环境为绿色建筑的核心。

③ 绿色建筑的理念具有普适性。绿色建筑的理念适用于住宅、办公、商业、工业和农业建筑等不同的建筑类型，既可用于新建项目，也可以用于改建、扩建和迁建项目。绿色建筑最初聚焦于建筑物，随着概念的延伸，其拓展至公路、铁路、桥梁等基础设施。绿色工程也从狭义的以一般建筑物为对象，拓展至广义的市政、电力、铁路、公路、水利、机场等绿色工程项目。

④ 绿色建筑的研究范围必须综合考虑建筑的全生命周期。绿色建筑中能源、土地、水资源、材料等各种资源的有效利用贯穿于全生命周期，是从项目的构思开始，到项目建设、使用、最终拆除和再利用的完整过程。实现绿色建筑的目标必须在全生命周期的各个环节贯彻绿色理念、优化绿色方案、实施绿色方法。

（2）绿色建筑的发展。1990 年，英国建筑研究院（BRE）推出第一个绿色建筑评估体系 BREEAM（Building Research Establishment Environmental Assessment Method）。BREEAM 既是一套绿色建筑的评估标准，也为绿色建筑的设计提供了最佳实践方法。1999 年，美国绿色建筑协会（The U.S. Green Building Council，USGBC）为推动绿色建筑和建筑的可持续发展，整合建筑业各组织，发布绿色建筑评估体系 LEED（Leadership in Energy & Environmental Design Building Rating System），并逐步发展为市场化最成功的绿色建筑评估体系。2014 年美国又推出更为关注健康、舒适的健康建筑评估体系 WELL。1999 年，澳大利亚推出了绿色建筑评估体系 NABERS（National Australian Built Environment Rating System）。2003 年澳大利亚绿色建筑委员会又推出了 Green Star 体系。2001 年，日本组建了建筑物综合环境性能评价委员会，2002 年发布了绿色建筑评估体系 CASBEE，开启了日本的绿色建筑工作。2008 年，德国可持续建筑委员会推出了 DGNB，内容涵盖生态质量、经济质量、社会文化及功能质量、技术质量、过程质量和基地质量 6 大领域。

21 世纪以来各国（地区）纷纷建立、更新与发展绿色建筑评估体系，并不断适应新的发展需求。众多绿色建筑项目落成，绿色建筑的理念被推广之时，绿色建筑实践也逐步深化。各国（地区）绿色建筑评价体系如表 11.4 所示。

表 11.4 各国（地区）绿色建筑评价体系

国家（地区）	绿色建筑评价体系	体系所属机构
澳大利亚	Green star	绿色建筑委员会（GBCA）
德国	DGNB	德国联邦政府与可持续委员会（GSBC）
法国	ESCALE	法国建筑科学技术中心（CSTB）
荷兰	Eco-Quantum	建筑研究中心（SBR）
加拿大	GB TOOL	加拿大自然资源部（NRC）
美国	LEED	美国绿色建筑协会（USGBC）
挪威	Eco-profile	挪威建筑研究所（NBI）
日本	CASBEE	日本可持续建筑协会（JSBC）
瑞典	Miljöbyggnad	绿色建筑委员会（SGBC）
意大利	ITACA Protocollo	创新环境兼容机构（ITACA）
新加坡	Green Mark	新加坡建设局（BCA）
英国	BREEAM	英国建筑研究院（BRE）
中国	Assessment Standard for Green Building	中国住房和城乡建设部（MOHURD）
中国台湾	EEWH	财团法人台湾建筑中心（TABC）
中国香港	HK-BEAM	建筑环保评估协会（BEAM Society Limited）

4. 绿色项目管理

（1）绿色项目管理的概念和内涵。绿色项目管理也称可持续项目管理（sustainable project management），是将可持续发展的理念融入整个项目生命周期中，强调从项目产品、过程再到人的层面解读和分析可持续问题，并综合考虑经济可持续、环境可持续、社会可持续以及文化可持续等多方面、多维度的宏观和微观影响。

从主导思想来看，绿色项目管理是将“绿色”的理念融入项目管理每个阶段，用绿色管理理论与思想指导项目管理，通过节能、减排、循环、低碳、无污染、再利用等方式，围绕资源节约和污染控制而建立的一系列有效并可操作的评价、控制、分析、实施等管理方法与体系，达到项目管理中的质量、费用、进度和生态环境标准。

从管理范畴来看，绿色项目管理关注如何通过绿色方法和手段实现项目的重生和再生，项目的生命周期进一步拓展，从项目的启动阶段至未来处置和再循环利用并启动新项目阶段，即“从摇篮到坟墓”转变为“从摇篮到摇篮”。在绿色项目管理中，目标不再是项目成功的短期利益，也不倡导为追求环保而牺牲发展，而是强调社会、环境和经济的多目标共赢。项目不再孤立而作为环境与社会的有机组成，在项目的实施过程中融入社会角色和环境特点，强化经济效益与社会效益、长期利益与当前发展的和谐统一，实现企业、环境和社会的共同可持续发展。

从管理要素来看，绿色思想渗透在项目管理的产品（product）、过程（process）和人（people）中。在项目产品（可交付成果）维度，项目产品要具备绿色性能，达到节能环保要求，污染物排放符合绿色标准，产品使用过程中对环境的影响最低等。在项目交付过程维度，要考虑项目决策、规划设计、原材料的采购、生产加工、运输、现场的安装、施工、交付等过程是否符合绿色标准，是否最大限度地保护自然环境和减少污染物的排放，节约资源等。在项目所涉及的人的维度，要考虑项目的直接参与者、项目所影响的人的健康生产生活以及和谐相处。对项目实施的过程和结果所影响的人而言，要最大限度地增加积极的影响、消除不利的影响，实现其对项目的认同与支持。

（2）绿色项目管理与传统项目管理的区别。绿色项目管理和传统项目管理有一致性，也存在不同点，厘清其区别与联系有助于推进绿色项目管理实践，具体而言体现在以下几个方面。

① 绿色项目管理具有不同的价值观和项目文化。传统的项目管理秉持“人是自然的征服者”的价值观念；绿色项目管理优先考虑生态系统的承载能力，聚焦多代人的公平，不纯粹以经济产品或服务为目的。“绿色”理念与原则注入项目文化，与企业发展路径一脉相承。

② 绿色项目管理以生态目标为导向。绿色项目管理区别于传统项目管

理的核心是绿色价值观，其以可持续发展观为指导，追求生态目标，是在认识生态运动规律的基础上，最大限度地减少对生态环境的不良影响，并持续改善和优化生态环境。

③ 绿色项目管理强调经济、社会、环境多层次目标。传统项目管理重点关注经济目标；绿色项目管理兼顾经济、社会、环境多重目标，致力于实现经济、环境、社会效益的统一，项目目标的实现与自然生态系统良性循环之间保持恰当的协调。

④ 绿色项目管理涉及更为广阔和深远的项目环境。传统的项目管理虽然也考虑环境问题，但是有一定的局限性；绿色项目管理则根植于项目本身，将物种多样性及生态系统的健康、持续性和服务功能融入项目。

⑤ 绿色项目管理跨越更长的项目周期。传统的项目管理通常只涉及单独的、孤立的项目时间段；绿色项目管理关注项目及其所提供产品或服务在全部生命周期中对环境的影响，以及该项目对生态系统更长远的影响。

⑥ 绿色项目管理注重更广泛的公众参与。传统的项目管理在环境、社会问题中也要求公众参与，但多为被动而不全面的参与；绿色项目管理以公众的价值取向为中心，并据此构建管理工作的目标体系。

⑦ 绿色项目管理具有更丰富的绩效评价准则。传统的项目管理主要以经济指标为评价准则，缺乏对外部生态要素的考虑；绿色项目管理要求综合评价准则，注重经济、生态和社会指标的融合，并在对质量、成本、工期等进行评价时融入节约资源与保护环境的要求，赋予新的价值标准。

⑧ 绿色项目管理尚未形成系统科学的管理模式。目前传统的项目管理已形成一套较为系统的体系；绿色项目管理的理论与方法仍处于探索与发展阶段，需要在实践中不断改进和完善。

11.3.2 绿色施工概述

1. 绿色施工的定义

施工阶段是建筑物或构筑物全生命周期中的重要阶段，也是资源消耗量大、环境影响程度高的阶段，加强施工阶段的环境保护、资源保护和减少环境污染是实现建筑节能减排，促进企业结构调整与推进建筑行业转型升级的关键。

住建部印发的《绿色施工导则》中给出了绿色施工的定义，即工程建设中，在保证质量、安全等基本要求的前提下，通过科学管理和技术进步，最大限度地节约资源与减少对环境产生负面影响的施工活动，实现“四节一环保”（节能、节地、节水、节材和环境保护）。《建筑工程绿色施工评价标准》（GB/T 50378−2019）将绿色施工定义为在工程项目施工周期内严格进行过程管理，在保证质量、安全等基本要求的前提下，通过科学管理和技术进步，最大限度地节约资源、保护环境和减少污染，实现环保、节约、可持续发展的施工工程。《绿色奥运建筑评估体系》提出绿色施工是综合考虑对环境、建筑、人三方面影响的施工活动，强调施工阶段应积极贯彻绿色施工的方针和技术措施，通过切实有效的管理制度和工作制度，最大限度地减少施工活动对环境的不利影响，减少资源与能源的消耗，实现可持续发展的要求。

2. 绿色施工的内涵及特点

绿色施工的本质在于以可持续发展作为指导思想，其发展依托于可持续发展战略的顶层设计。绿色施工落地实现则依托于绿色施工技术和绿色施工管理。绿色施工技术在减少环境污染和资源浪费的同时，还有助于环保、节能技术本身的发展和实现；绿色施工管理，包括绿色施工组织、策划、实施、评价及控制等管理手段和方法，以及保障技术的落地。绿色施工的目标是在施工过程中尽可能地减少资源消耗和保护环境，这也是绿色施工最根本的特征。绿色施工的特点主要表现在以下几个方面。

① 绿色施工以资源节约与环境友好为目标导向。施工过程通常需要大量的材料、能源和水资源，并且造成一定程度的环境污染。绿色施工在保证工程质量与安全的前提下，将节约资源（节材、节水、节能、节地等）与环境保护作为施工中的优先级目标，根据施工进程制定具有针对性的节约措施与环境保护措施，对资源与环境进行主动的控制。

② 绿色施工具有系统性，是对各学科知识进行系统集成与综合应用的过程，是一个系统性很强的过程。在可持续发展目标的指引下，绿色渗透到施工的每一个环节，且各环节相互依赖、紧密耦合，如施工策划、材料采购、现场施工、工程验收等。因此在绿色施工实施中，需要具备系统性认知和统筹能力，并要求项目参与方针对施工全过程管理建立良好的协同机制。

③ 绿色施工高度依赖技术。相较于传统施工，绿色施工更加依赖新技术，如环保技术、高科技材料、信息技术等。绿色施工在理论与方法的运用上关注现代科学技术和信息社会发展，运用新技术、新方法、新工艺等现代科学技术，不断完善与创新，形成一套能够高效利用属地资源、充分保护自然环境、全面改善施工人员健康水平的施工体系。

绿色施工是独立于传统施工技术的全新技术，是在传统施工体系的基础上贯彻可持续发展理念，对传统施工工艺及技术的重新审视，是全面协调、统筹兼顾社会、经济、生态，追求“高效、低耗、环保”的综合效益的施工体系。

3. 绿色施工的发展及相关政策

1993 年，Charles J.Kibert 教授提出可持续施工的相关概念。1994 年，首届可持续施工国际会议在美国举办，会议提出可持续施工定义，即在有效利用资源和遵守生态原则的基础上，创造并维护健康的施工环境。2009 年 3 月，国际标准委员会启动并编写《国际绿色施工标准》（IGCC），作为绿色施工模板得到广泛参考和使用。

我国绿色施工的发展依托于绿色建筑理论与实践的发展和进步，随着绿色建筑相关政策文件发布与技术的推进，施工行业的绿色发展也逐渐受到关注。2005 年原建设部编制了第一部针对绿色建筑的技术规范《绿色建筑技术导则》，为绿色建筑的施工提供了相应的标准准则。2007 年原建设部发布《绿色施工导则》，成为我国第一部用于指导绿色施工的文件，明确规定了绿色施工的定义、原则及要点，为绿色施工在全国范围的推行提供了依据。2010 年，住建部发布国家标准《建筑工程绿色施工评价标准》（GB/T 50604-2010），为绿色施工评价提供依据。2014 年《建筑工程绿色施工规范》（GB/T 50905-2014）发布，作为第一部指导建筑工程绿色施工的国家规范，对绿色施工的管理、技术和工艺等方面提出基本要求。绿色施工相关政策和标准见表 11.5。

表 11.5 绿色施工相关政策和标准

名称	内容	时间 / 年
绿色建筑技术导则	第一个政策指导性文件，明确绿色建筑施工技术要点，搭建了绿色施工过程、绿色技术的初步框架，反映了绿色施工技术是实现绿色建筑的重要的、不可或缺的内容。	2005
绿色施工导则	确立了我国绿色施工的理念、原则和方法，以及绿色施工应用示范工程。	2007
中国建筑技术政策（2013 版）	包含两项技术政策：《建筑节能技术政策》《绿色与可持续发展技术政策》，提出开展绿色施工技术的研究与工程应用的目标与方向。	2013
建筑工程绿色施工评价标准	第一部有关对建筑工程进行绿色施工评价的国家标准，该标准依据《绿色施工导则》对绿色施工评价指标进一步甄别和量化，为建筑工程绿色施工评价提供了依据。	2010
建筑工程绿色施工规范	第一部指导建筑工程绿色施工的国家规范，以建筑工程绿色施工为对象，从管理、技术和工艺等方面提出了基本要求。	2014
绿色建造技术导则（试行）	提出施工阶段的优化设计、资源节约、减少排放、智能技术应用等技术要求；强调全产业链上下游协同合作，强化专业分工和社会协作，优化资源配置。	2021

11.3.3 绿色施工管理

1. 绿色施工总体框架

实施和保证绿色施工管理是实现绿色施工的关键。绿色施工管理涉及组织管理、规划管理、目标管理、实施管理、评价管理五大方面（见图 11.10）。绿色施工管理以传统施工管理为基础，文明施工、安全管理为辅助，实现绿色施工目标为目的，在技术进步的同时，完善包含绿色施工思想的管理体系和方法，用科学的管理手段实现绿色施工。

图 11.10 绿色施工总体框架

2. 绿色施工组织管理

绿色施工应建立完整的绿色施工管理体系，进行组织的策划与设计，制定并实施绿色施工需要的机构及职责分工、工作目标、管理制度、流程和资源分组等。管理体系应涵盖项目和企业两个层面，二者相辅相成，成为有机的管理体系。

（1）绿色施工组织管理体系。绿色施工的组织管理体系包含项目与企业两个层面。

在项目层面，应在传统组织结构的基础上，考虑绿色施工的目标，明确保障绿色施工开展的责任分配、任务分配，建立专门的绿色施工项目组织管理体系。项目经理应为第一责任人，负责绿色施工的组织实施及目标实现，并指定绿色施工管理人员和监督人员等作为绿色施工专职的管理人员。在项目部应成立绿色施工管理机构或绿色施工领导小组，包含项目经理和其他管理人员，以及项目各参与方，如建设方、监理方、设计方的人员。绿色施工管理机构应作为总的协调管理机构，承担并实现施工过程中各项有关的统筹与协调、管理与监督工作。应确保将绿色施工的职能分配到项目的每一个部门，将绿色施工的责任落实到每一个成员。在项目的各个部门任命相关的绿色施工联络员，负责联系本部门所涉及的与绿色施工相关的工作，以及跨部门的绿色施工工作协调与对接；设立绿色施工的奖惩机制，构建绿色施工项目组织氛围。

在企业层面，应结合自身的组织架构，建立绿色施工组织管理体系。由总工程师或副总经理作为绿色施工牵头人，协调企业其他职能部门，包括人力资源管理部门、成本核算部门、材料设备管理部门、市场经营管理部门等。企业的总经理应作为绿色施工的第一负责人，各职能部门以企业绿色施工的发展与实施作为目标，形成关于绿色施工的工作安排并落实责任。

（2）绿色施工责任分配。绿色施工的责任分配也需要涵盖项目与企业两个层面。

在项目层面，项目经理为项目绿色施工第一责任人，全面统筹绿色施工管理的策划、实施、评价等工作；项目的绿色施工管理机构负责绿色施工组织设计、绿色施工方案或绿色施工专项方案的编制，在施工过程中负责推进绿色施工，负责批次、阶段和单位工程评价组织等工作；各个执行部门制定本部门的绿色施工措施，并报绿色施工专职管理员审批以及项目部绿色施工管理机构审定，作为本部门的绿色施工工作指导。绿色施工专职管理员负责各项绿色施工措施实施情况的协调和监督，针对技术难点、重点，联系相关技术专家作为顾问，保证实施顺利。

在企业层面，总经理作为企业绿色施工第一责任人，全面统筹企业绿色施工项目及发展的各项工作。总工程师或副总经理作为绿色施工牵头人，负责绿色施工专项管理工作。工程技术管理部门主导管理工作，负责统筹协调企业绿色施工项目人员、机械、周转材料，保障绿色施工措施的制定和实施，组织绿色施工专项检查，配合宣传与落实绿色施工相关政策制度。人力资源管理部门负责绿色施工人员的配置与岗位培训，编制培训计划、落实和反馈效果，组织全公司宣传与学习绿色施工相关新政策、新制度等。材料设备管理部门负责公司环保材料，绿色施工机械、机具等数据维护与平台搭建，监督项目部材料限额与制度制定和执行情况，以及施工机械的维修、保养、年检情况等。

（3）绿色施工规划管理。绿色施工规划是绿色施工管理的关键，在规划阶段应形成项目绿色施工方案、绿色施工组织设计、绿色施工专项方案等文件，包括绿色施工的管理目标、责任分工体系、绿色施工实施方案和绿色施工措施等基本内容，作为项目实施的总体纲领和指导。

在规划阶段，需要完成绿色施工规划文件，一般有两种形式，即编写绿色施工专项方案，并在施工组织设计中独立成章；或按现行工程项目施工组织设计编写要求，将绿色施工的相关要求融入相关章节，形成工程项目绿色施工的系统性文件。规划文件包括但不限于：① 工程项目绿色施工概况；② 工程项目绿色施工目标；③ 工程项目绿色施工组织体系和岗位责任分工，施工现场绿色施工具体人员组织安排；④ 绿色施工拟采用的“四新”技术措施，绿色施工要素分析及绿色施工评价措施和方案；⑤ 绿色施工主要机械、设备以及设施购置（建造）计划清单；⑥ 建材绿色性能评价清单、环保材料选用方案；⑦ 各分部分项工程绿色施工要点；⑧ 绿色施工保证措施；⑨ 绿色施工风险分析及应对。

绿色施工的规划管理过程中，还应该注意如下几点。

① 绿色施工“四节一环保”的具体措施，可参照《建筑工程绿色施工评价标准》和《绿色施工导则》，结合工程实际情况选择性采用；绿色施工拟采用的新材料、新技术、新工艺、新设备“四新”技术措施可以是《建筑业十项新技术》、“建设事业推广应用和限制禁止使用技术公告”、“全国建设行业科技成果推广项目”中的新技术以及本地区推广的先进技术等，如果是未列入推广计划的技术，则需要另外进行专家论证。

② 主要机械、设备表格需列清楚设备的型号、生产厂家、生产年份等信息，用于审查时判断是否为国家或地方限制、禁止使用的机械设备。

③ 绿色施工设施购置（建造）计划清单，包括为实施施工专门购置（建造）的设施；对原有设施的性能计算增值部分的费用；多个工程重复使用的设施，应计算其分摊费用。

④ 绿色施工具体人员组织安排应具体到每一个部门、每一个专业、每一个分包队伍的绿色施工负责人。

⑤ 施工现场平面布置图应考虑动态布置，以达到节地的目的。多次布置的应提供每一次的平面布置图。布置图上要求将噪声监测点、循环水池、垃圾分类回收池等绿色施工专属设施标注清楚。

⑥ 绿色施工专项方案要求严格按项目、企业两级审批。一般由绿色施工专职施工员进行编制，项目技术负责人审核后，报企业总工程师审批，审批手续完整的方案才能用于指导施工。有必要时，考虑组织专家对绿色施工

专项方案进行论证。

（4）绿色施工实施管理。绿色施工实施管理是绿色施工管理的主体，以绿色施工目标为导向，以绿色施工的规划方案为具体指导，对项目的施工过程进行有效的控制，涉及施工策划、施工准备、现场施工、工程验收等各阶段的管理和监督方面的工作内容。重点包括以下几个方面。

① 进行动态的绿色施工实施管理过程。绿色施工贯穿整个施工过程，体现在各个施工阶段，应该在绿色施工实施过程的各主要环节中进行动态管理和控制，通过计划（plan）、实施（do）、检查（check）、处置（act）的循环管理，结合施工评价，建立持续改进机制，形成动态的管理过程。

② 建立完善的制度体系。依据专项方案以及目标体系，在实施过程中建立完善的制度，保障实施的措施和手段。通过制度明确应采取的绿色措施和绿色施工准则，有效约束有悖于绿色施工的不当行为。

③ 营造项目的绿色施工氛围。在绿色施工实施过程中，关注各参与方的沟通与交流，提升项目各方绿色施工的主观能动性，培养自觉落实绿色施工各个环节的意识。强化岗位之间的沟通。在项目内部，促使组织自上而下、自下而上协同配合，积极参与绿色施工。

④ 增强人员的绿色施工意识，培养“绿色素质”。通过改进管理方法以及培训，增强全体员工的整体绿色意识、绿色施工的承担与参与意识；在施工现场，强化绿色施工宣传教育，要求操作人员严格按绿色施工措施操作，鼓励节约水电、材料，注重机械设备的保养，注意施工现场的清洁，文明施工，减少人为污染；通过专业教育与培训，培育绿色施工管理人才队伍。

⑤ 落实并强化绿色施工评价管理。绿色施工评价应该遵循简单易行、施工全过程覆盖、多方参与、相互监督的要求，体现客观性、代表性、简便性、可追溯性和可调整性。采用定量与定性相结合、技术与管理评价相结合、综合评价与措施评价相结合的评价方法。评价内容根植于“四节一环保”的要求，并基于此设置详细的评价指标。评价过程应分专业、分层次、分阶段自上而下进行。通过绿色施工的过程评价，强化绿色施工理念，持续改进绿色施工过程，提升绿色施工水平。

⑥ 使用信息化、智能化绿色施工实施管理技术与手段。通过信息化、智能化技术协助绿色施工实施管理，借助数字化平台和相关软硬件进行进度控制、质量控制、材料消耗控制，实现成本管理过程的数字化、可视化，并实施监督、控制和评价等工作。

本章小结

本章内容的知识结构如图 11.11 所示。

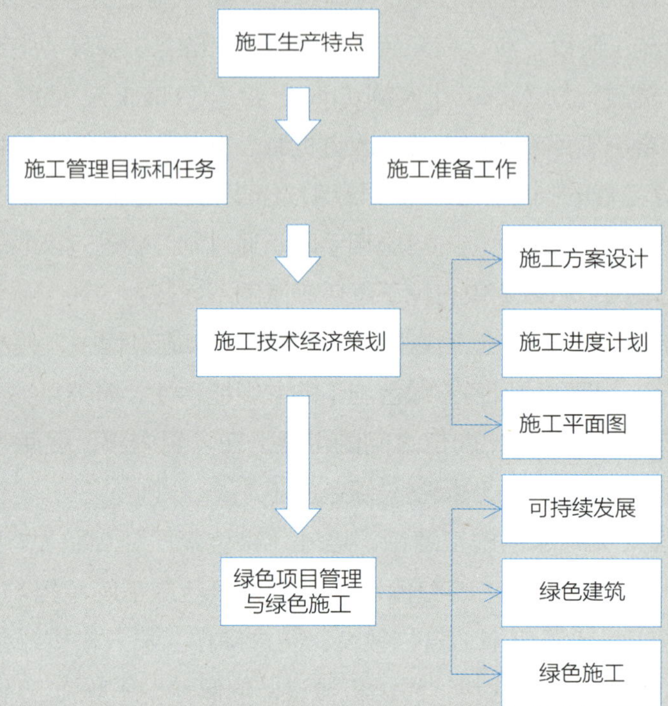

图 11.11　本章知识结构图

（1）建筑产品基本特征决定了工程施工具有生产周期长、资源使用品种多且用量大、空间流动性高等单件小批生产的特点。

（2）施工物质生产必须有一定的生产要素投入，包括土地资源、资本、劳动力、技术、管理和信息。

（3）建设准备工作贯穿拟建工程生产过程的始终。在主体工程开工之前，建设单位必须完成各项建设准备工作；施工单位完成技术、物资、劳动组织和施工现场准备。

（4）施工方案是施工组织设计的核心，也是指导现场作业的主要文件之一。在工程项目的不同阶段，施工方案编制的内容和深度也不同。

（5）施工进度计划是在施工目标工期基础上，对各项施工过程的施工顺序、起止时间和相互衔接关系以及所需的劳动力和各种技术物资的供应所做的具体设想和统筹安排。

（6）施工总平面图用于全工地性施工场地的规划和布置，是单位工程施工平面图设计的主要依据；而单位工程施工平面图则属于施工总平面图的一部分。

（7）绿色建筑是指在全寿命周期内，节约资源、保护环境、减少污染，为人们提供健康、适用、高效的使用空间，最大限度地实现人与自然和谐共生的高质量建筑。

（8）绿色施工总体框架包含施工管理、环境保护、节材与材料资源利用、节水与水资源利用、节能与能源利用、节地与施工用地保护等内容。

关键术语

工程项目施工管理　施工生产要素　施工准备　施工方案设计　进度计划　施工平面布置　可持续发展　绿色建筑　绿色施工

复习思考题

（1）工程项目施工阶段的生产特点有哪些？

（2）施工生产要素由哪些内容组成？各有什么特点？

（3）施工阶段业主方项目管理目标和任务主要有哪些？

（4）施工阶段承包方项目管理目标和任务主要有哪些？

（5）勘察设计方项目管理目标和任务主要有哪些？

（6）工程开工前，建设单位必须完成哪些准备工作？

（7）施工方案的基本内容有哪些？

（8）施工进度计划怎么分类？各自的作用如何？

（9）施工进度计划的编制步骤是怎样的？

（10）施工平面图包括哪些主要内容？其编制步骤如何？

（11）绿色建筑包含哪些内容？

（12）各国（地区）常用的绿色建筑评价体系有哪些？

（13）什么是绿色施工？绿色施工具备哪些特点？

（14）绿色施工总体框架包括哪些内容？

即测即评

请扫描二维码，进行本章测试。

延伸阅读

[1] 曹吉鸣. 工程施工管理学 [M]. 北京：中国建筑工业出版社，2011：1-56，98-257.

[2] 曹吉鸣. 工程施工组织与管理 [M]. 上海：同济大学出版社，2015：97-205.

[3] 丛培经. 工程项目管理 [M]. 北京：中国建筑工业出版社，2012：90-124，397-409.

[4] 叶晓甦. 工程财务管理 [M]. 北京：中国建筑工业出版社，2011：234-264.

[5] 高显义. 工程合同管理 [M]. 上海：同济大学出版社，2005：154-173.

[6] 曹吉鸣. 项目进度规划与控制原理 [M]. 北京：科学出版社，2013：38-145.

[7] Frank Harris，Ronald McCaffer. Modern construction management [M]. Oxford：Blackwell Science Ltd，a Blackwell Publishing Company，2006：33-146.

[8] Garold D. Oberlender. Project management for engineering and construction [M]. 3rd ed. New York：McGraw-Hill Education，2014：305-340.

[9] 张瑞瑞. 绿色工程项目管理评价体系研究 [J]. 价值工程，2017，36 (30)：19-21.

[10] 施骞. 绿色项目管理路线图 [J]. 项目管理评论，2021 (3)：16-20.

12　工程项目运营管理

【本章导读】工程项目运营管理是工程项目全生命周期中非常重要的环节，工程项目建设的根本目的就是为人们的生产、生活和生态提供安全、便捷、舒适、健康的环境。设施管理是一门跨学科、多专业交叉的新兴学科，其综合利用管理科学、建筑科学、经济学、行为科学和工程技术等多种学科理论，将人、空间与技术相结合，通过对工作环境和设施设备的规划和控制，形成高品质的工作环境，支持各企事业单位更好地完成战略目标。

本章基于设施管理的视角，运用设施管理的理论和方法，阐述和分析工程项目运营管理的基本内容：

（1）设施管理基本概念、特点、范围和发展趋势，对设施管理专业人士知识和能力的要求；

（2）设施管理运营组织架构、外包模式及其演变和外包合同管理；

（3）建筑物室内空间管理、建筑物运行和维护等的流程、方法和工具。

12.1　设施管理原理

设施管理（facility management，FM）是一门跨学科、多专业交叉的新兴学科。尽管设施管理诞生的时间不长，但已经给社会发展创造了很多价值。本节主要探讨设施管理的基本概念和范围、设施管理产生和发展趋势、设施管理专业人员从事建设项目运营管理所必备的专业知识和能力。

12.1.1　设施管理概念和特点

国际上对于设施管理的定义尚未形成统一的认识，实际上没有形成一个普遍认同的、适用的标准定义。

1. 设施管理定义

国际标准化组织（ISO）41011：2017 标准指出，设施管理是在建筑环境内集成人员、空间和流程，以提高人员生活质量和核心业务生产力为目的的组织职能。

国际设施管理协会（International Facility Management Association，IFMA）

认为，设施管理是包含多种学科的专业，它通过人员、空间、过程和技术的集成来确保建成的建筑环境功能的实现。

英国设施管理协会（Britain Institute of Facility Management，BIFM）2018 年更名为工作空间和设施管理协会（IWFM）。该协会认为，设施管理是在组织中对约定的服务进行维护和发展的过程的集成，能够支持并促进组织的基本活动的效益。设施管理在建筑环境及其对人员、工作场所影响的管理中包含多学科的活动。

德国设施管理学会认为，设施管理是针对工作场所和工作环境，通过楼宇、装置和设备运作计划、管理与控制，改进使用灵活性、劳动生产率以及资金盈利能力的创新过程，是利用设施来满足人们工作的基本需求，支持核心组织流程，并提高资本回报率的管理学科。

尽管这些定义从不同的角度给出了对设施管理的不同解释，但基本思路是一致的。设施管理综合利用管理科学、建筑科学、经济学、行为科学和工程技术等多种学科理论，将人、空间与技术相结合，对人类工作和生活环境进行有效的规划和控制，保持高品质的活动空间，支持各类企事业单位、政府部门战略目标和业务计划的要求。设施管理对于人、空间以及技术资源的整合如图 12.1 所示。

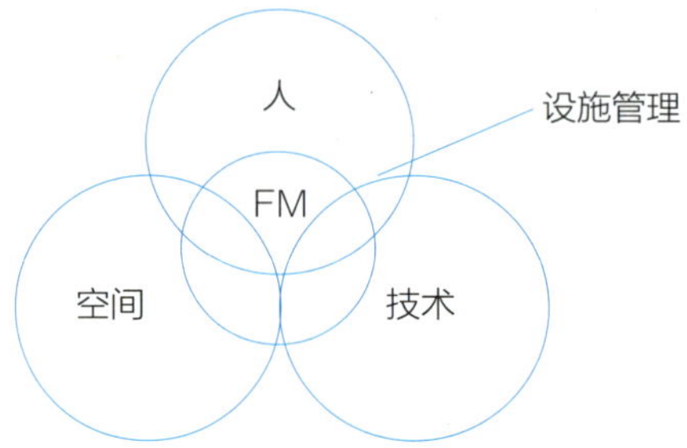

图 12.1　设施管理对于人、空间以及技术资源的整合

2. 设施管理特征

设施管理具有以下特征。

（1）对象。适用于各类生产、生活和经营组织（包括企业、事业单位和政府机构，下同）的设施，综合应用战略、规划、组织、指挥、协调和控制等方法和手段。

（2）目标。设施管理通常是非营利性的，大多是从设施拥有主体和最终客户的角度出发，发挥载体作用，支持组织战略层面主营业务的目标。

（3）范围。设施管理覆盖了组织除核心业务之外的建筑物空间和设备、外围总体配套领域的硬性服务，以及交通、邮件、健身、商业、绿化、保洁、保安、前台等软性服务，支持核心业务的运行。它通常包括组织战略层、经营层和作业层三个不同层面。

（4）组织。由组织内部设施经理负责，专业设施管理部门或团队实施承担，也可将部分设施管理业务外包给专业设施服务外包商，或组成共同参与的管理团队一起实施。

（5）周期。设施管理涉及设施规划、设计、施工和运行阶段的全生命周期。以设施运行阶段的战略规划、资产价值、空间布局、运行维护、能源管理为重点，同时涉及设施新建、改建和扩建中的规划、设计、施工任务。

12.1.2 设施管理范围和价值

根据国际设施管理协会（IFMA）的定义，设施管理九大职能如下：① 长期设施管理计划（战略、策略性计划）；② 短期设施管理计划（日常执行性计划）；③ 设施融资分析及财务管理；④ 不动产处置和管理；⑤ 内部空间规划、空间标准制定以及空间管理；⑥ 新建或改建项目的建筑规划和设计；⑦ 新建或改建项目的建设工作；⑧ 设施的日常运行与维护；⑨ 通信、安保等支持服务。

建筑业主管理协会（BOMA）和国际协同联合会（IAI）下属的北美设施专业委员会（NAFDC）定义的设施管理范围如图 12.2 所示。

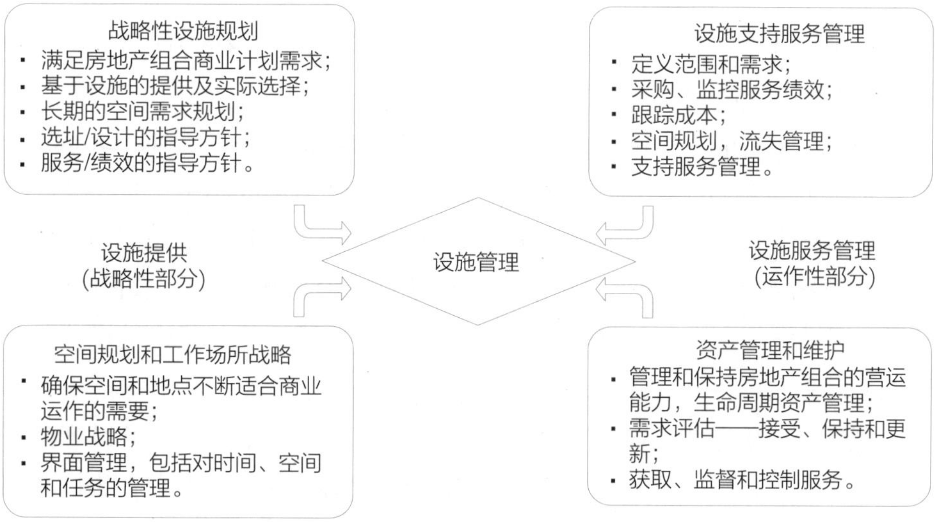

图 12.2 BOMA 和 NAFDC 定义的设施管理范围

设施管理自从 20 世纪 70 年代末在美国诞生以来，在全世界范围内迅速发展，得到越来越多的企事业单位和政府部门的青睐，带来了下列的价值。

（1）提供和保持高品质的业务空间。设施管理专业人士通过制定和执行设施管理计划，利用先进的技术以及专业的设施管理经验，创造安全、环保、健康的业务空间，满足设施使用者对于高品质空间的需求，使其能够在舒适的空间中最大效率地工作和学习。

（2）整合和支持组织内部所有设施相关的业务。设施管理的工作范围涵盖了组织内所有相关的设施业务，通过相关设施部门和业务整合，能够迅速反映设施使用者新的要求，减少部门内部界面，统一提出应对策略。

（3）降低设施全生命周期运行成本。设施成本或费用的降低是大多数组织的高级管理层最为关注的问题之一。设施管理者通过预测设施资金需求，合理配置有限的资源，从设施全生命周期角度发挥设施的最佳经济效益。

（4）支持组织的发展战略和核心业务。近几年来，设施管理者越来越多地参与到组织战略决策制定过程中，为组织制定发展战略提供设施管理方面的支持，以促进组织战略和核心业务的发展。

设施管理不单为了延长设施的使用年限，确保其功能的正常发挥，扩大收益，降低运营费用，也是为了提高企业或机构的形象，改善业务流程，发挥工作效率。

12.1.3 设施管理产生和发展趋势

1. 设施管理产生及发展历程

设施管理的起源可以追溯到 1979 年美国密歇根州设施管理协会成立，以及 1981 年国际设施管理协会（IFMA）创建。

1984 年，Eure FM Network 首先将 FM 传入欧洲。英国、荷兰、德国、法国、意大利等 20 多个国家都设立了自己的设施管理协会 / 学会，其他发达国家如日本、澳大利亚，包括新兴发展中国家韩国、巴西等也都先后发起成立了国家级的设施管理组织，还在大学里建立设施管理专业、研究中心和学院。因欧洲国家文化、语言、法律和市场结构不同，设施管理的模式各有特色和侧重点。

国际标准化组织（ISO）、欧洲标准协会（ESI）编制了一系列设施管理标准和指南，培育和促进了全球范围内设施管理专业市场的发展，也推动了设施管理学术交流、实践经验总结和人才的培养，逐渐形成了比较完善的设施管理理论体系。

我国设施管理发展虽然比较晚，但是设施管理的实践和运作从 20 世纪 90 年代就已经开始了。随着大量的外资企事业机构进入我国市场和本土服务企业的发展，高端设施管理服务需求不断扩大，国外专业设施管理组织以全球战略合作伙伴关系的身份也纷纷进入我国，积极开拓我国设施管理市场。我国设施管理市场客户群体的发展历程如图 12.3 所示。

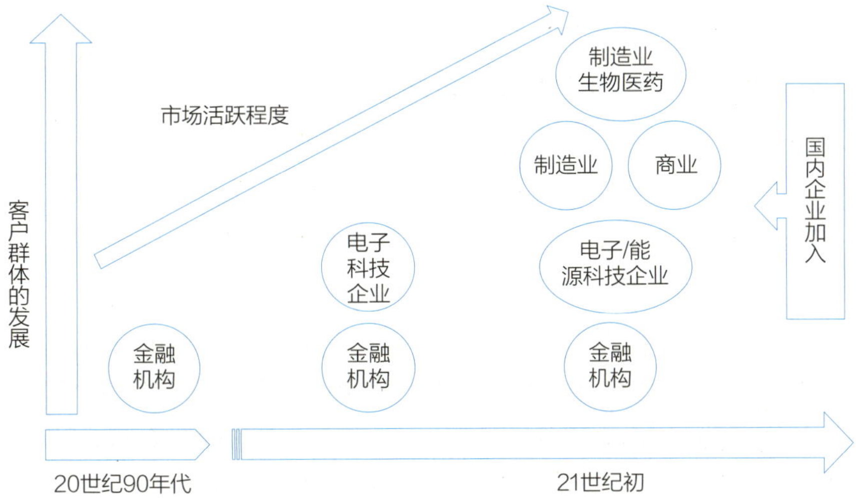

图 12.3　我国设施管理市场客户群体的发展历程

近 20 年来，我国高校和企业已逐步开展设施管理的国际交流、科研、培训和社会服务，公开出版了设施管理专著，发表了大量设施管理领域的研究论文，开展面向企业的设施管理高级研修班，举办国际交流会议，研发设施管理门户网站，推进设施管理等信息化平台应用。

2. 设施管理的发展趋势

国际设施管理协会（IFMA）邀请了代表各个设施管理部门和专业的一组行业专家展开讨论，就设施管理发展趋势和未来影响设施管理专业的问题提出了如下的看法。

（1）紧密联系组织战略。将设施管理的作用与组织的核心商业战略紧密联系，组织的设施在决定生产率，支持技术革新，提高工作效率、雇员满意度和组织的公众理解等方面能够发挥巨大的作用。

（2）紧急情况的准备。紧急情况的准备包括但不限于对恐怖活动、自然灾害、工作场所暴力、化学和生物事件、流行性疾病和数据泄露等可能影响组织和其员工的事件的应对。

（3）变化管理。变化总是不可避免的，数字化和技术革命步伐的加快，给设施管理提出了更加复杂的要求。组织核心业务中的程序变化、政策法律的变化、经营环境的变化，都需要设施管理做出明显和快速的反应。

（4）可持续性。随着工业化的发展，环境资源的消耗越来越受到人们的关注。对于设施管理专业人士来说，能源的节约仍然是节约有限资源的最长期方法。高性能建筑对于工作场所环境具有明显的影响，室内空气质量将受到更广泛的关注。

（5）新技术应用。互联网+、建筑信息模型（BIM）、集成工作场所管理系统（IWMS）等一批新技术应用，为设施管理专业人士提供了一种有效的管理工具。

（6）全球化。由于市场扩展和竞争领域的扩大，组织的地理位置的分布越来越广泛，带来了交流工具、文化、语言、法律、制度、标准和教育背景等方面的差异，带来了地理障碍、文化差异和环境变化。

（7）既有建筑。当建筑设施接近于它本身的计划工作寿命时，设施管理专业人员将更多地面临维修、再使用或替换的决策。同时，材料设备的更换也给设施管理专业工作增添了难度。通过投资回报（return on investment，ROI）对再投资或替换进行决策，提高既有建筑结构和围护条件分析的能力。

设施管理的理论发展和实践运用，将会给传统的设施管理模式带来根本性变革，形成一种新的发展理念：① 设施管理的领域将从现场管理上升到经营战略的高度；② 主要工作目标将从维持保养上升到服务品质、设施价值的提升；③ 着眼点将从发生问题的设施到全部资产设施；④ 时间范畴将从设施运行阶段扩展到全生命周期；⑤ 所需的知识、技术将从单纯的建筑及设备本身延展到市场、财务、经济、法律、环境、信息等相关学科；⑥ 承担设施管理工作的部门也将从单一的设施运行维护部门发展到多部门的交叉、协调。

12.1.4 设施管理专业人士知识和能力

不同组织的管理专业人士工作业务差别极大，澳大利亚设施管理协会（FMAA）认为设施管理专业人士的工作层面可以分为以下两种：

（1）以提供所有权资产管理、战略决策和设施发展规划为主的战略层面；

（2）以提供日常基础服务为主的运营层面，主要管理一些技术工作，如设施维修和维护、保安和保洁等工作。

【案例 12.1】

关于设施经理的调查

国际设施管理协会（IFMA）关于设施经理的调查，形成了设施经理的一个大致轮廓：

（1）85% 的设施经理管理多场所的设施；

（2）54% 的设施经理管理超过 46 452 m^2 空间面积；

（3）40% 的设施经理所在组织的员工人数超过 1 000 人；

（4）68% 的设施经理管理 1/6 的组织员工，甚至更多；

（5）76% 的设施经理是男性，24% 是女性；

（6）所调查的设施经理的平均年龄是 49 岁，具有 27 年的全职工作经验；

（7）81% 的设施经理拥有专业协会的资格认可，61% 拥有学士学位甚至更高，20% 拥有硕士学位甚至更高；

（8）拥有专业资格和学位的人员中，34% 的人主修商业管理。

设施管理专业人士的知识、能力、素质、理念和工作经验直接关系到设施管理组织工作的成败，成功的设施管理活动无一不反映了设施经理卓越的管理才能，而失败的设施管理活动也说明了设施经理的重要性。

当今组织系统发展的一个趋势是组织结构的扁平化，设施管理专业人士所需的技术、人力、经济、管理方面的技能往往是跨专业的，这就需要设施管理专业人士是通才。此外，必须具备良好的道德素质，以及相应的身体素质。设施管理专业人士知识结构体系如图 12.4 所示。

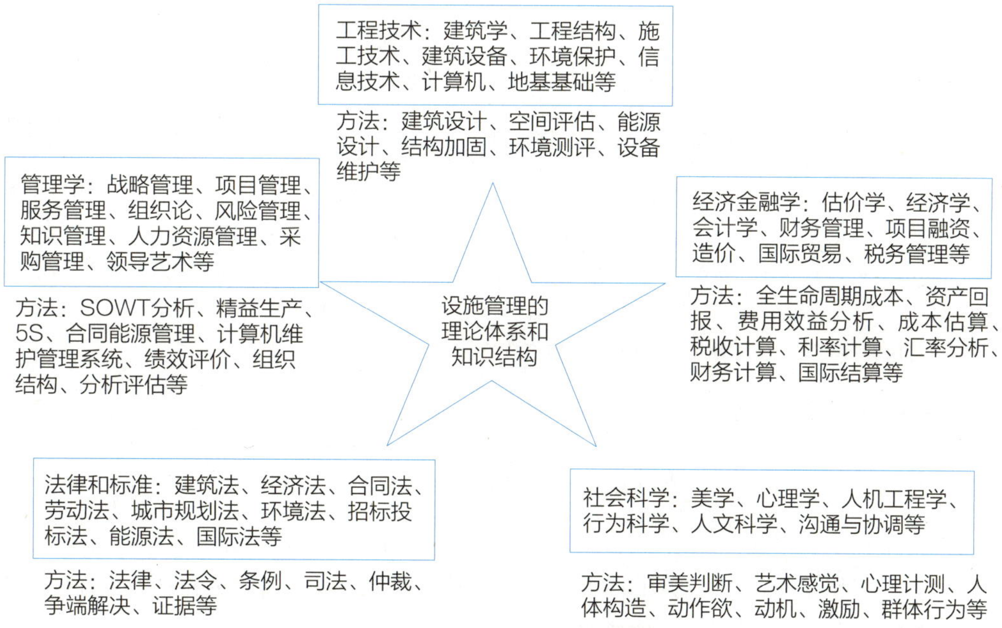

图 12.4　设施管理专业人士知识结构体系

为此，国际设施管理协会（IFMA）、英国设施管理协会（BFMA）和英国皇家特许测量师学会（RICS）等专业组织都对设施经理专业能力提出了具体的标准和要求。

12.2 设施管理运营组织和外包

12.2.1 设施管理运营组织

本节主要分析设施管理相关方和设施管理组织模式，阐述设施管理部门设置、管理制度和业务流程等组织制度。

1. 设施管理相关方

设施管理相关方是指能够影响设施管理活动或被设施管理活动所影响的群体或个人。不同的人群对设施管理的需求和作用是不同的，对设施管理的影响力是有差异的。设施管理相关方关系如图 12.5 所示。

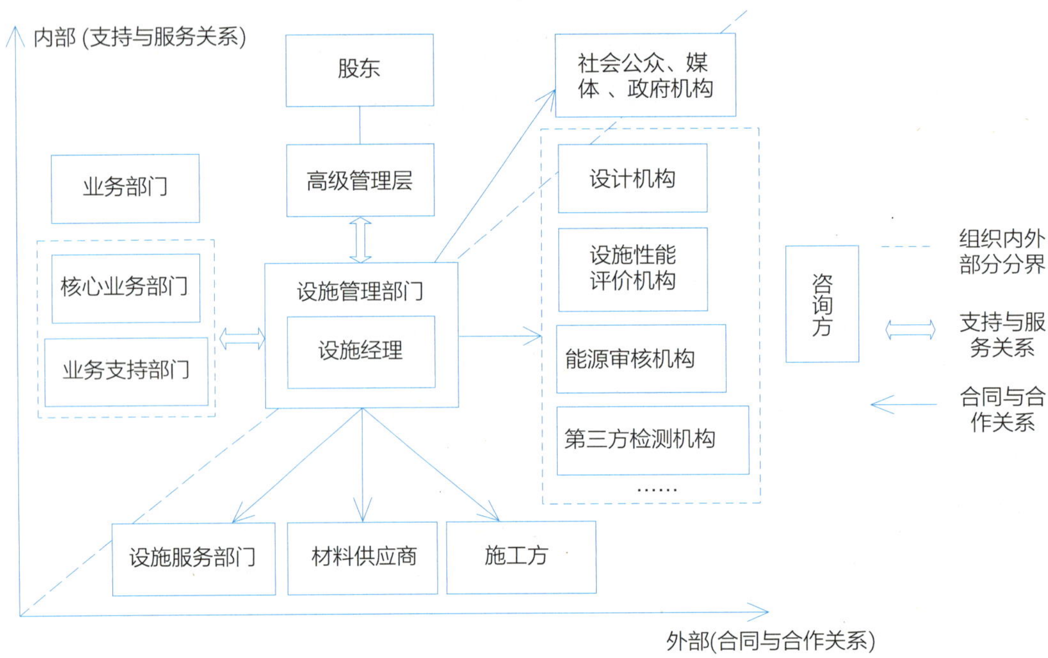

图 12.5 设施管理相关方关系

按照组织核心业务的内容和主要利润来源，可以将业务部门分为核心业务部门和非核心业务支持部门。

（1）核心业务部门。核心业务部门是承担组织核心业务的管理部门。该类部门是投入资源最多、高级管理层最为关注、具有关键性作用的业务部门，也是利润的主要来源部门。核心业务部门往往是开展组织擅长的、能创造高收益和高附加值的、有发展潜力和市场前景的业务活动。

（2）非核心业务支持部门。非核心业务支持部门是围绕着核心业务，为核心业务提供支持性服务的部门。相对核心业务部门来说，非核心业务支持部门在资源投入、关注程度方面较少。例如，财务部门、人力资源部门、IT 部门、后勤管理部门等。设施管理部门本身也是非核心业务支持部门。

2. 典型设施管理组织模式

多地点（multiple-sites）设施管理模式适合在多个地点拥有建筑物（办公场所），但是这些建筑物都在同一个地区的组织。非常典型的例子是一个学校有几个校区。多地点设施管理模式如图 12.6 所示。

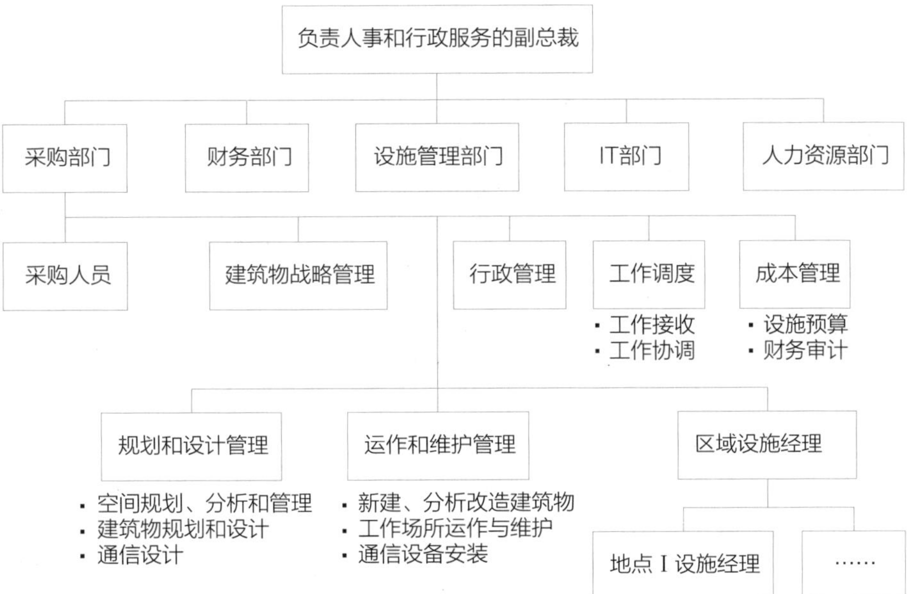

图 12.6　多地点设施管理模式

在这一模式中，需要进行设施管理权力分配、不同地点资源的分配和需求评估等工作，这些工作需要在组织总部中进行。区域设施经理统一安排组织的设施管理业务，负责制定设施战略规划；在不同的地点设立现场设施经理，负责日常的设施管理业务。不同地点的设施业务需要依赖组织总部来运作，这样会更加经济可行。

在多地点设施管理模式中，组织总部提供组织政策、监督、预算控制以及技术上的支持；组织员工、咨询顾问、供应商结合起来，为偏远地点提供设施服务。在这一模式下，组织必须加强租赁管理、财务管理、项目管理以及工作的接收和协作管理能力。

我国大多数组织的部门设置中，没有专门设立设施管理部门。因此，设施管理业务分散在其他各类业务部门中，没有汇集起来。例如，设施购置的职责分配给基建、采购、后勤等部门；空间规划、分配和管理大多由行政部或人事部负责；租约管理一般属于资产管理、生产科、房产科、行政办公室等部门的职权范围；预算、汇总及经济评价由企划部或财务部承担；安全保卫工作通常外包给保安公司；电信、数据交换、电路和网络管理，通常由信息科技部、信息科的独立部门负责。

【案例 12.2】

某跨国公司大中华区总部设施管理组织架构

某跨国公司大中华区总部园区总建筑面积达 55 000 m^2，可容纳超过 2 000 名员工。园区的主体建筑为会议中心大楼和办公楼，兼有大型活动与新品发布场所、独立的会议中心、餐厅，以及足球场、篮球场等室内外健身场所等。该公司的设施管理组织架构有 3 个层次。

（1）第一层，业主单位设施管理团队共计 5 人，负责公司设备运行和维护、项目管理、软性服务（如餐厅、清洁、健身、复印、班车等）、会议和大型活动、室内外广告设施等工作；

（2）第二层，业主聘请国际化设施管理综合供应商的现场管理团队约 25 人，承担公司现场设施管理范围内的各项专业管理业务；

（3）第三层，专业服务供应商，包括设备维护、餐厅、清洁、健身、复印、班车、邮件、保安等专项业务，计 160 多人。

某跨国公司设施管理组织架构如图 12.7 所示。

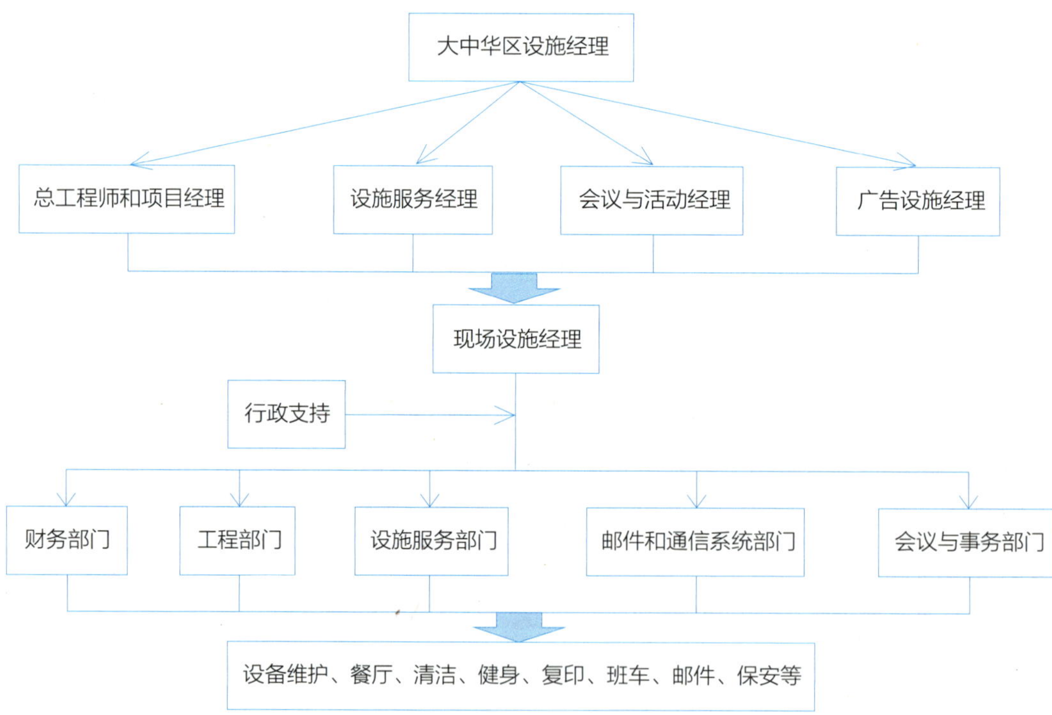

图 12.7　某跨国公司设施管理组织架构

3. 设施管理组织制度

设施管理组织需要制定各种规章制度以及管理流程，规范组织行为，明确组织内部的任务分工、权限、职责、沟通方式和行动规范，保持设施运行有序，提高工作效率。设施管理组织制度是指设施管理部门内部各系统、各要素之间相互作用、相互联系、相互制约的形式及其内在的工作方式。

（1）基本管理制度。设施管理组织的基本管理制度是组织其他制度的依据和基础。它是规定设施管理组织形成和组织方式，决定组织性质的基本制度。它主要包括规定组织法律地位、组织章程等方面的制度，以及组织的领导制度和民主管理制度等。

（2）岗位责任制度。岗位责任制度是规定组织内部各级部门、各类人员应承担的工作任务、应负的责任以及相应职权的制度。设施管理岗位责任制度有设施经理职责、各专业工程主管岗位职责、各专业工程师岗位职责、各设施管理员岗位职责、员工考核及奖惩制度等。

（3）业务管理制度。设施业务管理制度包括设备系统运行管理制度、财务管理制度、客户服务制度、采购管理制度、环境健康安全管理制度、供应商管理制度、室内环境管理制度、能源管理制度、消防制度、应急事件处理制度、安全保卫制度、员工培训制度、日常运行和点检管理制度、项目管理制度、信息系统管理制度等。

（4）设施管理业务流程。业务流程是一些有组织的活动，一些相互联系的为客户创造价值的活动。国际标准化组织 ISO 9000 中指出，业务流程是一组将输入转化为输出的相互关联或相互作用的活动。设施管理主要业务流程有工单管理、采购管理、环境审核、外包管理、建筑能源审核、绩效考核管理、租赁管理、搬迁管理、保洁工作、绿化工作、预防性维护、日常运行、点检管理、客户服务等，涉及设施管理各项业务领域。

设施业务流程有其历史和组织文化背景，因而任何流程都有其时效性，需要根据周围环境的变化而进行动态的调整。这就要求不断监控和评估流程的执行情况，观察流程制定时的依据是否还存在，预先设定定期审核的时间和触发值。

12.2.2 设施管理外包模式及其演变

外包是分工整合模式下的一种有效组织方式。近年来，为实现总成本节约，增强核心能力，组织将非核心业务外包已逐渐成为一种趋势。目前，设施管理领域中存在大量的业务外包现象，越来越多的组织将设施管理外包作为其重要的发展战略。

1. 设施管理外包概念及动因

外包（outsourcing）最初产生于制造业。所谓服务外包（service outsourcing）是指组织将其一些非核心支持性服务活动转移给外部组织，利用外部最优秀的专业化资源，实现降低成本，提高服务质量，增强组织对复杂环境的应变能力。它既包括传统服务领域，如财务、人力资源、餐饮、保安等，也包括新兴的服务领域，如IT、呼叫中心、客户服务、设施管理等。

悉尼理工大学、澳大利亚与特兰斯菲尔德（Transfield）服务公司以及波士顿咨询集团合作进行了外包研究。设施管理外包动因重要性排序如图12.8所示。

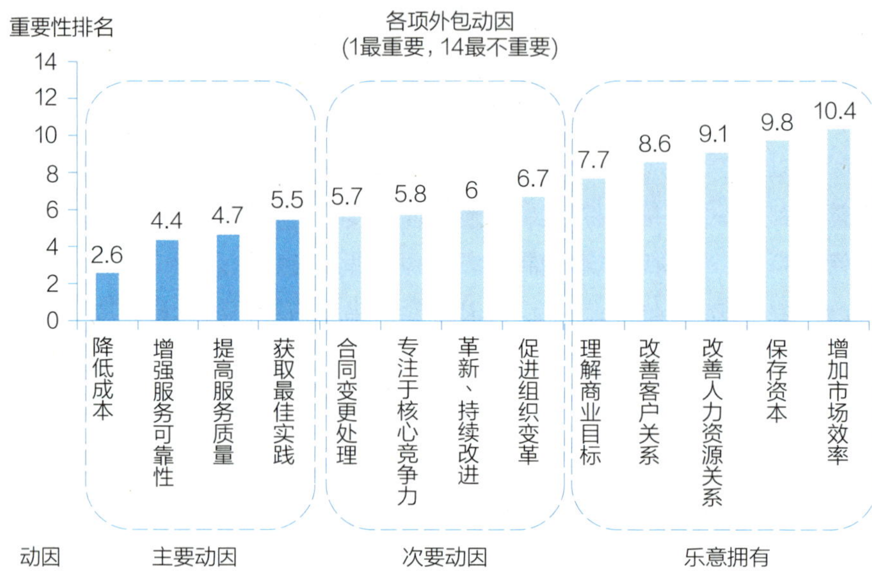

图12.8　设施管理外包动因重要性排序

2. 设施管理外包模式

基于设施业务层面（operational level）和战略层面（strategic level），可以将设施管理外包伙伴关系划分为三类模式。设施管理外包模式及特点如表12.1所示。

表12.1　设施管理外包模式及特点

序号	类型 特点	一臂式关系（arm's length relation）	业务伙伴关系（operational partnering）	战略伙伴关系（strategic partnering）
1	外包业务特性	针对非战略地位且标准化的业务	针对战略地位适中的业务（包括一定量的技术性服务）	针对具有较高战略地位的业务

续表

序号	类型 特点	一臂式关系（arm's length relation）	业务伙伴关系（operational partnering）	战略伙伴关系（strategic partnering）
2	设施服务供应商选择原则	低价中标原则	多重定标准则	通过密切的商谈确定设施服务供应商
3	设施服务供应商数量	多个设施服务供应商	3~5 个设施服务供应商	1~2 个设施服务供应商
4	服务水平要求	服务要求简单、明确	服务要求具有一定的专业化水平	制定书面服务管理规范，其中包括服务水平协议（SLA）、关键绩效指标（KPI）等
5	双方目标关联度	无共同的组织目标	具有共同的组织目标	具有共同的远见及战略目标
6	信息沟通	仅在出现问题的业务层面进行交流	在不同的组织层面均存在沟通	共享大量的信息（包括战略信息）
7	合同周期	较短（通常 1 年）	持续性发展（3 年左右）	长期稳定的诚信合作（3 年以上）
8	设施服务供应市场状况	大量可选设施服务供应商	几个可选设施服务供应商	少量可选设施服务供应商

3. 设施管理外包演变

设施管理外包所涵盖的范围可以是设施管理中的某一项业务、几项业务甚至是所有的设施管理业务。设施管理外包演变如图 12.9 所示。

图 12.9　设施管理外包演变

12.2.3 设施管理外包合同及其管理

设施管理外包合同一般是通过招投标过程形成的。在合同签订前，必须分析合同要求以及对合同条款进行解释；在合同实施过程中，应该建立合同档案制度，记录合同范围变更以及法律条款变更和相关成本变更，处理合同的争议和索赔事件。

1. 设施管理外包合同构成

设施管理外包合同是一份由交易各方达成的具有法律效力的文件。其中，设施服务供应商承诺在一定的条件（如数量、质量、价格、响应时间、采购时间等）下向组织提供服务，而组织根据合同的规定（包括合同的激励因素和惩罚因素）向供应商支付一定数量的报酬或其他商品、服务。通常设施管理外包合同可以分为一般合同条款和特殊合同条款。

（1）一般合同条款。一般合同条款主要包括：

① 签订合同的各方；

② 合同价格；

③ 服务内容；

④ 付款方式；

⑤ 合同期限；

⑥ 合同的生效和终止；

⑦ 合同适用的法律。

（2）特殊合同条款。特殊合同条款主要包括：

① 服务价格协议。该协议会分别列出总价以及组成总价的各项价格。包括：A. 不含税总费用；B. 额外计算的加班费用；C. 额外计算的交通和餐饮费用；D. 办公设施的使用费用；E. 职员薪酬；F. 其他支付的相关条款。

② 服务采购条款。该条款会阐明及规定在服务采购过程中涉及的问题，包括违约的责任分配及处理，组织设施管理财产的划分，环境、质量及安全的相关要求，补偿的程序以及相关准则，保险费用的确定，保密信息或专有信息的相关规定，合同相关方知识产权的相关规定，合同争议处理，适用的相关法律等。

③ 诚信协议。设施服务供应商根据组织的诚信政策所做出的诚信声明，包括保证遵守一切适用的法律法规，如禁止行贿，有关环境保护、健康和安全的法律、法规，保证不会在服务和管理过程中使用童工及强制劳动或禁锢劳动等，体现设施服务供应商社会责任的要求。

④ 保密协议。签订保密协议是由于在设施管理外包时，组织也许会向设施服务供应商提供一些有关生产工艺文件，涉及与工艺技术、设备和质量标准等有关的专用的、秘密的技术信息，有关部门管理文件的一些细节很可能就包括了各种产品相关的商业机密和财务信息。

⑤ 服务水平协议。设施管理服务水平协议（service level agreement，SLA）是设施服务供应商和组织共同协商后达成的正式约定，包括了合同相关方对服务品质、优先权和责任的共同理解，以及对服务质量等级的协定、违约的处罚、争议处理仲裁机构、合同相关方的义务等。

2. 设施管理外包合同管理

设施外包管理的关键是外包合同管理，设施外包合同管理贯穿于设施外包合同的整个生命周期，包括服务交付管理、合同关系管理及合同履行管理等核心环节。

（1）服务交付管理。服务交付管理意味着保证需要交付的服务达到协议规定的适用标准。设施管理外包合同中制定了详尽的服务水平协议（SLA），提出了合理的关键绩效指标（KPI），是为了对服务供应商的服务绩效进行评估和管理，评价服务交付是否达到合同规定的水准和程度。设施管理 KPI 履行情况的监管及审核系统如图 12.10 所示。

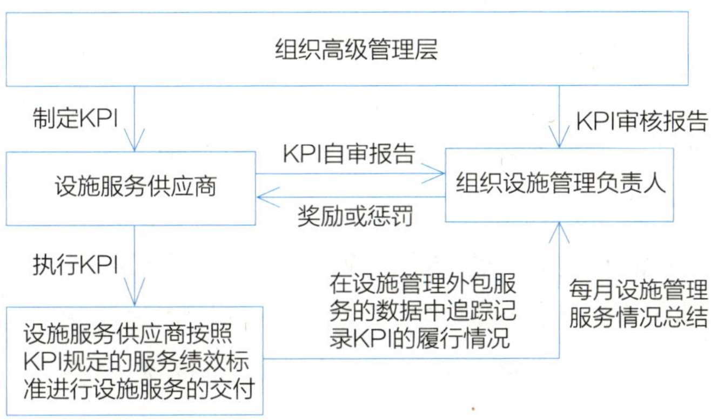

图 12.10　KPI 履行情况的监管及审核系统

（2）合同关系管理。在长期合同中，组织和设施服务供应商之间的相互依存关系是不可避免的。设施管理外包合同关系管理成功的三个关键因素是信任、沟通和对共同目标的认可。常用的评价指标有：① 设施服务供应商团队组织机构的完整性；② 组织的满意度；③ 组织员工的工作空间满意度等。

合同关系管理旨在促进良好关系。在合同实施开始就应建立好信息流和沟通层次，并在整个生命周期中经常进行维护和改进。设施管理外包合同沟通关系如图 12.11 所示。

图 12.11 设施管理外包合同沟通关系

（3）合同履行管理。合同履行管理包括合同维护和变更控制、收费与成本监测、订购和付款程序、管理报告等任务。外包合同履行情况的评估，常用的指标有: ① 费用和成本监控中的人工费用效率、物资耗费效率; ② 采购、付款及预算程序的合理性; ③ 资产管理情况; ④ 合同变更控制情况等。

3. 设施管理外包合同争议

合同争议，顾名思义，是指因合同的生效、解释、履行、变更、终止等行为而引起的合同当事人的所有纠纷。在外包合同中，明确定义了需要交付的时间、合同价格、风险分配等责任和义务。当服务供应商和用户设施经理共同协作实现合同中规定的要求时，双方的目标一般都能得以满足。不过有时双方会因外包合同范围的界定、保险费用、劳务、合同价格、KPI 定义、设施服务供应商的服务水平、服务范围的变更等问题发生矛盾。

12.3 建筑物室内空间管理

高效的空间管理可以发挥设施的最大效用，提供舒适、安全、高效率的工作环境。空间管理效果的考核最终都要归结到空间成本上，空间使用费通常是组织运作的第二大成本。有关研究表明，通过有效的空间管理可以给组织带来一定的净收益。

12.3.1 建筑室内空间需求

针对不同空间场所的外部环境，从情感和行为的角度去发掘用户的多层次需求，涵盖商业层面、技术层面、艺术层面和文化层面，包括用户自己都没有意识到的需求，是深入研究空间规划和设计的前提条件。

1. 业务变化的空间需求

根据组织内部的业务变化情况，空间需求可分为组织内部的需求、跨组织的空间需求、场地借用需求、新增的空间需求等类型。

（1）组织内部的需求。它是指在现有的设施空间条件下，满足组织内部生产或经营要求的空间。例如，内部员工的空间位置调整、安排新员工的空间需求等。

（2）跨组织的空间需求。它是指当组织内部的办公空间不能满足员工的空间需求时，需要从其他组织获取空间来满足本组织的空间需求。

（3）场地借用需求。它是指个人、团队或者组织发生了临时空间需求，需要从其他组织或者组织总部租借空间来满足这种临时的、短暂的空间需求。

（4）新增的空间需求。它是指组织内发生的新空间需求超出了现有的空间规模，需要从外界租借或投资建设新空间，来满足组织内部生产或经营的空间需求。

2. 使用功能的空间需求

按使用功能分，建筑空间可分为可分配空间（assignable space）和不可分配空间（unassignable space）两大类需求。

可分配空间是指直接针对组织生产或经营使用要求的空间；不可分配空间是指配合组织生产或经营的使用要求的空间，此部分的空间通常以不超过整体建筑面积的25%为限。例如，对图书馆空间而言，前者包括阅览空间、典藏空间、工作空间、特殊用途使用空间与会议室；后者是指储藏室、楼梯、走道、厕所与机电等支持系统所使用的空间。

IFMA的研究显示，组织为每个办公座位花费的空间费用为每年8 000~14 000美元，办公空间的每天实际使用情况低于50%。办公空间的实际使用情况如图12.12所示。因此，该组织每年将为每个座位浪费4 000~7 000美元。如果一个组织中安排1 000个办公座位，则每年将浪费400万~700万美元。

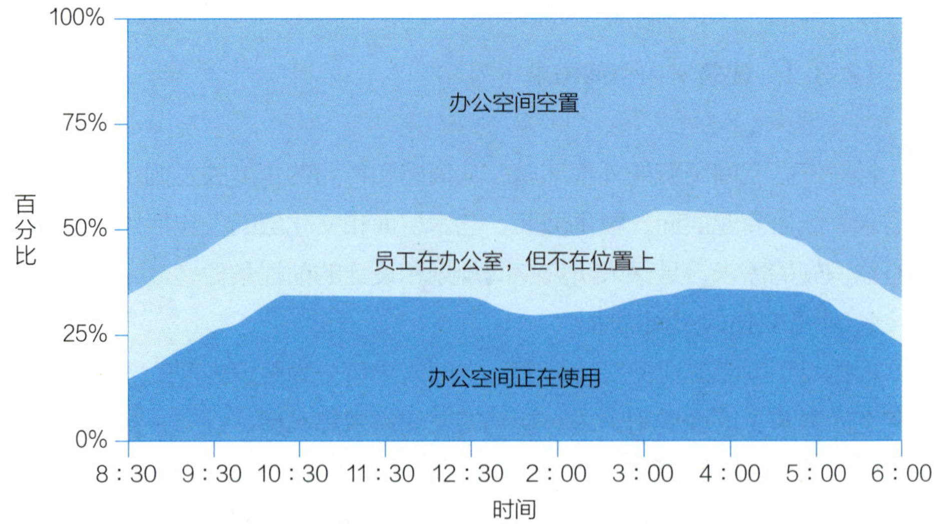

图 12.12　办公空间的实际使用情况

【案例 12.3】

某组织的空间需求分析与方案选择

某组织租用一栋 6 层的办公楼，员工 750 人，租期为 18 个月。由于业务变化，需要重新调整空间策略。在决定空间调整方案前，必须对组织员工的空间面积需求进行深入的分析和调研，首先明确现有空间实际使用现状；其次制定可行方案，进行科学分析和决策。

现在组织面临三种空间策略选择：① 续约租赁整栋办公楼；② 通过合并，仅租赁 5 个楼层作为办公场所；③ 通过搬迁，重新租赁一个新办公楼。组织空间需求分析与方案选择的程序如图 12.13 所示。

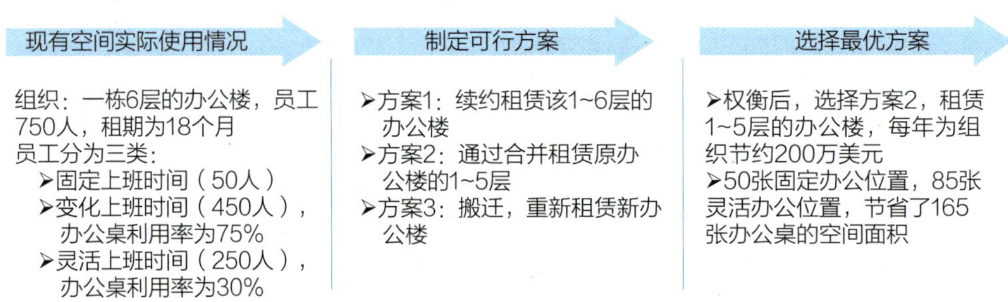

图 12.13　组织空间需求分析与方案选择的程序

根据对过去 12 个月的员工安保卡出入的数据的研究，可以把员工上班时间分为三类：固定上班时间、变化上班时间、灵活办公时间。组织 50 名固定上班时间员工可采用固定办公方式，因此需要配置固定的办公位置；组织 450 名变化上班时间员工使用办公桌的时间超过了 50%；但 250 名灵活上班时间员工使用办公桌的时间仅为 30%。因此，组织每天都有很多办公桌空置。

通过空间需求分析，组织决定配置一个集中的办公区域，为 250 名灵活上班时间员工设置 85 张共享办公桌，可节省 165 张办公桌的空间面积。最后组织决定租赁办公楼 1~5 层。这个措施为组织每年节约了 200 万美元。

研究发现，组织变化上班时间员工的办公桌使用率大概为 75%，这意味平均每天有 112 张办公桌是闲置的，也可以供灵活上班时间员工临时使用。

12.3.2 建筑物室内空间配置标准

空间管理中对建筑空间进行配置包括确定空间配置标准、面积分配和空间关系以及选择不同的空间类型（包括办公类型）。发达国家和地区都有各自的空间标准，也有一套逐渐成熟的空间关系分析方法值得借鉴。

国际设施管理协会（IFMA）的调查显示，63% 的组织使用空间配置标准，其中 31% 的组织使用统一的空间配置标准来管理办公室配置。另外，有 28% 的组织没有空间配置标准，但是遵循着以往空间配置的做法。只有 9% 的组织根据每一次空间需求进行空间配置。

常用的空间配置标准类型有很多，可以从成本和面积两个方面进行分类。

（1）面积类。主要有人均总建筑面积或者使用面积、平均每个座位所占的建筑面积或者使用面积、平均每个座位的员工人数、空间空置率、空间使用率等指标。

（2）成本类。主要有人均总摊销费用、平均每个座位的摊销费用等指标。

英国不同等级员工的空间配置标准如表 12.2 所示。

表 12.2 英国不同等级员工的空间配置标准

功能	空间类型	典型尺寸	
		英制单位（平方英尺）	国际单位（平方米）
高级经理 / 主管	私人空间	215~323	20~30
经理 / 组织领导	私人空间	161~215	15~20
经理 / 专业人员	私人空间	108~161	10~15
专业人员	集体空间 / 开放型空间	97	9
秘书 / 行政人员	开放型空间	97	9
职员	开放型空间	75~97	7~9
销售人员	集体空间 / 开放型空间	65~97	6~9

IFMA 的两个调查报告显示，美国管理岗位、专业技能岗位的空间配置面积比其他岗位小。美国不同等级员工的空间配置标准如表 12.3 所示。

表 12.3 美国不同等级员工的空间配置标准

功能	空间类型	典型尺寸（1994 年）		典型尺寸（1997 年）	
		英制单位（平方英尺）	国际单位（平方米）	英制单位（平方英尺）	国际单位（平方米）
高阶层管理	95% 私人空间，5% 开放型空间	289	26.9	280	26.0
高级管理	85% 私人空间，15% 开放型空间	200	18.6	193	17.9
中层管理	65% 私人空间，34% 开放型空间，1% 团队办公室	151	14.0	142	13.2
高级专家	39% 私人空间，60% 开放型空间，1% 团队办公室	193	17.9	114	10.6
技术专家	15% 私人空间，80% 开放型空间，5% 团队办公室	90	8.4	92	8.6
高级员工	9% 私人空间，86% 开放型空间，5% 团队办公室	81	7.5	84	7.8
普通员工	5% 私人空间，82% 开放型空间，13% 团队办公室	69	6.4	73	6.8

根据我国《办公建筑设计规范》的规定，普通办公室每人使用面积不应小于 3 m^2，单间办公室净面积不宜小于 10 m^2。小会议室使用面积宜为 30 m^2 左右，中会议室使用面积宜为 60 m^2 左右。我国办公和会议空间规划参考标准如表 12.4 所示。

表 12.4 我国办公和会议空间规划参考标准

空间规划项目名称	每单位面积	
	单位	面积（m^2）
一般单间办公室	间	9.29～23.22
领导办公室	人	13.93～20.90
高级领导层会议室	座位	3.73～6.04
中层领导会议室	座位	2.32～2.79
员工会议室	座位	1.39
贵宾接待室	座位	3.73～6.04
普通接待室	座位	2.32～2.79

12.3.3 现代空间的变化趋势

随着科学技术的发展，工作、家庭以及休闲之间的界限越来越模糊。经济的全球化也意味着 24/7 的工作方式已经在很大程度上替代了 9/5 的工作制，并出现了许多新型的办公模式。在现代办公方式的演变下，出现了如下形式的现代办公空间。

1. 宾馆式办公空间（hotel space）

员工没有永久固定的桌子或者办公室，可打电话或者使用组织提供的软件预约临时办公空间中的一间办公室，并在其中工作。员工可以在临时办公空间工作几个小时到几天，员工私人物品放置于专用的储藏空间。宾馆式办公空间的特点是加快了办公室的轮换速度。当员工的工作性质需要经常出差或外出时，利用该方式可以节约很多空间。

例如，某企业员工不再拥有自己固定的办公空间。上至公司董事，下至联络中心接线员，都可以选择任何空闲的区域。工作时间，员工来到前台，领一部无线电话、一台手提电脑，在指示屏上预约一个自己喜欢的座位，就可以开始一天的工作。原本需要 80 000 m^2 容纳所有员工的办公区域，现在只需要 45 000 m^2，节省了 9 000 万美元的项目支出，每年还可以省出 800 万美元的运营成本。另外，办公用具、相关清洁人员的劳务费用也都大规模减少。

2. 咖啡厅式办公空间（cafe areas）

这类办公空间给员工们提供一个非正式聚集的地方，可以是一个咖啡厅、咖啡吧。其必备的要素是中心式的吧台、就座的区域，以及其他工作设施。可以放置工具用来辅助工作，如公告牌、复印机、传真机、邮政区域、书柜和储藏柜。咖啡厅式的办公空间可以培养员工的沟通能力和拉近彼此之间的距离，并使员工在交流中产生更多的创意。咖啡厅式的空间布局灵活多变，可以提供多种用途，整个空间可以作为展示的空间，可以配备带书架的阅览桌作为学习的空间，甚至可以设置讲台和投影仪供聚会和非正式的会议使用。

3. 自由式办公空间（free space）

自由式办公空间是指在办公空间内配备非专用的办公桌和设施，一个办公桌可能被几个员工在不同时间使用，可以在没有事先预订的情况下由任何人在任何时间使用。自由式的空间最大限度地使用了办公场所和设施，有利于员工的互动和交流，可以在较小的空间内完成较多的办公任务。但是需要提供给员工个人存储的空间和阅览空间。

自由式办公空间适用于所有的员工基本上不会同时都需要办公空间的组织。其最原始的动机是通过减少空间而节约成本，在有些实践案例中可节省30% 的工作空间。

4. 电子办公系统

20 世纪 90 年代，以信息技术为代表的高科技的突飞猛进，互联网的广泛应用，移动通信的发展，使人类的办公效率不断提高，办公自动化程度继续加深，新型的电子办公模式不断涌现出来。

某公司提供的 iWork 电子办公服务系统，不受时间和空间的限制，随时可提供工作资源（空间、数据和文件、应用程序、信息、协作、培训、电话、与工作组衔接），并且费用低廉。iWork 电子办公系统构架如图 12.14 所示。

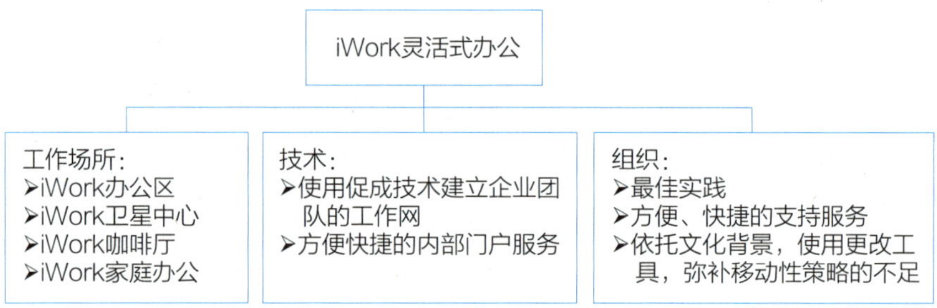

图 12.14 iWork 电子办公系统构架

12.4 建筑物的运行和维护管理

建筑物运行与维护是设施管理最重要的职能之一，是设施管理的基础性工作。运行与维护为建筑物功能的正常发挥提供了广泛的支持性活动，确保了建筑物正常运作和持续优化。大量的建筑物运行与维护实践表明，运行与维护不单纯是一项技术性工作，同时也包含了大量的管理和经济活动。因此，必须从多角度统一考虑建筑物运行与维护工作。

12.4.1 建筑物运行和维护目标与控制

1. 建筑物运行与维护定义

美国联邦能源署发布的 Operations & Maintenance Best Practices—A Guide to Achieving Operational Efficiency 对运行与维护做出了如下定义：

运行与维护是针对建筑物及其相关设备所进行的一系列与控制和检修有关的决策与活动。这些决策与活动包括但不局限于如下内容：

（1）活动主要集中于计划、程序、工作和系统的控制与最优化等方面；

（2）通过执行日常的、预防性的、预测性的、计划的和非计划的活动以维持设施的正常使用，阻止设备失效或减缓使用寿命缩短，从而提高效率，增加可靠性。

2. 建筑物运行与维护的目标

建筑物运行与维护的目标是确保提供安全、可靠、经济的建筑物系统运行与维护服务，能按预期使用建筑物，甚至延长建筑物的使用寿命，提升建筑物价值。具体目标表述如下：

（1）保证建筑物正常运行，满足用户的使用需求；

（2）安排恰当的运行与维护措施，保障运行，防止建筑物及其系统和部件过早出现问题；

（3）在提供必要的可靠度的基础上，按最经济的方式维护和使用建筑物；

（4）合理安排维护周期和流程，减少总运行与维护费用；

（5）预测和指派所需人员，满足正常运行和突发事件的需要；

（6）始终坚持采用可行的工程解决方案来处理维修问题；

（7）通过建筑物的运行与维护，为整个建筑物资产的保值与增值提供支持。

3. 建筑物运行控制

采用巡检与点检相结合的方法，是建筑物运行控制的重要手段，也是建筑物维护和评价的重要信息来源。

（1）巡检制。巡检，即巡回检查之意，是指系统检查人员在规定的区域，按照规定的路线、规定的时间，使用规定的工具进行预先定好内容的检查。巡检主要是巡查系统是否正常运行，检查系统有无异常现象，最终形成巡检记录为后续的设施维护管理提供依据。

巡检是建筑物运行过程中经常使用的一种检查方法，主要以观察为主，适用于面广量大、检查内容简单明了、技术难度低的项目。

（2）点检制。点检制是利用人的感官（视、听、触、嗅、味觉）或用仪表、工具，按照标准，定点、定人、定期地对建筑物进行检查，发现建筑物的异常、隐患，掌握建筑物故障的前兆信息，及时采取对策，将故障消灭在发生之前的一种管理方法。

按点检承担者、实施周期和工作内容不同，点检可分为日常点检、定期点检和专业点检三类。点检周期分类如表 12.5 所示。

表 12.5　点检周期分类表

种类	点检方法	承担部门	周期	内容
日常点检	运转前后或运转中，主要凭五官感觉来检查	以操作人员为主	一般在 1 周以内	良否点检及给油脂等
定期点检	运转前后或运转中，凭五官感觉及简单仪器进行检查	专业点检员	按设备而定，通常为 1 个月以内	振动、温升、磨损、异音、松动等
	主要用解体或循环维修的方法，或用仪器、仪表测试的方法	专业点检员	按设备而定，通常为 1 个月以上	精度、劣化程度、给油状况等
专业点检	使用特殊仪器、仪表或特殊方法进行各种测试、试验	专业技术部门	按点检计划而定	定量检测有关机械量，物理、化学分析，如探伤、失效分析等

点检项目的十大要素有：

（1）压力，在要求范围内（不超压）；

（2）温度，在要求范围内（不超温）；

（3）流量，无异常变化（不忽高或忽低）；

（4）泄漏，无泄漏；

（5）给脂状况，润滑良好；

（6）异音，无异音；

（7）振动，振动频率符合要求（无异常振动）；

（8）龟裂（折损），无明显裂纹和损坏；

（9）磨损，磨损量符合要求；

（10）松弛，紧固件无松动，连接件无松弛。

12.4.2　建筑物运行手册

建筑物运行手册是指导建筑物管理的重要工作文件。设计良好的运行手册应该是结构清晰、易于阅读的，有助于工作的标准化和规范化，对于减少管理人员和操作者的工作失误，提高工作效率具有重要作用。运行手册的基本内容如图 12.15 所示。

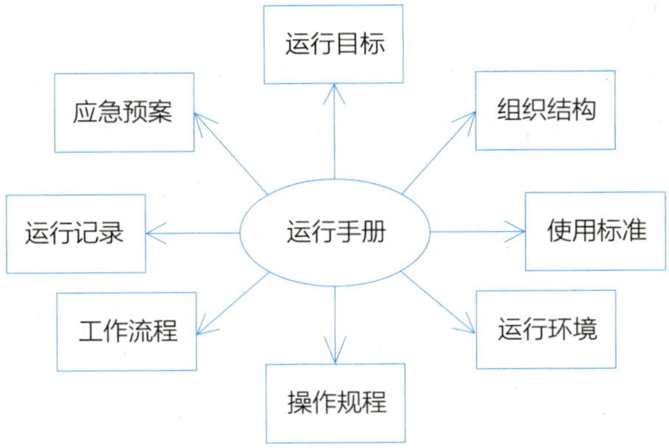

图 12.15 运行手册的基本内容

1. 运行目标

通常包括安全性、可靠性、舒适性和经济性四个方面。

（1）安全性。建筑物运行管理的安全目标，主要包括三个方面：建筑物系统的运行安全；用户的使用安全；操作、维护人员的生产安全。

（2）可靠性。建筑物运行的可靠性是体现设施管理服务质量的重要指标之一。建筑物运行的可靠性主要包括建筑物运行对组织需求的保障能力和建筑物运行过程中应付突发事件的及时性两个方面。

（3）舒适性。舒适性目标是最能体现设施管理特点的一项目标，舒适性的满足程度往往是用户满意度的直接体现。

（4）经济性。经济性目标是建筑物运行与维护过程中必须考虑的目标之一。与以上三个目标相比，它往往是一个限制性目标。现代设施管理要求从全生命周期成本的角度考虑建筑物运行与维护过程的经济目标。

2. 组织结构

在运行手册中必须构建运行管理的组织结构，明确相应岗位的操作、技术和管理人员，其内容包括类型、数量和职责要求等。完善的组织结构和合理的人员配备是确保建筑物系统正常运行的组织措施。

3. 使用标准

针对不同建筑物系统，应根据建筑物实际需求状况制定合理的使用标准。这些标准应包括开关时间、维护保养时间、使用的条件和要求等方面的内容，如电梯的运行时间、台数和停靠楼层，中央空调机组的开关机时间和制冷量、供应范围和温度，路灯或喷泉的开关时间等。这些内容会根据实际情况和季节、环境等因素的变化而有所区别，以满足安全、使用、维护和经济运行方面的需要。

4. 运行环境

在建筑物系统的运行手册中，必须对系统的运行环境做出具体规定。良好的运行环境不仅有利于建筑物系统的正常运行，也有利于运行与维护人员的健康和安全。建筑物系统的运行环境包括三方面的内容：

（1）工作环境整洁有序。根据不同建筑物系统的工作环境要求，制定相应的工作环境标准，并定期进行工作环境的检查、清扫和整洁工作。

（2）系统标识清楚明白。建筑物系统标识对于操作者和使用者有着极大帮助，它是可视化管理方法的重要应用，在运行手册中应对系统标识的相关内容做出具体规定。

（3）设备保养状况良好。建筑物系统中的关键设备必须进行日常保养工作，常见的保养包括清洁、紧固、润滑、调整、防腐、防冻及外观表面检查。

5. 操作规程

操作规程是规范建筑物操作的规定和标准。对建筑物系统中的关键设备，应当制定科学、严密且切实可行的操作规程。

6. 工作流程

工作流程设计是确保运行管理标准化的重要措施，应根据组织的实际情况对各项工作的具体流程做出明确要求。在运行手册中，工作流程通常以流程图的形式表现。

7. 运行记录

运行记录是反映建筑物运行状况的第一手资料，它包括运行技术参数记录、运行状态记录、巡检记录、点检记录、维修记录、运行数据统计和交接班记录等，这些记录一般会以表格的形式表现。例如，某给排水系统巡检记录表。

8. 应急预案

建筑物系统在运行过程中会出现一些突发的异常情况，必须有相应的应急预案，这在运行手册中应该予以明确。例如，水泵房发生浸水。如果是少量漏水，水泵房值班人员可采取堵漏措施。若是浸水严重，应关掉机房内运行的设备并拉下电源开关，通知工程部门，同时尽力阻滞进水，协助维修人员堵住漏水源，立即排水。排干水后，对浸水设备进行除湿处理，如用干布擦拭、热风吹干、自然通风、更换相关管线等。确定湿水已经消除后，试开机运行，如无异常情况，即可投入运行。

12.4.3 建筑物维护策略选择

对于建筑物，应根据不同的工作要求和建筑物类型、不同的行业、不同的组织规模、不同的故障特征和原因等因素采用不同的维护策略。建筑物维护策略的发展历程如图 12.16 所示。

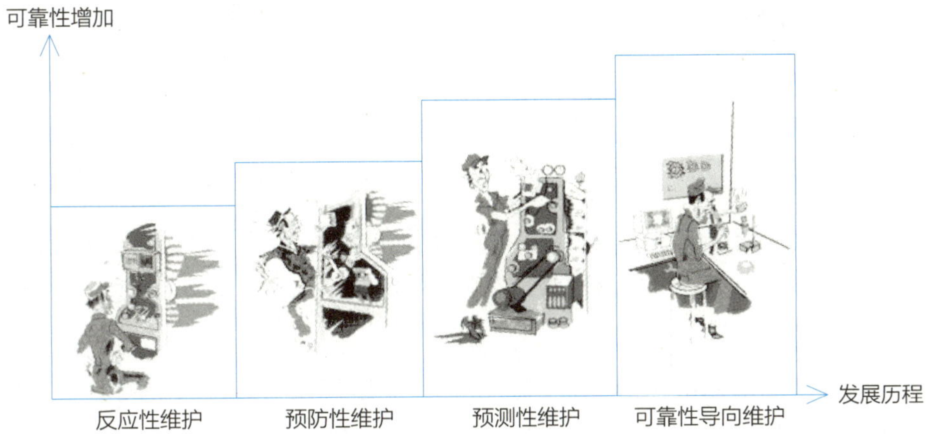

图 12.16 建筑物维护策略的发展历程

1. 反应性维护（reactive maintenance）

反应性维护，是一种被动的维护方式，其基本思想是“故障修理”，当建筑物出现故障时才进行检查和修理。

虽然新的维护策略和维护方式不断出现，但反应性维护作为最基本的一种维护方式，目前仍在大多数组织中广泛应用。相关研究资料显示，在美国仍有超过 55% 的维护工作采取反应性维护方式。

由于维修作业突发，在事前难以制定维修计划，难以高效地配备人员、材料和维修器具，因此反应性维护多用于准备简捷便当、平均故障间隔时间（MTBF）不固定、平均修复时间（MTTR）短、定期更换部件费用高昂的场合。

2. 预防性维护（preventive maintenance）

预防性维护是指为了防止设备的功能、精度降低到规定的临界值或降低故障率，按事先制定的计划和技术要求所进行的维护活动。预防性维护的基本思想是以“预防为主”，通过有计划的预防修理制来保障建筑物正常运行，其理论依据是设备组成单元的磨损规律。

预防性维护不但是目前主流的维护形式，同时也是进行持续改进，开展预测性维护和可靠性维护的基础。预防性维护的类型主要有三种，如图 12.17 所示。

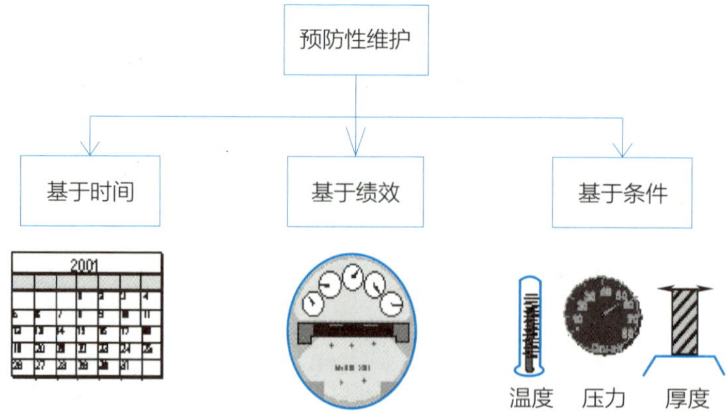

图 12.17　预防性维护的类型

（1）基于时间的预防性维护。在特定周期中执行基于时间的维护计划。例如，每隔两个月或每隔六个月。根据不同的法律要求、行业标准或制造商的建议，某些建筑物将包含一些复杂的维护周期，不同的周期需要不同的维护操作（任务清单）。

（2）基于绩效的预防性维护。根据各个建筑物功能位置的测量点安装的计数器读数来执行基于绩效的维护计划。某些建筑物要根据许多参数或状态来进行操作，这些参数或状态信息可能由测量点提供。建筑物上的计数器达到一定读数时，系统就需要进行维护。例如，每隔 100 个小时的运行时间，每隔 500 个铸造周期等。

（3）基于条件的预防性维护。部分建筑物通过实时状态或操作参数如温度等来执行基于条件的维护计划。这些参数为实时读数，需要实时对其进行监控，可通过创建计量点来对设备瞬时读数进行评估。

国内外普遍采用的定期维修制度就是一种以设备运行时间为基础的预防性维护方式。我国一些企业实行的“设备三级保养、大修制”也是一种预防性维护方式。

3. 预测性维护（predictive maintenance）

预测性维护，又称基于状态的维护，是通过定期监测设备的振动、温度、润滑等各种运行参数，或观察不良趋势的发生，预测故障可能出现的情况和出现的时间而进行的维护。

预测性维护是一种运转状况驱动的预防性维护程序。设备预测性维护利用红外热像仪、振动分析仪等检测设备，通过检测设备的温度和振动等运行参数，并将测得的参数与设备标准运行状态参数进行比较，从而判断是否需要进行维护，以及有针对性地安排维护工作。

美国联邦能源管理计划（FEMP）进行的研究估计，一个正常发挥作用的预测性维护计划与反应性维护相比，可提供 30%～40% 的节约量。其他独立调查表明，平均来看，开展一项预测性维护计划可带来以下几方面优势：

（1）投资回报增加 10 倍；

（2）维护成本降低 25%～30%；

（3）故障消除 70%～75%；

（4）停产时间缩短 35%～45%；

（5）产量增加 20%～25%。

4. 可靠性导向维护（reliability centered maintenance）

以可靠性为中心的维护是目前国际上通用的用以确定建筑物预防性维修需求、优化维修制度的一种系统工程方法。其基本思路是：对系统进行功能与故障分析，明确系统内各故障的后果；用规范化的逻辑决断方法，确定各故障后果的预防性对策；通过现场故障数据统计、专家评估、定量化建模等手段在保证安全性和完好性的前提下，以维修停机损失最小为目标优化系统的维修策略。

美国联邦能源署提供的资料显示，不同维护方式的比例大致是：小于 10% 的反应性维护、25%～35% 的预防性维护和 45%～55% 的预测性维护。中国香港地区建筑物系统维护周期参考数据如表 12.6 所示。

表 12.6　中国香港地区建筑物系统维护周期参考数据

序号	设施	维护项目	维护周期
1	外墙油漆	重新粉饰	4 至 5 年
2	外墙饰面	定期检查	每年
		详细检查	5 至 6 年
3	内部隔墙	重新粉饰 / 修补	3 年
		结构性修葺	当有需要时
4	食水供应系统	检查及润滑水泵和阀门	每月
		清洗水缸和检查阀门	3 个月
5	冲厕水供应系统	检查及润滑水泵和阀门	每月
		清洗水缸	6 个月
6	窗户、外部栏杆及金属部分	检查状况和重新安装	每年
		重新油漆（钢和铁）	2 至 3 年
7	天台排水系统	检查和清洗排水暗渠和排水明渠	每 2 个星期或飓风吹袭 / 暴雨前后

续表

序号	设施	维护项目	维护周期
8	地面排水系统	检查表面有没有损毁或植物生长	每年
9	地下排水系统	检查和清理沙井	2 个月
		用闭路电视勘测地下排水渠（如预计地下泥土会有频密的移动或沉降）	2 年
10	电梯	抹油和保养	每月
		大修	每年
11	消防装置	由管理人员检查和重新安装	每星期
		进行大修和向消防处报告	每年
		检查防火门	1 至 2 天
12	游乐设施	由管理人员检查	1 至 2 天
		由机械技工 / 专业人员检查	每年
13	斜坡及挡土墙	由管理人员检查地面排水渠道和保护表层	在每年的雨季来临前最少一次及暴雨、飓风之后
		由具备资格的土力工程师检查	最少每 5 年一次
14	其他	警钟、公共天线系统、保安系统等	6 个月至 1 年
		天台、楼板及饰面	每年

12.4.4 建筑物运行分析和评价

建筑物运行评价是运行可靠性及进行后续改进、优化的一个重要参考依据。建筑物运行评价是一个周期性的活动，不同建筑物的评价周期和评价指标各不相同，设施管理者应根据具体情况予以确定。

1. 建筑物运行情况分析报告

建筑物运行情况分析报告是由各专业系统工程师根据建筑物系统的运行情况定期提交的技术经济分析文件，它是评价建筑物系统运行状况的重要依据。建筑物系统运行情况分析报告必须具备如下内容：① 分析系统运行的技术经济指标；② 分析系统运行的主要技术特点；③ 分析出现故障的主要原因；④ 对系统运行的评价；⑤ 根据系统运行情况，提出今后运行管理的预测性意见。

【案例 12.4】

某中央空调系统运行情况分析

某中央空调系统运行情况分析报告内容如下：

（1）能源统计分析。对空调主机（条件许可时，按空调系统进行统计）的日、月、年的用电、用水情况进行统计并与往年同期（含气温、使用率等约束条件）进行比较。

（2）运行指标分析。主要对单位能耗成本计算，为成本核算提供基本数据。

（3）系统故障、事故统计分析。对系统运行故障的类别、次数进行统计，为后续运行与维护管理提供指导和依据。

（4）温度、湿度统计（室内、室外）。对本年度的日、月、年的温度、湿度进行统计，为能源统计分析、运行指标分析提供基础依据。

（5）负荷运行统计与预测分析。根据各年度的能源、运行指标、温湿度、使用率等基础数据的统计，提出今后空调系统运行方式和运行曲线。

（6）系统运行综合评价。

2. 关键部位运行可靠性分析

在建筑物系统的构成中，关键部位运行状况起着举足轻重的作用，应该做出具体的可靠性评价。关键部位运行可靠性评价的指标如下。

（1）基本概况。包括建筑物及设备的名称、型号、规格、编号以及安装地点、安装日期、投入使用日期等基本信息。

（2）周期总时间。日历显示的整个运行周期内的总时间，其单位一般为小时。

（3）运行时间。根据运行记录，统计整个周期内的正常运行时间，其单位一般为小时。

（4）运转率。运转率是体现建筑物设备利用程度的指标。一般来讲，该指标越高，表明其利用效率越高。从折旧的角度考虑，应尽可能提高建筑物运转率。

（5）总停机时间。它是指整个周期内建筑物设备的停机时间，这种停机包括计划停机和非计划停机。

（6）计划停机时间。它是指设备按计划执行的停机时间。

（7）故障停机时间。它是指因故障而导致的设备停机时间，该指标可根据设备运行记录予以统计。

（8）故障停机频次。它是整个周期内设备因故障原因而产生的停机次数，该指标可根据建筑物运行记录予以统计。

（9）平均停机时间（mean down time，MDT）。平均停机时间是衡量设备维修效率的指标。

（10）平均无故障时间（mean time between failure，MTBF）。它是衡量设备可靠性的指标，单位为小时，反映了设备时间质量。

（11）运行可靠性。它是反映设备运行可靠程度的指标。

某设备关键部位月度运行可靠性分析如表 12.7 所示。

表 12.7　关键部位月度运行可靠性分析表

序号	系统名称	设备名称	安装地点	月总时间（小时）	运行时间（小时）	设备运转率（%）	总停机时间（小时）	计划停机时间（小时）	故障停机时间（小时）	故障停机频次（次）	平均停机时间（小时）	平均无故障时间（小时）	运行可靠性（%）	备注
①				②	③	④	⑤	⑥	⑦	⑧	⑨	⑩	⑪	⑫
1														
2														
3														
4														
5	小计													
—	……													
—														
—														
—														
—	小计													
—	合计													

本章小结

本章内容的知识结构如图 12.18 所示。

（1）设施管理（facility managemnet）。设施管理是一门交叉性学科。通过将人、空间、过程与技术相结合，实现工作和生活环境的规划、控制和协调，旨在保持高品质的工作或活动空间，支持战略目标和业务计划。

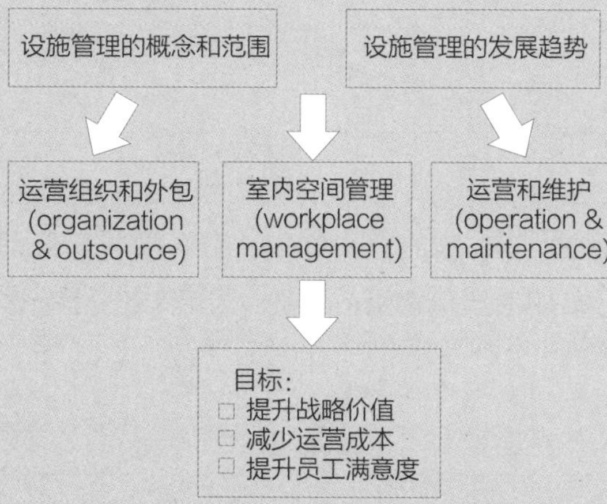

图 12.18 本章知识结构图

（2）设施管理专业人士知识结构体系。设施管理专业人士所需的技术、人力、经济、管理方面的技能往往是跨专业的。国际设施管理协会（IFMA）等专业组织都对设施经理专业能力提出了具体的标准和要求。

（3）设施管理相关方。设施管理相关方是指能够影响设施管理活动或被设施管理活动所影响的群体或个人，包括高级管理层、内部业务部门和外部服务供应商、承包商和咨询机构。

（4）多地点（multiple-sites）设施管理模式。适合在多个地点拥有建筑物（办公场所），但是这些建筑物都在同一个地区的组织。

（5）设施管理外包模式。基于设施业务层面和战略层面，可以将设施管理外包伙伴关系划分为一臂式关系、业务伙伴关系和战略伙伴关系三类模式。

（6）设施管理外包合同构成。设施管理外包合同由一般合同条款、特殊合同条款构成。

（7）建筑物室内空间配置标准。室内空间配置标准类型有许多，可以从成本和面积两个方面进行分类。

（8）现代办公空间形式。现代办公空间提倡人性化、科技化和灵活性，主要采取的形式有：宾馆式办公空间（hotel space）、咖啡厅式办公空间（cafe areas）、自由式办公空间（free space）、电子办公系统等。

（9）建筑物维护策略的发展历程。建筑物维护策略经历了从反应性维护、预防性维护、预测性维护到可靠性导向维护的发展历程。

关键术语

设施管理　运营组织　设施管理外包　空间管理　空间需求　空间标准配置　建筑物运行维护　建筑物运行手册　建筑物例行检查　维护策略选择

复习思考题

（1）什么叫设施管理？它有哪些特点？

（2）设施管理涉及哪些应用范围？

（3）我国设施管理的发展现状怎么样？你认为设施管理今后的发展趋势如何？

（4）设施管理专业人士需要具备哪些知识和能力？

（5）简述设施管理组织架构及其任务分工。

（6）分析组织设施管理外包的动因。

（7）试述设施管理外包模式及特点。

（8）写出设施管理外包采购程序。

（9）设施管理外包合同包括哪些内容？

（10）衡量建筑室内空间标准的指标有哪些？

（11）调研分析现代空间的变化趋势，并举例说明。

（12）分析关键部位运行可靠性的指标有哪些？其含义是什么？

即测即评

请扫描二维码，进行本章测试。

延伸阅读

[1] 曹吉鸣，缪莉莉. 综合设施管理理论与方法 [M]. 上海：同济大学出版社，2018.

[2]《企业房地产与设施管理指南》编委会 . 企业房地产与设施管理指南 [M]. 上海：同济大学出版社，2019.

[3] 曹吉鸣，缪莉莉. 设施管理概论 [M]. 北京：中国建筑工业出版社，2011.

[4] Evdmond P. Rondeau, Robert Kevin Brown, Paul D. Lapides. Facility Management [M]. 2th ed. Hoboken: John Wiley & Sons Inc, 2006.

[5] David G. Cotts, Kathy O. Roper, Richard P. Payant. The Facility Management Handbook [M]. 3rd ed. Seattle: Amacom, 2009.

[6] 石小东，朱展宏. 基于 WSR 方法论的空间管理三维模型 [J]. 管理观察，2014 (24).

[7] 曹吉鸣，马腾，李冲. 既有公共建筑设施管理激励体系构建 [J]. 工程管理学报，2013 (5).

参考文献

［1］丁士昭. 工程项目管理［M］. 2版. 北京：中国建筑工业出版社，2014.

［2］美国项目管理协会（PMI）. 项目管理知识体系指南［M］. 5版. 北京：电子工业出版社，2013.

［3］哈罗德. 科兹纳，项目管理计划、进度和控制的系统方法［M］. 10版. 北京：电子工业出版社，2013.

［4］美国项目管理协会（PMI）. 项目集管理标准［M］. 2版. 北京：电子工业出版社，2009.

［5］美国项目管理协会（PMI）. 项目组合管理标准［M］. 2版. 北京：中国电力出版社，2009.

［6］美国项目管理协会（PMI）. 组织变革管理［M］. 2版. 北京：中国电力出版社，2014.

［7］理查德·L. 达夫特. 组织理论与设计［M］. 10版. 北京：清华大学出版社，2011.

［8］亨利·明茨伯格. 卓有成效的组织［M］. 北京：中国人民大学出版社，2007.

［9］伊恩·帕尔默. 组织变革管理［M］. 2版. 北京：中国人民大学出版社，2009.

［10］乐云. 建设工程项目管理［M］. 北京：科学出版社，2013.

［11］卢向南. 项目计划与控制［M］. 2版. 北京：机械工业出版社，2009.

［12］何清华. 项目管理［M］. 上海：同济大学出版社，2012.

［13］何清华. 项目管理案例［M］. 北京：中国建筑工业出版社，2008.

［14］余建星. 工程项目风险管理［M］. 天津：天津大学出版社，2006.

［15］Harold R. Kerzner. Project management: a systems approach to planning, scheduling, and controlling［M］. Hoboken: John Wiley & Sons, 2013.

［16］Loosemore M, Raftery J, Reilly C. Risk management in projects［M］. London: Taylor & Francis, 2006.

［17］乐云，李永奎. 工程项目前期策划［M］. 北京：中国建筑工业出

版社，2011.

[18] 乐云. 建设项目前期策划与设计过程项目管理 [M]. 北京：中国建筑工业出版社，2009.

[19] 乐云. 项目管理概论 [M]. 北京：中国建筑工业出版社，2008.

[20] 胡廷楣. 巨变——上海城市重大工程建设实录：世博城 [M]. 上海：中西书局，2011.

[21] 陈建国. 工程计价与造价管理 [M]. 北京：中国建筑工业出版社，2011.

[22] 刘武君. 设计管理 [M]. 上海：上海科学技术出版社，2009.

[23] 任宏. 建设工程成本计划与造价 [M]. 北京：高等教育出版社，2004.

[24] 全国造价工程师执业资格考试培训教材编审委员会. 建设工程造价管理（2013 年版）[M]. 北京：中国计划出版社，2013.

[25] 中国建设监理协会. 建设工程投资控制 [M]. 北京：中国建筑工业出版社，2014.

[26] 规范编写组. 2013 建设工程计价计量规范辅导 [M]. 北京：中国计划出版社，2013.

[27] Roger Flanagan, Brian Tate. Cost control in building design [M]. Oxford: Blackwell Science, 1997.

[28] Douglas J. Ferry, Peter S. Brandon and Jonathan D. Ferry. Cost planning of buildings [M]. Oxford: Blackwell Publishing Ltd, 1999.

[29] 高欣. 群体网络计划系统模型的方法和研究 [D]. 同济大学，2000.

[30] 中国建设监理协会. 建设工程进度控制 [M]. 中国建筑工业出版社，2003.

[31] 王广斌. 大型项目总进度纲要的编制与跟踪管理 [J]，同济大学学报，2003，（11）：1359−1363.

[32] 全国一级建造师执业资格考试用书编写委员会. 建设工程项目管理 [M]. 4 版. 北京：中国建筑工业出版社，2015.

[33] 住房和城乡建设部工程质量安全监管司. 建设工程安全生产管理 [M]. 2 版. 北京：中国建筑工业出版社，2008.

[34] 施骞，胡文发. 工程质量管理教程 [M]. 上海：同济大学出版社，2010.

[35] 曹吉鸣. 工程施工管理学 [M]. 北京：中国建筑工业出版社，

2010.

[36] Chartered Institute of Building. Code of practice for project management for construction and development [M]. 5th ed. Hoboken: Wiley-Blackwell, 2014.

[37] 丁士昭．建设工程信息化导论 [M]．北京：中国建筑工业出版社，2014.

[38] 李建成．BIM 应用・导论 [M]．上海：同济大学出版社，2015.

[39] 何关培．BIM 总论 [M]．北京：中国建筑工业出版社，2011.

[40] 林则夫．项目管理软件应用 [M]．北京：机械工业出版社，2008.

[41] 黄梯云．管理信息系统 [M]．6 版．北京：高等教育出版社，2016.

[42] Brad Hardlin. BIM and construction management: proven tools, methods, and workflows [M]. Hoboken: Wiley Publishing, Inc., 2009.

[43] Eastman, C. M. BIM handbook: a guide to building information modeling for owners, managers, designers, engineers and contractors [M]. Hoboken: John Wiley & Sons, 1999.

[44] 乐云．国际新型建筑工程 CM 承发包模式 [M]．上海：同济大学出版社，1998.

[45] 张连营，赵旭．工程项目 IPD 模式及其应用障碍 [J]．项目管理技术，2011，09 (01)：13-18.

[46] 徐韫玺，王要武，姚兵．基于 BIM 的建设项目 IPD 协同管理研究 [J]．土木工程学报．2011 (12)：138-143.

[47] 曹吉鸣．工程施工组织与管理 [M]．上海：同济大学出版社，2015.

[48] 丛培经．工程项目管理 [M]．北京：中国建筑工业出版社，2012.

[49] 叶晓甦．工程财务管理 [M]．北京：中国建筑工业出版社，2011.

[50] 高显义．工程合同管理 [M]．上海：同济大学出版社，2005.

[51] 曹吉鸣．项目进度规划与控制原理 [M]．北京：科学出版社，2013.

[52] Frank Harris, Ronald McCaffer. Modern construction management [M]. Oxford: Blackwell Science Ltd., 2006.

[53] 皇家特许建造学会．业主开发与建设项目管理实用指南 [M]．何清华，王歌，编译．上海：同济大学出版社，2021.

[54] 哈罗德・科兹纳．项目管理 2.0 [M]．修订版．傅永康，周思雯，

计浩耘，译. 北京：电子工业出版社，2020.

[55] 美国项目管理协会. 效益实现管理实践指南 [M]. 北京：电子工业出版社，2021.

[56] 李忠富. 建筑施工组织与管理 [M]. 4 版. 北京：机械工业出版社，2021.

[57] 王利文. 土木工程施工组织与管理 [M]. 北京：中国建筑工业出版社，2021.

[58] 许越鑫，党皞，付明科. 极短工期下大型医院项目建设施工组织管理 [J]. 项目管理技术，2022，20 (3)：88-94.

[59] 丁烈云. 数字建造导论 [M]. 北京：中国建筑工业出版社，2019.

[60]《企业房地产与设施管理指南》编委会. 企业房地产与设施管理指南 [M]. 上海：同济大学出版社，2019.

教学支持说明

建设立体化精品教材，向高校师生提供整体教学解决方案和教学资源，是高等教育出版社“服务教育”的重要方式。为支持相应课程教学，我们专门为本书研发了配套教学课件及相关教学资源，并向采用本书作为教材的教师免费提供。

为保证该课件及相关教学资源仅为教师获得，烦请授课教师清晰填写如下开课证明并拍照后，发送至邮箱：yangshj@hep.com.cn，也可加入 QQ 群：184315320 索取。

编辑电话：010-58556042。

证　明

兹证明____________________大学____________________学院/系第______学年开设的_______________课程，采用高等教育出版社出版的《　　　　　　　》(____________主编)作为本课程教材，授课教师为____________，学生______个班，共______人。授课教师需要与本书配套的课件及相关资源用于教学使用。

授课教师联系电话：________________　E-mail：________________

学院/系主任：__________(签字)

(学院/系办公室盖章)

20____年____月____日